MW00423222

LAS MORADAS FILOSOFALES

FULCANELLI

EL MISTERIO FULCANELLI.

Tanto « El misterio de las catedrales » (1926), como « Las moradas filosofales » (1930), pretenden leer el lenguaje simbólico plasmado en diversos monumentos con vocación de eternidad, entre los cuales cabe mencionar la catedral de Nôtre-Dame de Paris, la de Amiens y el Hotel Lallemant de Bourges. La tesis que se desprende de ambas obras es que tales monumentos no son sino libros (*biblia*, en griego) de alquimia, que trazan la vía (o más bien vías, porque hay dos, la seca y la húmeda) hacia la consecución de la Gran Obra. La cual parece apuntar hacia la transmutación de la materia, basándose en el supuesto de que todos los elementos se reducen, en última instancia, a uno solo, si bien implica, sobre todo, transformación del operario.

Fulcanelli es, manifiestamente, un pseudónimo, tras el cual, hoy por hoy, se oculta el más espeso misterio. Eugène Canseliet se declara su discípulo y afirma haber asistido a una transmutación operada por su maestro en 1922, a Sarcelles.

Se han lanzado varias hipótesis respecto a la verdadera identidad de Fulcanelli. Se ha dicho que no era preciso ir muy lejos para encontrarla, pues se trataba del propio Canseliet, o también que, tras el anonimato de esa etiqueta, se refugiaban científicos, con un prestigio oficial que preservar, como el astrónomo Camille Flammarion, Claude Sosthène Grasset d'Orcet, criptógrafo, el físico Jules Violle, académico, o el escritor Rosny-Aîné. Se ha llegado incluso a afirmar que Fulcanelli es nada menos que el Conde de Saint-Germain en persona, a quien se le atribuye la inmortalidad. Otros, en cambio, sostienen que fue Pierre de Lesseps, hijo del constructor del canal de Suez.

HISTORIA Y MONUMENTO

Paradójica en sus manifestaciones y desconcertante en sus signos, la Edad Media propone a la sagacidad de sus admiradores la resolución de un singular contrasentido. ¿Cómo conciliar lo inconciliable? ¿Cómo armonizar el testimonio de los hechos históricos con el de las obras medievales?

Los cronistas nos pintan esta desdichada época con los colores más sombríos. Por espacio de muchos siglos, no hay más que invasiones, guerras, hambres y epidemias. Y, sin embargo, los monumentos -fieles y sinceros testimonios de aquellos tiempos nebulosos- no evidencian la menor huella de semejantes azotes. Muy al contrario, parecen haber sido construidos entre el entusiasmo de una poderosa inspiración de ideal y de fe por un pueblo dichoso de vivir, en el seno de una sociedad floreciente y fuertemente organizada.

¿Debemos dudar de la veracidad de los relatos históricos, de la autenticidad de los acontecimientos que registran y creer, con la sabiduría de las naciones, que los pueblos felices no tienen Historia? A menos que, sin refutar en bloque toda la Historia, se prefiera descubrir, en una ausencia relativa de incidentes, la justificación de la oscuridad medieval.

Sea como fuere, lo que se mantiene innegable es que todos los edificios góticos sin excepción reflejan una serenidad, una expansividad y una nobleza sin igual. Si se examina de cerca la expresión de la estatuaria, en particular, pronto se sentirá uno edificado por el carácter apacible y la tranquilidad pura que emanan de aquellas figuras. Todas están en calma y sonrientes, y se muestran afables y bondadosas. Humanidad lapidaria, silenciosa y de buena compañía. Las mujeres poseen esa lozanía que revela bastante, en sus modelos, la excelencia de una alimentación rica y sustancial. Los niños son mofletudos, llenos, desarrollados. Sacerdotes, diáconos, capuchinos, hermanos intendentes, clérigos y chantres muestran un rostro jovial o la agradable silueta de su dignidad ventruda. Sus intérpretes -esos maravillosos y modestos *imagineros*- no nos engañan y no serían capaces de engañarse. Toman sus tipos de La vida corriente, entre eL pueblo que se agita en torno a ellos y en medio del cual viven. Una gran cantidad de esas figuras, tomadas al azar de la callejuela, de la taberna o de la escuela, de la sacristía o del taller, tal vez están recargados o en exceso acusados, pero en la nota pintoresca, con la preocupación por el carácter, por el sentido alegre y la forma amplia. Grotescos si se quiere, pero grotescos alegres y llenos de enseñanza. Sátiras de gentes a las que gusta reír, beber, cantar y darse buena vida. Obras maestras de una escuela realista, profundamente humana y segura de su maestría, consciente de sus medios, ignorando, en cambio, lo que es el dolor, la miseria, la opresión y la esclavitud. Eso es tan cierto que por más que se busque y se interrogue la estatuaria ojival, jamás se descubrirá una figura de Cristo cuya expresión revele un sufrimiento real. Se reconocerá, con nosotros, que los *latomi* se han tomado un trabajo enorme para dotar a sus crucificados de una fisonomía grave sin conseguirlo siempre. Los mejores, apenas demacrados, tienen los ojos cerrados y parecen reposar. En nuestras catedrales, las escenas del Juicio Final muestran demonios gesticulantes, contrahechos y monstruosos, más cómicos que terribles; en cuanto a los condenados, malditos anestesiados, se cuecen a fuego lento en su marmita, sin lamentos vanos ni dolor verdadero.

Esas imágenes libres, viriles y sanas, prueba hasta la evidencia que los artistas de la Edad Media no conocieron en absoluto el espectáculo deprimente de las miserias humanas. Si el pueblo hubiera sufrido, si las masas hubieran gemido en el infortunio, los monumentos nos hubieran conservado testimonio de ello. Pero sabemos que el arte, esa expresión superior de la Humanidad civilizada, no puede desarrollarse libremente sino a favor de una paz estable y segura. Al igual que la ciencia, el arte no sería capaz de revelar su genio en el ambiente de sociedades en desorden. Todas las manifestaciones elevadas del pensamiento humano están en él; revoluciones, guerras y revueltas le son funestas. Reclaman la seguridad nacida del orden y de la concordia, a fin de crecer, florecer y fructificar. Razones igualmente de peso nos inclinan a aceptar con reserva los acontecimientos medievales consignados por la Historia. Y confesamos que la afirmación de una «sarta de calamidades, desastres y ruinas acumulados durante ciento cuarenta y seis años» nos parece en verdad excesiva. Hay en ello una anomalía inexplicable, pues justamente es durante aquella desgraciada guerra de cien años, que se extiende del año 1337 a 1453 cuando fueron construidos los más ricos edificios de nuestro *estilo flamígero*. Es el punto culminante, el apogeo de la forma y de la audacia, la fase maravillosa en que el espíritu, *llama divina*, imprime su sello a las últimas creaciones del pensamiento gótico. Es la época de terminación de las grandes basílicas, pero también se elevan otros monumentos importantes, colegiales o abaciales, de la arquitectura religiosa: las abadías de Solesmes, de Cluny, de Saint-Riquier, la cartuja de Dijon, Saint-Wulfram de Abbeville, Saint-Etienne de Beauvais, etc. Se ve surgir de la tierra notables edificios civiles, desde el hospicio de Beaune hasta el palacio de Justicia de Ruán y el Ayuntamiento de Compiègne; desde las mansiones construidas un poco por todas partes por Jacques Coeur hasta las atalayas de las ciudades libres como Béthune, Douai, Dunkerque, etc. En las grandes ciudades francesas, las callejuelas siguen su curso estrecho entre la aglomeración de los remates apiñonados, de las torrecillas y de los balcones, de las casas de madera esculpida, de los edificios de piedra con fachadas delicadamente ornadas. Y, en todas partes, bajo la salvaguarda de las corporaciones, los oficios se desarrollan; en todas partes los compañeros rivalizan en habilidad; en todas partes la emulación multiplica las obras maestras. La Universidad forma brillantes alumnos, y su renombre se extiende por el viejo mundo; célebres doctores e ilustres sabios expanden y propagan las bondades de la ciencia y de la filosofía; los espagiristas amasan, en el silencio del laboratorio, los materiales que más tarde servirán de base a nuestra química; grandes adeptos dan a la verdad hermética un nuevo esplendor... ¡Qué ardor desplegado en todas las ramas de la actividad humana!

¡Y qué riqueza, qué fecundidad, qué poderosa fe, qué confianza en el porvenir alentaban bajo ese deseo de edificar, de crear, de investigar y de descubrir en plena invasión, en este miserable país de Francia sometido a la dominación extranjera y que conoce todos los horrores de una guerra interminable!
En verdad, no comprendemos...
También se explicará por qué nuestra preferencia sigue centrada en la Edad Media tal como nos la revelan los edificios góticos, más que en esa misma época, tal como nos la describen los historiadores.
Y es que resulta cómodo fabricar, con todas las piezas, textos y documentos, viejas cartas de cálidas pátinas, pergaminos y sellos de aspecto arcaico, y algún suntuoso libro de horas, anotado en sus márgenes y bellamente iluminado de orlas, cenefas y miniaturas. Montmartre proporciona a quien lo desea, y según el precio ofrecido, el Rembrandt desconocido o el *auténtico* Teniers. Un hábil artesano del barrio des Halles labra, con una inspiración y una maestría asombrosas, pequeñas divinidades egipcias de oro y bronces macizos, maravillas de imitación que se disputan ciertos anticuarios. Quién no recuerda, si no, la tan famosa tiara de Saitafernes... La falsificación y la imitación fraudulenta son tan viejas como el mundo, y la Historia, que tiene horror al vacío cronológico, en ocasiones ha tenido que llamarlas en su auxilio. Un sapientísimo jesuita del siglo XVII, el padre Jean Hardouin, no teme denunciar como apócrifas una cantidad de monedas y medallas griegas y romanas acuñadas en la época del Renacimiento, enterradas con objeto de «colmar» amplias lagunas históricas. Anatole de Montaiglon[1] nos ilustra de que Jacques de Bie publicó, en 1639, un volumen en folio acompañado de láminas y titulado *Les Familles de France, illustrées par les monuments des médailles anciennes et modernes*, que, según dice, «tiene más medallas inventadas que reales». Convengamos en que para suministrar a la Historia la documentación que le faltaba, Jacques de Bie utilizó un procedimiento más rápido y económico que el denunciado por el padre Hardouin. Victor Hugo[2], citando las cuatro Historias de Francia más reputadas hacia 1830 -las de Dupleix, Mézeray, Vély y la del padre Daniel-, dice de esta última que el autor, «jesuita famoso por sus descripciones de batallas, ha hecho en veinte años una historia que no tiene otro mérito que la erudición, y en la cual el conde de Boulainvilliers apenas encontraba más de diez mil errores». Se sabe que Calígula mandó erigir el año 40, cerca de Boulogne-sur-Mer, la torre de Odre «para engañar a las generaciones futuras sobre un pretendido desembarco de Calígula en la Gran Bretaña»[3]. Convertida en faro *(turris ardens)* por uno de sus sucesores, la torre de Odre se derrumbó en 1645.
¿Qué historiador nos explicará la razón -superficial o profunda- invocada por los soberanos de Inglaterra para justificar la calidad y el título de reyes de Francia que conservaron hasta el siglo XVIII? Y, sin embargo, la moneda inglesa de esta época continúa llevando el sello de semejante pretensión[4].
Antaño, en los bancos de la escuela se nos enseñaba que el primer rey francés se llamaba Faramundo, y fijaba en el año 420 la fecha de su exaltación. Hoy, la genealogía real empieza en Clodión *el Velloso*, porque se ha reconocido que su padre, Faramundo, jamás había reinado. Pero, en aquellos tiempos lejanos del siglo V, ¿se está bien seguro de la autenticidad de los documentos relativos a los hechos y gestas de Clodión? ¿No serán aquéllos y éstas impugnados algún día, antes de ser relegados al ámbito de las leyendas y de las fábulas?
Para Huysmans, la Historia es «la más solemne de las mentiras y la más infantil de las engañifas».
«Los acontecimientos -decíase-, para un hombre de talento, no son más que un trampolín de ideas y de estilo, puesto que todos se mitigan o se agravan con arreglo a las necesidades de una causa política o según el temperamento del escritor que los maneja. En cuanto a los documentos que los apuntalan, tienen menos valor aún, porque ninguno de ellos es irreductible y todos son impugnables. Cuando no resultan apócrifos, se desentierran más tarde otros, no menos ciertos, que los calumnian, en espera de que a su vez los desvalore la exhumación de otros archivos no menos seguros»[5]. Las tumbas de personajes históricos son asimismo fuentes de información sujetas a

[1] Anatole de Montaiglon. Prefacio de las *Curiositez de Paris*, reimpresas según la edición original de 1716. Paris, 1883.
[2] Victor Hugo. *Littérature et Philosophie melées*. París, Furne, 1841, p. 31.
[3] Anthyme Saint-Paul.
[4] Según los historiadores ingleses, los reyes de Inglaterra llevaron el título de *reyes de Francia* hasta 1453. Tal vez trataban de justificarlo por la posesión de Calais, que perdieron en 1558. No obstante, continuaron atribuyéndose, hasta la Revolución, la cualidad de soberanos Franceses. Jusserand dice de Enrique VIII, nombrado *defensor de ta fe* por el papa León Xl, en 1521, que «ese príncipe voluntarioso y poco escrupuloso que consideraba que *lo que era bueno de tomar era bueno de conservar*. Es un razonamiento que había aplicado al reino de Inglaterra mismo, y consecuente al cual había despojado, encarcelado y matado a su primo Ricardo VI». Todos los monarcas ingleses practicaron ese principio porque todos profesaban el axioma egoísta: *Lo que me gusta, me lo quedo*, y actuaban en consecuencia.
[5] J. K. Huysmans, Là-bas. Paris, Plon, 1891, cap. II. (N. del T.: Los párrafos reproducidos los hemos tomado de la traducción

española de la editorial Prometeo, que apareció con el título de *Allá lejos*.)

controversia. Lo hemos comprobado más de una vez[1]. Los habitantes de Bérgamo se encontraron en 1922 con una empresa desagradable. ¿Podían creer que su celebridad local, aquel ardoroso condottiere, Bartholomeo Coleoni, que llenó en el siglo XV los anales italianos con sus caprichos belicosos, no fue sino una sombra legendaria? Sin embargo, ante una duda del rey, de visita en Bérgamo, la municipalidad mandó trasladar el mausoleo, adornado con la célebre estatua ecuestre, abrir la tumba, y todos los asistentes comprobaron, no sin estupor, que estaba vacía... En Francia, al menos, no se lleva tan lejos la audacia. Auténticas o no, las sepulturas de este país encierran osamentas.

Amédée de Ponthieu[2] narra que el sarcófago de François Myron, edil parisiense de 1604, fue hallado a raíz de las demoliciones de la casa número 13 de la rue d'Arcole, inmueble erigido sobre los cimientos de la iglesia de Sainte-Marine, en la cual había sido inhumado. «El féretro de plomo -escribe ese autor- tiene la forma de una elipse estrangulada... El epitafio estaba borrado. Cuando se levantó la tapa del ataúd no se encontró más que un esqueleto rodeado de una especie de hollín negruzco mezclado con polvo... Cosa singular, no se descubrieron ni las insignias de su cargo, ni su espada, ni su anillo, etc., ni tan siquiera trazas de su escudo de armas... Sin embargo, la Comisión de Bellas Artes, por boca de sus expertos, declaró que con seguridad era el gran edil parisiense, y sus *ilustres reliquias* fueron trasladadas a la cripta de Notre-Dame.» Un testimonio de semejante valor lo señala Fernand Bournon en su obra *Paris-Atlas*. «No hablaremos más que por memoria -dice- de la casa sita en el Quai aux Fleurs, del que lleva los números 9 y 11, y que una inscripción, sin sombra de autenticidad ni tan siquiera de verosimilitud señala como la antigua residencia de Eloísa y Abelardo en 1118, y reconstruida en 1849. Semejantes afirmaciones grabadas en mármol constituyen un desafío al buen sentido.» Apresurémonos a reconocer que, en sus deformaciones históricas, el padre Loriquet muestra menos audacia.

Permítasenos aquí una digresión destinada a precisar y definir nuestro pensamiento. Constituye un prejuicio muy enraizado aquel que, durante largo tiempo, hizo atribuir al sabio Pascal la paternidad de la carretilla volquete. Y aunque la falsedad de esta atribución esté hoy demostrada, no es menos cierto que la gran mayoría del pueblo persiste en considerarla fundada. Interrogad a un escolar y os responderá que ese práctico vehículo, por todos conocido, debe su concepción al ilustre físico. Entre las individualidades en revesadas, alborotadoras y, a menudo, distraídas del mundillo escolar, el nombre de Pascal se impone a las jóvenes inteligencias sobre todo a causa de esta pretendida realización. Muchos escolares primarios, en efecto, ignorarán quién es Descartes, Miguel Ángel, Denis Papin o Torricelli, pero no dudarán un segundo en lo referente a Pascal. Sería interesante saber por qué nuestros niños, entre tantos admirables descubrimientos cuya aplicación cotidiana tienen ante Los ojos, conocen mejor a Pascal y a su volquete que a los hombres de talento a quienes debemos por el vapor, la pila eléctrica, el azúcar de remolacha y la bujía esteárica. ¿Es acaso porque la carretilla volquete los afecta más de cerca, les interesa más o les resulta más familiar? Puede ser. Sea como fuere, el error vulgar que propagaron los libros elementales de Historia podía ser fácilmente desenmascarado, pues bastaba, tan sólo, con hojear algunos manuscritos iluminados de los siglos XIII y XIV, en los que muchas miniaturas representan a campesinos medievales utilizando la carretilla[3]. E incluso, sin emprender tan delicadas búsquedas, una ojeada lanzada sobre los monumentos hubiera permitido restablecer la verdad. Entre los motivos que decoran una arquivolta del atrio septentrional de la catedral de Beauvais, por ejemplo, un viejo rústico del siglo XV aparece representado empujando su carretilla, de un modelo semejante a las que utilizamos en la actualidad (lám. IV). El mismo utensilio se advierte asimismo en escenas agrícolas que forman el tema de dos misericordias esculpidas, procedentes de la sillería del coro de la abadía de SaintLucien, cerca de Beauvais (1492-1500)[4]. Por añadidura, si la verdad nos obliga a negarle a Pascal el beneficio de una invención muy antigua, anterior en muchos siglos a su nacimiento, ello no sería capaz de disminuir en nada la grandeza y el vigor de su genio. El inmortal autor de los *Pensamientos*, del cálculo de probabilidades, e inventor de la prensa hidráulica, de la máquina de calcular, etc., arrastra nuestra admiración mediante obras superiores y descubrimientos de envergadura distinta a la de la carretilla. Mas lo que importa destacar, lo que cuenta tan sólo para nosotros es que, en la búsqueda de la verdad, es preferible apelar al edificio antes que a las relaciones históricas, en ocasiones incompletas, a menudo tendenciosas y casi siempre sujetas a reserva.

A una conclusión paralela ha llegado André Geiger cuando, sorprendido por el inexplicable homenaje rendido por Adriano a la estatua de Nerón, hace justicia a las acusaciones inicuas formuladas contra ese emperador y contra Tiberio. Al igual que nosotros, niega toda autoridad a los relatos históricos, falsificados a propósito, concernientes a aquellos presuntos *monstruos humanos*, y no duda en escribir: «Me fío más de los monumentos y de la lógica que de las Historias.»

Si, como hemos dicho, la impostura de un texto y la redacción de una crónica no exigen más que un poco de habilidad y de saber hacer, en contrapartida es imposible construir una catedral. Volvamos nuestra mirada, pues, a los edificios, que ellos nos proporcionarán más serias y mejores indicaciones. En ellos, al menos, veremos a nuestros personajes retratados a lo vivo, fijados en la piedra o en la madera con su fisonomía real, su vestido y sus gestos, ya

---

[1] Que los amantes de los *recuerdos históricos* se tomen el trabajo, para su propia edificación, de reclamar a la alcaldía de Dourdan (Sena y Oise) un extracto del registro civil, con indicación del folio, del acta de defunción de Roustam-Pacha (Roustan). Mameluco de Napoleón I, Roustan murió en Dourdan en 1845, a los cincuenta y cinco años.

[2] Amédée de Ponthieu, *Légendes du Vieux-Paris*. París, Bachelin-Deflorenne, 1867.

[3] Cf. Biblioteca nacional de París mss. 2090, 2091 y 1092 fondos franceses. Esos tres tomos formaban en principio una sola obra que fue ofrecida en 1317 al rey Felipe *el Largo* por Gilles de Pontoise, abad de Saint-Denis. Aquellas iluminaciones y miniaturas se reproducen en negro en la obra de Henry Martin *titulada Légende de Saint-Denis*, París, Champion, 1908.

figuren en escenas sagradas o compongan temas profundos. Tomaremos contacto con ellos y no tardaremos en amarlos. Tan pronto interrogaremos al segador del siglo XIII que alza su hoz en la portada de París, como al boticario del XV que, en el coro de Amiens, machaca no se sabe qué droga en su mortero de madera. Su vecino, el borracho de la nariz florida, no es un desconocido para nosotros, pues nos recuerda habernos encontrado, al azar de nuestras peregrinaciones, con ese alegre bebedor. Acaso fuera nuestro hombre el que exclamara en pleno «misterio», ante el espectáculo del milagro de Jesús en las bodas de Caná:

> Si scavoye faire ce qu'il faict,
> Toute la mer de Galilée
> Seroit ennuyt en vin muée;
> Et jamais sus terre n'auroit
> Goutte d'eau, ne pleuveroit
> Rien du ciel que tout ne fut vin [1].

Y a ese mendigo escapado de la corte de los milagros, sin otro estigma de miseria que sus andrajos y sus piojos, también le reconocemos. Es a él a quien los *Cofrades de la Pasión* ponen en escena a los pies de Cristo y que, lamentable, pronuncia este soliloquio:

> Je regarde sus mes drapeaux
> Son y a jecté quelque maille;
> J'ouïs tantost: baille luy, baille!
> -Y n'y a dernier ne demy...
> Un povre homme n'a poinct d'amy [2].

Pese a todo cuanto haya podido escribirse, debemos, de buen o de mal grado, acostumbrarnos a la verdad de que, al comienzo de la Edad Media, la sociedad se elevaba ya a un grado superior de civilización y esplendor. Juan de Salisbury, que visitó París en 1176, expresa a este respecto en su Polycration el más sincero entusiasmo.

«Cuando veía -dice- la abundancia de subsistencias, la alegría del pueblo, el buen aspecto del clero, la majestad y la gloria de la Iglesia y las diversas ocupaciones de los hombres admitidos al estudio de la filosofía, me ha parecido ver esa escala de Jacob cuyo coronamiento alcanzaba el cielo y por la que los ángeles subían y bajaban. Me he visto forzado a confesar que, en verdad, el Señor estaba en ese lugar y que yo lo ignoraba. También acudió a mi espíritu este pasaje de un poeta: *¡Feliz aquel a quien se asigna este lugar por exilio!*» [3].

---

[1] «Si supiera hacer lo que él hace / todo el mar de Galilea / sería hoy convertido en vino, / y jamás en la tierra habría / gota de agua, ni llovería / nada del cielo que no fuera todo vino.»

[2] «Miro bajo mis andrajos / si me han echado alguna moneda. / Luego oigo: ¡entrégalo, entrégalo! / - No hay ni medio dinero... / Un hombre pobre no tiene amigos.»

[3] «Parisius cum viderem victualium copiam, lætitiam populi, reverentiam cleri, et totus ecclesiæ majestatem et gloriam, et variam occupationes philosophantium, admiratus velut illam scalam Jacob, cujus summitas cœlum tangebat, eratque via ascendentium et descendentium angelorum, coactus sum profiteri quod sera Dominus est in loco ipso, et ego nesciebam. Illud quoque pœticum ad mentem rediit: felix exilium cui locus iste datur!»

II. EDAD MEDIA Y RENACIMIENTO

Nadie discute en nuestros días el alto valor de las obras medievales. Mas, ¿quién podrá razonar jamás el extraño desprecio de que fueron víctimas hasta el siglo XIX? ¿Quién nos aclarara por qué, desde el Renacimiento, la élite de los artistas, de los sabios y de los pensadores consideraba de buen tono afectar la más completa indiferencia hacia las creaciones audaces de una época incomprendida, original entre todas y tan magníficamente expresiva del genio francés? ¿Cuál fue, cuál pudo ser la causa profunda del trastorno de la opinión y, luego, del apartamiento y de la

10

exclusión que pesaron por tanto tiempo sobre el arte gótico? ¿Debemos culpar a la ignorancia, el capricho y la perversión del gusto? No lo sabemos. Un escritor francés, Charles de Rémusat[1] cree descubrir la razón primera de este injusto desdén en la *ausencia de literatura*, lo que no deja de sorprender. «El Renacimiento -nos asegura- ha despreciado la Edad Media porque la verdadera literatura francesa, la que ha seguido, ha borrado las últimas huellas. Y, sin embargo, la Francia de la Edad Media ofrece un sorprendente espectáculo. Su genio era elevado y severo. Gustaba de las graves meditaciones y de las investigaciones profundas, y exponía, en un lenguaje sin gracia y sin brillantez, verdades sublimes y sutiles hipótesis. Ha producido una literatura singularmente filosófica. Sin duda, aquella literatura ha ejercitado más al espíritu humano de lo que lo ha servido. En vano hombres de primer orden lo han ilustrado sucesivamente, pues para las generaciones modernas sus obras no cuentan. Y es que *tenían ingenio e ideas*, mas no el talento de bien decir en una lengua que no fuera prestada. Escoto Erígena recuerda en ciertos momentos a Platón. Apenas se ha llevado más lejos que él la libertad filosófica, y se eleva audazmente en esa región de las nubes en la que la verdad sólo brilla en relámpagos. Pensaba por su cuenta en el siglo IX. San Anselmo es un metafísico original cuyo idealismo sabio regenera las creencias vulgares, y ha concebido y realizado el audaz pensamiento de alcanzar directamente la noción de la divinidad. Es el teólogo de la razón pura. San Bernardo tan pronto es brillante e ingenioso como grave y patético. Místico como Fénelon, recuerda a un Bossuet actuan te y popular que domina en el siglo por la palabra y manda a los reyes en lugar de alabarlos y servirlos. Su triste rival, su noble víctima, Abelardo, ha llevado en la exposición de la ciencia dialéctica un rigor desconocido y una lucidez relativa que atestiguan un espíritu nervioso y flexible, hecho para comprenderlo todo y explicarlo todo. Es un gran propagador de ideas. Eloísa ha forzado una lengua seca y pedante a reflejar las delicadezas de una inteligencia de élite, los dolores del alma más orgullosa y tierna y los transportes de una pasión desesperada. Juan de Salisbury es un crítico clarividente a quien el espíritu humano le sirve de espectáculo y al cual describe en sus progresos, en sus movimientos, en sus retrocesos, con una veracidad y una imparcialidad prematuras. Parece haber adivinado ese talento de nuestro tiempo, ese arte de colocar ante sí la sociedad intelectual para juzgarla... Santo Tomás, abarcando de una vez toda la filosofía de su tiempo, en algunos momentos ha sobrepasado la nuestra. Ha contenido toda la ciencia humana en un perpetuo silogismo y la ha vaciado entera al filo de un razonamiento continuo, realizando así la unión de un espíritu vasto y de un espíritu lógico. Finalmente, Gerson. Gerson, el teólogo en quien el sentimiento se disputa con la deducción, que comprendía y desestimaba la filosofía, supo someter la razón sin humillarla, cautivar los corazones sin ofender los espíritus, imitar, en fin, al Dios que hace que se crea en Él amándolo. Todos esos hombres, y no nombro a todos sus iguales, eran grandes y sus obras, admirables. Para ser admirados, para conservar una influencia constante sobre la literatura posterior, ¿qué les ha faltado, pues? No ha sido la ciencia, ni el pensamiento ni el genio, y me temo que sea una sola cosa: el estilo.

«La literatura francesa no viene de ellos. No se remite a su autoridad ni utiliza sus nombres. Tan sólo se ha gloriado de borrarlos.»

De ello podemos concluir que si a la Edad Media le correspóndió el *espíritu*, el Renacimiento gozó del maligno placer de encarcelarnos en la *letra*...

Lo que dice Charles de Rémusat es muy juicioso; al menos, en lo tocante al primer período medieval, aquel en el que la intelectualidad aparece sometida a la influencia bizantina y aún está imbuida de las doctrinas románicas. Un siglo más tarde, el mismo razonamiento pierde gran parte de su valor. No puede discutirse, por ejemplo, en las obras del ciclo de la tabla redonda cierto encanto desligado de una forma ya más cuidada. Teobaldo, conde de Champaña, en sus *Chansons du roi de Navarre*, Guillaume de Lorris y Jehan Clopinel, autores del *Roman de la Rose* y todos los troveros y trovadores de los siglos XIII y XIV, sin tener el genio altivo de sus antepasados sabios filósofos, saben servirse de forma agradable de su lengua y se expresan a menudo con la gracia y la flexibilidad que caracterizan la literatura de nuestros días.

No vemos, pues, por qué el Renacimiento juzgó duramente la Edad Media y sentó plaza de su pretendida carencia literaria para proscribirla y arrojarla al caos de las civilizaciones nacientes, apenas salidas de la barbarie.

En cuanto a nosotros, estimamos que el pensamiento medieval se revela como de esencia científica y no de otra especie. El arte y la literatura no son para él sino los humildes servidores de la ciencia tradicional. Tienen por misión

---

[1] Charles de Rémusat, Critique et Etudes littéraires.

11

expresa traducir simbólicamente las verdades que la Edad Media recibió de la Antigüedad y de las que se mantuvo fiel depositaria. Sometidos a la expresión puramente alegórica y mantenidos bajo la voluntad imperativa de la misma parábola que sustrae a lo profano el misterio cristiano, el arte y la literatura testimonian una preocupación evidente y hacen alarde de cierta rigidez, pero la solidez y la simplicidad de su factura contribuyen, pese a todo, a dotarlos de una originalidad indiscutible. Ciertamente, el observador jamás hallará seductora la imagen de Cristo tal como nos la presentan las portadas románicas, en las que Jesús, en el centro de la mandorla mística, aparece rodeado de los cuatro animales evangélicos. Nos basta que su divinidad venga subrayada por sus propios emblemas y se anuncie así reveladora de una enseñanza secreta. Admiramos las obras maestras góticas por su nobleza y por la audacia de su expresión. Si carecen de la perfección delicada de la forma, poseen en grado supremo el poder iniciático de una filosofía docta y trascendente. Se trata de producciones graves y austeras, y no de ligeros motivos graciosos y placenteros como los que el arte, desde el Renacimiento, se ha complacido en prodigarnos. Pero mientras que estos últimos sólo aspiran a halagar la vista o a subyugar los sentidos, las obras artísticas y literarias de la Edad Media se apoyan en un pensamiento superior; verdadero y concreto, piedra angular de una ciencia inmutable, base indestructible de la religión. Si tuviéramos que definir estas dos tendencias, una profunda y la otra superficial, diríamos que el arte gótico se manifiesta por entero en la sabia majestad de sus edificios, y que el Renacimiento lo hace en la agradable decoración de las viviendas.

El coloso medieval no se ha derrumbado de un solo golpe con el declinar del siglo XV. En muchos lugares, su genio ha sabido resistir aún por largo tiempo a la imposición de las nuevas directivas. Vemos su agonía prolongarse hasta la mitad, más o menos, del siglo siguiente, y volvemos a encontrar en algunos edificios de aquella época el impulso filosófico, el fondo de sabiduría que generaron durante tres siglos tantas obras imperecederas. Asimismo, sin tener en cuenta su edificación más reciente, nos detendremos en esas obras de importancia menor, pero de significación semejante, con la esperanza de reconocer en ellas la idea secreta, simbólicamente expresada, de sus autores.

Esos refugios del esoterismo antiguo, esos asilos de la ciencia tradicional, hoy rarísimos, sin tener en cuenta su destino ni su utilidad, los clasificamos en la iconología hermética, entre los guardianes artísticos de las elevadas verdades filosofales.

¿Se desea un ejemplo? He aquí el admirable tímpano[1] que decoraba, en el lejano siglo XII, la puerta de entrada de una antigua casa de Reims (lám. V). El tema, muy transparente, podría prescindir con facilidad de la descripción. Bajo una gran arcada que inscribe otros dos geminados, un maestro enseña a su discípulo y le muestra con el dedo, en las páginas de un libro abierto, el pasaje que comenta. Encima, un joven y vigoroso atleta estrangula a un animal monstruoso -tal vez un dragón-, del que sólo se ve la cabeza y el cuello. Junto a él hay dos jovencitos estrechamente enlazados. La *Ciencia* aparece así como dominadora de la *Fuerza* y del *Amor*, oponiendo la superioridad del espíritu a las manifestaciones físicas del poder y del sentimiento.

¿Cómo admitir que una construcción animada de semejante pensamiento no haya pertenecido a algún filósofo desconocido? ¿Por qué habríamos de negar a ese bajo relieve la manifestación de una concepción simbólica que emana de un cerebro cultivado, de un hombre instruido que afirma su gusto por el estudio y predica con el ejemplo? Nos equivocaríamos, pues, de medio a medio si excluyéramos esa vivienda, de frontispicio tan característico, de entre las obras emblemáticas que nos proponemos estudiar bajo el título general de *Las moradas filosofales*.

---

[1] Ese tímpano se conserva en el museo lapidario de Reims, instalado en los locales del hospital civil (antigua abadía de Saint-Remi, en la rue Simon). Se descubrió hacia 1857, al construirse la prisión, en los cimientos de la casa llamada de la *Chrétienté de Reims*, situada en la place du Parvis, y que llevaba la inscripción: *Fides, Spes, Caritas*. Esa casa pertenecía al capítulo.

III. LA ALQUIMIA MEDIEVAL

De todas las ciencias cultivadas en la Edad Media, ninguna conoció más favor ni más honor que la alquimia. Tal es el nombre bajo el que se disimulaba entre los árabes el *Arte sagrado* o *sacerdotal* que habían heredado de los egipcios, y que el Occidente medieval debia, más tarde, acoger con tanto entusiasmo.

Muchas controversias se han desarrollado a propósito de las diversas etimologías atribuidas a la palabra alquimia. Pierre-Jean Fabre, en su *Abrégé des Secrets chymiques*, pretende que se relacione con el nombre de Cam, hijo de Noé, que habría sido el primer artesano, y escribe *alchamie*. El autor anónimo de un curioso manuscrito[1] piensa que «la palabra *alquimia* deriva de *als*, que significa sal, y de *quimia*, que quiere decir *fusión*. Y así está bien dicho, porque la sal, que es tan admirable, está usurpada.» Pero si la sal se dice **alz** en lengua griega, **ceimeia**, en lugar de **cumeia**, *alquimia*, no tiene otro sentido que el de *jugo* o *humor*. Otros descubren el origen en la primera denominación de la tierra de Egipto, patria del Arte sagrado, *Kymia* o *Chemi*. Napoleón Landais no halla ninguna diferencia entre las dos palabras *química* y *alquimia*, y se limita a añadir que el prefijo *al* no puede ser confundido con el artículo árabe y significa tan sólo una virtud maravillosa. Quienes sostienen la tesis inversa sirviéndose del artículo *al* y del sustantivo *quimia* (química), entienden designar la *química por excelencia* o *hiperquímica* de los ocultistas modernos. Si debemos aportar a este debate nuestra opinión personal, diremos que la cábala fonética reconoce un estrecho parentesco entre las palabras griegas **ceimeia**, **cumeia** y **ceuma**, el cual indica lo que *fluye, discurre, mana*, y se refiere de modo particular al *metal fundido*, a la misma *fusión* y a toda *obra hecha de un metal fundido*. Sería ésta una breve y sucinta definición de la alquimia en tanto que técnica metalúrgica[2]. Pero sabemos, por otra parte, que el nombre y la cosa se basan en la *permutación de la forma por la luz*, fuego o espíritu. Tal es, al menos, el sentido verdadero que indica el *lenguaje de los pájaros*.

Nacida en Oriente, patria del misterio y de lo maravilloso, la ciencia alquímica se ha expandido por Occidente a través de tres grandes vías de penetración: bizantina, mediterránea e hispánica. Fue, sobre todo, el resultado de las conquistas árabes. Este pueblo curioso, estudioso, ávido de filosofía y de cultura, pueblo civilizador por excelencia, constituye el vínculo de unión, la cadena que relaciona la antigüedad oriental con la Edad Media occidental. Desempeña, en efecto, en la historia del progreso humano, un papel comparable al que correspondió a los fenicios, mercaderes entre Egipto y Asiria. Los árabes, discípulos de los griegos y de los persas, transmitieron a Europa la ciencia de Egipto y de Babilonia, aumentada por sus propias adquisiciones, a través del continente europeo (vía bizantina), y hacia el siglo VIII de nuestra Era. Por otra parte, la influencia árabe se ejerció en nuestros países a la vuelta de las expediciones de Palestina (vía mediterránea), y son los cruzados del siglo XII quienes importan la mayor parte de los conocimientos antiguos. Finalmente, más cerca de nosotros, en la aurora del siglo XIII, nuevos elementos de civilización, de ciencia y de arte, surgidos hacia el siglo VIII del África septentrional, se extienden por España (vía hispánica) y vienen a acrecentar las primeras aportaciones del foco grecobizantino.

Al principio tímida e indecisa, la alquimia toma poco a poco conciencia de sí misma y no tarda demasiado en afirmarse. Tiende a imponerse, y esta planta exótica, trasplantada a nuestro suelo se aclimata en él maravillosamente, y se desarrolla con tanto vigor que pronto se la va expansionarse en una exuberante floración. Su extensión y sus progresos son prodigiosos. Apenas se la cultiva -y tan sólo a la sombra de las celdas monásticas- en el siglo XII. En el XIV, se propaga a todas partes, irradiando sobre todas las clases sociales, entre las que brilla con el más vivo fulgor. Todos los países ofrecen a la ciencia misteriosa una multitud de fervientes discípulos, y cada estamento se esfuerza en sacrificarle. Nobleza y alta burguesía se entregan a ella. Sabios, monjes, príncipes y prelados hacen profesión, y las gentes de oficio y pequeños artesanos, orfebres, gentilhombres, vidrieros, esmaltadores y boticarios, tampoco dejan de experimentar el irresistible deseo de manejar la retorta. Si no se trabaja a la luz del día -la autoridad real persigue a los sopladores y los Papas fulminan contra ellos[3]-, no se deja de estudiar a escondidas. Se busca con avidez la sociedad de filósofos, verdaderos o pretendidos. Estos emprenden largos viajes, con intención de aumentar su patrimonio de conocimientos, o corresponden en lenguaje cifrado de país a país y de reino a reino. Se disputan los manuscritos de los grandes adeptos, los del panopolita *Zósimo*, de *Ostanes* y de *Sinesio*. Las copias de *Jabir*, de *Razi* y de *Artefio*. Los libros de *Moriano*, de *María la Profetisa* y los fragmentos de Hermes se negocian a precio de oro. La fiebre se apodera de los intelectuales y, con las fraternidades, las logias y los

---

[1] *L'Interruption du Sommeil cabalistique ou le Dévoilement des Tableaux de l'Antiquité...* Mss. con figuras del siglo XVIII, biblioteca del Arsenal (París) n.º 2520 (175 S.A.F. - Biblioteca nacional de París, antiguo fondo francés, n.º 670 (71235), siglo XVII. Biblioteca Sainte-Geneviève, n.º 2267, tratado II, siglo XVIII.
[2] Esta definición convendría mejor a la *arquimia* o *voarchadumia*, parte de la ciencia que enseña la trasmutación de los metales unos en otros, antes que a la alquimia propiamente dicha.
[3] Cf. la bula *Spondent pariter* lanzada en 1317 contra los alquimistas por el papa Juan XXII, quien, sin embargo, había escrito su muy singular *Ars transmutatoria metallorum*.

centros iniciáticos, los sopladores crecen y se multiplican. Pocas familias escapan al pernicioso atractivo de la quimera dorada, y muy raras son las que no cuentan en su seno con algún alquimista practicante, con. algún perseguidor de lo imposible. La imaginación se lanza al galope. El *auri sacra fames* arruina al noble, desespera al villano, deja hambriento a quienquiera que se deje prender en él y no aprovecha más que al charlatán. «Abades, obispos, médicos, solitarios -escribe Lenglet-Dufresnoy[1]-, todos convirtieron la alquimia en ocupación. Era la locura del tiempo, y se sabe que cada siglo tiene una que le es propia, pero por desgracia aquélla ha reinado más tiempo que las otras y ni siquiera ha pasado del todo.»

¡Con qué pasión, con qué aliento, con qué esperanzas la ciencia maldita envuelve las ciudades góticas adormecidas bajo las estrellas! ¡Fermentación subterránea y secreta que, en cuanto cae la noche, puebla con extrañas pulsaciones las cuevas profundas, se escapa de los tragaluces en claridades intermitentes y asciende en volutas sulfurosas a los ápices de los remates!

Después del nombre célebre de Artefio (hacia 1130), la nombradía de los maestros que lo suceden consagra la realidad hermética y estimula el ardor de los aspirantes al adeptado. En el siglo XIII, vive el ilustre monje inglés Roger Bacon, a quien sus discípulos llaman *Doctor admirabilis* (1214-1292) y cuya enorme reputación se hace universal. A continuación, viene Francia con Alain de l'Isle, doctor por París y monje del Císter (muerto hacia 1298); Cristóbal *el Parisiense* (hacia 1260) y Arnaldo de Vilanova (12451310), mientras que en Italia brillan Tomás de Aquino -*Doctor angelicus*- (1225) y el monje Ferrari (1280).

El siglo XIV ve surgir a toda una pléyade de artistas. Raimundo Lulio -*Doctor illuminatus*-, franciscano español (1235-1315); Juan Daustin, filósofo inglés; Juan Cremer, abad de Westminster; Ricardo, llamado Roberto *el Inglés*, autor del *Correctum alchymiae* (hacia 1330); el italiano Pedro Bon de Lombardía; el papa francés Juan XXII (1244-1317); Guillermo de París, patrocinador de los bajo relieves herméticos del atrio de Notre-Dame: Jehan de Meun, llamado Clopinel, uno de los autores del *Roman de la Rose* (12801364); Grasseo, llamado Hortulano, comentarista de la *Tabla de esmeralda* (1358); y, finalmente, el más famoso y popular de los filósofos franceses, el alquimista Nicolas Flamel (1330-1417).

El siglo xv marca el período glorioso de la ciencia y sobrepasa aún los precedentes, tanto por la valía como por el número de los maestros que lo han ilustrado. Entre éstos conviene citar en primer lugar a Basilio Valentín, monje benedictino de la abadía de San Pedro, en Erfurt, electorado de Maguncia (hacia 1413), el artista más considerable, tal vez, que el arte hermético haya producido nunca; a su compatriota el abad Tritemio; a Isaac *el Holandés* (1408); a los dos ingleses Thomas Norton y George Ripley; a Lambsprinck; a Jorge Aurach, de Estrasburgo (1415); al monje calabrés Lacini (1459); y al noble Bernardo Trevisan (1406-1490), que empleó cincuenta y seis años de su vida en la prosecución de la Obra, y cuyo nombre quedará en la historia alquímica como un símbolo de tesón, de constancia y de irreductible perseverancia.

A partir de este momento, el hermetismo cae en descrédito. Sus mismos partidarios, amargados por la falta de éxito, se vuelven contra él. Atacado por todas partes, su prestigio desaparece, el entusiasmo decrece y la opinión cambia. Operaciones prácticas, recogidas, reunidas y luego reveladas y enseñadas, permiten a los disidentes sostener la tesis de la nada alquímica, y arruinar la filosofía echando las bases de nuestra química. Seton, Wenceslao Lavinio de Moravia, Zacarías y Paracelso son, en el siglo XVI, los únicos herederos conocidos del esoterismo egipcio del que el Renacimiento ha renegado tras haberlo corrompido. Rindamos, de pasada, un supremo homenaje al ardiente defensor de las verdades antiguas que fue Paracelso. El gran tribuno merece por nuestra parte un eterno reconocimiento por su última y valiente intervención que, aunque vana, no por ello deja de constituir uno de sus mejores timbres de gloria.

El arte hermético prolonga su agonía hasta el siglo XVII y, por fin, se extingue, no sin haber dado al mundo occidental tres vástagos de gran envergadura: Láscaris, el presidente d'Espagnet y el misterioso Ireneo Filaleteo, enigma vivo cuya personalidad jamás pudo descubrirse.

---

[1] Lenglet-Dufresnoy, *Histoire de la Philosophie hermétique*. París, Coustelier, 1742.

IV. EL LABORATORIO LEGENDARIO

Con su cortejo de misterio y de desconocido, bajo su velo de iluminismo y de maravilloso, la alquimia evoca todo un pasado de historias lejanas, de narraciones miríficas y de testimonios sorprendentes. Sus teorías singulares, sus extrañas recetas, la secular nombradía de sus grandes maestros, las apasionadas controversias que suscitó, el favor de que gozó en la Edad Media y su literatura oscura, enigmática y paradójica nos parecen desprender hoy el tufo del moho y del aire rarificado que adquieren, al correr de los años, los sepulcros vacíos, las flores marchitas, las viviendas abandonadas y los pergaminos amarillentos.

¿El alquimista? Un anciano meditabundo, de frente grave y coronada de cabellos blancos, de silueta pálida y achacosa, personaje original de una Humanidad desaparecida y de un mundo olvidado; un recluso testarudo, encorvado por el estudio, las vigilias, la investigación perseverante y el desciframiento obstinado de los enigmas de la alta ciencia. Tal es el filósofo a quien la imaginación del poeta y el pincel del artista se han complacido en presentarnos.

Su laboratorio - sótano, celda o cripta antigua - apenas se ilumina con una luz triste que ayuda a difundir las múltiples telarañas polvorientas. Sin embargo, ahí, en medio del silencio, se consuma el prodigio poco a poco. La infatigable Naturaleza, mejor que en sus abismos rocosos. se afana bajo la prudente vigilancia del hombre, con el socorro de los astros y por la gracia de Dios. ¡Labor oculta, tarea ingrata y ciclópea, de una amplitud de pesadilla! En el centro de este *in pace*, un ser, un sabio para quien ninguna otra cosa existe ya, vigila, atento y paciente, las fases sucesivas de la Gran Obra...

A medida que nuestros ojos se habitúan mil cosas salen de la penumbra, nacen y se precisan. ¿Dónde estamos, Señor? ¿Tal vez en el antro de Polifemo o acaso en la caverna de Vulcano?

Cerca de nosotros hay una fragua apagada cubierta de polvo y de virutas de forja, y la bigornia, el martillo, las pinzas, las tijeras y las tenazas; moldes oxidados y los útiles rudos y poderosos del metalúrgico han ido a caer allá. En un rincón, gruesos libros pesadamente herrados -como antifonarios - con cintas selladas con plomos vetustos; manuscritos cenizosos y grimorios amontonados mezclados unos con otros; volúmenes cubiertos de notas y de fórmulas, maculados desde el *incipit* al *explicit*. Redomas ventrudas como buenos monjes y repletas de emulsiones opalescentes, de líquidos glaucos herrumbrosos o encarnadinos exhalan esos relentes ácidos cuya aspereza anuda la garganta y pica en la nariz.

En la campana del horno se alinean curiosas vasijas oblongas, de cuello corto, selladas y encapuchadas con cera; matraces de esferas irisadas por los depósitos metálicos estiran sus cuellos unas veces delgados y cilíndricos, y otras abocinados o hinchados; las cucúrbitas verdosas, y las retortas de cerámica aparecen junto a los crisoles de tierra roja y llameada. Al fondo, colocados en sus montones de paja a lo largo de una cornisa de piedra, unos huevos filosóficos hialinos y e elegantes contrastan con la maciza y abultada calabaza, *praegnans cucurbita*.

¡Condenación! He aquí ahora piezas anatómicas, fragmentos esqueléticos: cráneos ennegrecidos, desdentados y repugnantes en su rictus de ultratumba; fetos humanos suspendidos, desecados y encogidos, miserables desechos que ofrecen a la mirada su cuerpo minúsculo, su cabeza apergaminada, desdeñable y lastimosa. Esos ojos redondos, vidriosos y dorados son los de una lechuza de plumaje marchito, que tiene por vecino a un cocodrilo, salamandra gigante, otro símbolo importante de la práctica. El espantoso reptil emerge de un rincón oscuro, tiende la cadena de sus vértebras sobre sus patas rechonchas y dirige hacia las arcadas la sima ósea de sus temibles maxilares.

Esparcidos sin orden, al azar de las necesidades, en la placa del horno, se ven botes vitrificados, alúdeles o sublimatorios; pelicanos de paredes espesas; infiernos semejantes a grandes huevos de los que se viera una de las chalazas; recipientes oliváceos hundidos de lleno en la arena, contra el atanor de humaredas ligeras que ascienden hacia la bóveda ojival. Aquí está el alambique de cobre -*homo galeatus*-, maculado de babas verdes; allá, los descensores y los dos hermanos o gemelos de la cohobación; recipientes con serpentines; pesados morteros de fundición o de mármol; un ancho fuelle de flancos de cuero raído junto a un montón de garruchas, de tejas, de copelas, de evaporatorios...

¡Amasijo caótico de instrumentos arcaicos, de materiales extraños y de utensilios caducos, almoneda de todas las ciencias, batiburrillo de faunas impresionantes! Y planeando sobre ese desorden, fijo en la clave de bóveda, como pendiente con las alas desplegadas, el gran cuervo, jeroglífico de la muerte material y de sus descomposiciones, emblema misterioso de misteriosas operaciones.

Curiosa también la muralla o, al menos, lo que de ella queda. Inscripciones de sentido místico llenan los vacíos: *Hic lapis est subtus te, supra te, erga te et circa te*; versos mnemónicos se hacen un lío, grabados al capricho del estilete en la piedra blanda; predomina uno de ellos, trazado en cursiva gótica: *Azoth et ignis tibi sufficiunt*, caracteres hebraicos; círculos cortados por triángulos, entremezclados con cuadriláteros a la manera de las signaturas gnósticas. Aquí, un pensamiento, fundado sobre el dogma de la unidad, resume toda una filosofía: *Omnia ab uno et in unum omnia*. Aparte, la imagen de la hoz, emblema del decimotercer arcano y de la casa natural; la estrella de Salomón; el símbolo del Cangrejo, obsecración del mal espíritu; algunos pasajes de Zoroastro, testimonios de la alta antigüedad de las ciencias malditas. Finalmente, situado en el campo luminoso del tragaluz, y más legible en ese dédalo de imprevisiones, el ternario hermético: *Sal, Sulphur, Mercurius...*

Tal es el cuadro legendario del alquimista y de su laboratorio. Visión fantástica, desprovista de veracidad, salida de la imaginación popular y reproducida en los viejos almanaques, tesoros del cotilleo.

¿Sopladores, magistas, brujos, astrólogos, nigromantes?

-¡Anatema y maldición!

V. QUÍMICA Y FILOSOFÍA

La química es, indiscutiblemente, la ciencia de los hechos, como la alquimia lo es de las causas. La primera, limitada al ámbito material, se apoya en la experiencia, en tanto que la segunda, toma de preferencia sus directrices en la filosofía. Si una tiene por objeto el estudio de los cuerpos naturales, la otra intenta penetrar en el misterioso dinamismo que preside sus transformaciones. Es esto lo que determina su diferencia esencial y nos permite decir que la alquimia, comparada a nuestra ciencia positiva, la única admitida y enseñada hoy, es una química espiritualista porque nos permite entrever a Dios a través de las tinieblas de la sustancia.

Por añadidura, no nos parece suficiente saber reconocer y clasificar los hechos con exactitud. Es preciso, aún, interrogar a la Naturaleza para aprender de ella en qué condiciones y bajo el imperio de qué voluntad se operan sus múltiples producciones. El espíritu filosófico no sería capaz, en efecto, de contentarse con una simple posibilidad de identificación de los cuerpos, sino que reclama el conocimiento del secreto de su elaboración. Entreabrir la puerta del laboratorio donde la Naturaleza mezcla los elementos está bien, pero descubrir la fuerza oculta bajo cuya influencia se efectúa su labor, mejor. Nos hallamos lejos, evidentemente, de conocer todos los cuerpos naturales y sus combinaciones, ya que cada día descubrimos otros nuevos, pero sabemos lo suficiente como para renunciar provisionalmente al estudio de la materia inerte y dirigir nuestras investigaciones hacia el animador desconocido, agente de tantas maravillas.

Decir, por ejemplo, que dos volúmenes de hidrógeno combinados con un volumen de oxígeno dan agua es anunciar una trivialidad química. Y, sin embargo, ¿quién nos enseñará por qué el resultado de esa combinación presenta, con un estado especial, caracteres que no poseen en absoluto los gases que la han producido? ¿Cuál es, pues, el agente que impone al compuesto su especificidad nueva y obliga al agua, solidificada por el frío, a cristalizar siempre en el mismo sistema? Por una parte, si el hecho es innegable y está rigurosamente controlado, ¿de dónde procede el que nos resulte imposible reproducirla por simple lectura de la fórmula encargada de explicar su mecanismo? Pues falta, en la notación $H2O$ el agente esencial capaz de provocar la unión íntima de los elementos gaseosos, es decir, el *fuego*. Pero desafiamos al más hábil químico a que fabrique agua sintética mezclando el oxígeno con el hidrógeno en los volúmenes indicados: ambos gases rehusarán siempre combinarse. Para tener éxito en la experiencia, es indispensable hacer intervenir el fuego, ya sea en forma de chispa o en la de un cuerpo en ignición o susceptible de ser puesto en incandescencia (esponja de platino). Se reconoce, así, sin que se pueda oponer a nuestra tesis el menor argumento serio, que la fórmula química del agua es, si no falsa, al menos incompleta y truncada. Y el agente intermediario *fuego*, sin el cual ninguna combinación puede efectuarse, al estar excluido de la notación química, hace que la ciencia entera se manifieste como lagunar e incapaz de suministrar, mediante sus fórmulas, una explicación lógica y verdadera de los fenómenos estudiados. «La química física -escribe A. Etard[1] - arrastra a la mayoría de los espíritus investigadores. Ella es la que toca más de cerca las verdades profundas, y será ella la que nos revele lentamente las leyes capaces de cambiar todos nuestros sistemas y nuestras fórmulas. Pero por su importancia misma, este tipo de química es el más abstracto y el más misterioso de cuantos existen. Las mejores inteligencias no pueden, durante los cortos instantes de un pensamiento creador, llegar a la atención sostenida y a la comparación de todos los grandes hechos conocidos. Ante semejante imposibilidad, se recurre a las representaciones matemáticas. Estas representaciones son, las más de las veces, perfectas en sus métodos y en sus resultados, pero en la aplicación a lo que es profundamente desconocido, no puede lograrse que las matemáticas descubran verdades cuyos elementos no les ha confiado. El hombre mejor dotado plantea mal el problema que no comprende. Si estos problemas pudieran ser reducidos correctamente a una ecuación, se tendría la esperanza de resolverlos. Pero en el estado de ignorancia en que nos encontramos, nos vemos fatalmente limitados a introducir numerosas constantes, a descuidar los términos y a aplicar hipótesis... La reducción a ecuación no es, tal vez, correcta del todo, pero nos consolamos porque conduce a una solución, por más que *constituye una detención temporal del progreso de la ciencia el que tales soluciones se impongan* durante años a personalidades de valía *como una demostración científica*. Muchos trabajos se realizan en este sentido, los cuales ocupan tiempo y conducen a *teorías contradictorias* destinadas al olvido.»

Esas famosas teorías que por tanto tiempo fueron invocadas y opuestas a las concepciones herméticas ven hoy en día su solidez fuertemente comprometida. Sabios sinceros pertenecientes a la escuela creadora de esas mismas hipótesis consideradas como certidumbres - no les conceden sino un valor muy relativo.

Su campo de acción se reduce paralelamente a la disminución de su poder de investigación. Es lo que expresa con esa franqueza reveladora del verdadero espíritu científico, Emile Picard en *la Revue des Deux Mondes*. «En cuanto a las teorías - escribe -, ya no se proponen dar una explicación causal de la realidad misma, sino sólo traducir ésta a imágenes a símbolos matemáticos. Se pide a esos instrumentos de trabajo que son las teorías que coordinen, al

---

[1] A. Etard, *Revue annuelle de Chimie pure*, en *Revue des Sciences*, 30 setiembre de 1896, p. 775.

menos por un tiempo, los fenómenos conocidos y que prevean otros nuevos. Cuando su fecundidad queda agotada, se esfuerzan en hacerle experimentar las transformaciones que ha hecho necesarias el descubrimiento de hechos nuevos.» Así, pues, contrariamente a la filosofía, que rebasa los hechos y asegura la orientación de las ideas y su conexión práctica, la teoría, concebida *a posteriori* y modificada según los resultados de la experiencia a medida que se efectúan nuevas adquisiciones, refleja siempre la incertidumbre de las cosas provisionales y da a la ciencia moderna el carácter de un perpetuo empirismo. Gran cantidad de hechos químicos seriamente observados resisten a la lógica y desafían todo razonamiento, «El ioduro cúprico, por ejemplo - dice J. Duclaux[1] -, se descompone espontáneamente en iodo y yoduro cuproso. Puesto que el iodo es un oxidante y las sales cuprosas son reductoras, esta descomposición es inexplicable. La formación de compuestos en extremo inestables, tales como el cloruro de nitrógeno, es asimismo inexplicable. Tampoco se comprende por qué el oro, que resiste a los ácidos y a los álcalis, incluso concentrados y calientes, se disuelve en una solución extendida y fría de cianuro de potasio; por qué el hidrógeno sulfurado es más volátil que el agua; por qué el cloruro de azufre, compuesto de dos elementos cada uno de los cuales se combina con el potasio con incandescencia, no actúa sobre ese metal.»

Acabamos de hablar del fuego. Todavía no lo consideramos más que en su forma vulgar y no en su esencia espiritual, la cual se introduce en los cuerpos en el momento de su aparición en el plano físico. Lo que deseamos demostrar sin salirnos del ámbito alquímico es el error grave que domina toda la ciencia actual y le impide reconocer ese principio universal que anima la sustancia, pertenezca al reino que pertenezca. Sin embargo, se manifiesta en torno nuestro, ante nuestros ojos, ya sea por las propiedades nuevas que la materia hereda de él, ya por los fenómenos que acompañan su desprendimiento. La luz - fuego ramificado y espiritualizado - posee las mismas virtudes y el mismo poder químico que el fuego elemental y grosero. Una experiencia dirigida hacia la realización sintética del ácido clorhídrico (ClH) a partir de sus compuestos lo demuestra de modo suficiente. Si se encierran en un frasco de vidrio volúmenes iguales de gas cloro y de hidrógeno, ambos gases conservarán su individualidad propia en tanto que la redoma que los contenga se mantenga en la oscuridad. Ya a la luz difusa, su combinación se efectúa poco a poco, pero si se expone el recipiente a los rayos solares directos, estalla con violencia.

Se nos objetará que el fuego, considerado como simple catalizador, no forma en absoluto parte integrante de la sustancia y que, en consecuencia, no se lo puede señalar en la expresión de las fórmulas químicas. El argumento es más falaz que verdadero, pues la misma experiencia lo invalida. He aquí un terrón de azúcar, cuya ecuación no incluye ningún equivalente del fuego. Si lo rompemos en la oscuridad, veremos que desprende una chispita azul. ¿De dónde proviene? ¿Dónde se halla encerrada sino en la textura cristalina de la sacarosa? Hemos hablado del agua. Pues bien, arrojemos a su superficie un fragmento de potasio: se inflama espontáneamente y arde con energía. ¿Dónde, pues, se escondía esta llama visible? Ya sea en el agua, en el aire o en el metal, ello importa poco; el hecho esencial es que existe potencialmente en el interior de uno u otro de esos cuerpos o quizá de todos. ¿Qué es el fósforo, portador de luz y generador de fuego? ¿Cómo transforman las noctilucas, las luciérnagas y los gusanos de luz una parte de su energía vital en luminosa? ¿Quién obliga a las sales de uranio, de cerio y de circonio a convertirse en fluorescentes cuando han estado sometidas a la acción de la luz solar? ¿Por qué misterioso sincronismo el platino - cianuro de bario brilla al contacto de los rayos Roentgen?

Y no se hable de la oxidación en el orden normal de los fenómenos ígneos, pues ello significaría hacer retroceder la cuestión en lugar de resolverla. La oxidación es una resultante y no una causa; es una combinación sometida a un principio activo, a un agente. Si ciertas oxidaciones enérgicas *desprenden* calor o fuego es, muy ciertamente, por la razón de que este fuego se hallaba primero en el *seno* del cuerpo en cuestión. El fluido eléctrico, silencioso, oscuro y frío, recorre su conductor metálico sin influenciarlo mayormente ni manifestar su paso a través de él, pero si va a dar con una resistencia, la energía se revela de inmediato con las cualidades y bajo el aspecto del fuego. Un filamento de lámpara se vuelve incandescente, el carbón de la cucúrbita se convierte en brasas, y el hilo metálico más refractario se funde en seguida. Entonces, ¿no es la electricidad un fuego verdadero, un fuego en potencia? ¿De dónde extrae su origen sino de la descomposición (pilas) o de la disgregación de los metales (dínamos), cuerpos eminentemente cargados del principio ígneo? Desprendamos una partícula de acero o de hierro mediante abrasión o por el choque contra un sílex, y veremos brillar la chispa así puesta en libertad. Es bastante conocido el encendedor neumático, basado en la propiedad que posee el aire atmosférico de inflamarse por simple compresión. Los mismos líquidos son a menudo verdaderas reservas de fuego. Basta verter algunas gotas de ácido nítrico concentrado en la esencia de trementina para provocar su inflamación. En la categoría de las sales, citemos de memoria las fulminantes, la nitrocelulosa, el picrato de potasa, etc.

Sin multiplicar más los ejemplos, se advierte que resultaría pueril sostener que el fuego, por el hecho de que no podemos percibirlo directamente en la materia, no se halle, en realidad, en ella en estado latente. Los viejos alquimistas, que poseían de fuente tradicional más conocimientos de los que estamos dispuestos a reconocerles, aseguraban que *el Sol es un astro frío* y que *sus rayos son oscuros*[2]. Nada parece más paradójico ni más contrario a la apariencia y, sin embargo, nada es más verdadero. Algunos instantes de reflexión permiten convencerse de ello. Si el Sol fuera un globo de fuego, como se nos enseña, bastaría acercarse por poco que fuera para experimentar el efecto de un calor creciente. Y lo que sucede es justo lo contrario, pues las altas montañas permanecen coronadas de nieve pese a los ardores del verano. En las regiones elevadas de la atmósfera, cuando el astro pasa por el cenit, el globo de los aerostatos se cubre de escarcha y sus pasajeros padecen un frío muy vivo. Así, la experiencia demuestra

[1] J. Duclaux, *La Chimie de la Matière vivante*. Paris, Alcan, 1910 p.14
[2] Cf. Cosmopolita o *Nouvelle Lumière chymique*, París, 1669, página 50.

que la temperatura desciende a medida que aumenta la altura. La misma luz se nos hace sensible cuando nos encontramos situados en el campo de su irradiación. En cuanto nos situamos fuera del haz radiante, su acción cesa para nuestros ojos. Es un hecho bien conocido que un observador que contempla el cielo desde el fondo de un pozo al mediodía ve el firmamento nocturno y constelado.

¿De dónde proceden, pues, el calor y la luz? Del simple choque de las vibraciones frías y oscuras contra las moléculas gaseosas de nuestra atmósfera. Y como la resistencia crece en razón directa de la densidad del medio, el calor y la luz son más fuertes en la superficie terrestre que en las grandes altitudes porque las capas de aire son, asimismo, más densas. Tal es, al menos, la explicación física del fenómeno. En realidad, y según la teoría hermética, la oposición al movimiento vibratorio y la reacción no son sino las causas primeras de un efecto que se traduce por la liberación de los átomos luminosos e ígneos del aire atmosférico. Bajo la acción del bombardeo vibratorio, el espíritu, liberado del cuerpo, se reviste para nuestros sentidos de las cualidades físicas características de su fase activa: luminosidad, brillo y calor.

Así, el único reproche que se puede dirigir a la ciencia química es el de no tener en cuenta el agente ígneo, principio espiritual y base de la energética, bajo cuya influencia se operan todas las transformaciones materiales. La exclusión sistemática de -este espíritu, voluntad superior y dinamismo escondido de las cosas, es lo que priva a la química moderna del *carácter filosófico* que posee la antigua alquimia. «Usted cree -escribe Henri Hélier a L. Olivier[1] en la fecundidad indefinida de la experiencia. Sin duda, pero siempre la experimentación se ha dejado llevar por una idea preconcebida, por una filosofía. Idea a menudo casi absurda en apariencia, filosofía en ocasiones extraña y desconcertante en sus signos. "Si yo contara cómo he hecho mis descubrimientos, decía Faraday, me tomaríais por un imbécil." Todos los grandes químicos han tenido así ideas en la cabeza que se han guardado muy mucho de darlas a conocer... De sus trabajos hemos extraído nuestros métodos y teorías actuales, los cuales constituyen el más precioso resultado de aquéllos, pero no fueron su origen.»

«El alambique, con sus aires graves y reposados - dice un filósofo anónimo[2] -, ha conseguido en química una gran clientela. Tratad de fiaros de él; es un depositario infiel y un usurero. Le confiáis un objeto por completo sano, dotado de propiedades naturales indiscutibles, con una forma que constituye su existencia, y os lo vuelve informe, en polvo o en gas, y tiene la pretensión de devolvéroslo todo cuando se lo ha quedado todo, menos el peso, que no es nada puesto que procede de una causa independiente del cuerpo mismo. Y el sindicato de los sabios sanciona esta horrible usura! Le dais vino y os devuelve tanino, alcohol y agua a peso igual .¿Qué falta? El gusto, es decir, la única cosa que hace que sea vino, y así con todo. Puesto que habéis obtenido tres cosas del vino, señores químicos, decís que el vino está compuesto de esas tres cosas. Recomponedlo, pues, o yo os diré que son tres cosas las que se obtienen del vino. Podéis deshacer lo que habéis hecho, pero jamás reharéis lo que habéis deshecho en la Naturaleza. Los cuerpos sólo se os resisten en la proporción en que están combinados con más fuerza, y llamáis *cuerpos simples* a todos aquellos que se os resisten: ¡vanidad!

»Me gusta el microscopio porque se contenta con mostrarnos las cosas tal como son, extendiendo simplemente nuestra percepción; así, son los sabios, pues, los que le prestan opiniones. Pero cuando, sumergidos en los últimos detalles, esos señores colocan bajo el microscopio el grano más pequeño o la gotita más insignificante, el instrumento guasón parece decirles, al tiempo que les muestra animales vivos: ¡Analizadme éstos! ¿Qué es, pues, lo que lo analiza? ¡Vanidad, vanidad!

»Finalmente, cuando un sabio doctor hunde el bisturí en un cadáver para buscar en él las *causas* de la enfermedad que ha hecho una víctima, con su ayuda no encuentra más que *resultados*, pues la causa de la muerte está en la de la vida, y *la verdadera medicina, la que practicó naturalmente Cristo* y que renace científicamente con la homeopatía, la medicina de los semejantes, se estudia en el individuo vivo. Pero cuando se trata de la vida, como nada hay que se parezca menos a un vivo que un muerto, la anatomía es la más triste de las vanidades.

»Así, pues, ¿son todos los instrumentos causa de error? Lejos de ello, pero indican la verdad en un límite tan restringido que su verdad no es más que una vanidad, con lo que resulta imposible atribuirles una verdad absoluta. Es lo que yo llamo la *imposibilidad de lo real*, y en ello me baso para afirmar *la posibilidad de lo maravilloso.*»

Positiva en sus hechos la química se mantiene negativa en su espíritu, y es precisamente eso lo que la diferencia de la ciencia hermética, cuyo ámbito comprende, sobre todo, el estudio de las causas eficientes, de sus influencias, de las modalidades que afectan según medios y las condiciones. Este estudio, exclusivamente filosófico, permite al hombre penetrar el misterio de los hechos, comprender su extensión e identificar, en fin, a la inteligencia suprema, alma del Universo, Luz, Dios. Así, la alquimia, remontándose de lo concreto a lo abstracto, del positivismo material al espiritualismo puro, ensancha el campo de los conocimientos humanos, de las posibilidades de acción, y realiza la unión de Dios y de la Naturaleza, de la Creación y del Creador, de la Ciencia y de la Religión.

No se vea en esta discusión ninguna crítica injusta o tendenciosa dirigida contra los químicos. Respetamos a todas las personas laboriosas a cualquier condición que pertenezcan, y profesamos personalmente la más profunda admiración por los grandes sabios cuyos descubrimientos han enriquecido de manera tan magnífica la ciencia actual. Pero lo que los hombres de buena fe lamentarán con nosotros no son tanto las divergencias de opinión libremente expresadas, como las enfadosas intenciones de un sectarismo estrecho que siembra la discordia entre los partidarios de una y otra doctrina. La vida es demasiado breve y el tiempo demasiado precioso para malgastarlos en vanas

---

[1] *Lettre sur la Philosophie chimique*, en la *Revue des Sciences*, 30 de diciembre de 1896, p. 1227.
[2] *Comment l'Esprit vient aux tables, par un homme qui n'a pas perdu l'esprit*. París, Librairie Nouvelle, 1854, p. 150.

polémicas, y no es honrarse demasiado despreciar el saber de otro. Poco importa, por añadidura, que tantos investigadores se pierdan si son sinceros y si su mismo error los conduce a útiles descubrimientos. *Errare humanum est*, dice el viejo adagio, y la ilusión se apodera a menudo de la diadema de la verdad. Aquellos que perseveran a pesar de la falta de éxito tienen, pues, derecho a toda nuestra simpatía. Por desgracia, el *espíritu científico* es una cualidad rara en el hombre de ciencia, y hallamos este defecto en el origen de las luchas que señalamos. De que una verdad no esté demostrada ni sea demostrable con ayuda de los medios de que dispone la ciencia, no puede inferirse que no lo sea jamás. «Le mot *impossible* n'est pas français», decía Arago; y nosotros añadirnos que esa palabra es contraria al verdadero espíritu científico. Calificar una cosa de imposible porque su posibilidad actual resulte dudosa evidencia falta de confianza en el porvenir y es renegar del progreso. Lémery[1] no comete una imprudencia grave cuando se atreve a escribir, a propósito del *alkaest* o disolvente universal: «En cuanto a mí, lo creo imaginario puesto que no lo conozco.» Nuestro químico, como se convendrá en ello, estimaba en gran manera el valor y la extensión de sus conocimientos. Harrys, cerebro refractario al pensamiento hermético, definía así la alquimia, sin haber querido estudiarla jamás: *Ars sine artre, cujus principium est mentiri, medium laborare et finis mendicare*[2].

Al lado de estos sabios encerrados en su torre de marfil, al lado de estos hombres de mérito indiscutible, cierto, pero esclavos de prejuicios tenaces, otros no dudaron en absoluto en otorgar derecho de ciudadanía a la vieja ciencia. Spinoza y Leibniz creían en la piedra filosofar y en la crisopeya. Pascal llegó a la certidumbre de ella[3]. Más cerca de nosotros, algunos espíritus elevados, entre otros Sir Humphrey Davy, pensaban que las investigaciones herméticas podían conducir a resultados insospechados. Jean-Baptiste Dumas, en sus *Leçons sur la Philosophie chimique* se expresa en estos términos: «Nos estaría permitido admitir cuerpos simples isómeros? Esta pregunta toca de cerca la transmutación de los metales. Resuelta afirmativamente, daría oportunidades de éxito a la búsqueda de la piedra filosofal... Es preciso, pues, consultar a la experiencia, y la experiencia, hay que decirlo, no se halla hasta el momento en absoluto en oposición con la posibilidad de la transmutación de los cuerpos simples... Se opone, incluso, a que se rechace esta idea como un absurdo demostrado por el actual estado de nuestros conocimientos.» François-Vincent Raspail era un químico convencido, y las obras de los filósofos clásicos ocupaban un lugar preponderante entre sus demás libros. Ernest Bosc[4] cuenta que Auguste Cahours, miembro de la Academia Francesa de las Ciencias, le había revelado que «su venerado maestro Chevreul profesaba la mayor estima por nuestros viejos alquimistas, y también su rica biblioteca encerraba casi todas las obras importantes de los filósofos herméticos[5]. Parecería, incluso, que el decano de los estudiantes de Fran cia, como Chevreul se titulaba a sí mismo, había aprendido mucho de esos viejos mamotretos, y que les debía una parte de sus hermosos descubrimientos. El ilustre Chevreul, en efecto, sabía leer entre líneas muchos datos que habían pasado inadvertidas antes de él.» Uno de los maestros más célebres de la ciencia química, Marcellin Berthelot, no se contentó, ni mucho menos, con adoptar la opinión de la Escuela. Contrariamente a la mayoría de sus colegas, que hablan audazmente de la alquimia sin conocerla, consagró más de veinte años al paciente estudio de los textos originales, griegos y árabes. Y de ese largo comercio con los maestros antiguos, nació en él aquella convicción de que «los principios herméticos, en su conjunto, son tan sostenibles como las mejores teorías modernas». De no ser por la promesa que les hicimos, podríamos añadir a esos sabios los nombres de ciertas eminencias científicas, por entero conquistadas para el arte de Hermes, pero cuya situación misma los obliga a practicarlo tan sólo en secreto.

En nuestros días, y aunque la unidad de la sustancia - base de la doctrina enseñada desde la Antigüedad por todos los alquimistas - sea admitida y oficialmente consagrada, no parece, sin embargo, que la idea de la transmutación haya seguido el mismo progreso. El hecho resulta tanto más sorprendente cuanto que no cabría admitir la una sin

---

[1] Lémery, *Cours de Chymie*. París, d'Houry, 1757.

[2] «Un arte sin arte, cuyo principio es mentir, la mitad, trabajar, y el final, mendigar.»

[3] ¿Fue alquimista Pascal? Nada nos autoriza a pretender que así fuera. Lo más seguro es que realizara por si mismo la transmutación a menos que la hubiera visto consumarse, ante sus ojos, en el laboratorio de un adepto. La operación duró dos horas. Eso es lo que se desprende de un curioso documento autógrafo de papel, redactado en estilo místico, y que se halló cosido en su vestido cuando se procedió a su entierro. He aquí el comienzo, que es también la parte esencial:

> *El año de gracia de 1654,*

> *lunes, 23 de noviembre, día de San Clemente, papa y mártir,*
> *Y otros del martirologio,*
> *víspera de San Crisógono, mártir, y otros,*
> *después de alrededor de las diez y media de la noche más o menos hasta*
> *las doce y media,*
> *FUEGO.*
> *Dios de Abraham, Dios de Isaac, Dios de Jacob,*
> *y no el de los filósofos y de lo sabios.*
> *Certeza, certeza, sentimiento, alegría y paz.*

Hemos subrayado al proposito, aunque no lo esté en la pieza original, la palabra *Crisógono* de la que se sirve el autor para calificar la transmutación. Está formada, en efecto, por dos términos griegos: crusoz, *oro* y gonh, *generación*. La muerte, que de ordinario se lleva el secreto de los hombres, debía revelar el de Pascal, *philosophus per ignem*.

[4] Ernest Bosc, *Dictionnaire d'Orientalisme, d'occultisme et de Psychologie*. Tomo I: art. *Alchimie*.

[5] Chevreul legó su biblioteca hermética al Museo de Historia Natural de París.

considerar la posibilidad de la otra. Por otra parte, en vista de la gran antigüedad de la tesis hermética, podría pensarse con cierta razón que en el curso de los siglos ha podido hallarse confirmada por la experiencia. Es verdad que los sabios hacen, por lo general, poco caso de los argumentos de este orden, y que los testimonios más dignos de fe y mejor fundamentados les parecen sospechosos, ya sea porque los ignoran o porque prefieren desinteresarse de ellos. A fin de que no se nos acuse lo más mínimo de atribuirles alguna intención malévola al desnaturalizar su pensamiento, y para permitir al lector que juzgue con toda libertad, someteremos a su apreciación las opiniones de sabios y filósofos modernos sobre el tema que nos ocupa. Jean Finot[1], habiendo hecho un llamamiento a los hombres competentes, les propuso la pregunta siguiente: *En el estado actual de la ciencia, la transmutación metálica es posible o realizable. ¿Puede ser considerada, incluso, como realizada según nuestros conocimientos?* He aquí las respuestas que recibió:

Doctor Max Nordeau: «Permítame que me abstenga de toda discusión acerca de la transmutación de la materia. Adopto el dogma (es uno de ellos) de la unidad de aquélla, la hipótesis de la evolución de los elementos químicos de peso atómico más ligero a más pesado, e incluso la teoría - imprudentemente llamada ley - de la periodicidad de Mendeléiev. No niego la *posibilidad teórica* de rehacer artificialmente, con métodos de laboratorio, una parte de esa evolución, producida naturalmente *en miles de millones o billones de años* por las fuerzas cósmicas, y transformar en oro metales más ligeros. Pero *no creo que nuestro siglo sea testigo de la realización del sueño de los alquimistas.*»

Henri Poincaré: «La ciencia no puede y no debe decir ¡jamás! Tal vez un día se descubra el principio de fabricar oro, pero, por el momento, *el problema no parece resuelto.*»

Madame M. Curie: «Si es verdad que han sido observadas transformaciones atómicas *espontáneas* con los cuerpos radiactivos (producción de helio por esos cuerpos que usted señala, lo cual es perfectamente exacto), se puede, por otra parte, asegurar que *ninguna transformación de cuerpo simple ha sido aún obtenida por el esfuerzo de los hombres* y gracias a dispositivos imaginados por ellos. Es, pues, del todo inútil, hoy, considerar las consecuencias posibles de la fabricación del oro.»

Gustave Le Bon: «*Es posible que se transforme acero en oro* como se transforma, según dice, el uranio en radio y en helio, pero *esas transformaciones no afectan más que a milmillonésimas de miligramos*, y entonces sería mucho más económico obtener oro del mar, que contiene toneladas de él.»

Diez años después, una revista de divulgación científica[2] realizó la misma encuesta y publicó las opiniones siguientes:

Charles Richet, profesor de la Facultad de Medicina de París, miembro del Instituto de Francia y premio Nobel: «Confieso que carezco de opinión acerca de este asunto.»

Urbain y Jules Perrin: «De no producirse una revolución en el arte de explotar las fuerzas naturales, el *oro sintético -si no es una quimera -, no valdrá la pena de ser explotado industrialmente.*»

Charles Moureu: «*La fabricación del oro no es una hipótesis absurda. Es casi la única afirmación que puede emitir un verdadero sabio... Un sabio no afirma nada "a priori..." La transmutación es un hecho que comprobamos todos los días.*»

A ese pensamiento tan audazmente expresado, elaborado por un cerebro intrépido, dotado del más noble espíritu científico y de un sentido profundo de la verdad, opondremos otro de calidad muy distinta. Se trata de la apreciación de Henry Le Châtelier, miembro del Instituto de Francia, profesor de química de la Facultad de Ciencias de París: «Me niego en absoluto -escribe el ilustre maestro- a toda entrevista sobre el tema del oro sintético. Considero que *ello debe de derivar de alguna tentativa de estafa*, como los famosos diamantes Lemoine.»

En verdad que no se podría testimoniar con menos palabras y amenidad tanto desprecio por los viejos adeptos, maestros venerados de los alquimistas actuales. Para nuestro autor, que sin duda jamás ha abierto un libro hermético, *transmutación* es sinónimo de *charlatanismo*. Discípulo de esos grandes desaparecidos, parece bastante natural que debamos heredar su molesta reputación. Nada importa. En ello reside nuestra gloria, la única, por otra parte, que se digna concedernos cuando halla la oportunidad de la ignorancia diplomada, orgullosa de sus baratijas: cruces, sellos, palmas y pergaminos. Pero dejemos al asno llevar con gravedad sus reliquias y volvamos a nuestro tema.

Las respuestas que se acaban de leer - excepto la de Charles Moureu - son semejantes en cuanto al fondo. Todas proceden de una misma fuente; el espíritu académico las ha dictado. Nuestros sabios aceptan la *posibilidad teórica* de la transmutación, pero se niegan a creer en su realidad material. Niegan después de haber afirmado, lo que constituye un medio cómodo de quedar a la expectativa y de no comprometerse ni salirse del ámbito de las relatividades.

¿Podemos hablar de transformaciones atómicas que afectan a algunas moléculas de sustancia? ¿Cómo reconocerles un valor absoluto si sólo se las puede controlar indirectamente por caminos apartados? ¿Se trata de una simple concesión que los modernos hacen a los antiguos? Pero nosotros nunca hemos oído decir que la ciencia hermética haya pedido limosna. La conocemos bastante rica en observaciones, bastante provista de hechos positivos como para no verse reducida a la mendicidad. Por otra parte, la idea teórica que nuestros químicos sostienen hoy pertenece, en discusión, a los alquimistas. Se trata de su bien propio, y nadie sería capaz de rehusarles el beneficio de una anterioridad reconocida de quince siglos. Esos hombres han sido los primeros en demostrar la realización efectiva, nacida de la unidad de sustancia, base invulnerable de su filosofía. Por añadidura, nos preguntamos por qué la

---

[1] Cf. *La Revue*, n.- 18, 15 de setiembre de 1912, p. 162 y ss.
[2] *«Je sais tout.»* *La fabrication synthétique de l'or est-elle possible?* N.°- 194, 15 de febrero de 1922.

ciencia actual, dotada de medios múltiples y poderosos y de métodos rigurosos servidos por unos instrumentos precisos y perfeccionados ha empleado tanto tiempo para reconocer la veracidad del principio hermético. A partir de este momento, nos consideramos con derecho a concluir que los viejos alquimistas, con la ayuda de procedimientos muy simples, habían descubierto, no obstante, de forma experimental la prueba formal capaz de imponer como una verdad absoluta el concepto de la transmutación metálica. Nuestros predecesores no fueron ni insensatos ni impostores, y la idea madre que guió sus trabajos, la misma que se infiltra en las esferas científicas de nuestra época, es extraña a los principios hipotéticos cuyas fluctuaciones y vicisitudes ignora.

Aseguramos, pues, sin tomar partido, que los grandes sabios cuyas opiniones hemos reproducido se equivocan cuando niegan el resultado lucrativo de la transmutación. Se engañan acerca de la constitución y las cualidades profundas de la materia, aunque piensen haber sondeado todos sus misterios. Mas, ¡ay!, la complejidad de sus teorías, el amasijo de palabras creadas para explicar lo inexplicable y, sobre todo, la influencia perniciosa de una educación materialista los empujan a investigar muy lejos de aquello que está a su alcance. Matemáticos en su mayoría, pierden en simplicidad y en buen sentido lo que ganan en lógica humana y en rigor numeral. Sueñan con aprisionar la Naturaleza en una fórmula y con reducir la vida a una ecuación. Así, por desviaciones sucesivas, llegan inconscientemente a alejarse tanto de la verdad simple, que justifican la dura palabra del Evangelio: «¡Tienen ojos para no ver y sentidos para no comprender!»

¿Sería posible llevar a esos hombres a una concepción menos complicada de las cosas, guiar a esos extraviados hacia la luz del espiritualismo que les falta? Vamos a intentarlo y digamos, de buen principio, dirigiéndonos a aquellos que deseen seguirnos, que *no se estudia la naturaleza viva fuera de su actividad*. El análisis de la molécula o del átomo no enseña nada, pues es incapaz de resolver el problema más elevado que un sabio pueda plantearse: ¿cuál es la esencia de ese dinamismo invisible y misterioso que anima la sustancia? En efecto, ¿qué sabemos de la vida sino que encontramos su consecuencia física en el fenómeno del movimiento? Sin embargo, todo es vida y movimiento aquí abajo. La actividad vital, muy aparente entre los animales y los vegetales, no lo es mucho menos en el reino mineral, aunque exija del observador una atención más aguda. Los metales, en efecto, son cuerpos vivos y sensibles, de lo que son testigos el termómetro y mercurio, las sales de plata, los fluoruros, etc. ¿Qué es la dilatación y la contracción sino dos efectos del dinamismo metálico, dos manifestaciones de la vida mineral? Sin embargo, no le basta al filósofo comprobar tan sólo el alargamiento de una barra de hierro sometida al calor, sino que todavía le es preciso investigar qué *voluntad oculta* obliga al metal a dilatarse. Se sabe que éste, bajo la impresión de las radiaciones caloricas, abre sus poros, distiende sus moléculas y aumenta de superficie y de volumen. En cierto modo, se expande, como lo hacemos nosotros, bajo la acción de los benéficos efluvios solares. No se puede negar, pues, que semejante reacción tenga una causa profunda, inmaterial, pues no sabríamos explicar, sin ese impulso, qué fuerza obligaría a las partículas cristalinas a abandonar su *aparente inercia*. Esta *voluntad metálica*, el alma misma del metal, queda claramente puesta en evidencia en uno de los hermosos experimentos hechos por Ch.-Ed. Guillaume. Una barra de acero calibrado es sometida a una tracción continua y progresiva cuya potencia se registra con ayuda del dinamógrafo. Cuando la barra va a ceder, manifiesta un estrangulamiento cuyo lugar exacto se fija. Se detiene la extensión y la barra vuelve a sus dimensiones primitivas. Luego, se reanuda el experimento. Esta vez, el estrangulamiento se produce en un punto distinto del primero. Prosiguiendo la misma técnica, se advierte que todos los puntos han sido experimentados sucesivamente y que han ido cediendo, uno tras otro, a la misma tracción. Pero si se calibra una última vez la barra de acero, reanudando el experimento por el principio, se advierte que es preciso emplear una fuerza muy superior a la primera para provocar la aparición de los síntomas de ruptura. Ch.-Ed . Guillaurne concluye de esos ensayos, con mucha razón, que el metal se ha comportado como lo hubiera hecho un cuerpo orgánico: ha reforzado sucesivamente todas sus partes débiles y aumentado a propósito su coherencia para mejor defender su integridad amenazada. Una enseñanza análoga se desprende del estudio de los compuestos salinos cristalizados. Si se quiebra la arista de un cristal cualquiera y se lo sumerge, así mutilado, en el agua madre que lo produjo, no sólo se lo ve reparar de inmediato su herida, sino incluso acrecentarse con una velocidad mayor que la de los cristales intactos que han permanecido en la misma solución. Descubrimos aun una prueba evidente de la vitalidad metálica en el hecho de que, en América, los raíles de las vías férreas muestran, sin razón aparente, los efectos de una singular evolución. En ninguna parte son más frecuentes los descarrilamientos ni más inexplicables las catástrofes. Los ingenieros encargados de estudiar la causa de estas múltiples rupturas la atribuyen al «envejecimiento prematuro» del acero. Bajo la influencia probable de condiciones climáticas especiales, el metal *envejece* rápidamente, desde muy pronto, pierde su elasticidad, su maleabilidad y su resistencia, y la tenacidad y la cohesión parecen disminuidas hasta el punto de volverlo seco y quebradizo. Esta degeneración metálica, por otra parte, no se limita tan sólo a los raíles, sino que extiende sus estragos a las placas de blindaje de los navíos acorazados, las cuales quedan fuera de servicio, por lo general tras algunos meses de uso. Al ensayarlas, se sorprenden de verlas quebrarse en muchos fragmentos con el choque de una simple granada rompedora. El debilitamiento de la energía vital, fase normal y característica de decrepitud, de senilidad del metal, es un claro signo precursor de su muerte próxima. Pero puesto que la muerte, corolario de la vida, es la consecuencia directa del nacimiento, de ello se sigue que los metales y minerales manifiestan su sumisión a la ley de predestinación que rige a todos los seres creados. Nacer, vivir, morir o transformarse son los tres estadios de un período único que abarca toda la actividad física. Y como esta actividad tiene por función esencial renovarse, continuar reproduciéndose por generación, llegamos a la conclusión de que los metales llevan en sí, al igual que los animales y los vegetales, la facultad de multiplicar su especie.

Tal es la verdad analógica que la alquimia se esforzó en practicar, y tal es, asimismo, la idea hermética que nos ha parecido necesario poner primero de relieve. Así, la filosofía enseña y la experiencia demuestra que los metales, gracias a su propia simiente, pueden ser reproducidos y desarrollados en cantidad. Eso es, por otra parte, lo que la palabra de Dios nos revela en el Génesis, cuando el Creador transmite una parcela de su actividad a las criaturas salidas de su misma sustancia, pues el mandato divino *creced y multiplicaos* no se aplica sólo al hombre, sino que está dirigido al conjunto de los seres vivos extendidos por la Naturaleza entera.

VI. LA CÁBALA HERMÉTICA

La alquimia tan sólo es oscura porque está oculta. Los filósofos que quisieron transmitir a la posteridad la exposición de su doctrina y el fruto de sus labores se guardaron de divulgar el arte presentándolo bajo una forma común, a fin de que el profano no pudiera hacer mal uso de él. También, por su dificultad de comprensión, por el misterio de sus enigmas y porque la opacidad de sus parábolas, la ciencia se ha visto relegada entre las ensoñaciones, las ilusiones y las quimeras.

Es cierto que esos viejos mamotretos de tonos parduscos no se dejan penetrar con facilidad. Pretender leerlos a la manera de nuestros libros sería pedir demasiado. Sin embargo, la primera impresión que se recibe, por extraña y confusa que parezca, no deja de ser menos vibrante y persuasiva. Se adivina, a través del lenguaje alegórico y la abundancia de una nomenclatura equívoca, ese relámpago de verdad, esa convicción profunda nacida de hechos ciertos, debidamente observados y que no deben nada a las especulaciones fantásticas de la imaginación pura.

Se nos objetará, sin duda, que las mejores obras herméticas contienen muchas lagunas, acumulan contradicciones y se esmaltan de falsas recetas, y se nos dirá que el *modus operandi* varía según los autores y que, si el desarrollo teórico es el mismo en todos los casos, por el contrario, las descripciones de los cuerpos empleados ofrecen raramente entre sí una similitud rigurosa. Responderemos que los filósofos no disponían de otras fuentes para ocultar a unos lo que querían mostrar a otros, más que ese fárrago de metáforas y de símbolos diversos, y esa prolijidad de términos y de fórmulas caprichosas trazadas a vuelapluma y expresadas en lenguaje claro para uso de los ávidos o de los insensatos. En cuanto al argumento referente a la práctica, cae por su propio peso por la simple razón de que si la materia inicial puede ser examinada bajo uno cualquiera de los múltiples aspectos que adquiere en el curso del trabajo, y si los artistas no describen nunca sino una parte de la técnica, parece que existen otros tantos procesos distintos como escritores cultivan el género.

Por lo demás, no debemos olvidar que los tratados llegados a nosotros han sido compuestos durante el más floreciente período alquímico, el que abarca los tres últimos siglos de la Edad Media. En efecto, en aquella época, el espíritu popular, por completo impregnado del misticismo oriental, se complacía en el acertijo, en el velo simbólico y en la expresión alegórica. Este disfraz halagaba el instinto inquieto del pueblo y proporcionaba a la inspiración satírica de los grandes un alimento nuevo. También había conquistado el favor general y se encontraba en todas partes, firmemente arraigado en los diferentes peldaños de la escala social. Brillaba en palabras ingeniosas en la conversación de las gentes cultivadas, nobles o burgueses, y se vulgarizaba en ingenuos retruécanos en el truhán. Adornaba la muestra de los tenderos con jeroglíficos pintorescos y se apoderaban del blasón, cuyas reglas esotéricas y cuyo protocolo establecía. Imponía en el arte, en la literatura y, sobre todo, en el esoterismo su ropaje abigarrado de imágenes, de enigmas y de emblemas.

A él le debemos esa variedad de enseñas curiosas cuyo número y singularidad se añaden aún al carácter tan netamente original de las producciones francesas medievales. Nada sorprende tanto a nuestro modernismo como esas pancartas de taberneros que oscilan sobre un eje de hierro, en las que tan sólo reconocemos la letra O seguida de una K cortada de un trazo, pero el borracho del siglo XIV no se equivocaba y entraba, sin dudar, *au grand cabaret*. Las hosterías arbolaban a menudo un león dorado en posición heráldica, lo cual, para el peregrino en busca de albergue, significaba que «se podía dormir», gracias al doble sentido de la imagen: *au lit on dort*, en el lecho se duerme (*au lion d'or*, el león de oro). Edouard Fournier[1] nos cuenta que, en París, la rue du *Bout-du-Monde* aún existía en el siglo XVII. «Este nombre - añade el autor -, que le venía del hecho de haber estado mucho tiempo muy cerca de la muralla de la ciudad, había sido figurado en jeroglíficos en la enseña de una taberna. Se había representado un hueso (*os*), un buco (*bouc*), un búho (*duc*) y un mundo (*monde*).»

Junto al blasón formado por las armas de la nobleza hereditaria, se descubre otro cuyas armas son sólo parlantes y tributarios del jeroglífico. Este último señala a los plebeyos llegados por la fortuna al rango de personajes de condición. Françoise Myron, edil parisiense de 1604, llevaba, así, «gules en el espejo redondo» («de gueules au *miroir rond*»). Un advenedizo de la misma clase, superior del monasterio de San Bartolomé, en Londres, el prior Bolton - que ocupó el cargo de 1532 a 1539 - había hecho esculpir sus armas sobre el mirador del triforio, desde donde vigilaba los piadosos ejercicios de sus monjes. Se ve en él una flecha (*bolt*) atravesando un pequeño barril (*tun*), de donde resulta Bolton (lám. VI). En sus *Enigmes des rues de Paris*, Edouard Fournier, al que acabamos de citar, tras habernos iniciado en las disputas de Luis XIV y de Louvois a raíz de la construcción de los Inválidos, promovidas porque éste deseaba colocar sus «armas» al lado de las del rey, y tropezaba así con las órdenes contrarias del monarca, nos dice que Louvois «tomó sus medidas de otra manera para fijar, en los Inválidos, su recuerdo de una manera inmutable y parlante.

---

[1] Edouard Fournier, *Enigmes des rues de Paris*. París, E. Dentu, 1860.

»Entrad en el patio de honor del recinto y contemplad los sotabancos que coronan las fachadas del monumental cuadrilátero. Cuando lleguéis al quinto de los que se alinean en lo alto de la bovedilla oriental, junto a la iglesia, examinadlo bien. La ornamentación es muy particular. Está esculpido un lobo de medio cuerpo, con las patas que se abaten sobre la abertura del ojo de buey, al que rodean; la cabeza está medio oculta bajo una espesura de palmas, y los ojos se fijan ardientemente en el suelo del patio. No dudéis de que ahí hay un monumental juego de palabras, como tan a menudo se hacía para las armas parlantes, y en este jeroglífico de piedra se encuentra el desquite y la satisfacción del vanidoso ministro. Ese lobo mira; ese lobo va (ce loup voit). ¡Y ése es su emblema! Para que no haya lugar a dudas, ha hecho esculpir en la buhardilla contigua, a la derecha, un barril de pólvora haciendo explosión, símbolo de la guerra, departamento del que fue impetuoso ministro. En el sotabanco de la izquierda se representa un penacho de plumas de avestruz, atributo de un alto y poderoso señor, como pretendía ser él. Y todavía en otras dos buhardillas de la misma bovedilla aparecen un búho y un murciélago, pájaros de la vigilancia, su gran virtud. Colbert, cuya fortuna tenía el mismo origen que la de Louvois, y que no tenía menos vanidosas pretensiones de nobleza, había tomado por emblema la culebra (coluber), como Louvois había escogido el lobo (loup).»

La afición por el jeroglífico, último eco de la lengua sagrada, se ha debilitado considerablemente en nuestros días. Ya no se cultiva, y apenas interesa a los escolares de la generación actual. Al cesar de proporcionar a la ciencia del blasón el medio de descifrar sus enigmas, el jeroglífico ha perdido el valor esotérico que poseyera antaño. Lo hallamos hoy refugiado en las últimas páginas de las revistas, donde - como pasatiempo recreativo - su papel se limita a la expresión de imágenes de algunos proverbios. Apenas se señala de vez en cuando una aplicación regular, pero con frecuencia orientada a una finalidad de reclamo, de este arte en decadencia. Así, una gran firma moderna, especializada en la construcción de máquinas de coser, adoptó para su publicidad un cartel muy conocido que representa a una mujer sentada, cosiendo a máquina, en el centro de una S majestuosa. Se ve, sobre todo, en ella la inicial del fabricante, aunque el jeroglífico esté claro y su sentido sea transparente: *esta mujer cose en su embarazo*, lo que es una alusión a la suavidad del mecanismo.

El tiempo, que arruina y devora las obras humanas, no ha respetado el viejo lenguaje hermético. La indiferencia, la ignorancia y el olvido han rematado la acción disgregadora de los siglos. Pero no nos atreveríamos tampoco a sostener que se haya perdido del todo, pues algunos iniciados conservan sus reglas, saben sacar partido de los recursos que ofrece en la transmisión de verdades secretas o lo emplean como clave mnemotécnica de enseñanza.

En el año de 1843, los reclutas destinados al regimiento de Infantería número 46, con guarnición en París, podían encontrar cada, semana, al atravesar el patio del cuartel de Luis Felipe, a un profesor poco corriente. Según un testigo ocular - uno de nuestros parientes, suboficial por entonces y que seguía asiduamente sus lecciones-, era un hombre todavía joven, pero de aspecto descuidado, con largos cabellos que caían en rizos por sus hombros, y cuya fisonomía -, muy expresiva, llevaba la impronta de una notable inteligencia. Por la noche, enseñaba a los militares que lo deseaban Historia de Francia, mediante una pequeña retribución, y empleaba un método que afirmaba *era conocido desde la más remota antigüedad*. En realidad, ese curso, tan seductor para quienes asistían a él, estaba basado en *la cábala fonética* tradicional[1].

Algunos ejemplos escogidos entre aquellos cuyo recuerdo hemos conservado, darán una idea del procedimiento.

Tras un corto preámbulo sobre una decena de signos convencionales destinados, por su forma y unión, a encontrar todas las fechas históricas, el profesor trazaba en el encerado un gráfico muy simplificado. Esta imagen, que se grababa fácilmente en la memoria, era, en cierto modo, el símbolo completo del reinado que se estudiaba.

El primero de aquellos dibujos mostraba un personaje en pie en lo alto de una torre y sosteniendo una antorcha con la mano. Sobre una línea horizontal, figurativa del suelo, se alineaban tres accesorios: una silla, un cayado y un escabel. La explicación del esquema era simple. Lo que el hombre eleva en su mano sirve de faro: *faro de mano*, Faramundo[2]. La torre que lo sostiene indica la cifra 1: Faramundo fue, se dice, el *primer* rey de Francia. Finalmente, la silla es el jeroglífico de la cifra 4, el cayado lo es del 2 y el escabel es el signo del cero, lo cual da el número 420, presunta fecha del advenimiento del soberano legendario.

Como no ignoramos, Clodoveo era uno de esos bribones con los que no hay nada que hacer si no se emplea la fuerza. Turbulento, agresivo, batallador y dispuesto a romperlo todo, sólo soñaba en calamidades y juergas. Sus buenos padres, tanto para domarlo como por prudencia, lo habían atado a la silla. Toda la Corte sabía que estaba encerrado y «atornillado» (clos à vis, Clovis, Clodoveo). La silla y dos cuernos de caza puestos en el suelo daban la fecha 466.

Clotario, de naturaleza indolente, paseaba su melancolía por un campo rodeado de murallas. El infortunado se encontraba así encerrado (clos) en su tierra (terre) : Clotaire-Clotario.

Chilperico - no sabemos por qué causa - se agitaba en una sartén de freír, como un simple espárrago, gritando hasta perder el aliento: ¡Perezco! (J'y péris!, Chilperic).

Dagoberto adoptaba el exterior poco pacífico de un guerrero que blandía una daga e iba vestido con una cota de malla (haubert) - Dagobert.

---

[1] La palabra *cábala* es una deformación del griego carqan , que chapurrea o habla una lengua bárbara.
[2] Hay aquí identidad absoluta de figuración y de sentido con la cábala expresada en los grabados de ciertas viejas obras como, en particular, *El sueño de Polifilo*, El rey Salomón se representa siempre por una mano que sostiene una rama de *sauce (saule): saule a main*, Salomón. *Una margarita (marguerite)* significa me echa de menos (*me regrette*), etc. En este sentido conviene analizar los *dichos* y *maneras de hablar* de *Pantagruel* y de *Gargantúa* si quiere averiguarse todo cuanto está «escondido» en la obra del notable iniciado que fue Rabelais.

San Luis -¿quién lo hubiera dicho?- apreciaba mucho el pulido y el brillo de las piezas de oro recién acuñadas, y también dedicaba sus ocios a fundir viejos *luises* para obtener otros nuevos: Luis IX.

En cuanto al pequeño cabo - grandeza y decadencia -, su blasón no precisaba el empleo de ningún personaje. Una mesa cubierta con su *mantel (nappe)*, y sobre la que aparecía un vulgar cazo *(poêlon)* bastaban para identificarlo: *Nappe et poêlon*, Napoleón...

Estos juegos de palabras, asociados o no a los jeroglíficos, servían a los iniciados como clave para sus conversaciones verbales. En las obras acroamáticas, se reservaban los anagramas unas veces para enmascarar la personalidad del autor, y otras para disfrazar el título y sustraer al profano el pensamiento clave. Éste es el caso, en particular, de un librito muy curioso y tan hábilmente *cerrado* que resulta imposible saber cuál es su tema. Se atribuye a Tiphaigne de la Roche, y lleva este título singular: *Amilec ou la graine d'hommes*[1]. Se trata de la reunión del anagrama y el jeroglífico. Se debe *leer Alcmie ou la créme d'Aum*. Los neófitos aprenderán que se trata de un verdadero tratado de alquimia, porque en el siglo XIII se escribía en francés *alkimie, alkemie, alkmie*; que el texto científico revelado por el autor se relaciona con la extracción del espíritu incluido en la materia prima o *virgen filosófica*, que tiene el mismo signo que la Virgen celeste, el monograma AUM; que finalmente, esta extracción debe hacerse por un procedimiento análogo al que permite separar la *crema de la leche*, como enseñan, por otra parte, Basilio Valentín, Tolio, Filaleteo los personajes del *Liber Mutus*. Apartando el velo del título al que recubre, se ve hasta qué punto éste es sugestivo, pues anuncia la divulgación del medio secreto apropiado para la obtención de aquella *crema de leche de virgen* que pocos investigadores han tenido la dicha de poseer. Tiphaigne de la Roche, poco menos que desconocido, fue, sin embargo, uno de los más sabios adeptos del siglo XVIII. En otro tratado titulado *Giphantie* (anagrama de Tiphaigne), describe perfectamente el procedimiento fotográfico, y demuestra que estaba al corriente de las manipulaciones químicas referentes al desarrollo y fijación de la imagen, un siglo antes del descubrimiento de Daguerre y Niepce de Saint-Victor.

Entre los anagramas destinados a encubrir el nombre de sus autores, señalaremos el de Limojon de Saint-Didier: *Dives sicut ardens*, es decir, *Sanctus Didiereus*, y la divisa del presidente d'Espagnet: *Spes mea est in agno*. Otros filósofos han preferido revestirse de seudónimos cabalísticos relacionados más directamente con la ciencia que profesaban. Basilio Valentín reúne el griego BasileuV, *rey* y el latín *Valens*, poderoso, a fin de indicar el sorprendente poder de la piedra filosofal. Ireneo Filaleteo aparece compuesto de tres palabras griegas: EirhnaioV, *pacífico*, filoV, *amigo*, y alhneia, *verdad*. Filaleteo se presenta así como el *pacífico amigo de la verdad*. Grasseo firma sus obras con el nombre de Hortulano, con el significado de *jardinero (Hortulanus)* - de los *jardines marítimos*, se toma el trabajo de subrayar -. Ferrari es un monje *forjador (ferrarius)* que trabaja los metales. Musa, discípulo de Khálid, es MusthV, el *iniciado*, mientras que su maestro - nuestro maestro para todos - es el calor desprendido por el atanor (lat. *calidus*, ardiente), Haly indica sal, en griego alV, y las Metamorfosis de Ovidio son las del *huevo de los filósofos (ovum, ovi)*. Arquelao es más bien el título de una obra que el nombre de un autor: es el *principio de la piedra*, del griego Arch, *principio*, y laoV, *piedra*. Marcelo Palingenio combina Marte, el *hierro*, el *sol* y *Palingenesia, regeneración*, para designar que realizaba la regeneración del sol, o del oro, por el hierro. Juan Austri, Graciano y Esteban se dividen los vientos (*austri*), la gracia (*gratia*) y la corona (StefcnoV, *Stephanus*). Famano toma por emblema la famosa *castaña*, tan *renombrada* entre los sabios (*Fama-nux*), y Juan de Sacrobosco tiene en cuenta, sobre todo, el *misterioso bosque consagrado*. Ciliano es el equivalente de Cyllenius, de *Cilene, montaña de Mercurio*, que dio sobrenombre a ese dios cilenio. En cuanto al modesto Gallinario, se contenta con el *gallinero* y el corral, donde el polluelo amarillo, salido de un huevo de gallina negra pronto se convertirá en nuestra mirífica gallina de los huevos de oro...

Sin abandonar por completo estos artificios de lingüística, los viejos maestros, en la redacción de sus tratados sobre todo la cábala utilizaron sobre todo la *cábala hermética*, a la que aún llamaban *lenguaje de los pájaros, de los dioses, gaya, ciencia o gay saber*. De esta manera, pudieron ocultar al vulgo los principios de su ciencia, envolviéndolos con un ropaje cabalístico. Es esto algo indiscutible y muy conocido. Pero lo que generalmente se ignora es que el idioma del que los autores tomaron sus términos es el griego arcaico, lengua madre de la pluralidad de los discípulos de Hermes. La razón por la cual no se advierte la intervención cabalística se debe, precisamente, a que nuestra lengua actual proviene directamente del griego. En consecuencia, todos los vocablos escogidos en nuestro idioma para definir ciertos secretos, como tienen sus *equivalentes ortográficos o fonéticos* griegos, basta conocer bien éstos para descubrir en seguida el sentido exacto, restablecido, de aquéllos. Pues si nuestro idioma actual, en cuanto al fondo, es en verdad helénico, su significación se ha visto modificada en el curso de los siglos, a medida que se alejaba de su fuente. Es el caso del francés, antes de la transformación radical que le hizo sufrir el Renacimiento, *decadencia* escondida bajo el concepto de *reforma*.

La imposición de palabras griegas disimuladas bajo términos actuales correspondientes, de textura semejante, pero de sentido más o menos corrompido, permite al investigador penetrar con comodidad en el pensamiento. Este es el método que nosotros hemos utilizado, a ejemplo de los antiguos, y al que hemos recurrido con frecuencia en el análisis de las obras simbólicas legadas por nuestros antepasados.

Muchos filólogos, sin duda, no compartirán nuestra opinión y continuarán seguros, con la masa popular, de que nuestra lengua es de origen latino, únicamente porque recibieron la primera noción de ello en los bancos de la escuela. Nosotros mismos hemos creído y aceptado mucho tiempo como expresión de la verdad lo que enseñaban

---

[1] Esta obrita de dieciseisavo, muy bien escrita, pero que no lleva lugar de edición ni nombre del editor, fue publicada hacia 1753.

nuestros profesores. Sólo más tarde, buscando la prueba de esa filiación por entero convencional, tuvimos que reconocer la vanidad de nuestros esfuerzos y rechazar el error nacido del prejuicio clásico. Hoy, nada sería capaz de hacernos rectificar nuestra convicción, santísimas veces confirmada por el éxito obtenido en el orden de los fenómenos materiales y de los resultados científicos. Por ello afirmamos en voz alta, sin negar la introducción de elementos latinos en nuestro idioma desde la conquista romana, que *nuestra lengua es griega*, que *somos helenos* o, más exactamente, *pelasgos*.

A los defensores del neolatinismo francés como Gaston Paris, Littré y Ménage se oponen ahora maestros más clarividentes, de espíritu amplio y libre, como Hins, J. Lefebvre, Louis de Fourcaud, Granier de Cassagnac, el abate Espagnolle (J. - L. Dartois), etc. Y con mucho gusto estamos con ellos porque, a despecho de las apariencias, sabemos que han visto claro, y que han juzgado con espíritu sano y que siguen la vía simple y recta de la verdad, la única capaz de conducir a los grandes descubrimientos.

«En 1872 -escribe J.-L. Dartois[1] -, Granier de Cassagnac, en una obra de erudición maravillosa y de un estilo agradable que lleva por título *Histoire des origines de la langue française*, puso el dedo en la llaga de la inanidad de la tesis del neolatinismo, que pretende probar que el francés es latín evolucionado. Demostró que semejante tesis no era sostenible, pues chocaba con la Historia, con la lógica, con el buen sentido y, en fin, que nuestro idioma la rechazaba[2] ... Algunos años más tarde, M. Hins probaba, a su vez, en un estudio muy documentado aparecido en la *Revue de Linguistique*, que de todos los trabajos del neolatinismo no se podía concluir más que en el parentesco y no en la filiación de las lenguas llamadas neolatinas... Finalmente, J. Lefebvre, en dos notables artículos muy leídos publicados en junio de 1892 en la *Nouvelle Revue* demolía desde su misma base la tesis del neolatinismo, estableciendo que el abate Espagnolle, en su obra *l'Origine du français*, estaba en lo cierto; que nuestra lengua, como así lo habían entrevisto los más grandes sabios del siglo XVI, era griega; que el dominio romano en la Galia no había hecho sino cubrirla de una ligera capa de latín sin alterar en absoluto su genio.» Más adelante, el autor añade: «Si pedimos al neolatinismo que nos explique cómo el pueblo galo, que comprendía no menos de siete millones de personas, pudo olvidar su lengua nacional y aprender otra, o más bien, cambiar la lengua latina en lengua gala, lo cual es más difícil; cómo unos legionarios que, en su mayoría, ignoraban ellos mismos el latín y se estacionaban en campamentos reducidos, separados unos de otros por vastas espacios, pudieron, no obstante, convertirse en los pedagogos de las tribus galas y enseñarles la lengua de Roma, es decir, operar en las Galias tan sólo un prodigio que las otras legiones romanas no pudieron conseguir en ninguna otra parte, ni en Asia, ni en Grecia, ni en las Islas Británicas; cómo, finalmente, los vascos y los bretones lograron conservar sus idiomas, en tanto que sus vecinos, los habitantes del Bearn, del Maine y del Anjou perdían los suyos y se veían obligados a hablar en latín.» Esta objeción es tan grave que Gaston Paris, jefe de la escuela, es el encargado de responder a ella. «Nosotros, los neolatinos, no estamos obligados - dice, en sustancia - a resolver las dificultades que pueden plantear la lógica y la Historia. Nosotros no nos ocupamos más que del *hecho filológico*, y este hecho domina el problema, ya que prueba, él solo, el origen latino del francés, del italiano y del español.» « ... Por supuesto - le responde J. Lefebvre - que el *hecho filológico* sería decisivo si estuviera bien y debidamente fundamentado, pero no lo está del todo. Con todas las sutilezas del mundo, el neolatinismo no llega, en realidad, sino a comprobar la trivial realidad de que hay una cantidad bastante grande de palabras latinas en nuestra lengua, y eso jamás lo ha impugnado nadie.»

En cuanto al hecho filológico invocado, pero en absoluto demostrado, por Gaston Paris para tratar de justificar su tesis, J.-L. Dartois demuestra su inexistencia apoyándose en los trabajos de Petit-Radel. «Al *pretendido* hecho filológico latino - escribe -, puede oponerse el hecho griego evidente. Este nuevo hecho filológico, el único verdadero y demostrable, tiene una importancia capital, ya que prueba, sin discusión, que las tribus que vinieron a poblar el Occidente de Europa eran colonias pelásgicas, y confirma el hermoso descubrimiento de Petit-Radel. Se sabe que este modesto sabio leyó en 1802, ante el Instituto de Francia, un trabajo notable para demostrar que los monumentos de bloques poliédricos que se encuentran en Grecia, Italia, Francia y hasta en el interior de España y que se atribuían a los cíclopes, son obra de los pelasgos. Esta demostración convenció al Instituto, y desde entonces no se ha manifestado ninguna duda sobre el origen de esos monumentos... *La lengua de los pelasgos era el griego arcaico*, compuesto sobre todo de los dialectos eolio y dórico,y justamente ése es el griego que se encuentra en todas partes en Francia, incluso en el *argot de París*.»

El *lenguaje de los pájaros* es un idioma fonético basado únicamente en la asonancia. No se tiene, pues, en cuenta para nada la ortografía, cuyo rigor mismo sirve de freno a los espíritus curiosos y les hace inaceptable toda especulación realizada fuera de las reglas de la gramática. «Yo no me preocupo más que las cosas útiles - dice san Gregorio en el siglo VI, en una carta que sirve de prefacio a sus Morales -, sin ocuparme del estilo, ni del régimen de las preposiciones, ni de las desinencias, porque *no es digno de un cristiano sujetar las palabras de la Escritura a las reglas de la gramática.*» Esto significa que el sentido de los libros sagrados no es en absoluto literal, y que resulta indispensable saber dar con su *espíritu* por la interpretación cabalística, como se tiene por costumbre hacer a fin de comprender las obras alquímicas. Los raros autores que han hablado de la *lengua de los pájaros* le atribuyen el primer lugar en el origen de las lenguas. Su antigüedad se remontaría a Adán, que la habría utilizado para imponer,

---

[1] J. L. Dartois, *Le Néo-latinisme*. París, Societé des Auteurs- Editeurs, 1909, p. 6.

[2] «El latín, síntesis clara de las lenguas rudimentarias de Asia, pero simple intermediario en lingüística, especie de telón corrido sobre la escena del mundo, fue una *enorme superchería* favorecida por una fonética diferente de la nuestra, lo que disimulaba los pillajes, y debió de hacerse después de la batalla del Alia, durante la ocupación senonesa (390-345 antes de J. C.).» - A. Champsaur, *La Lengua francesa antes y después de Babel*. Esta obra, muy rara pero sin ningún valor, que no lleva lugar de edición ni nombre del editor, fue publicada hacia 1753.

LAS MORADAS FILOSOFALES, VI. LA CÁBALA HERMÉTICA

bajo las órdenes de Dios, los nombres apropiados para definir las características de los seres y de las cosas creadas. De Cyrano Bergerac[1] refiere esta tradición cuando, nuevo habitante de un mundo vecino al Sol, se hace explicar lo que es la cábala hermética por «un hombrecillo en cueros vivos, sentado en una piedra», figura expresiva de la verdad simple y sin vestimentas, sentada en la piedra natural de los filósofos.

«No recuerdo si le hablé primero - dice el gran iniciado - o si fue él quien me interrogó, pero tengo la memoria muy fresca, como si aún lo escuchara, de que me habló durante tres largas horas en una lengua que estoy seguro de no haber oído jamás, y que no tiene la menor relación con ninguna de este mundo, pero yo la comprendí más rápida y más inteligiblemente que la de mi nodriza. Me explicó, cuando inquirí acerca de algo tan maravilloso, que en las ciencias había una Verdad fuera de la que siempre se está alejado de lo fácil, y que cuanto más un idioma se alejaba de esa Verdad, más se hallaba por debajo de la concepción y resultaba de menos fácil inteligencia. "Igualmente - continuó -, en la música, esa Verdad no se encuentra jamás hasta que el alma, de pronto transportada, se dirige a ella ciegamente. Nosotros no la vemos, pero sentimos que la Naturaleza la ve, y sin poder comprender de qué forma nos vemos absorbidos, quedamos cautivados y no sabríamos señalar dónde está. Lo mismo pasa con las lenguas. Quien dé con esa verdad de letras, de palabras y de frases jamás puede, al expresarse, caer por debajo de su concepción; siempre habla igual a su pensamiento y es por no poseer el conocimiento de ese idioma perfecto por lo que os quedáis corto, sin conocer el orden ni las palabras que puedan expresar lo que imagináis." Yo le dije que el primer hombre de nuestro mundo se había servido, indudablemente, de esa lengua, porque cada nombre que impuso a las cosas declaraba su esencia. Me interrumpió y continuó: "No es simplemente necesaria esa lengua para expresar todo lo que el espíritu concibe, sino que, sin ella, no se puede ser comprendido por todos. Como este idioma es el instinto o la voz de la naturaleza, debe ser inteligible a todo lo que vive y compete a la Naturaleza. Por eso, si la conocierais, podríais comunicaras y discurrir sobre todos vuestros pensamientos con las bestias[2], y las bestias con vos de los suyos, ya que es el lenguaje mismo de la Naturaleza, por el que ella se hace comprender de todos los animales. Que la facilidad, pues, con que comprendéis el sentido de una lengua que jamás sonó a nuestro oído ya no os sorprenda más. Cuando hablo, vuestra alma vuelve a hallar, en cada una de mis palabras, esa Verdad que ella busca a tientas, y aunque su razón no la comprenda, tiene en sí a Naturaleza, que no puede dejar de comprenderla."»

Pero este lenguaje secreto, universal e indefinido, pese a la importancia y la veracidad de su expresión es, en realidad, de origen y de genio griegos, como nos explica nuestro autor en su Historia de los pájaros. Hace hablar encinas seculares - alusión a la lengua de que se servían los druidas (Druidai, de AruV, encina)- de esta manera: «Contempla las encinas de donde nos hallamos y que tienes ante tu vista: somos nosotras las que te hablamos, y si te sorprendes de que hablemos una lengua usada en el mundo del que procedes, sabe que nuestros primeros padres son originarios de él, y vivían en el Epiro, en el bosque Dodona, donde su bondad natural los impulsó a poner oráculos al alcance de los afligidos que los consultaban. Por esa razón, habían aprendido la lengua griega, la más universal que existía entonces, a fin de ser comprendidos.» La cábala hermética se conocía en Egipto, al menos, por parte de la casta sacerdotal, como testimonia la invocación del papiro de Leiden: « ... Te invoco a ti, el más poderoso de los dioses, que todo lo has creado; a ti, nacido de ti mismo, que lo ves todo sin poder ser visto... Te invoco bajo el nombre que posees en la lengua de los pájaros, en la de los jeroglíficos, en la de los judíos, en la de los egipcios, en la de los cinocéfalos..., en la de los gavilanes, en la lengua hierática.» Volvemos aún a encontrarnos con este idioma entre los incas, soberanos del Perú hasta la conquista española, y los escritores antiguos lo llaman lengua general (universal) y lengua cortesana, es decir la lengua diplomática, porque incluye una significación doble, correspondiente a una doble ciencia, la una aparente y la otra profunda (diplh, doble, y madh, ciencia). «La cábala - dice el abate Perroquet[3] - era una introducción al estudio de todas las ciencias.»

Al presentarnos la poderosa personalidad de Roger Bacon, cuyo genio brilla en el firmamento intelectual del siglo XIII como un astro de primera magnitud, Armand Parrot[4] nos describe cómo pudo obtener la síntesis de las lenguas latinas y poseer una práctica tan extensa de la lengua que podía, con ella, enseñar en poco tiempo los idiomas considerados como los más ingratos. Es ésa, se reconocerá, una particularidad realmente maravillosa de ese lenguaje universal que se nos aparece a la vez con la mejor clave de las ciencias y el más perfecto método de humanismo. « Bacon - escribe el autor - sabía el latín, el griego, el hebreo y el árabe, y habiéndose colocado con ello en situación de obtener una rica instrucción en la literatura antigua, había adquirido un conocimiento razonado de las dos lenguas vulgares que tenía necesidad de saber: la de su país natal y la de Francia. De esas gramáticas particulares, un espíritu como el suyo no podía dejar de elevarse a la teoría general del lenguaje, y se abrió las dos fuentes de que aquéllas manan y que son, por una parte, la composición positiva de muchos idiomas y por otra el análisis filosófico del entendimiento humano, la historia natural de sus facultades y de sus concepciones. También lo vemos aplicado, casi solo en todo su siglo, en comparar vocabularios, en aproximar sintaxis, en buscar las relaciones del lenguaje con el pensamiento y en medir la influencia que el carácter, los movimientos y las formas tan variadas del discurso ejercen sobre las costumbres y las opiniones de !os pueblos. Se remontaba así a los orígenes de todas las nociones simples o complejas, fijas o variables, verdaderas o erróneas que la palabra expresaba. Esta gramática universal le parecía la

[1] De Cyrano Bergerac, L'Autre Monde. Histoire comique des Etats et Empires du Soleil. París, Bauche, 1910; J. J. Pauvert, París, 1962, presentación de C. Mettra y J. Suyeux, p. 170.
[2] El célebre fundador de la orden de los franciscanos, a la que pertenecía el ilustre adepto Francis Bacon, conocía perfectamente la cábala hermética: san Francisco sabía hablar con los pájaros.
[3] Perroquet, presbítero, La Vie et le Martyre du Docteur Illuminé, le Bienheureux Raymond Lulle. Vendôme, 1667.
[4] Armand Parrot, Roger Bacon, sa personne, son génie, ses œuvres et ses contemporains. París, A. Picard, 1894, p. 48 y 49.

verdadera lógica y la mejor filosofía, y le atribuía tanto poder, que, con ayuda de tal ciencia, se creía capaz de enseñar el griego o el hebreo en tres días[1], así como a su joven discípulo, Juan de París, le había enseñado en un año lo que a él le había costado cuarenta de aprender. «¡Fulgurante rapidez de la educación del buen sentido! ¡Extraño poder - dice Michelet- de sacar a la superficie, con chispa eléctrica, la ciencia preexistente en el cerebro del hombre!»

---

[1] Cf. *Epist. De Laude sacræ Scripturæ, and Clement IV.* -De Gérando, *Histoire comparée des systèmes de Philosophie*, t. IV, capítulo XXVII, p. 541. - *Histoire littéraire de la France*, t. XX, p. 233-234.

VII. ALQUIMIA Y ESPAGIRIA

Es de suponer que gran número de sabios químicos -y asimismo ciertos alquimistas- no compartirán nuestros puntos de vista. Pero ello no basta para detenernos. Aunque tuviéramos que pasar por ser partidarios decididos de las teorías más subversivas, no temeríamos desarrollar aquí nuestro pensamiento, pues estimamos que la verdad tiene muchos más atractivos que un vulgar prejuicio, y que, en su misma desnudez, resulta preferible al error mejor revestido y más suntuosamente arropado.

Todos los autores que desde Lavoisier han escrito sobre la historia química, coinciden en profesar que *nuestra química proviene, por filiación directa, de la vieja alquimia*. En consecuencia, el origen de una se confunde con el de la otra. A la alquimia, se dice, le debería la ciencia actual los hechos positivos sobre los que ha sido edificada, gracias a la paciente labor de los alquimistas antiguos.

Esta hipótesis, a la que se podía haber concedido tan sólo un valor relativo y convencional, está admitida hoy como verdad demostrada, y la ciencia alquímica, despojada de su propio fondo, pierde todo cuanto era susceptible de motivar su existencia y de justificar su razón de ser. Vista así, a distancia, bajo las brumas legendarias y el velo de los siglos, no ofrece ya sino una forma vaga, nebulosa, sin consistencia. Fantasma impreciso, espectro mentiroso, la maravillosa y decepcionante quimera bien merece ser relegada a la categoría de las ilusiones de antaño, de las falsas ciencias, tal como pretende, por otra parte, un eminente profesor[1].

Pero donde las pruebas serían necesarias, donde hay hechos que se afirman indispensables, se contentan con oponer a las «pretensiones» herméticas una petición de principio. La Escuela, impaciente, no discute, sino que zanja. Pues bien; nosotros, a nuestra vez, certificamos, proponiéndonos demostrar que los sabios que de buena fe han adoptado y propagado esta hipótesis, han errado por ignorancia o defecto de penetración. No comprendiendo sino en parte los libros que estudiaban, tomaron la apariencia por la realidad. Digamos, pues, sin más, puesto que tantas personas instruidas y sinceras parecen ignorarlo, *que la antepasada real de nuestra química es la antigua espagiria* y no la ciencia hermética misma. Existe, en efecto, un profundo abismo entre la espagiria y la alquimia, y esto es precisamente lo que nos esforzaremos en determinar en tanto, por lo menos, que sea posible, sin ir más allá de los límites permitidos. Esperamos, sin embargo, profundizar lo bastante el análisis y dar las precisiones suficientes para alimentar nuestra tesis, felices, al menos, de dar a los químicos enemigos del prejuicio un testimonio de nuestros buenos deseos y de nuestra solicitud.

Hubo en la Edad Media -verosímilmente, incluso, en la antigüedad griega, si nos referimos a las obras de Zósimo y de Ostanes- dos grados, dos órdenes de investigaciones en la ciencia química: *la espagiria y la arquimia*. Estas dos ramas de un mismo arte esotérico se difundían entre las gentes trabajadoras por la práctica de laboratorio. Metalúrgicos, orfebres, pintores, ceramistas, vidrieros, tintoreros, destiladores, esmaltadores, alfareros, etc., debían, al igual que los boticarios, estar provistos de conocimientos espagíricos suficientes que, luego, completaban ellos mismos en el ejercicio de su profesión. En cuanto a los arquimistas, formaban una categoría especial, más restringida, más oscura también, entre los químicos antiguos. La finalidad que perseguían presentaba alguna analogía con la de los alquimistas, pero los materiales y los medios de que disponían para alcanzarla eran únicamente materiales y medios químicos. Trasmutar los metales unos en otros; producir oro y plata partiendo de minerales vulgares o de compuestos metálicos salinos; obligar al oro contenido potencialmente en la plata y a la plata en el estaño a transformarse en actuales y susceptibles de extracción, tales eran las metas que se proponía el arquimista. Era, en definitiva, un espagirista acantonado en el reino mineral y que prescindía voluntariamente de las quintaesencias animales y de los alcaloides vegetales. Pues como los reglamentos medievales impedían poseer en la propia casa sin previa autorización hornos y utensilios químicos, muchos artesanos, una vez terminada su labor, estudiaban, manipulaban y experimentaban en secreto en su bodega o en su granero. Cultivaban la ciencia de los *pequeños particulares*, según la expresión una tanto desdeñosa de los alquimistas para designar a aquellos «colegas» indignos del filósofo. Reconozcamos, sin menospreciar a estos útiles investigadores, que los más afortunados a menudo no lograban sino un beneficio mediocre, y que un mismo procedimiento, seguido al principio de éxito, no daba a continuación más que resultados nulos o inciertos.

Sin embargo, pese a sus errores -o, más bien, a causa de ellos-, son ellos, los arquimistas, quienes han proporcionado a los espagiristas al principio y a la ciencia moderna luego, los hechos, los métodos y las operaciones de que tenían necesidad. Esos hombres atormentados por el deseo de investigarlo todo y aprenderlo todo son los verdaderos fundadores de una ciencia espléndida y perfecta a la que dotaron de observaciones justas, de reacciones exactas, de manipulaciones hábiles, de habilidades penosamente adquiridas. Saludemos a esos pioneros, a esos precursores, a esos incansables trabajadores y no olvidemos jamás cuanto hicieron por nosotros.

---

[1] Cf. *l'Illusion et les Fausses Sciences*, por el profesor Edmond-Marie-Léopold Bouty, en la revista *Science et Vie* de diciembre de 1913.

Pero la alquimia, repetimos, no entra para nada en esas aportaciones sucesivas. Tan sólo los escritos herméticos, incomprendidos por los investigadores profanos, fueron la causa indirecta de los descubrimientos que sus autores jamás habían previsto. Así es como Blaise de Vignère obtuvo el ácido benzoico por sublimación del benjuí; como Brandt pudo extraer el fósforo buscando el alkaest en la orina; como Basilio Valentín -prestigioso adepto que no menospreciaba en absoluto los ensayos espagíricos- estableció toda la serie de sales de antimonio y realizó el coloide de oro rubí[1]; como Raimundo Lulio preparó la acetona y Casio, la púrpura de oro; como Glauber obtuvo el sulfato sódico y como Van Helmont reconoció la existencia de los gases. Pero con excepción de Lulio y de Basilio Valentín, todos esos investigadores, clasificados equivocadamente entre los alquimistas, no fueron sino simples arquimistas o sabios espagiristas. Por ello, un célebre adepto, autor de una obra clásica[2], puede decir con mucha razón: «Si Hermes, el *padre de los filósofos*, resucitara hoy con el sutil Jabir y el profundo Raimundo Lulio no serían hoy considerados como filósofos por nuestros *químicos vulgares* [3], que casi no se dignarían incluirlos entre sus discípulos porque ignorarían la manera de proceder a todas esas destilaciones, circulaciones, calcinaciones y *todas esas operaciones innumerables que nuestros químicos vulgares han inventado* por haber comprendido mal los escritos alegóricos de esos filósofos.»

Con su texto confuso, esmaltado de expresiones cabalísticas, los libros continúan siendo la causa eficiente y genuina del grosero menosprecio que señalamos. Pues a despecho de las advertencias y las censuras de sus autores, los estudiantes.se obstinan en leerlos según el sentido que ofrecen en el lenguaje corriente. No saben que esos textos están *reservados a los iniciados* y que es indispensable para comprenderlos bien tener la clave secreta. En lo que hay que trabajar primero es en descubrir esta clave; Es cierto que esos viejos tratados contienen si no la ciencia íntegra, al menos su filosofía, sus principios y el arte de aplicarlos conforme a las leyes naturales. Pero si se ignora la significación oculta de los términos -por ejemplo, *Ares* se distingue de *Aries* y se aproxima a *Arles, Arnet* y *Albait*-, calificativos extraños empleados a propósito en la redacción de tales obras, hay que temer no comprender nada o dejarse confundir infaliblemente. No debemos olvidar que se trata de una *ciencia esotérica*. En consecuencia, una viva inteligencia, una memoria excelente, el trabajo y la atención ayudados por una voluntad fuerte no son en absoluto cualidades suficientes para esperar convertirse en docto en la materia. «Se engañan -escribe Nicolas Grosparmy- quienes imaginan que hemos escrito nuestros libros para ellos, cuando, en realidad, los .hemos escrito para arrojar fuera a todos aquellos que no son de nuestra secta.»[4]

Batsdorff, al comienzo de su tratado[5], previene caritativamente al lector en estos términos: «Todo hombre prudente -dice- debe, en primer lugar, aprender la Ciencia, si puede; es decir, los principios y los medios de operar, en .lugar de emplear totalmente su tiempo y sus bienes... Así, pues, ruego a quienes lean este librito que den fe a mis palabras. Les digo, pues, una vez más, que jamás aprenderán esta ciencia sublime a través de los libros, y que *no puede aprenderse más que por revelación divina*, por lo que se llama *Arte divino*, o bien por medio de un buen y fiel maestro, y como hay muy pocos a quienes Dios haya hecho esa gracia, también hay pocos que lo enseñen.»[6] Finalmente, un autor anónimo del siglo XVIII[6] da otras razones de la dificultad que se experimenta al descifrar el enigma: «Mas he aquí -escribe- que la primera y verdadera causa por la que la Naturaleza ha escondido este palacio abierto y real a tantos filósofos, incluso a los provistos de un espíritu muy sutil, es porque, apartándose desde su juventud del camino simple de la Naturaleza por conclusiones, de lógica y de metafísica, y engañados por las ilusiones de los mejores libros, se imaginan y juran que este arte es más profundo, más difícil de conocer que ninguna metafísica, aunque la Naturaleza ingenua, en este camino como en todos los otros, camina con paso recto y muy simple.»

Tales son las opiniones de los filósofos sobre sus propias obras. ¿Cómo sorprenderse, entonces, de que tantos excelentes químicos hayan tomado el camino equivocado y de que se hayan perdido discutiendo sobre una ciencia que eran incapaces de asimilar en sus más elementales nociones? Y ello no sería hacer un servicio a los demás, a los neófitos, llevarles a meditar esa gran verdad que proclama la *Imitación* (lib. III, cap. II, v. 2) cuando dice, hablando de los libros sellados:

«Muy hermosamente dicen; mas callando tú, no encienden el corazón. Enseñan letras, mas tú abres el sentido. Dicen misterios, mas tú declaras el entendimiento de los secretos. Pronuncian mandamientos, mas tú ayudas a cumplirlos. Muestran el camino, mas tú das esfuerzo para andarlo.»[7]

---

[1] Partiendo del tricloruro de oro puro, separado del ácido cloroáurico y lentamente precipitado por una sal de zinc unida al carbonato potásico en cierta «agua de lluvia». El agua de lluvia sola, recogida en una época dada en recipiente de zinc, basta para formar el coloide rubí, que se separa de los cristaloides por diálisis, lo que hemos experimentado innumerables veces y siempre con el mismo éxito.

[2] *Cosmopolite o Nouvelle Lumière chymique*. París, Jean d'Aoury, 1669.

[3] Los arquimistas y los espagiristas son designados aquí por el autor con el epíteto general de químicos vulgares, para diferenciarlos de los verdaderos alquimistas, llamados aún adeptos (*adeptus*, el que ha adquirido) o *filósofos químicos*.

[4] Nicolas Grosparmy, L'Abrégé de Théoricque et le Secret de Secretz. Ms. de la Bibl nac. de París, núms. 12246, 12298, 12299, 14789, 19072. Bibl. del Arsenal, núm. 2516 (166 S. A. F.). Rennes, 160, 161.

[5] Batsdorff, *Le Filet d'Ariadne*. París Laurent d'Houry, 1695, p. 2.

[6] Clavicula Hermeticæ Scientice ab hyperboreo quodam horis subsecivis consignata Anno 1732. Amstelodami, Petrus Mortieri, 1751, p. 51.

[7] Tomado de la traducción castellana de fray Luis de Granada.-*N. del T.*

Es la piedra de toque con la que han tropezado nuestros químicos. Y podemos afirmar que si nuestros sabios hubieran comprendido el lenguaje de los viejos alquimistas, las leyes de la práctica de Hermes les serían conocidas, y la piedra filosofal habría cesado, desde haría tiempo, de ser considerada como quimérica.

Hemos asegurado más atrás que los arquimistas conformaban sus trabajos a la teoría hermética -al menos, tal como la entendían-, y que ése fue el punto de partida de experiencias fecundas en resultados puramente químicos. Prepararon así los disolventes ácidos de los que nos servimos, y por la acción de éstos sobre las bases metálicas obtuvieron las series salinas que conocemos. Reduciendo a continuación esas sales, bien mediante otros metales, los alcalinos o el carbón, bien por el azúcar o los cuerpos grasos, encontraron de nuevo, sin transformaciones, los elementos básicos que habían combinado previamente. Pero esas tentativas, así como los métodos que empleaban, no presentaban diferencia alguna con las que se practican corrientemente en nuestros laboratorios. Algunos investigadores, no obstante, llevaron sus trabajos mucho más lejos. Extendieron singularmente el campo de las posibilidades químicas hasta tal punto, incluso, que sus resultados nos parecen dudosos si no imaginarios. Es verdad que esos procedimientos a menudo son incompletos y están envueltos en un misterio casi tan denso como el de la Gran Obra. Puesto que nuestra intención es -como hemos anunciado- resultar útiles a los estudiantes, entraremos, en este sentido, en algunos detalles y mostraremos que esas recetas de sopladores ofrecen más certidumbre experimental de lo que estaríamos dispuestos a atribuirles. Que los filósofos, nuestros hermanos, cuya indulgencia reclamamos, se dignen perdonarnos estas divulgaciones. Pero además de que nuestro juramento afecta sólo a la alquimia y creemos que nos hallamos estrictamente en el terreno espagírico, deseamos, por otra parte, mantener la promesa que hemos hecho de demostrar mediante hechos reales y controlables que *nuestra química lo debe todo a los espagiristas y arquimistas*, y nada en absoluto a la filosofía hermética.

El procedimiento arquímico más simple consiste en utilizar el efecto de reacciones violentas -las de los ácidos sobre las bases- a fin de provocar, en el seno de la efervescencia, la reunión de las partes puras y su unión irreductible bajo la forma de cuerpos nuevos. Se puede así, partiendo de un metal próximo al oro -con preferencia la plata-, producir una pequeña cantidad de metal precioso. He aquí, en este orden de investigaciones, una operación elemental cuyo éxito certificamos si se siguen bien nuestras indicaciones.

Verted en una retorta de vidrio, alta y tubular, el tercio de su capacidad de ácido nítrico puro. Adaptadle un recipiente provisto de tubo de escape y colocad el aparato en un baño de arena. Operad bajo el recipiente calentando el aparato suavemente y sin alcanzar el grado de ebullición del ácido. Apagad entonces el fuego, abrid la boca del tubo e introducid una ligera fracción de plata virgen o de copela que no contenga la menor traza de oro. Cuando cese la emisión de peróxido de nitrógeno y la efervescencia se haya calmado, dejad caer en el licor una segunda porción de plata pura. Repetid así la introducción del metal, sin prisa, hasta que la ebullición y el desprendimiento de vapores rojos manifiesten poca energía, indicios de una próxima saturación. No añadáis ya nada más. Dejad que se deposite durante una media hora y, luego, decantad con precaución, en un recipiente, vuestra solución clara y aún caliente. Encontraréis en el fondo de la retorta un pequeño depósito en forma de *arenilla negra*. Lavadla con agua destilada tibia y vertedla en una capsulita de porcelana. Reconoceréis en los ensayos que este precipitado es insoluble en ácido clorhídrico, como lo es en el ácido nítrico. El agua regia lo disuelve y da una magnífica solución amarilla del todo semejante a la del tricloruro de oro. Añadid agua destilada a ese licor, precipitadlo por una lámina de zinc y se depositará un polvo amorfo, muy fino, mate, de coloración marrón rojizo, idéntica a la que da el oro natural reducido de la misma manera. Lavad convenientemente y, luego, desecad ese precipitado pulverulento. Al comprimirlo contra una plancha de vidrio o contra el mármol, os dará una lámina brillante, coherente, de un hermoso brillo amarillo por reflexión y de color verde por transparencia, cuyo aspecto y características superficiales serán las del oro más puro.

A fin de aumentar en una cantidad nueva vuestro minúsculo depósito, podréis volver a empezar la operación cuantas veces gustéis. En este caso, tomad de nuevo la solución clara de nitrato de plata a la que se habrán añadido las primeras aguas de lavado. Reducid el metal con zinc o cobre. Decantad y lavad en abundancia cuando la reducción se complete. Desecad esa plata en polvo y servíos de ella para vuestra segunda disolución. Continuando así, reuniréis bastante metal como para hacer más cómodo el análisis. Además, os aseguraréis de su verdadera producción, suponiendo incluso que la plata empleada al comienzo contuviera algunas trazas de oro.

Pero este cuerpo simple, obtenido con tanta facilidad aunque en escasa proporción, ¿es de verdad oro? Nuestra sinceridad nos impulsa a decir *no*, o, al menos, todavía no. Pues si presenta la más perfecta analogía exterior con el oro, e incluso la mayoría de sus propiedades y reacciones químicas, le falta, no obstante, un carácter físico esencial: la densidad. Este oro es menos pesado que el natural, aunque su densidad propia sea ya superior a la de la plata. Podemos, pues, considerarlo no como el representante de un estado alotrópico más o menos inestable de la plata, sino como oro joven, *oro naciente*, lo que revela aún su formación reciente. Por supuesto que el metal producido de nuevo es susceptible de tomar y conservar, por *contracción*, la densidad elevada que posee el metal adulto. Los arquimistas utilizaban un procedimiento que aseguraba al oro naciente todas las cualidades específicas del oro adulto, y denominaban esa técnica *maduración* o *afirmación*, y sabemos que el mercurio era su agente principal. Aún se encuentra citada en algunos manuscritos antiguos latinos con la expresión *de Confirmatio*.

Nos resultaría cómodo señalar, a propósito de la operación que acabamos de indicar, muchas observaciones útiles y consecuentes, y mostrar sobre qué principios filosóficos reposa, en ella, la producción directa del metal. Podríamos, asimismo, dar alguna variante susceptible de aumentar su rendimiento, pero franquearíamos con ello los límites que voluntariamente nos hemos impuesto. Dejaremos, pues, a los investigadores el cuidado de descubrir todo eso por sí mismos y de someter sus deducciones al control de la experiencia. Nuestro papel se limita a presentar hechos, y a los alquimistas modernos, espagiristas y químicos corresponde sacar conclusiones[1].

Pero en arquimia hay otros métodos cuyos resultados vienen a aportar la prueba de las afirmaciones filosóficas y que permiten realizar la *descomposición de los cuerpos metálicos*, largo tiempo considerados como elementos simples. Estos procedimientos, que los alquimistas conocen aunque no los utilicen en la elaboración de la Gran Obra, tienen por objeto la extracción de uno de los dos radicales metálicos: azufre y mercurio.

La filosofía hermética nos enseña que *los cuerpos no tienen ninguna acción sobre los cuerpos* y que sólo *los espíritus son activos y penetrantes*[2]. Son los espíritus los agentes naturales que provocan, en el seno de la materia, las transformaciones que observamos en ella. Pues la sabiduría demuestra por la experiencia que los cuerpos no son susceptibles de formar entre sí más que combinaciones temporales cómodamente reductibles. Tal es el caso de las aleaciones, algunas de las cuales se licuan por simple fusión, y de todos los compuestos salinos. Asimismo, los metales aleados conservan su cualidades específicas pese a las propiedades diversas que afectan en estado de asociación. Se comprende, pues, de qué utilidad pueden ser los espíritus en el desprendimiento del azufre o del mercurio metálicos, cuando se sabe que son los únicos capaces de vencer la fuerte cohesión que liga estrechamente entre sí esos dos principios.

Antes, es indispensable conocer lo que los antiguos designaban con el término genérico y bastante vago de *espíritus*.

Para los alquimistas, los espíritus son influencias reales, aunque físicamente casi inmateriales o imponderables. Actúan de una manera misteriosa, inexplicable, incognoscible, pero eficaz, sobre las sustancias sometidas a su acción y preparadas para recibirlos. La radiación lunar es uno de esos espíritus herméticos.

En cuanto a los arquimistas, su concepción se evidencia como de orden más concreto y sustancial. Nuestros viejos químicos engloban bajo la misma clasificación todos los cuerpos, simples o complejos, sólidos o líquidos, provistos de una cualidad *volátil* apta para hacerlos *enteramente sublimales*. Metales, no metales, sales, carburos de hidrógeno, etc., aportan a los arquimistas su contingente de espíritus: mercurio, arsénico, antimonio y algunos de sus compuestos, azufre, sal amoniacal, alcohol, éter, esencias vegetales, etc.

En la extracción del azufre metálico, la técnica favorita es la que utiliza la sublimación. He aquí, a título de indicación, algunas maneras de operar.

Disolved plata pura en ácido nítrico caliente, según la manipulación antes descrita, y luego añadid a esta solución agua destilada caliente. Decantad el licor claro, a fin de separar, si hubiere lugar, el ligero depósito negro del que hemos hablado. Dejadlo enfriar en el laboratorio a oscuras y verted en el licor, poco a poco, ya sea una solución filtrada de cloruro sódico o de ácido clorhídrico puro. El cloruro de plata se precipitará al fondo de la vasija en forma de masa blanca cuajada. Tras un reposo de veinticuatro horas, decantad el agua acidulada que sobrenada, lavad rápidamente al agua fría y haced desecar espontáneamente en una piedra donde no penetre ninguna luz. Pesad, entonces, vuestra sal de plata, a la que mezclaréis íntimamente tres veces la misma cantidad de cloruro de amonio puro. Introducidlo todo en una retorta de vidrio alta y de capacidad tal que sólo el fondo esté ocupado por la mezcla salina. Dad fuego suave al baño de arena y aumentadlo por grados. Cuando la temperatura sea suficiente, la sal amoniacal se elevará y tapizará con una capa firme la bóveda y el cuello del aparato. Este sublimado, de una blancura de nieve, raramente amarillento, permitiría creer que no encierra nada de particular. Cortad, pues, diestramente la retorta, separad con cuidado ese sublimado blanco y disolvedlo en agua destilada, fría o caliente. Finalizada la disolución, hallaréis al fondo un polvo muy fino, de un rojo brillante: es una parte *del azufre de plata o azufre lunar*, separado del metal y volatilizado por la sal amoniacal en el curso de su sublimación.

Esta operación, no obstante, pese a su simplicidad, no deja de presentar grandes inconvenientes. Bajo su apariencia fácil, exige gran habilidad y mucha prudencia en el manejo del fuego. Es preciso, en primer lugar, si no quiere perderse la mitad, y más, del metal empleado, evitar sobre todo la fusión de las sales. Pues si la temperatura se mantiene inferior al grado requerido para determinar y mantener la fluidez de la mezcla, no se produce sublimación. Por otra parte, cuando se establece, el cloruro de plata, ya de por sí muy penetrante, adquiere, al contacto con la sal amoniacal, un mordiente tal que pasa a través de las paredes de vidrio[3] y escapa al exterior. Muy frecuentemente, la retorta se resquebraja cuando la fase de vaporización comienza, y la sal amoniacal sublima en el exterior. El artista

---

[1] En esta clase de ensayos se puede advertir un hecho curioso y que hace imposible toda tentativa de industrialización. El resultado, en efecto, varía en razón inversa de la cantidad de metal empleado. Cuanto más se actúa sobre fuertes masas, menos producto se recoge. El mismo fenómeno se observa con las mezclas metálicas y salinas de las que, generalmente, se extraen pequeñas cantidades de oro. Si la experiencia suele tener éxito al operar sobre algunos gramos de materia inicial, trabajando una masa décuple es frecuente que se coseche un fracaso total. Durante mucho tiempo, hemos buscado, antes de descubrirla, la razón de esta singularidad, que reside en la manera como los disolventes se comportan en la medida de su saturación. El precipitado aparece poco después del comienzo, y hasta hacia la mitad del ataque. Se vuelve a disolver en parte o en su totalidad a continuación, según la importancia misma del volumen del ácido.

[2] Jabir, en su *Suma de perfección del magisterio* (*Summa pertectionis Magisterii*), habla así del poder que tienen los espíritus sobre los cuerpos. «¡Oh, hijos de la doctrina! -exclama-. Si queréis hacer experimentar a los cuerpos cambios diversos, tan sólo lo conseguiréis con la ayuda de los espíritus (*per spiritus ipsos fieri necesse est*). Cuando estos espíritus se fijan en los cuerpos, pierden su forma y su naturaleza y ya no son los que eran. Cuando se opera su separación, he aquí lo que sucede: o los espíritus se escapan solos, y los cuerpos a los que estaban fijados permanecen, o los espíritus y los cuerpos se escapan juntos al mismo tiempo.»

[3] Las colorea en la masa de un color rojo por transparencia y verde por reflexión

ni siquiera tiene el recurso de acudir a las retortas de arcilla, de tierra o de porcelana, más porosas aún que las de vidrio, puesto que debe poder observar constantemente la marcha de las reacciones si desea estar en condiciones de intervenir en el momento oportuno. En este método hay, como en muchos otros del mismo tipo, ciertos secretos de práctica que los arquimistas se han reservado prudentemente. Uno de los mejores consiste en dividir la mezcla de los cloruros interponiendo un cuerpo inerte, susceptible de empastar las sales e impedir su licuefacción. Esta materia no debe poseer cualidad reductora ni virtud catalítica, y también es indispensable que se la pueda aislar fácilmente del *caput mortuum*. Antaño se empleaba el ladrillo triturado y diversos absorbentes tales como el estaño calcinado, la piedra pómez, el sílex pulverizado, etc. Estas sustancias suministran, por desgracia, un sublimado muy impuro. Damos preferencia a cierto producto desprovisto de cualquier afinidad para los cloruros de plata y de amonio, que extraemos del betún de Judea. Aparte la pureza del azufre obtenido, la técnica resulta muy cómoda. Se puede, sin dificultades, reducir el residuo a plata metálica y reiterar las sublimaciones hasta la extracción total del azufre. La masa residual ya no es entonces reducible y se presenta bajo el aspecto de una ceniza gris, blanda, muy suave, grasa al tacto, que conserva la huella del dedo y que cede, en poco tiempo, la mitad de su peso de mercurio específico.

Esta técnica se aplica igualmente al plomo. De precio menos elevado, ofrece la ventaja de proporcionar sales insensibles a la luz, lo que dispensa al artista de operar en la oscuridad. No es necesario ya emplear la composición de sustancias trituradas y amasadas. Finalmente, como el plomo es menos fijo que la plata, el rendimiento en sublimado rojo es mejor y el tiempo empleado es más corto. El único aspecto molesto de la operación procede de que la sal amoniacal forma, con el azufre del plomo, una capa salina compacta y tan tenaz que se la creería fundida con el vidrio. También resulta laborioso despegarla sin rotura. En cuanto al extracto en sí, es de un hermoso color rojo revestido en un sublimado amarillo fuertemente coloreado, pero muy impuro en comparación con el de la plata. Importa, pues, purificarlo antes de emplearlo. Su madurez es también menos perfecta, consideración importante si las investigaciones están orientadas a la obtención de tinturas especiales.

No todos los metales obedecen a los mismos agentes químicos. El procedimiento que conviene a la plata y al plomo no puede ser aplicado al estaño, al cobre, al hierro o al oro. Más bien es espíritu capaz de extraer y aislar el azufre de un metal, dado que ejercerá su acción sobre otro metal en el principio mercurial de éste. En el primer caso, el mercurio será fuertemente retenido, mientras que el azufre se sublimará. En el segundo, se verá producirse el fenómeno inverso. De ahí la diversidad de métodos y la variedad de técnicas de descomposición metálica. Por otra parte, y sobre todo, la afinidad que muestran los cuerpos entre sí, y la que muestran éstos por los espíritus, lo que regula su aplicación. Se sabe que la plata y el plomo tienen juntos una simpatía muy marcada, de lo que son prueba suficiente los minerales de plomo argentífero. Pues bien; ya que la afinidad establece la identidad química profunda de esos cuerpos, es lógico pensar que el mismo espíritu, empleado en las mismas condiciones, determine los mismos efectos. Es lo que sucede con el hierro y el oro, los cuales están ligados por una estrecha afinidad, hasta tal punto de que cuando los prospectores mexicanos descubren una tierra arenosa muy roja, compuesta en su mayoría de hierro oxidado, concluyen de ello que el oro no está lejos. También consideran esa tierra roja como la minera y *la madre del oro*, y el mejor indicicio de un filón próximo. El hecho parece, sin embargo, bastante singular, dadas las diferencias físicas de esos metales. En la categoría de los cuerpos metálicos usuales, el oro es el más raro de entre ellos, en tanto que el hierro es, ciertamente, el más común, el que se encuentra en todas partes y no sólo en las minas, donde ocupa yacimientos considerables y numerosos, sino incluso diseminado en la superficie misma del Sol. La arcilla le debe su coloración especial, unas veces amarilla, cuando el hierro se encuentra dividido en estado de hidrato, y otras roja, si está en forma de sesquióxido, color que se exalta aún por la cocción (ladrillos, tejas, cerámicas). De todos los minerales clasificados, la pirita de hierro es el más vulgar y el más conocido. Las masas ferruginosas negras, en bolas de diversos grosores, en conglomerados testáceos y de forma arriñonada, se encuentran con frecuencia en los campos, al borde de los caminos y en los terrenos gredosos. Los niños del campo tienen la costumbre de jugar con esas marcasitas que muestran, cuando se las rompe, una textura fibrosa, cristalina y radiada. En ocasiones encierran pequeñas cantidades de oro. Los meteoritos, compuestos, sobre todo, de hierro magnético fundido, prueban que las masas interplanetarias de las que proceden deben la mayor parte de su estructura al hierro. Ciertos vegetales contienen hierro asimilable (trigo, berro, lentejas, alubias, patatas). El hombre y los animales vertebrados deben al hierro y al oro la coloración roja de su sangre. En efecto, las sales de hierro constituyen el elemento activo de la hemoglobina. Son, incluso, tan necesarias para la vitalidad orgánica, que la Medicina y la farmacopea de todos los tiempos han tratado de suministrar a la sangre empobrecida los compuestos metálicos apropiados para su reconstitución (peptonato y carbonato de hierro). Entre el pueblo, se ha conservado el uso del agua convertida en ferruginosa por inmersión de clavos oxidados. Finalmente, las sales de hierro presentan una variedad tal en su coloración, que puede asegurarse que bastarían para reproducir todas las tonalidades del espectro, desde el violeta, que es el color del metal puro, hasta el rojo intenso que da a la sílice en las diversas clases de rubíes y granates.

No hacía falta tanto para arrastrar a los arquimistas a trabajar con el hierro, a fin de descubrir en él los componentes de sus tintes. Por lo demás, este metal permite extraer con comodidad sus constituyentes, sulfuroso y mercurial, en una sola manipulación, lo que representa ya una gran ventaja. La grande y severa dificultad reside en la reunión de esos elementos, los cuales, pese a su purificación, rehúsan enérgicamente combinarse para formar un cuerpo nuevo. Pero pasaremos sin analizar ni resolver este problema, ya que nuestro tema se limita a establecer la prueba de que los arquimistas siempre han empleado *materiales químicos* puestos en acción con la ayuda de medios y *operaciones químicas*.

En el tratamiento espagírico del fuego está la reacción enérgica de ácidos que tienen por el metal una afinidad semejante que se utiliza para vencer la cohesión. De ordinario, se parte de la pirita marcial o del metal reducido a limaduras. En este último caso, recomendamos prudencia y precaución. Si se trabaja la pirita, bastará machacarla lo más finamente posible y poner al rojo, al fuego, este polvo una sola vez, batiéndola con fuerza. Enfriada, se introduce en un amplio matraz con cuatro veces su peso de agua regia, y se pone todo en ebullición. Al cabo de una o dos horas, se deja reposar, se decanta el licor y, luego, se vierte sobre el magma una cantidad semejante de agua regia nueva que, como antes, se hace hervir. Se debe continuar así la ebullición y la decantación hasta que la pirita aparezca blanca al fondo de la vasija. Entonces, se toman de nuevo todos los extractos, se los filtra a través de fibra de cristal y se los concentra por destilación lenta en una retorta provista de tubo de escape. Cuando ya no queda más que aproximadamente el tercio del volumen primitivo, se abre el tubo y se vierte por fracciones sucesivas cierta cantidad de ácido sulfúrico puro a 66° (60 gr para un volumen total de extracto procedente de 500 gr de pirita). Se destila, a continuación, hasta a seco, y después de haber cambiado de recipiente, se aumenta poco a poco la temperatura. Se verá destilar gotas oleosas, rojas como sangre, que representan la tintura sulfurosa y, luego, un hermoso sublimado blanco que se adhiere a la panza y al cuello con aspecto de plumón cristalino. Este sublimado es una verdadera sal de mercurio -llamada por algunos arquimistas *mercurio de vitriolo*- que se reduce sin dificultad a mercurio fluido por las limaduras de hierro, la cal viva o el carbonato potásico anhidro. Se puede, desde luego, asegurarse en seguida de que este sublimado encierra el mercurio específico del hierro frotando los cristales en una lámina de cobre: la amalgama se produce de inmediato y el metal parece plateado.

En cuanto a las limaduras de hierro, dan un azufre de color de oro en lugar de rojo, y un poco -muy poco- de mercurio sublimado. El procedimiento es el mismo, pero con la ligera diferencia de que hay que echar en el agua regia, previamente calentada, pulgaradas de limaduras y aguardar, tras cada una de ellas, a que la efervescencia se haya calmado. Es bueno remover el fondo con un agitador a fin de evitar que las limaduras formen masa. Tras la filtración y la reducción a la mitad, se añade -muy poco cada vez, pues la reacción es violenta y los sobresaltos, furiosos- ácido sulfúrico hasta la mitad de lo que pesa el licor concentrado. Éste es el aspecto peligroso de la manipulación, pues con bastante frecuencia sucede que la retorta estalla o que se quiebra al nivel de los ácidos.

Detendremos aquí la descripción de los procedimientos con el hierro, estimando que bastan ampliamente para fundamentar nuestra tesis, y concluiremos la exposición de los procedimientos espagíricos con el del oro, el cual es, según la opinión de todos los filósofos, el cuerpo más refractario a la disociación. Es un axioma corriente en espagiria que *es más fácil hacer oro que destruirlo*. Más aquí se impone una breve observación.

Limitando tan sólo nuestro deseo a probar la *realidad química* de las investigaciones arquímicas, nos guardaremos mucho de enseñar, en lenguaje claro, cómo puede fabricarse oro, pues la finalidad que perseguimos es de orden más elevado, y preferimos mantenernos en el ámbito alquímico puro, antes que empujar al investigador a seguir esos senderos cubiertos de zarzas y bordeados de barrancos, ya que la aplicación de esos métodos, que aseguran el *principio químico* de las trasmutaciones directas, sería incapaz de aportar el menor testimonio en favor de la Gran Obra, cuya elaboración continúa siendo por completo extraña a ese mismo principio. Dicho esto, volvamos a nuestra tema.

Un viejo dicho espagírico pretende que la *semilla del oro está en el mismo oro*. Nosotros no le llevaremos la contraria, a condición de que se sepa de que oro se trata o cómo es conveniente separar esa semilla del oro vulgar. Si se ignora el último de estos secretos, se deberá, necesariamente, contentarse con asistir a la producción del fenómeno sin extraer de él otro provecho que una certidumbre objetiva. Obsérvese, pues, con atención lo que sucede en la operación siguiente, cuya ejecución no presenta dificultad ninguna.

Disuélvase oro puro en agua regia y viértase ácido sulfúrico en un peso equivalente a la mitad del peso del oro empleado. No se producirá más que una ligera contracción. Agítese la solución e introdúzcase en una retorta de vidrio sin tubo de escape, colocada en baño de arena. Dese al principio un fuego escaso, a fin de que la destilación de los ácidos se opere suavemente y sin ebullición. Cuando ya no se produzca destilación y el oro aparezca en el fondo bajo el aspecto de una masa amarilla, mate, seca y cavernosa, cámbiese de recipiente y auméntese progresivamente la intensidad del fuego. Veréis elevarse vapores blancos, opacos y ligeros al principio y, luego, cada vez más pesados. Los primeros se condensarán en un hermoso aceite amarillo que fluirá al recipiente, y los segundos se sublimarán y cubrirán la panza y el arranque del cuello con finos cristales que imitan el plumón de los pájaros. Su color, de un rojo sangre magnífico, adquiere el brillo de los rubíes cuando un rayo de sol o alguna luz viva incide en ellos. Estos cristales, muy delicuescentes, así como las otras sales de oro, se disgregan en licor amarillo en cuanto baja la temperatura...

No proseguiremos ya el estudio de las sublimaciones. En cuanto a los procedimientos arquímicos conocidos bajo la expresión de *pequeños particulares*, se trata, en la mayoría de los casos, de técnicas aleatorias. Los mejores de entre esos procesos parten de los productos metálicos extraídos según los medios que hemos indicado. Se encontrarán extendidos profusamente en muchas obras de segundo orden y en manuscritos de sopladores. Nosotros nos limitaremos, a título documental, a reproducir el *particular* que señala Basilio Valentín[1] porque, contrariamente a los demás, está basado en sólidas y pertinentes razones filosóficas. El gran adepto afirma, en este pasaje, que puede obtenerse una tintura particular uniendo el mercurio de la plata al azufre del cobre mediante sal de hierro. «La Luna -dice- tiene en sí un mercurio fijo por el que sostiene más tiempo la violencia del fuego que los otros metales imperfectos, y la victoria que logra muestra con bastante evidencia hasta qué punto es fija, pues el arrebatador

---

[1] *Les Douze Clefs de Philosophie*. París, Pierre Moét, 1659, Libro I, p. 34; Editions de Minuit, 1956, p. 85.

Saturno no le puede quitar nada o disminuirla. La lasciva Venus está bien coloreada, y todo su cuerpo casi no es más que tintura y color semejante a los que tiene el Sol, que a causa de su abundancia deriva grandemente hacia el rojo. Pero mientras que su cuerpo es leproso y enfermo, la tintura fija no puede habitar en él, y al volatilizarse el cuerpo, necesariamente la tintura debe seguirlo, pues, al perecer aquél, el alma no puede quedarse, pues su domicilio está consumido por el fuego, no apareciendo y no dejándole ningún sitio ni refugio sino que, por el contrario, acompañada, permanece con un cuerpo fijo. La sal fija suministra al guerrero Marte un cuerpo duro, fuerte, sólido y robusto, de donde procede su magnanimidad y gran valor.

Por ello es en extremo difícil sobrepasar a tan intrépido capitán, pues su cuerpo es tan duro que apenas se le puede herir. Pero si alguien mezcla su fuerza y dureza con la constancia de la Luna y la belleza de Venus, y los pone de acuerdo por un medio espiritual, podrá conseguir, no tan mal, una suave armonía por medio de la cual el pobre hombre, habiéndose servido a este propósito de algunas claves de nuestro arte, luego de haber subido a lo alto de esta escala y de haber llevado la Obra hasta el fin, podrá *particularmente* ganarse la vida. Pues la naturaleza flemática y húmeda de la Luna puede ser calentada y desecada por la sangre cálida y colérica de Venus, y su gran negrura, corregida por la sal de Marte.»

Entre los arquimistas que han utilizado oro para aumentarlo, con ayuda de fórmulas que los conducen al éxito, citaremos al sacerdote veneciano Panteo[1]; a Naxágoras, autor de la *Alchymia denudata* (1715); a De Locques; a Duclos; a Bernard de Labadye; a Joseph du Chesne, barón de Morancé, médico ordinario del rey Enrique IV; a Blaise de Vigenère; a Bardin, del Havre (1638); a Mademoiselle de Martinville (1610); a Yardley, inventor inglés de un procedimiento transmitido a Garden, guantero de Londres, en 1716, y luego comunicado por Ferdinand Hockley al doctor Sigismond Bacstrom[2], y que constituyó el tema de una carta de éste a L. Sand, en 1804; finalmente, al piadoso filántropo san Vicente de Paúl, fundador de los *padres de la misión* (1625), de la congregación de *las hermanas de la caridad* (1634), etc.

Permítasenos detenernos un instante en esta grande y noble figura, así como en su labor oculta, generalmente ignorada.

Sabido es que en el curso de un viaje que realizó de Marsella a Narbona, san Vicente de Paúl fue apresado por unos piratas berberiscos y llevado cautivo a Túnez. Tenía entonces veinticuatro años[3]. Se nos asegura también que consiguió rescatar para la Iglesia a su último amo, un renegado, y que regresó a Francia y estuvo en Roma, donde el papa Paulo V le recibió con grandes muestras de consideración. A partir de este momento, emprendió sus fundaciones piadosas y sus instituciones caritativas. Pero lo que se guarda bien de decirnos es que el *padre de los niños hallados*, como se le llamaba en vida, había aprendido la arquimia durante su cautiverio. Así se explica, sin que haya necesidad de intervención milagrosa, que el gran apóstol de la caridad cristiana encontrara medios para realizar sus numerosas obras filantrópicas[4]. Era, por otra parte, un hombre práctico, positivo, resuelto, que no descuidaba en absoluto sus asuntos, de ningún modo soñador ni inclinado al misticismo. Por lo demás, un alma profundamente humana bajo la apariencia ruda de hombre activo, tenaz y ambicioso.

Poseemos de él dos cartas muy sugestivas acerca de sus trabajos químicos. La primera, escrita a Monsieur de Comet, abogado de la corte de primera instancia de Dax, fue publicada muchas veces y analizada por Georges Bois en *Le péril occultiste* (París, Victor Retaux, s. f.). Está escrita en Aviñón y fechada en 24 de junio de 1607. Tomaremos ese documento, que es bastante largo, en el momento en que Vicente de Paúl, habiendo acabado la misión por la que se encontraba en Marsella, se prepara a regresar a Tolosa.

«... Hallándome a punto de partir por tierra -dice-, me convenció un caballero con quien estuve albergado, para que me embarcara con él hasta Narbona, en vista del tiempo favorable que hacía. Y me embarqué para aprovechar la ocasión y para ahorrar o, por mejor decir, para mi desdicha y para perderlo todo. El viento nos fue tan favorable que poco nos faltó para llegar aquel mismo día a Narbona, que se hallaba a cincuenta leguas, si Dios no hubiera permitido que tres bergantines turcos que costeaban el golfo de León (para apresar las barcas que procedían de Beaucaire, donde había feria, que se tiene por una de las más bellas de la Cristiandad) no nos hubieran dado caza y no nos hubieran atacado con tanta energía que dos o tres de los nuestros fueron muertos y el resto, heridos, e incluso yo, que recibí un flechazo que me servirá de reloj el resto de mi vida, por lo que nos vimos obligados a rendirnos a aquellos piratas, peores que tigres. Sus primeros estallidos de rabia les llevaron a hacer mil trozos de nuestro piloto, a hachazos, por haber dado muerte a uno de los principales de entre ellos, además de cuatro o cinco hombres que los nuestros les mataron. Hecho esto, nos encadenaron después de habernos tratado groseramente y prosiguieron su rumbo cometiendo mil latrocinios, pero dando la libertad a aquellos que se rendían sin combatir, luego de haberlos

---

[1] J. A. Pantheus, *Ars et Theoria Transmutationis Metallicæ cum Voarchadumia* Veneunt. Vivantium Gautherorium, 1550.

[2] El doctor S. Bacstrom se afilió a la sociedad hermética fundada por el adepto De Chazal, que vivía en la isla Mauricio, en el océano Indico, en la época de la Revolución.

[3] Nacido en Poux, cerca de Dax, en 1581, los biógrafos lo consideran nacido en 1576, aunque él mismo dé su edad exacta en diversas ocasiones, en su correspondencia. Este error se explica por el hecho de que, con la complicidad de prelados que actuaban contra las decisiones del concilio de Trento, se le hizo pasar fraudulentamente como que tenía veinticuatro años cuando, en realidad, no contaba más que diecinueve cuando fue ordenado sacerdote en el año 1600.

[4] Fundó -nos dice el abate Pétin (*Dictionnatre hagiographique*, en la *Encyclopédie* de Migne. París, 1850)- un hospital para los galeotes en Marsella, y en París estableció las casas de los *Huérfanos*, de las *Hijas de la Providencia* y de las *Hijas de la Cruz*, así como el hospital de Jesús, el de los Niños hallados y el hospital general de la *Salpetrière*. «Sin hablar del hospital de *Sainte-Renne*, que fundó en la Borgoña, socorrió varias provincias azotadas por el hambre y la peste, y las limosnas que hizo llegar a Lorena y Champaña ascienden a casi dos millones.»

despojado. Y finalmente, cargados de mercancía, al cabo de siete u ocho días, tomaron la ruta de Berbería, cubil y espelunca de ladrones de la peor especie del gran turco, y así que llegamos nos pusieron a la venta con el sumario de nuestra captura, que decían haber efectuado en un navío español, porque sin esa mentira hubiéramos sido liberados por el cónsul que el rey mantiene allí para garantizar el libre comercio de los franceses. El procedimiento de nuestra venta consistió en que, luego que nos hubieron dejado en cueros vivos, nos procuraron a cada uno un par de bragas, una sobrevesta de lino y un gorro, y nos pasearon así por la ciudad de Túnez, a donde habían ido para vendernos. Habiéndonos hecho dar cinco o seis vueltas por la ciudad, con la cadena al cuello, nos condujeron al barco a fm de que los mercaderes acudieran a ver quién podría comer y quién no, a fin de demostrar que nuestros achaques no eran en absoluto mortales. Hecho esto, nos condujeron a la plaza, a donde los mercaderes fueron a examinarnos igual que se hace para comprar un caballo o un buey, haciéndonos abrir la boca para inspeccionar nuestros dientes, palpando nuestros costados, sondeando nuestras llagas y haciéndonos caminar al paso, trotar o correr, luego sostener fardos y después luchar para ver la fuerza de cada uno, y otras mil clases de brutalidades.

«Fui vendido a un pescador, quien pronto se vio obligado a deshacerse de mí, pues nada le era tan adverso como la mar. Después, del pescador pasé a ser propiedad de un anciano, médico espagírico, soberano déspota de quintaesencias, hombre muy humano y tratable que, por lo que me dijo, había trabajado cincuenta años en busca de la piedra filosofal, y aunque su esfuerzo resultó vano en cuanto a la piedra en sí, logró, con toda seguridad, otras formas de trasmutación de metales. Y para dar fe de ello, declaro que a menudo lo ví fundir tanto oro como plata juntos, colocarlos en laminillas, poner luego un lecho de algún polvo, luego otro de láminas y después otro de polvo en un crisol o recipiente de fundir de los orfebres, mantenerlo al fuego veinticuatro horas y, por fin, abrirlo y hallar la plata convertida en oro. Y, más a menado todavía, lo vi congelar o fijar el azogue en plata fina que vendía para hacer limosnas a los pobres. Mi ocupación consistía en mantener el fuego en diez o doce hornos lo que, a Dios gracias, no me producía más pena que placer. Mi dueño me amaba mucho, y se complacía en gran manera hablándome de alquimia y, más aún, de su ley, a la que se esforzaba por atraerme prometiéndome mucha riqueza y todo su saber. Dios mantuvo siempre en mí la creencia en mi liberación, por las asiduas plegarias que dirigía a Él y a la Virgen María, por cuya única intercesión creo firmemente haber sido salvado. La esperanza y firme creencia que tenía de volver a veros, pues, señor, me movió a rogar a mi amo asiduamente que me enseñara el medio de curar los cálculos, en lo que cada día le veía operar milagros. Lo que él hizo fue mandarme preparar y administrar los ingredientes...

»Permanecí con aquel anciano desde el mes de setiembre de 1605 hasta el mes de agosto siguiente, en que fue apresado y conducido al gran sultán para que trabajara para él, mas en vano, pues murió de pena por el camino. Me legó a su sobrino, verdadero antropomorfita[1] que pronto me revendió tras la muerte de su tío, porque oyó decir que Monsieur de Breve, embajador del rey de Turquía, venía con buenas y expresas patentes del gran turco para redimir a los esclavos cristianos. Un renegado de Niza, en Saboya, enemigo por naturaleza, me compró y me condujo a su *temat* (así se llama la propiedad que se posee como aparcero del gran señor, pues el pueblo no tiene nada, ya que todo es del sultán). El *temat* de aquél estaba en la montaña, donde el país es en extremo cálido y desértico.»

Después de haber convertido a aquel hombre, Vicente partió con él, diez meses después, «al cabo de los cuales - continúa el cronista- nos salvamos en un pequeño esquife y el vigésimo octavo día de junio arribamos a Aguas Muertas, y, poco después, a Aviñón, donde el señor vicelegado recibió públicamente al renegado, que iba con lágrimas en los ojos y sollozos en la garganta, en la iglesia de San Pedro, en honor de Dios y para edificación de los espectadores. Señor mío..., este honor me obliga a amar y cuidar ciertos secretos de alquimia que le he enseñado, que él reconoció más *que si io gli avessi dato un monte di oro*[2], porque toda su vida ha trabajado en ello y de ninguna otra cosa obtiene más contento...

-Vincent Depaul.»[3].

En enero de 1608, una segunda epístola, dirigida desde Roma al mismo destinatario, nos muestra a Vicente de Paúl iniciando al vicelegado de Aviñón, del que acaba de hacer mención, y muy bien situado en la corte, gracias a sus secretos espagíricos. «... Mi estado es tal, pues, en una palabra, que estoy en esta ciudad de Roma, donde continúo mis estudios sostenido por monseñor vicelegado, que es de Aviñón, el cual me dispensa el honor de amarme y desear mi progreso, por haberle mostrado muchas cosas hermosas y curiosas que aprendí durante mi esclavitud de aquel anciano turco a quien ya os he escrito que fui vendido, del número de las cuales curiosidades es el comienzo, no la total perfección, el espejo de Arquímedes, un recurso artificial para hacer hablar una cabeza de muerto de la que aquel miserable se servía para seducir al pueblo, diciéndole que sus dios Mahoma le comunicaba su voluntad mediante aquella cabeza, y otras mil bonitas cosas geométricas que he aprendido de él, de las cuales mi señor se muestra tan celoso que ni siquiera permite que me acerque a nadie, por miedo a que yo las enseñe, pues desea tener

---

[1] Nombre genérico dado a los herejes que creían en la forma humana de Dios basándose en las palabras del Génesis, según las cuales Yavé habría creado al hombre a su imagen y semejanza. - *N. del T.*

[2] «Si le hubiera dado una montaña de oro».

[3] Ignoramos por qué la Historia y los biógrafos se obstinan en conservar la grafía falsa de Vicente de Paúl. Este nombre no precisa de partícula por ser noble entre los nobles. Todas sus epístolas están firmadas con *Depaul*. Se halla este nombre escrito de esta forma en una convocatoria masónica reproducida en las páginas 130-131 del *Dictionnaire d'Occultisme* de E. Desormes y Adrien Basile (Angers, Lachése, 1897). No hay que sorprenderse de que una logia, obedeciendo al código de caridad y elevada fraternidad por el que se regía la masonería del siglo XV, se colocara bajo la protección nominal del poderoso filántropo. El documento en cuestión, fechado en 14 de febrero de 1835, emana de la logia *Salut, Force, Union*, del Capítulo de los dicípulos de *saint Vincent Depaul*, adherida al Oriente de París y fundada en 1777.

él solo la reputación de saber las cosas, las cuales se complace en hacer ver alguna vez a Su Santidad y a los cardenales.»

Pese al escaso crédito que concede a los alquimistas y a su ciencia, Georges Bois reconoce, sin embargo, que no se puede sospechar de la sinceridad del narrador ni de la realidad de las experiencias que éste ha visto practicar. «Es un testigo -escribe- que reúne todas las garantías que pueden esperarse de un testigo ocular frecuente y particularmente desinteresado, condición que no se encuentra en el mismo grado entre los investigadores que narran sus propias experiencias y que siempre están preocupados por un punto de vista particular. Es un buen testigo, pero es un hombre y, por tanto, no es infalible. Ha podido equivocarse y tomar por oro lo que no era sino una aleación de oro y plata. Esto es lo que, según nuestras ideas actuales, hemos llegado a creer, en virtud de la *costumbre que debemos a nuestra educación de colocar la trasmutación entre las fábulas*. Pero si nos limitamos simplemente a analizar el testimonio que examinamos, el error no es posible. Se dice con claridad que el alquimista fundía juntos tanto oro como plata, y he aquí la aleación bien definida[1]. Esta aleación es laminada. A continuación, las láminas se disponen por capas separadas por otras capas de cierto polvo que no se describe. Este polvo no es la piedra filosofal, pero posee una de sus propiedades: opera la trasmutación. Se calienta durante veinticuatro horas, y la plata que intervenía en la aleación queda transformada en oro. Este oro es revendido, y así sucesivamente. No hay ningún desprecio en la distinción de los metales. Además, es inverosímil, pues la operación era frecuente y el oro era negociado a mercaderes, que un error tan enorme se produjera con tanta facilidad. Pues, en esa época, todo el mundo cree en la alquimia, y los orfebres, los banqueros y los mercaderes saben distinguir muy bien el oro puro del oro aleado con otros metales. Desde Arquímedes, todo el mundo sabe conocer el oro por la relación que existe entre su volumen y su peso. Los príncipes monederos falsos engañan a sus súbditos, pero no la balanza de los banqueros ni el arte de los quilatadores. No se hacía comercio de oro vendiendo como oro lo que no lo era. En la época en que nos situamos, en 1605, era en Túnez, a la sazón uno de los mercados más conocidos del comercio internacional, un fraude tan difícil y tan peligroso como lo sería hoy, por ejemplo, en Londres, Amsterdam, Nueva York o París, donde los elevados pagos de oro se efectúan en lingotes. Este es el más concluyente hecho, a nuestro juicio, de cuantos hemos podido invocar en apoyo de la opinión de los alquimistas sobre la realidad de la trasmutación.»

En cuanto a la operación en sí, depende exclusivamente de la arquimia y se acerca mucho a la que Panteo enseña en su *Voarchadumia* y cuyo resultado designa con el nombre de *oro de las dos cimentaciones*. Pues si Vicente de Paúl ha mostrado claramente las líneas generales del procedimiento, se ha reservado, por el contrario, describir el orden y la manera de operar. Aquel que, en nuestros días, intentara realizar la operación, aunque tuviera un perfecto conocimiento del cemento especial, acabaría en el fracaso. Y es que, en efecto, el oro, para adquirir la facultad de trasmutar la plata que lleva aleada, necesita, en primer lugar, ser preparado, y el cemento actúa sólo sobre la plata. Sin esta disposición previa, el oro permanecería inerte en el seno del electro y no podría transmitir a la plata lo que en estado natural no posee[2]. Los espagiristas designan este trabajo preliminar con el nombre de exaltación o trans-fusión, y se ejecuta asimismo con ayuda de un cemento aplicado por estratificación. De tal manera que siendo distinta la composición de este primer cemento con respecto a la del segundo, la denominación dada por Panteo al metal obtenido se halla así plenamente justificada.

El secreto de la *exaltación*, sin cuyo conocimiento no puede obtenerse el éxito, consiste en aumentar -de una vez o gradualmente- el color normal del oro por el azufre de un metal imperfecto, de ordinario, el cobre. Éste proporciona al metal precioso *su propia sangre* mediante una especie de *transfusión química*. El oro, sobrecargado de tintura, toma entonces el aspecto rojo del coral y puede dar al mercurio específico de la plata el azufre que necesita, gracias a la intervención de los *espíritus minerales* desprendidos del cemento en el curso del trabajo. Esta transmisión del azufre retenido en exceso por el oro exaltado se efectúa poco a poco bajo la acción del calor. Necesita de veinticuatro a cuarenta horas, según la habilidad del artesano y el volumen de las materias tratadas. Es necesario prestar gran atención al fuego, que debe ser continuo y bastante fuerte, sin alcanzar jamás el grado de fusión de la aleación. Calentando demasiado, se correría el riesgo de volatilizar la plata y disipar el azufre introducido en el oro sin que este azufre hubiera adquirido una fijeza perfecta.

Por fin, una tercera manipulación, voluntariamente omitida porque un alquimista esclarecido sabe muy bien lo que tiene que hacer, comprende la acepillaje de las láminas extraídas, su fusión y su copelación. El residuo de oro puro manifiesta, al peso, una disminución más o menos sensible que varía, generalmente, entre la quinta y la cuarta parte de la plata aleada. Sea como fuere, y pese a esta pérdida, el procedimiento deja todavía un beneficio remunerador.

Señalaremos, a propósito de la *exaltación*, que el oro coralino obtenido por uno cualquiera de los diversos métodos preconizados, sigue siendo susceptible de trasmutar directamente, es decir, sin la ayuda de una cimentación ulterior, cierta cantidad de plata: alrededor de la cuarta parte de su peso. Sin embargo, como es imposible determinar el valor exacto del coeficiente de potencia aurífica, se resuelve la dificultad fundiendo oro rojo con una proporción triple de plata (encuartación) y sometiendo la aleación laminada a la operación del comienzo.

---

[1] Es tanto más difícil equivocarse sobre la naturaleza de esta aleación cuanto que la plata provoca en el oro una decoloración tal que no podría pasar inadvertida. Aquí es casi total, pues los metales están aleados a pesos iguales, con lo que la aleación resultaría blanca.

[2] Basilio Valentín insiste en la necesidad de dar al oro una sobreabundancia de azufre. «El oro no tiñe -dice- si no es teñido él previamente.»

Las Moradas Filosofales, VII. ALQUIMIA Y ESPAGIRIA

Después de haber dicho que la exaltación, basada en la absorción de cierta porción de azufre metálico por el mercurio del oro, tiene por efecto reforzar considerablemente la coloración propia del metal, daremos algunas indicaciones sobre los procedimientos utilizados con este propósito. Éstos aprovechan la propiedad que posee el mercurio solar de retener firmemente una fracción de azufre puro cuando se actúa sobre la masa metálica, a fin de disociar la aleación formada al principio. Así, el oro fundido con el cobre, si llega a separarse de él, no abandona jamás del todo una parcela de *tintura* tomada a éste. De tal manera que reiterando a menudo la misma acción, el oro se enriquece cada vez más y puede entonces ceder esta tintura excelente al metal que le es próximo, es decir, a la plata.

Un químico experimentado, señala Naxágoras, sabe muy bien que si se purifica el oro hasta veinticuatro veces o más con sulfuro de antimonio adquiere un color, un brillo y una finura notables. Pero se produce pérdida de metal, contrariamente a lo que sucede con el cobre, porque, en la purificación, el mercurio del oro abandona una parte de su sustancia al antimonio, y el azufre se encuentra entonces superabundante por desequilibrio de las proporciones naturales. Esto hace el procedimiento inutilizable y no permite esperar de él sino una simple satisfacción de curiosidad.

Se consigue, asimismo, exaltar el oro fundiéndolo primero con tres veces su peso de cobre y luego descomponiendo la aleación, reducida a limaduras, con ácido nítrico hirviendo. Aunque esta técnica sea laboriosa y cueste mucho, dado el volumen de ácido exigido, es, sin embargo, una de las mejores y más seguras que se conocen.

No obstante, si se posee un reductor enérgico y se sabe emplearlo en el curso de la fusión misma del oro y del cobre, la operación se verá simplificada en gran manera y no habrá que temer pérdida de materia ni trabajo excesivo, pese a las repeticiones indispensables que este método aún requiere. El artista, estudiando estos diversos métodos, podrá descubrir otros mejores, o sea, más eficaces. Le bastará, por ejemplo, echar mano del azufre directamente extraído del plomo, incerarlo en estado bruto y proyectarlo poco a poco en el oro fundido, que retendrá la parte pura. A menos que prefiera recurrir al hierro, cuyo azufre específico es, de todos los metales, aquel por el que el oro manifiesta la mayor afinidad.

Pero basta. Que trabaje ahora quien quiera; que cada cual conserve su opinión, siga o desprecie nuestros consejos, poco nos importa. Repetiremos, por última vez, que de todas las operaciones benévolamente descritas en estas páginas, ninguna se relaciona, de lejos o de cerca, con la *alquimia tradicional*, y ninguna puede ser comparada a las suyas. Muralla espesa que separa las dos ciencias, obstáculo infranqueable para aquellos que están familiarizados con los métodos y las fórmulas químicas. No queremos desesperar a nadie, pero la verdad nos obliga a decir que ésos no saldrán jamás de los caminos de la química oficial, aunque se entreguen a las investigaciones espagíricas. Muchos modernos creen, de buena fe, apartarse resueltamente de la ciencia química porque explican sus fenómenos de una manera especial, sin emplear, no obstante, otra técnica que la de los sabios varones a los que hacen objeto de su crítica. Hubo siempre, por desdicha, errabundos y engañados de ese tipo, y para ellos, sin duda, Jacques Tesson[1] escribió estas palabras llenas de verdad: «Los que quieren hacer nuestra Obra mediante digestiones, destilaciones vulgares y sublimaciones semejantes, y otros por trituraciones, *todos ellos están fuera del buen camino*, sumidos en gran error y dificultad, y privados para siempre de conseguir su objetivo, porque todos esos nombres y palabras y maneras de operar son nombres, palabras y maneras metafóricos.

Creemos, pues, haber cumplido nuestro propósito y demostrado, en la medida que nos ha sido posible, que *la antepasada de la química actual no es la vieja alquimia, sino la espagiria antigua*, enriquecida con aportaciones sucesivas de la alquimia griega, árabe y medieval.

Y si se desea tener alguna idea de la ciencia secreta, diríjase el pensamiento al trabajo del agricultor y al del microbiólogo, pues el nuestro está situado bajo la dependencia de *condiciones* análogas. Pues al igual que la Naturaleza da al cultivador la tierra y el grano, al microbiólogo el agar y la espora, lo mismo suministra al alquimista el terreno metálico apropiado y la semilla conveniente. Si todas las circunstancias *favorables* a la marcha regular de este cultivo especial se observan rigurosamente, la recolección no podrá dejar de ser abundante...

En resumen, la ciencia alquímica, de una simplicidad extrema en sus materiales y en su fórmula, sigue siendo, no obstante, la más ingrata y la más oscura de todas, debido al conocimiento exacto de las condiciones requeridas y de las *influencias* exigidas. Ahí radica su aspecto misterioso, y hacia la solución de este arduo problema convergen los esfuerzos de todos los hijos de Hermes.

---

[1] Jacques Tesson o Le Tesson, Le Grand et excellent Oeuvre des Sages, contenant trois traités ou dialogues: Dialogues du Lyon verd, du grand Thériaque et du Régime. Ms. del siglo XVII. Bibliot. de Lyon, N.ª 971 (900).

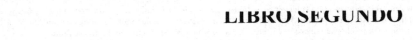

LIBRO SEGUNDO

LA SALAMANDRA DE LISIEUX

I

Pequeña ciudad normanda que debe a sus numerosas casas de madera y a sus fachadas rematadas con piñones escalonados el pintoresco aspecto medieval con que la conocemos, Lisieux, respetuosa hacia el tiempo pasado, nos ofrece, entre otras muchas curiosidades, una hermosa y en extremo interesante mansión de alquimista.

Casa modesta, en verdad, pero que demuestra en su autor el deseo de humildad que los afortunados beneficiarios del tesoro hermético hacían voto de respetar durante su vida entera. Este edificio suele designarse con el nombre de «Manoir de la Salamandre», y ocupa el número 19 de la rue aux Févres (lám. VII).

Pese a nuestras investigaciones, nos ha resultado imposible obtener la menor información acerca de sus primeros propietarios, a los que no se conoce. Nadie sabe en Lisieux o fuera de ella por quién fue construida la casa en el siglo XVI, ni quiénes fueron los artistas que la decoraron. Para no defraudar a la tradición, sin duda, la Salamandra guarda celosamente su secreto y el del alquimista. Sin embargo, en 1834, se escribió acerca de la mansión[1], pero limitándose a la descripción pura y simple de los temas esculpidos que el turista puede admirar en la fachada mención rista puede admirar en la fachada. Esta mención y algunas líneas en la *Statistique munumentale du Calvados*, de Caumont (Lisieux, tomo V) representan todo cuanto ha aparecido sobre la mansión de la Salamandra. Es poco, y lo sentimos, pues la minúscula pero deliciosa morada, edificada por la voluntad de un verdadero adepto, decorada con motivos tomados del simbolismo hermético y de la alegoría tradicional, merece mejor suerte. Bien conocida por los lexovianos es ignorada por el gran público, tal vez incluso por muchos amantes del arte, pese a que su decoración, tanto por su abundancia y su variedad como por su hermosa conservación, autoriza a clasificar el edificio entre los mejores del género. Hay aquí una laguna rnolesta, y trataremos de colmarla subrayando, a la vez, el valor artístico de esta elegante mansión y la enseñanza iniciática que se desprende de sus esculturas.

El estudio de los motivos de la fachada nos permite afirmar, con la convicción nacida de un análisis paciente, que el constructor del «Manoir» fue un alquimista instruido que dio la medida de su talento; en otros términos, un adepto poseedor de la piedra filosofal. Certificamos, asimismo, que su afiliación a algún centro esotérico, que tenía muchos puntos de contacto con la dispersa orden de los templarios, se revela como indiscutible. Pero, ¿cuál podía ser aquella fraternidad secreta que se honraba en contar entre sus miembros al sabio filósofo de Lisieux? Forzados nos vemos a confesar nuestra ignorancia y a dejar la cuestión en suspenso. Sin embargo, y aunque sintamos una invencible repugnancia por la hipótesis, la verosimilitud, la relación de fechas y la proximidad de los lugares nos sugieren ciertas conjeturas que vamos a exponer a título de indicación y con todas las reservas.

Aproximadamente un siglo antes de la construcción del «Manoir» de Lisieux, tres compañeros alquimistas «laboraban» en Flers (Orne), donde realizaban la Gran Obra en el año 1420. Eran Nicolas de de Grosparmy[2], gentilhombre, Nicolas o Nöel Vallois, llamado tambié Le Vallois, y un sacerdote de nombre Pierre Vicot o Vitecoq. Este ultimo se califica a sí mismo de «capellán y servidor doméstico del señor de Grosparmy». Tan sólo D-e-Grosparmy poseía alguna fortuna con el título de señor y el de conde de Flers. Sin embargo, fue Valois quien descubrió primero la práctica de la Obra y la enseñó a sus compañeros, como lo da a entender en sus *Cinq Livres*. Tenía entonces cuarenta y cinco años, lo que situa la fecha de su nacimiento en el año 1375. Los tres adeptos escriben diferentes obras entre los años 1440 y 1450[3]. Ninguno de estos libros ha sido impreso jamás, por supuesto.

Según una nota anexa al manuscrito número 158 (125) de la biblioteca de Rennes, un gentilhombre normando, Bois Jeuffroy, habría heredado todos los tratados originales de Nicolas de Grosparmy, Valois y Vicot. Vendió la copia completa de los mismos «al difunto señor conde de Flers, mediante 1.500 libras y un caballo de precio». Este conde de Flers y barón de Tracy es Louis de Pellevé, muerto en 1660, bisnieto, por línea femenina, del autor Grosparmi[4].

Pero estos tres adeptos que residían y trabajaban en Flers en la primera mitad del siglo XV se citan sin la menor razón como si pertenecieran al siglo XVI. En la copia que posee la biblioteca de Rennes, se dice con claridad, no obstante, que habitaban en el castillo de Flers, del que Grosparmy era propietario, «en el cual lugar hicieron la Obra filosófica y compusieron sus libros». El error inicial, consciente o no, procede de un anónimo autor de las notas

---

[1] Cf. de Formevilie, *Notice su une maison du XVI, siècle*, à Lisieux, con dibujos y litografias de Challamel París, Janet Y Koepplin; Lisieux, Pigeon, 1834.

[2] Ct. Bibl. nat. de París, ms. 14789 (3032): *La Clef des Secrets de Philosophie*, de Pierre Vicot, Presbítero; siglo XVIII.

[3] Nicolas de Grosparmy acaba, el *Abrégé de Théorique* dando la fecha exacta de terminación de esta obra, «la cual –dice– ha compilado y mandado escribir y quedó perfecta el 29°día de diciembre del año micuatrocientos cuarenta y nueve. Cf. Biblioteca de Rennes, ms. 158 (125), p. 111.

[4] Cf. Charles, Vèrel, *Les Alchimistes de Flers*. Alençon, 1889. obra en 8°., de 34 ,pág., en el *Bulletin de la Société historique et archéologique de l'Orne*.

tituladas *Remarques*, escritas al margen de algunas copias manuscritas de las obras de Grosparmy que pertenecieron al químico Chevreul. Este, sin controlar, por lo demás, la cronología fantástica de estas notas, aceptó las fechas, sistemáticamente atrasadas un siglo por el escritor anónimo, y todos los autores lo siguieron y arrastraron a porfía aquel error imperdonable. Vamos a restablecer la verdad brevemente. Alfred de Caix[1], después de haber dicho que Louis de Pelleve murió en la miseria en 1660, añade: «Según el documento que precede, la tierra de Flers habría sido adquirida por Nicolas de Grosparmy, pero el autor de las Remarques está aquí en contradicción con el señor de la Ferriére[2], que cita en la fecha de 1404 a un tal Raoul de Grosparmy como señor del lugar.» Nada es más cierto, aunque, por otra parte, Alfred de Caix parezca aceptar la cronología falsificada del anotador desconocido. En 1404, Raoul de Grosparmy era, en efecto, señor de Beauville y de Flers, y aunque no se sepa a título de qué se convirtió en propietario, el hecho no puede ser puesto en duda. «Raoul de Grosparmy -escribe el conde Hector de la Ferriére debe de ser el padre de Nicolas de Grosparmy, quien dejó tres hijos de Marie de Roeux, Jehan de Grosparmy, Guillaume y Mathurin de Grosparmy, y una hija, Guillemette de Grosparmy, casada el 8 de enero de 1496 con Germain de Grimouville. *En esta fecha, Nicolas de Grosparmv había muerto*, y Jehan de Grosparmy, barón de Flers[3], su primogénito, y Guillaume de Grosparrny, su segundo hijo, concedieron a su hermana, en consideración a su casamiento, *trescientas libras tornesas* en dinero contante, y una renta de veinte libras por año readquirible por el precio de *cuatrocientas libras tornesas[4]*.»

He aquí, pues, perfectamente establecido que las fechas que constan en las copias de los diversos manuscritos de Grosparmy y de Valois son rigurosamente exactas y del todo auténticas. A partir de ese momento, podríamos considerarnos eximidos de buscar la concordancia biográfica y cronológica de Nicolas Valois, ya que está demostrado que fue el compañero y comensal del señor y conde de Flers. Pero es conveniente todavía descubrir el origen del error imputable al comentarista, tan mal informado, de los manuscritos de Chevreul. Digamos, asimismo, que podría proceder de una homonimia molesta, a menos que nuestro anónimo, cambiando todas las fechas, haya querido hacer el honor a Nicolas Valois del suntuoso palacio de Caen, construido por uno de sus sucesores.

Nicolas Valois pasa por haber adquirido, hacia el final de su vida, las cuatro tierras de Escoville, de Fontaines, de Mesnil-Guillaume y de Manneville. El hecho, no obstante, no ha sido probado en absoluto, pues ningún documento lo confirma aparte la afirmación gratuita y sujeta a reservas del autor de las *Remarques* ya citadas. El viejo alquimista, artesano de la fortuna de los Le Vallois y señores d'Escoville vivió como un sabio, según los preceptos de disciplina y de moral filosóficas. Quien escribía a su hijo, en 1445, que « la paciencia es la escalera de los filósofos, y la humildad, la puerta de su jardín» no podía seguir el ejemplo ni llevar la vida de los poderosos sin traicionar sus convicciones. Es probable, pues, que a los setenta años, sin otra preocupación material que sus obras, acabara en el castillo de Flers una existencia de labor, de calma y de simplicidad en compañía de los dos amigos con quienes había realizado la Gran Obra. Sus últimos años, en efecto, fueron consagrados a la redacción de las obras destinadas a moldear la educación científica de su hijo, conocido, tan sólo con el epíteto del «piadoso y noble caballero[5]» al que Pierre Vicot dispensaba instrucción iniciática oral. El sacerdote Vicot es quien se sobrentiende, en efecto, en ese pasaje del manuscrito de Valois: «En el nombre de Dios todopoderoso, sabe, hijo mío bienamado cuál es mi intención en los extremos que a continuación declaro. Cuando, en los últimos días de mi vida, mi cuerpo esté presto a ser abandonado por mi alma y no haga sino esperar la hora del Señor y del último suspiro, es mi deseo dejarte como testamento y última voluntad estas palabras, por las cuales te serán enseñadas muchas cosas hermosas relativas a la muy digna trasmutación metálica... Por eso te he hecho enseñar los principios de la filosofía natural, a fin de hacerte más capaz para esta santa ciencia.[6]»

Los *Cinco Libros* de Nicolas Valois, en el comienzo de los cuales figura este pasaje, llevan la fecha de 1445 -sin duda, la de su terminación-, lo que permitiría pensar que el alquimista, contrariamente a la versión del autor de las *Remarques*, murió a una edad avanzada. Puede suponerse que su hijo, educado e instruido según las reglas de la sabiduría hermética, tuvo que contentarse con adquirir las tierras del señorío de Escoville, o de percibir las rentas si había heredado aquéllas de Nicolas Valois. Sea como fuere, y aunque ningún testimonio escrito venga en nuestra ayuda para colmar esta laguna, una cosa sigue
siendo cierta, y es que el hijo del alquimista, adepto a su vez, .jamás mandó edificar todo o parte de esa propiedad, no dio un solo paso para la contirmación del título que estaba vinculado a ella y nadie, en fin, sabe si vivió en Flers como su padre o si fijó su residencia en Caen. Probablemente, se debe al primer poseedor reconocido de los títulos de hidalgo y señor de Escoville, de Mesnil-Guillaume y otros lugares a quien se debe el proyecto de edificación del

---

[1] Alfred de Caix, *Notice sius quelques alchimistes normands*. Caen, F. Le Bianc-Hardel, 1868.

[2] Comte Hector de la Ferrière, *Histoire de Flers, ses seigneurs, son industrie*. París, Dumoulin, 1855.

[3] Laroque. *Histoire de la maison d'Harcourt*, t. II, p. 1148

[4] Cartulario del Castillo de Flers.

[5] Obras manuscritas de Grosparmy, Valois y Vicot. Bibl. de Rennes, ms. 160 (124); fol. 90. *Livre second* de M.e.Pierre de Vitecoq, presbítero: «A vos, noble y valeroso caballero, dirijo y confio en vuestras manos el mayor secreto que jamás fuera desvelado por ningún viviente ... » Fol. 139, *Récapitulation* de M.e Pierre Vicot, con prefacio dirigido al «Noble y piadoso caballero» hijo de Nicolas Valois.

[6] Obras de Grosparmy, Valois y Vicot. Bibl. nac. de Paris, mss. 12246 (2526), 12298 v 12299 (435), siglo XVII. - Bibl. del Arsenal, ms. 2516 (166, S. A. F.), siglo XVII. - Cf. Bibl. de Rennes, ms. 160 (124), fol. 139: «S'en suit la recapitulation de Me. Pierre Vicot, presbstre... sur les precedent, ècrits qu'il a fait pour instruire le fils du si<del>e</del>ur Le Vallois en cette Science, apres la mort dudit Le Vallois, son père.»

palacio del Grand-Cheval, realizado por Nicolas Le Vallois, su primogénito, en la ciudad de Caen. En todo caso, sabemos de buena fuente que Jean Le Vallois, primero de ese nombre, nieto de Nicolas, «compareció el 24 de marzo de 1511 vestido con brigantina y con celada a la prueba de los nobles de la bailía de Caen, según un certificado del teniente general de dicha bailía, fechado el mismo día». Dejó a Nicolas Le Vallois, señor de Escoville y de Mesnil-Guillaume, nacido el año 1494 y casado el 7 de abril de 1534 con Marie du Val, que le dio por hijo a Louis de Vallois, hidalgo, señor de Escoville, nacido en Caen el. 18 de setiembre de 1536, el cual se convirtió, a continuación, en consejero secretario del rey.

Es, pues, Nicolas Le Vallois, bisnieto del alquimista de Flers, quien manda emprender los trabajos del palacio de Escoville, los cuales exigieron unos diez años, aproximadamente, de 1530 a 1540[1]. Al mismo Nicolas Le Vallois nuestro anónimo, engañado tal vez por la similitud de los nombres, atribuye los trabajos de Nicolas Valois, su antepasado, transportando a Caen lo que tuvo por teatro Flers. Según informe de De Bras (*Les Recherches et antiquitez de la ville de Caen*, p. 132), Nicolas Le Vallois habría muerto joven, en 1541. «El viernes, día de Reyes, de mil quinientos cuarenta y uno -escribe el historiador-, Nicolas Le Vallois, señor de Escoville, Fontaines, Mesnil-Guillaume y Manneville y el más opulento de la ciudad entonces, cuando debía sentarse a la mesa, en la sala del pabellón de esa hermosa y soberbia morada, cerca del Carrefour Saint-Pierre, que había hecho edificar el año precedente, al comer una ostra, a la edad, más o menos, de cuarenta y siete años, cayó muerto de súbito de una apoplejía que le sofocó.»

En la localidad, se designaba el palacio de Escoville con el nombre de *Hôtel du Grand-Cheval*[2]. Según el testimonio de Vauquelin des Yveteaux, Nicolas Le Vallois, su propietario, habría consumado la Gran Obra «en la ciudad donde los jeroglíficos de la mansión que hizo construir y que se ve aún, en la plaza de Saint-Pierre, frente a la gran iglesia de ese nombre, dan fe de su ciencia».«Habría pues jeroglíficos – añade Robillard de Beaurepaire- en las esculturas del palacio del Grand-Cheval, y sería entonces posible que todos esos detalles, que parecen incoherentes, tuvieran una significación muy precisa para el autor de la construcción y para todos los adeptos de la ciencia hermética, versados en las fórmulas misteriosas de los antiguos filósofos, de los magos, de los bracmanes y de los cabalistas.» Por desgracia, de todas las estatuas que decoraban aquella elegante morada, la pieza principal, desde el punto de vista alquímico, era «aquella que, colocada encima de la puerta, chocaba primero a la vista del transeúnte y había dado su nombre a la vivienda, el *Grand-Cheval* descrito y celebrado por todos los autores contemporáneos ya no existe hoy». Esta estatua fue implacablemente destrozada en 1793. En su obra titulada *Les origines de Caen*, Daniel Huet sostiene que la escultura ecuestre pertenecía a una escena del *Apocalipsis* (cap. XIX, V. 11), contra la opinión de Bardou, párroco de Cormelles, que veía en ella a Pegaso, y de De la Roque, que reconocía la propia efigie de Hércules. En una carta dirigida a Daniel Huet por el padre De la Ducquerie, éste dice que «la figura del gran caballo que se halla en el frontispicio de la mansión de Monsieur Le Valois d'Escoville no es, como ha creído Monsicur De la Roque, y tras él muchos otros, un Hércules, sino una visión del *Apocalipsis*. Ello viene reforzado por la inscripción que hay debajo. En el muslo de ese caballo aparecen escritas estas palabras del *Apocalipsis: Rex Regum et Dominus Dominantium*, el Rey de reyes y Señor de señores». Otro corresponsal del sabio prelado de Avranches, el médico Dubourg, entró a este respecto en detalles más circunstanciados. «Para responder a vuestra carta -escribía-, empiezo por deciros que hay dos representaciones en bajo relieve: una, arriba, donde se representa este gran caballo en el aire, con las nubes bajo sus pies delanteros. El hombre que está debajo tenía ante sí una espada, pero ésta ya no está. Sostiene en su mano derecha una larga verga de hierro. Encima y detrás de él, aparecen en el aire caballeros que lo siguen y delante y encima, un ángel en el sol. Bajo el bocel de la puerta hay todavía una representación del hombre a caballo, en pequeño, sobre un montón de cuerpos muertos y de caballos que devoran las aves. Está de cara a Oriente, al contrario que el otro, y ante él aparece representado el falso profeta, así como el dragón de muchas cabezas y unos jinetes contra los que parece ir el caballero. Vuelve la cabeza atrás como para ver la representación del falso profeta y del dragón, que entra en un viejo castillo de donde salen llamas y en las que ese falso profeta tiene ya metido medio cuerpo. Hay una inscripción en el muslo del gran caballero, y en muchos sitios, como Rey de reyes, Señor de los señores y otras tomadas del capítulo XIX del *Apocalipsis*. Como esas letras no están grabadas, creo que han sido escritas no hace mucho, pero hay un mármol en lo alto donde aparece escrito: "Y era su nombre, *la palabra de Dios*."[3]»

Nuestra intención no es, en absoluto, emprender aquí el estudio de la estatuaria simbólica encargada de expresar o exponer los principales arcanos de la ciencia. Esta morada filosofal, muy conocida y a menudo descrita, podrá ser tema de interpretaciones personales de los amantes del arte sagrado. Nosotros nos limitaremos a señalar algunas figuras particularmente instructivas y dignas de interés. En primer lugar, está el dragón del tímpano mutilado de la puerta de entrada, a la izquierda, bajo el peristilo que precede la escalera del cimborrio. En la fachada lateral, dos bellas estatuas que representan a David y Judit deben merecer atención. La última va acompañada de una sextilla de la época:

---

[1] Eugène de Robillard de Beaurepaire. *Caen illustré, son histoire, ses monuments*. Caen, F. Leblanc-Hardel, 1896, p. 436.

[2] Una inscripción grabada den la hermosa fachada meridional que forma el fondo del patio lleva la fecha de 1535.

[3] Esta palabra de Dios, que es el *Verbum demissum* del Trevisano y la *palabra perdida* de los masones medievales, designa el secreto material de la Obra, cuya revelación constituye el *don de Dios*, y sobre cuya naturaleza, nombre vulgar o empleo, todos los filósofos conservan un impenetrable silencio. Es evidente, pues, que el bajo relieve que acompañaba la inscripción debía referirse al *tema de los sabios* y, probablemente, también a la manera de trabajar. Así es cómo se entraba en la Obra, al igual que al palacio de Escoville, por la puerta simbólica del Grand-Cheval.

Ont voit icy le pourtraict De
Judith la vertueuse Comme
par un hautain faict Coupa
la teste fumeuse
D'Holopherne qui l'heureuse
Jerusalem eut defaict . [1]

Encima de esas grandes figuras, se ven dos escenas, una de las cuales representa el rapto de Europa, y la otra, la liberación de Andrómeda por Perseo, y ambas ofrecen un significado análogo al del fabuloso rapto de Deyanira, seguido de la muerte de Neso, que analizaremos más tarde al hablar del mito de Adán y Eva. En otro pabellón, se lee en el friso interior de una ventana: *Marsyas victus obmutescit*. «Se trata -dice Robillard de Beaurepaire- de una alusión al torneo musical entre Apolo y Marsias, en el que figuran, en calidad de comparsas, los portadores de instrumentos[2] que distinguimos más arriba. Finalmente, para coronar el conjunto, encima del linternón hay una figurilla, hoy muy desgastada, en la que Sauvageon creyó poder reconocer, hace muchos años, a *Apolo, dios del día y de la luz*, y debajo de la cúpula de la gran claraboya, en una especie de templete áptero, la estatua muy reconocible de Príapo. «Nos veríamos, por ejemplo -añade el autor-, en un gran aprieto para explicar qué significado preciso hay que atribuir al personaje de grave fisonomía que se toca con un turbante hebraico; al que emerge tan vigorosamente de un óculo pintado, mientras que su brazo atraviesa el espesor del entablamento; a una hermosísima representación de santa Cecilia tañendo una tiorba; a los forjadores, cuyos martillos, en la parte baja de las pilastras, golpean un yunque inexistente; a las decoraciones exteriores, tan originales, de la escalera de servicio con la divisa: *Labor improbus omnia vincit...*[3] Tal vez no hubiera sido inútil, por otra parte, para penetrar el sentido de todas esas esculturas, investigar acerca de las tendencias espirituales y de las ocupaciones habituales de quien así las prodigó en su casa. Se sabe que el señor de Escoville era uno de los hombres más ricos de Normandía, y lo que se sabe menos es que, desde siempre, se había entregado con apasionado ardor las investigaciones misteriosas de la alquimia.»

De esta sucinta exposición debemos retener, sobre todo, que existía en Flers, en el siglo XV, un núcleo de filósofos herméticos; que éstos pudieron formar discípulos -lo que viene confirmado por la ciencia transmitida a los sucesores de Nicolas Valois, los señores de Escoville- y crear un centro iniciático; que la ciudad de Caen se halla a una distancia casi igual de Flers y de Lisieux, por lo que sería posible que el adepto desconocido, retirado al *Manoir de la Salamandre* hubiera recibido su primera instrucción de algún maestro perteneciente al grupo oculto de Flers o de Caen.

En esta hipótesis no hay imposibilidad material ni inverosimilitud, pero aun así no nos atreveríamos a otorgarle más valor del que puede esperarse de esta clase de suposiciones. Asimismo, rogamos al lector que la admita como la ofrecemos, es decir, con la mayor reserva y a simple título de probabilidad.

II

Henos aquí en la entrada, cerrada desde hace tiempo, de la hermosa vivienda.

La belleza del estilo, la feliz selección de los motivos y la delicadeza de la ejecución hacen de esta puertecita uno de los más agradables ejemplares de la escultura en madera del siglo XVI. Es un goce para al artista, como es un tesoro para el alquimista, este paradigma hermético exclusivamente consagrado al simbolismo de la *vía seca*, la única que los autores han reservado sin suministrar ninguna explicación sobre ella (lám. VIII).

Pero con el fin de hacer más asequible a los estudiantes el valor particular de los emblemas analizados, respetaremos el orden del trabajo, sin dejarnos guiar por consideraciones de lógica arquitectónica o de orden estético.

En el tímpano de la puerta con paneles esculpidos, se advierte un interesante grupo alegórico compuesto por un león y una leona enfrentados cara a cara. Ambos sostienen con sus patas anteriores una máscara humana que personifica el Sol, rodeado de un bejuco curvado que forma el mango de un espejo. León y leona, principio masculino y virtud femenina, reflejan la expresión física de las *dos naturalezas*, de forma semejante, pero de propiedades contrarias que el arte debe elegir al comienzo de la práctica. De su unión, consumada según ciertas reglas secretas, proviene aquella *doble naturaleza*, materia mixta que los sabios han llamado *andrógino, su hermafrodita o Espejo del Arte*. Esta sustancia, a la vez positiva y negativa, paciente que contiene su propio agente, es la base y fundamento de la Gran Obra. De estas dos naturalezas, consideradas por separado, la que desempeña el papel de materia femenina es la única representada y llamada alquímicamente con el cuervo que sostiene una viga

---

[1] Se ve aquí el retrato / de Judit la virtuosa; / cómo por una gran gesta / cortó la cabeza embriagada / de Holofernes, que a la dichosa / Jerusalén había derrotado.»
[2] Es frecuente hallar en las moradas de los alquimistas, entre otros emblemas herméticos, a músicos o instrumentos de música. Entre los discípulos de Hermes, la ciencia alquímica -ya diremos por qué en el curso de esta obra- era llamada *el arte de música*.
[3] «Menospreciada, la obra triunfa de todo.»

del piso superior. Se ve la figura de un dragón alado de cola retorcida en lazo. Este dragón es la imagen y el símbolo del cuerpo primitivo y volátil, verdadero y *único elemento* sobre el que se debe trabajar al principio. Los filósofos le han dado una multitud de nombres diversos, fuera de aquel con que es conocido vulgarmente. Esto ha causado y causa aún tanto apuro, tanta confusión a los principiantes, sobre todo a los que se preocupan poco de los principios e ignoran hasta dónde puede extenderse la posibilidad de la Naturaleza. Pese a la opinión general que pretende que nuestro *objeto* no ha sido jamás designado, afirmamos, al contrario, que muchas obras lo nombran y que todas lo describen. Pero si se cita entre los buenos autores, no podría sostenerse que sea subrayado ni mostrado de forma expresa. Incluso a menudo se encuentra clasificado entre los cuerpos rechazados como impropios o extraños a la Obra. Procedimiento clásico del que los adeptos se han servido para apartar a los profanos y ocultarles la entrada secreta de su jardín.

Su nombre tradicional de *piedra de los filósofos*, retrata con bastante fidelidad este cuerpo para servir de base útil para su identificación. Es, en efecto, en verdad, una *piedra* porque presenta al salir de la mina los caracteres exteriores comunes a todos los minerales. Es el *caos de los sabios* en el cual los cuatro elementos están encerrados, pero confusos y desordenados. Es nuestro *anciano* y el *padre de los metales*, y éstos se le deben su origen puesto que representa la primera manifestación metálica terrestre. Es nuestro arsénico, el cadmio, el antimonio, la blenda, la galena, el cinabrio, el colcotar, el oricalco el rejalgar, el oropimente, la calamina, la tucía, el tártaro, etcétera. Todos los minerales, por la voz hermética, le han rendido el homenaje de su nombre. Aún se le *llama dragón negro cubierto de escamas, serpiente venenosa, hija de Saturno* y «la más amada de sus criaturas». Esta sustancia primaria ha visto interrumpida su evolución por interposición y penetración de un azufre infecto y combustible que empasta el mercurio puro, lo retiene y lo coagula. Y aunque sea enteramente volátil, *este mercurio primitivo*, corporeizado bajo la acción secativa del azufre arsenical, toma el aspecto de una masa sólida, negra, densa, fibrosa, quebradiza, friable, cuya escasa utilidad la convierte en vil, abyecta y despreciable a los ojos de los hombres. En este tema - pariente pobre de la familia de los metales-, el artista esclarecido encuentra, sin embargo, todo cuanto necesita para comenzar y perfeccionar su gran obra, pues interviene, según dicen los autores, al principio, en medio y al final de la Obra. También los antiguos la compararon al Caos de la Creación, donde los elementos y los principios, las tinieblas y la luz se encontraban confundidos, entremezclados y sin posibilidad de reaccionar unos sobre otros. Ésta es la razón por la que han pintado simbólicamente su materia en su primer ser bajo la *figura del mundo*, que contenía en sí los materiales de *nuestro globo hermético*[1] o microcosmos, reunidos sin orden, sin forma, sin ritmo y sin medida.

Nuestro globo, reflejo y espejo del *macrocosmos*, no es, pues, más que una parcela del Caos primordial destinado, por la voluntad divina, a la renovación elemental en los tres reinos, pero que una serie de circunstancias misteriosas ha orientado y dirigido hacia el reino mineral. Así informado y especificado, y sometidos a las leyes que rigen la evolución y progresión minerales, ese caos convertido en cuerpo contiene confusamente la más pura semilla y la más próxima sustancia que existe de los minerales y los metales. La materia filosofal es, pues, de origen mineral y metálico. Por tanto, no hay que buscarla más que en la *raíz mineral y metálica*, la cual, dice Basilio Valentín en el libro de *Las doce claves*, fue reservada por el Creador y prometida a la generación sola de los metales. En consecuencia, quien busque la piedra sagrada de los filósofos con la esperanza de encontrar ese *pequeño mundo* en las sustancias extrañas al reino mineral y metálico, jamás llegará al logro de sus designios. Y es con el fin de apartar al aprendiz del camino del error por lo que los autores antiguos le enseñan a seguir siempre la Naturaleza. Porque la Naturaleza no actúa más que en la especie que le es propia, no se desarrolla ni se perfecciona sino en sí misma y por ella misma, sin que ninguna cosa heterogéneo venga a estorbar su marcha o a contrariar el efecto de su poder generador.

En el pilar de la izquierda de la puerta que estudiamos, un tema en alto relieve atrae y retiene la atención. Figura un hombre ricamente vestido con jubón de mangas, tocado con una especie de almirez y con el pecho blasonado con un escudo que le muestra la estrella de seis puntas. Este personaje de condición elevada, colocado en la tapadera de una urna de paredes repujadas, sirve para indicar, según la costumbre de la Edad Media, el contenido de la vasija. Es la sustancia que, en el curso de las sublimaciones, se eleva por encima del agua, que sobrenada como una mancha de aceite. Es el *hiperión* y el *vitriolo* de Basilio Valentín y el *león verde* de Ripley y de Jacques Tesson; en una palabra, la verdadera incógnita del gran problema. Ese caballero, de hermoso aspecto y de celeste linaje, no es en absoluto un extraño para nosotros: muchos grabados herméticos nos lo han hecho familiar. Salomon Trismosin, en el *Vellocino de oro* lo muestra derecho, con los pies colocados en los bordes de dos pilones llenos de agua, los cuales traducen el origen y el manantial de esta *fuente misteriosa*; agua de naturaleza y propiedad doble, nacida de la *leche de la Virgen* y de la *sangre de Cristo*; agua ígnea y fuego acuoso, *virtud de los dos bautismos* de los que se habla en los Evangelios: «Juan respondió a todos, diciendo: Yo os bautizo en agua, pero llegando está otro más fuerte que yo, a quien no soy digno de soltarle la correa de las sandalias; Él os bautizará en el Espíritu Santo y en fuego. En su mano tiene el bieldo para bieldar la era y almacenar el trigo en su granero, mientras que la paja la quemará con fuego inextinguible[2].» El manuscrito del *Filósofo Solidonio* reproduce el mismo tema bajo la imagen de un cáliz lleno de agua, del que emergen medio cuerpo dos personajes en el centro de una composición bastante confusa que resume la

---

[1] Basilio Valentín. *Les Douze Clefs de la Philosophie*, Editions de Minuit, 1956, figura 9.-, p. 185.

[2] San Lucas, cap. III, v. 16 y 17. -Marcos, cap. I, v. 6, 7 y 8. -Juan, cap. I, v. 30 a 32. (La presente traducción está tomada de san Lucas en la edición Nácar-Colunga. - *N. del T.*

obra entera. En cuanto al tratado del *Azot*[1], es un ángel inmenso -el de la parábola de san Juan en el Apocalipsis- que pisotea la tierra con un pie y el mar con otro, mientras eleva una antorcha llameante con la mano derecha y comprime con la izquierda un odre hinchado de aire, figuras claras del cuaternario de los elementos primeros: tierra, agua, aire y fuego. El cuerpo de este ángel, cuyas dos alas sustituyen la cabeza, está cubierta por el *sello del libro abierto*, ornado con la estrella cabalística y la divisa en siete palabras del Vitriol: *Visita Interiora Terrae, Rectificandoque, Invenies Occultum Lapidem.* «Vi a otro ángel -escribe san Juan[2]- poderoso, que descendía del cielo envuelto en una nube; tenía sobre su cabeza el arco iris, y su rostro era como el *sol*, y sus pies, como *columnas de fuego*, y en su mano tenía un *librito abierto.* Y poniendo su pie derecho sobre el *mar* y el izquierdo sobre la *tierra*, gritó con poderosa voz como león que ruge. Cuando gritó, hablaron los siete truenos con sus propias voces. Cuando hubieron hablado los siete truenos iba yo a escribir; pero oí una voz del cielo que me decía: *Sella* las cosas que han hablado los siete truenos y no las escribas... La voz que yo había oído del cielo, de nuevo me habló y me dijo: Ve, toma el *librito abierto* de mano del ángel *que está sobre el mar y sobre la tierra.* Fuime hacia el ángel, diciendo que me diese el librito. Él me respondió: Toma y cómelo, y amargará tu vientre, mas en tu boca será dulce como la miel.»

Este producto, alegóricamente expresado por el ángel o el hombre -atributo del evangelista san Mateo-, no es otro que el *mercurio de los filósofos*, de naturaleza y cualidad doble, en parte fijo y material y en parte volátil y espiritual, el cual basta para comenzar, acabar y multiplicar la obra. Esta es la única y sola materia de que tenemos necesidad, sin preocuparnos de buscar otra, pero es necesario saber, a fin de no errar, que a partir de ese mercurio y de su adquisición, los autores comienzan por lo general sus tratados.

Él es *la mina y la raíz del oro* y no el metal precioso, absolutamente inútil y sin empleo en !a vía que estudiamos. Ireneo Filaleteo dice, con mucha razón, que nuestro mercurio, apenas mineral, es menos aún metálico porque no encierra más que el espíritu o la semilla metálica, mientras que el cuerpo tiende a alejarse de la cualidad mineral. Sin embargo, es el *espíritu del oro*, que se encierra en un aceite transparente que se coagula con facilidad; la *sal de los metales*, pues toda piedra es sal, y *la sal de nuestra piedra*, ya que la piedra de los filósofos, que es ese mercurio del que hablamos, es el objeto de la piedra filosofal. De ahí que muchos adeptos, deseando crear confusión, le llamen *nitro* o *salitre* (en francés *salpétre*, de *sal petri*, sal de piedra) y hayan copiado el signo del uno sobre la imagen del otro. Y, por añadidura, su estructura cristalina, su parecido físico con la sal fundida y su Transparencia han permitido asimilarlo a las sales y le atribuyen todos los nombres. Se convierte así, sucesivamente, según la voluntad o la fantasía de los escritores, en la *sal marina* y la *sal gema*, la *sal alembrot*, la *sal de Saturno, la sal de las sales*. También el famoso *vitriolo verde, oleum vitri*, que Panteo describe como la crisocolia y otros como el bórax o *atincar*; el vitriolo romano, porque Rwmh, nombre griego de la ciudad eterna, significa fuerza, vigor, poder, dominación. El mineral de Pierre-Jean Fabre porque en él, dice, el oro vive (*l'or y vit, vitryol*). Asimismo, se le da el sobrenombre de *Proteo*, a causa de sus metamorfosis durante el trabajo, y también *Camaleón* (Camailewn, *león rampante*), porque reviste sucesivamente todos los colores del espectro.

He aquí, ahora, el último tema decorativo de nuestra puerta. Se trata de una salamandra que sirve de capitel a la columnilla salomónica de la jamba derecha. Nos parece, en cierto modo, el hada protectora de esa agradable morada, pues la hallamos esculpida sobre el modillón del pilar central, situado en la planta baja, y hasta en la claraboya de la buhardilla. Parecería, incluso, dada la premeditada repetición del símbolo, que nuestro alquimista hubiera mostrado una marcada preferencia por ese reptil heráldico. No pretendemos insinuar, por ello, que hubiera podido atribuirle el sentido erótico y grosero que tanto apreciaba Francisco I; ello equivaldría a insultar al artesano, a deshonrar la ciencia y a ultrajar la verdad, a imitación del aventajado corrupto, pero intelectualmente mediocre, al que lamentamos deber hasta el paradójico nombre de *Renacimiento*[3]. Pero un rasgo singular del carácter humano

---

[1] No se confunda con el ázoe o nitrógeno (en francés se utiliza para ambos la misma palabra, *azoth*, por lo que nosotros tratamos de diferenciarlas). El azot es el llamado mercurio de los filósofos, espíritu vital de los metales y, por extensión, *Spiritus mundi*, principio y fin de todas las cosas y fuerza sutil creadora de la naturaleza. -*N. del T.*

[2] Apocalipsis, cap. X, v. 1 al 4, 8 y 9. -Esta parábola, muy instructiva, se halla reproducida con algunas variantes, que precisan su sentido hermético, en *la Vision survenue en songenat à Ben Adam, au temps du régne du roy d'Adama, laquelle a été mise en lumiére par Floretus à Bethabor.* Bibl. del Arsenal, ms. 3022 (168, S.A.F.), P. 14, He aquí la parte del texto susceptible de interesarnos:

«Y oí otra vez una voz del cielo que me hablaba y decía:

»Ve, toma este librito abierto de la mano de este ángel que se mantiene sobre el mar y sohre la tierra. -Yo yo fui hacia el ángel y le dije: Entrégame este librito. -Y tomé el librito de la mano del ángel y se lo di para que se lo tragara. Y cuando se lo hubo comido, sufrió unos retortijones tan fuertes en el vientre, que se volvió todo negro como el carbón. Y mientras él estaba en esta negritud, el sol lucía claro como en el más cálido mediodía, y a causa de él cambió su forma negra como un mármol blanco hasta que, al fin, estando el sol en lo más alto, se volvió todo rojo como el fuego... Y, entonces, todo se desvaneció...

»Y del lugar donde el ángel habló, se elevó una mano sosteniendo un vaso en el que parecía haber un polvo de color rosa roja... Y escuché un gran eco que decía:

»¡Sigue la Naturaleza, sigue la Naturaleza!»

[3] Se da a Francisco I el sobrenombre de *padre de las letras*, y ello por algunos favores que concedió a tres o cuatro escritores, pero se olvida que ese *padre de las letras* otorgó, en 1535, cartas patentes por las que prohibía la imprenta so pena de horca; que tras haber proscrito la imprenta estableció una censura para impedir la publicación y venta de los libros previamente impresos; que concedió a la Sorbona el derecho de inquisición sobre las conciencias; que, según el edicto real, la posesión de un libro antiguo condenado y proscrito por la Sorbona exponía a sus dueños a la pena de muerte, si ese libro era hallado en su domicilio, donde los esbirros de la Sorbona tenían la facultad de efectuar registros; que se mostró, durante todo su reinado, implacable

lleva al hombre a encariñarse con aquello por lo que más ha sufrido, y esta razón nos permitiría, sin duda, explicar el triple empleo de la salamandra, jeroglífico del *fuego secreto* de los sabios. En efecto, entre los productos anexos que intervienen en el trabajo en calidad de ayudantes o de servidores, ninguno resulta de búsqueda más ingrata ni de identificación más laboriosa que éste. Se puede todavía, en las preparaciones accesorias, emplear en lugar de los coadyuvantes requeridos ciertos sucedáneos capaces de dar un resultado análogo. Sin embargo, en la elaboración del mercurio, nada sería capaz de sustituir el *fuego secreto*, ese espíritu susceptible de animarlo, de exaltarlo y de formar cuerpo con él después de haberlo extraído de la materia inmunda. «Os compadecería mucho -escribe Limojon de Saint-Didier[1]-, si, como yo, después de haber conocido la verdadera materia pasarais quince años enteros de trabajo, en el estudio y en la meditación, sin poder extraer de la piedra el precioso jugo que encierra en su seno, por falta de conocer el fuego secreto de los sabios, que hace destilar de esta planta seca y árida en apariencia *un agua que no moja las manos.*» Sin él, sin ese fuego escondido bajo una forma salina, la materia preparada no podría ser forzada ni cumplir sus funciones de madre, y nuestra labor quedaría para siempre como quimérica y vana. Toda generación requiere la ayuda de un agente propio y determinado en el reino en que la Naturaleza lo ha colocado. Y toda cosa lleva semilla. Los animales nacen de un huevo o de un óvulo fecundado; los vegetales provienen de un grano que se ha hecho prolífico; y, al igual, los minerales y los metales tienen por semilla un licor metálico fertilizado por el fuego mineral. Éste es, pues, el agente activo introducido por el arte en la semilla mineral, y es él, según nos dice Filaleteo, «el que hace en primer lugar girar el eje y mover la rueda». Por ello, es fácil comprender de cuánta utilidad es esta *luz metálica* invisible, misteriosa, y con qué cuidado debemos tratar de conocerla y distinguirla por sus cualidades específicas, esenciales u ocultas.

Salamandra, en latín, viene de *sal* y *mandra*, que significa *establo* y también *cavidad de roca, soledad, eremitorio. Salamandra* es, pues, el nombre de la *sal de establo, sal de roca* o *sal solitaria.* Esta palabra toma en lengua griega otra acepción, reveladora de la acción que provoca. Salamandra aparece formado de Sala, *agitación, desorden,* empleado, sin duda, por zsaloV o zalh, *agua agitada,* tempestad, fluctuación, y de handra, que tiene el mismo sentido que en latín. De estas etimologías podemos sacar la conclusión de que la *sal, espíritu o fuego* nace en un establo, en una cavidad de roca o en una gruta... Ya basta. Acostado en la paja de su cuna en la gruta de Belén, ¿no es acaso Jesús el nuevo sol que trae la luz al mundo? ¿No es Dios mismo bajo su envoltura carnal y perecedera? ¿Quién ha dicho, pues, *Yo soy el Espíritu y la Vida, y he venido a prender Fuego a las cosas?*

Este fuego espiritual, informado y corporeizado en sal, es el *azufre escondido,* porque en el curso de su operación jamás se pone de manifiesto ni se hace sensible a nuestros ojos. Y, sin embargo, ese azufre, por invisible que sea, no es en absoluto una ingeniosa abstracción, un artificio de doctrina. Sabemos aislarlo y extraerlo del cuerpo que lo oculta, por un medio escondido y bajo el aspecto de un polvo seco que, en tal estado, se vuelve impropio y pierde su efecto en el arte filosófico. Ese fuego puro, de la misma esencia que el azufre específico del oro, pero menos digerido es, por el contrario, más abundante que el del metal precioso. Por ello se une con facilidad al mercurio de los minerales y metales imperfectos. Filaleteo nos asegura que se encuentra escondido en el vientre de *Aries* o del *Carnero,* constelación que recorre el Sol en el mes de abril. Finalmente, para designarlo mejor aún, añadiremos que ese Carnero «que esconde en sí el acero mágico» lleva ostensiblemente en su escudo la imagen del *sello hermético,* astro de seis rayos. En esta materia tan común, pues, que nos parece simplemente útil, es donde debemos buscar el misterioso fuego solar, sal sutil y fuego espiritual, luz celeste difusa en las tinieblas del cuerpo, sin la cual nada puede hacerse y a la que nada podría sustituir.

Hemos señalado más arriba el lugar importante que ocupa, entre los temas emblemáticos del palacete de Lisieux, la *salamandra,* enseña particular de su modesto y sabio propietario. Se la vuelve a encontrar, decíamos, hasta en la claraboya del tejado, casi inaccesible y levantada en pleno cielo. Sostiene el tejado de dos aguas entre dos dragones esculpidos paralelamente - en la madera de los derrames (lám. IX). Estos dos dragones, uno áptero (apteroV, *sin alas*) y el otro crisóptero (crutspteroV, *de alas doradas*), son -aquellos de los que habla Nicolas Flamel en sus *Figuras jeroglíficas* y que Miguel *Maier (Symbola aureae mensae,* Francofurti, 1617) considera que son, con el globo rematado por la cruz, símbolos particulares del estilo del célebre adepto. Esta simple comprobación demuestra el conocimiento extenso que el artista lexoviano tenía de los textos filosóficos y del simbolismo especial de cada uno de sus predecesores. Por otra parte, la selección misma de la *salamandra* nos induce a pensar que nuestro alquimista debió de buscar mucho tiempo y emplear numerosos años en el descubrimiento del fuego secreto. El jeroglífico disimula, en efecto, la naturaleza psicoquímica de los frutos del jardín de *Hespera,* frutos cuya madurez tardía no disfruta el sabio hasta su vejez, y que no recoge sino casi en la atardecida de la vida, en el poniente (EsperiV) de una laboriosa y penosa carrera. Cada uno de esos frutos es el resultado de una condensación progresiva del fuego solar por el fuego secreto, verbo encarnado, espíritu celeste corporeizado en todas las cosas de este mundo. Y son los rayos juntados y concentrados de ese doble fuego los que colorean y animan un cuerpo puro, diáfano, clarificado, regenerado, de brillante reflejo y de admirable virtud.

Llegado a este punto de exaltación, el principio ígneo, material y espiritual, por su universalidad de acción se hace asimilable a los cuerpos comprendidos en los tres reinos de la Naturaleza, y ejerce su eficacia tanto entre los

---

enemigo de la independencia del espíritu y del progreso de las luces, así como fanático protector de los más famosos teólogos y de los absurdos escolásticos más contrarios al verdadero espíritu de la religión cristiana... ¡Vaya impulso para las ciencias y las bellas letras! No puede verse en Francisco I sino un loco brillante que fue la desgracia y la vergüenza de Francia.»
Abate de Montgaillard, *Histoire de France.* París, Moutardier, 1827, t. I, p. 183.
[1] Limojon de Saint,Didier, *Lettre aux vrays Disciples d'Hermés, en Triomphe Hermétique.*

animales como entre los vegetales y en el interior de los cuerpos minerales y metálicos. Ahí está el rubí mágico, agente provisto de la energía y la sutileza ígneas, y revestido del color y de las múltiples propiedades del fuego. Y ahí está, también, el *óleo de Cristo* o cristal, de lagarto heráldico que atrae, devora, vomita y da la llama, extendido en su paciencia como el viejo fénix en su inmortalidad.

III

En el pilar central de la planta baja, el visitante descubre un curioso bajo relieve. En él, un mono está ocupado en comer los frutos de un manzano joven, apenas más elevado que él (lám. X).

Ante este tema, que traduce para el iniciado la realización perfecta, abordamos la Obra por el final. Las flores brillantes, cuyos colores vivos y tornasolados significan la alegría de nuestro artesano, se han marchitado y extinguido unas tras otras; los frutos han tomado forma entonces y de verdes como estaban al comienzo, se ofrecen ahora a él adornadas de un brillante envoltorio purpúreo, seguro indicio de su madurez y su excelencia.

Y es que el alquimista, en su paciente trabajo, debe ser el escrupuloso imitador de la Naturaleza, el *mono de la creación*, según la expresión genuina de muchos maestros. Guiado por la analogía, realiza en pequeño, con sus débiles medios y en un ámbito restringido. lo que Dios hizo en grande en el universo cósmico. Aquí, lo inmenso; allá, lo minúsculo. En estos dos extremos está el mismo pensamiento, el mismo esfuerzo y una voluntad parecida en su relatividad. Dios lo hace todo de la nada: crea. El hombre toma una parcela de ese todo y la multiplica: prolonga y continúa. Así el microcosmos amplía el macrocosmos. Tal es su meta y su razón de ser, y tal nos parece su verdadera misión terrestre y la causa de su propia salvación. En lo alto, Dios; abajo, el hombre. Entre el Creador inmortal y su criatura perecedera, se halla toda la Naturaleza creada. Buscad y no encontraréis nada más ni descubriréis nada menos que el Autor del primer esfuerzo, ligado a la masa de los beneficiarios del ejemplo divino, sometidos a la misma voluntad imperiosa de actividad constante, de labor eterna.

Todos los autores clásicos se muestran unánimes en reconocer que la Gran Obra es un resumen, reducido a las proporciones y posibilidades humanas, de la Obra Divina. Y como el adepto debe aportar a ella lo mejor de sus cualidades si quiere llevarla a buen término, parece justo y equitativo que recoja los frutos del *Árbol de la Vida* y se aproveche de las manzanas maravillosas del jardín de las Hespérides.

Mas ya que, obedeciendo a la fantasía o al deseo de nuestro filósofo, nos vemos obligados a comenzar en el punto mismo en que el arte y la Naturaleza acaban juntos su tarea, ¿sería obrar ciegamente preocuparnos por saber primero qué es lo que buscamos? ¿Y acaso, a despecho de la paradoja, no es un excelente método el que empieza por el final? Aquel que sepa con exactitud lo que desea obtener, hallará más fácilmente lo que necesita. En los medios ocultos de nuestra época se habla mucho de la piedra filosofal sin saber lo que es en realidad. Muchas personas cultivadas califican la gema hermética como un «cuerpo misterioso», y tienen de ella la opinión de ciertos espagiristas de los siglos XVII y XVIII, que la situaban en la categoría de las entidades abstractas, calificadas de *no seres* o de *seres de razón*. Informémonos con objeto de tener de este cuerpo desconocido una idea tan próxima como posible de la verdad. Estudiemos las descripciones, raras y demasiado sucintas para nuestro gusto, que nos han dejado algunos filósofos, y veamos lo que, igualmente, dicen de ella sabios personajes y fieles testigos.

Digamos, para empezar, que el término *piedra filosofal* significa, según la lengua sagrada, *piedra que lleva el signo del sol*. Ahora bien; este signo solar viene caracterizado por la coloración roja, la cual puede variar de intensidad, como dice Basilio Valentín[1]: «Su color va del rojo encarnado al carmesí, o bien del color de los rubíes al de la granada. En cuanto a su peso, es mucho mayor que lo que corresponde a la cantidad.» Esto, por lo que se refiere al color y a la densidad. El Cosmopolita[2], que Louis Figuier cree que es el alquimista conocido bajo el nombre de Sethon, y otros, bajo el de Miguel Sendivogio, nos describe su aspecto traslúcido, su forma cristalina y su fusibilidad en este pasaje: «Si se encontrara -dice- nuestro objeto en su último estado de perfección, hecho y compuesto por la Naturaleza, si fuera *fusible como la cera o la manteca* y su rojez, su diafanidad y claridad apareciera en el exterior, sería en verdad nuestra bendita piedra.» Su fusibilidad es tal, en efecto, que todos los autores la han comparado a la de la cera (64° C). «Se funde a la llama de una candela», repiten. Algunos, por esta razón, le han llegado a dar el nombre de *gran cera roja*[3]. A estos caracteres físicos, la piedra une poderosas propiedades químicas: el poder de penetración o de *ingreso*, la absoluta fijeza, la inoxidabilidad que la hace incalcinable, una extremada resistencia al fuego y, por fin, su irreductibilidad y su perfecta indiferencia respecto a agentes químicos. Es, también, lo que nos enseña Enrique Khunrath en *su Amphiteatrum Sapientiae Aeternae* cuando escribe: «Finalmente, cuando la Obra haya pasado del color cenizoso al blanco puro y, luego, al amarillo, verás la piedra filosofal, nuestro rey elevado por encima de los dominadores, que sale de su sepulcro vítreo, se levanta de su lecho y acude a nuestro escenario mundano en su cuerpo glorificado, es decir, regenerado y pluscuamperfecto. O, dicho de otro modo, el carbunclo brillante que irradia gran esplendor y cuyas partes muy sutiles y depuradas, por la paz y la concordia de la mezcla,

[1] *Les Douze Clefs de Philosophie* de Frére Basile Valentin, religieux de l'Ordre Sainct Banoist, traictant de la vraye Medecine metallique. París, Pierre Moët, 1959; clave X, p. 121; Editions de Minuit, 1956, p. 200.
[2] *Cosmopolite ou Nouvelle Lumiere Chymique*. París, J. d'Houry, 1669. Traité du sel, p. 64.
[3] En el ms. lat. 5614 de la Bibl. nac. de París, que está compuesto por tratados de antiguos filósofos, la tercera obra se titula: *Modus faciendi Optiman Ceram rubeam.*

están inseparablemente ligadas y juntas en una. Igual y diáfana como el cristal, compacta y muy ponderosa, fácilmente fusible al fuego como la resina, fluida como la cera y más que el azogue, pero sin emitir ningún humo. Traspasando y penetrando los cuerpos sólidos y compactos como el aceite penetra el papel; soluble y dilatable en todo licor susceptible de ablandarla; friable como el vidrio; de color de azafrán cuando se pulveriza, pero roja como el rubí cuando queda en masa íntegra (esta rojez es la *signatura* de la perfecta fijación y de la fija perfección); colorante y tiñente constante; fija en las tribulaciones de todas las experiencias, incluso en las pruebas por el azufre devorador y por las aguas ardientes, y por la muy fuerte persecución del fuego. Siempre duradera, incalcinable y, a imitación de la *Salamandra*, permanente y juez justo de todas las cosas (pues es, a su manera, todo en todo) y clamando: He aquí que renovaré todas las cosas.»

La piedra filosofal, que fue hallada en la tumba de un obispo reputado de muy rico y que el aventurero inglés Edward Kelley, llamado Talbot, había comprado a un posadero hacia 1585, era roja y muy pesada, *pero sin ningún olor*. Sin embargo, Berigardo de Pisa dice que un hombre hábil le dio una gruesa (3,82 gr) de un polvo cuyo color era semejante al de la amapola, y que desprendía *olor de sal marina calcinada[1]*.

Helvecio (Juan Federico Schweitzer) vio la piedra que le mostró un adepto extranjero el 27 de diciembre de 1666, en forma de un *cuerpo de aspecto metálico color de azufre*. Este producto, pulverizado, provenía, pues, como dice Khunrath, de una masa roja. En una transmutación conseguida por Sethon en julio de 1602, ante el doctor Jacob Zwinger, el polvo empleado era, según el informe de Dienheim, «bastante pesado y de un color que parecía *amarillo anaranjado*». Un año más tarde, a raíz de una segunda proyección en casa del orfebre Hans de Kempen, en Colonia, el 11 de agosto de 1603, el mismo artista se sirve de una piedra roja.

Según muchos testigos dignos de fe, la piedra, obtenida directamente en polvo, podría afectar una coloración tan viva como la que se habría formado en estado compacto. El hecho es bastante raro, pero puede producirse y vale la pena que se mencione. Así, un adepto italiano que en 1658 realizó la transmutación ante el pastor protestante Gros, en casa del orfebre Bureau, de Ginebra, empleaba, al decir de los asistentes, un *polvo rojo*. Schmieder describe la piedra que Bötticher había recibido de Láscaris como una sustancia que tenía el aspecto de un *vidrio* color *rojo de fuego*. Sin embargo, Láscaris había enviado a Domenico Manuel (Gaetano) un polvo semejante al bermellón. El de Gustenhover era también muy rojo. En cuanto a la muestra cedida por Láscaris a Dierbach, fue examinada al microscopio por el consejero Dippel, y apareció compuesta de una multitud de *granitos* o *cristales rojos o anaranjados*; esta piedra tenía un poder igual a casi seiscientas veces la unidad.

Juan Bautista van Helmont, narrando la experiencia que realizó en 1618 en su laboratorio de Vilvorde, cerca de Bruselas, escribe: «He visto y he tocado más de una vez la piedra filosofal. Su color era como el del azafrán en polvo, pero *pesada y reluciente como vidrio pulverizado*.» Este producto, una cuarta parte de cuyo grano (13,25 miligramos) produce ocho onzas de oro (244,72 gramos) manifestaba una energía considerable: alrededor de 18.470 veces la unidad.

En el orden de las tinturas, es decir, de los licores obtenidos por solución de extractos metálicos grasos, poseemos la relación de Godwin Hermann Braun, de Osnabruck, que trasmutó en 1701, con ayuda de una tintura que tenía el aspecto de un aceite «bastante fluido y de color marrón». El célebre químico Henckel[2] cuenta, según Valentini, la anécdota siguiente: «Llegó un día a casa de un famoso boticario de Frankfurt del Meno, llamado Salwedel, un extranjero que tenía una tintura marrón, la cual tenía casi el olor del aceite de cuerno de ciervo[3]. Con cuatro gotas de esta tintura, cambió una gruesa de plomo en oro de 23 quilates 7 granos y medio. Este mismo hombre dio algunas gotas de esta tintura al boticario, que lo alojó y que, a continuación, hizo oro semejante que guarda en memoria de aquel hombre, con la botellita en la que estaba, y en la que pueden verse aún marcas de aquella tintura. He tenido esa botella en mis manos y puedo dar testimonio ante todo el mundo.»

Sin discutir la veracidad de estos dos últimos hechos, nos negamos, sin embargo, a colocarlos en la categoría de transmutaciones efectuadas por la piedra filosofal en el estado especial *de polvo de proyección*. Todas las tinturas están ahí. Su sujeción a un metal particular, su limitado poder y los caracteres específicos que presentan nos empujan a considerarlas como simples *productos metálicos* extraídos de los metales vulgares por ciertos procedimientos denominados *pequeños particulares*, que proceden de la espagiria y no de la alquimia. Además, esas *tinturas*, por el hecho de ser metálicas no tienen otra acción que la de penetrar sólo los metales que han servido de base a su preparación.

Dejemos, pues, de lado estos procedimientos y estas tinturas. Lo que importa sobre todo es tener presente que la piedra filosofal se nos ofrece bajo la forma de un cuerpo cristalino, diáfano, de masa roja y amarillo después de su pulverización, que es denso y muy fusible, aunque fijo a cualquier temperatura, y cuyas cualidades propias lo hacen incisivo, ardiente, penetrante, irreductible e incalcinable. Añadamos que es soluble en el vidrio en fusión, pero se volatiliza instantáneamente cuando se proyecta en un metal fundido. He aquí, reunidas en un solo cuerpo, propiedades fisicoquímicas que lo alejan de modo singular de la naturaleza metálica y hacen su origen muy nebuloso. Un poco de reflexión nos sacará del apuro. Los maestros del arte nos enseñan que la finalidad de su trabajo es triple. Lo que tratan de realizar en primer lugar es la *medicina universal* o piedra filosofal propiamente dicha. Obtenida en forma salina, multiplicada o no, tan sólo es útil para la curación de las enfermedades humanas, la

---

[1] Evaporando un litro de agua de mar, calentando los cristales obtenidos hasta la deshidratación completa y sometiéndolos a la calcinación en una cápsula de porcelana, se percibe claramente el olor característico del *yodo*.

[2] J. F. Henckel, *Flora Saturnisans*. París, J. T. Hérissant, 1760, cap.VIII p, 158.

[3] Es el olor característico del carbonato de amoníaco.

conservación de la salud y el crecimiento de los vegetales. Soluble en todo licor espirituoso, su solución toma el nombre de *oro potable* (aunque no contenga el menor átomo de oro), porque afecta un magnífico color amarillo. Su valor curativo y la diversidad de su empleo en terapéutica hacen de él un auxiliar precioso en el tratamiento de las afecciones graves e incurables. No ejerce acción alguna sobre los metales, salvo el oro y la plata, con los que se fija y a los que dota de sus propiedades, pero, en consecuencia, no sirve de nada para la transmutación. Sin embargo, si se excede el número límite de sus multiplicaciones, cambia de forma y, en lugar de recobrar el estado sólido y cristalino al enfriarse, permanece fluida como el azogue y absolutamente incoagulable. En la oscuridad, brilla entonces con un resplandor suave, rojo y fosforescente cuyo brillo se mantiene más débil que el de una lamparilla ordinaria. La medicina universal se ha convertido en *luz inextinguible*, el producto lumínico de esas *lámparas perpetuas* que algunos autores han señalado que han sido encontradas en algunas sepulturas antiguas. Así, radiante y líquida, la piedra filosofal apenas es susceptible, según nuestra opinión, de ser llevada más allá. Querer ampliar su virtud ígnea nos parecería peligroso. Lo menos que se podría temer sería volatilizarla y perder el beneficio de una labor considerable. Finalmente, si se fermenta la medicina universal sólida con oro o plata muy puros, por fusión directa, se obtiene el *polvo de proyección*, tercera forma de la piedra. Se trata de una masa translúcida, roja o blanca según el metal escogido, pulverizable, apta tan sólo para la transmutación metálica. Orientada, determinada y especificada en el reino mineral, es inútil y no puede actuar-con los otros dos reinos.

De las consideraciones precedentes resulta con toda claridad que la piedra filosofal o la medicina universal, pese a su innegable origen metálico, no está hecha tan sólo de materia metálica. Si fuera de otro modo y se la tuviera que componer sólo de metales, permanecería sometida a las condiciones que rigen la naturaleza mineral, y no tendría ninguna necesidad de ser fermentada para operar la trasmutación. Por otra parte, el axioma fundamental que enseña que *los cuerpos no actúan sobre los cuerpos* sería falso y paradójico. Tomaos el tiempo y la molestia de experimentar, y reconoceréis que los metales no actúan sobre otros metales. Ya sean reducidos al estado de sales o de cenizas, de cristales o de coloides, siempre conservarán su naturaleza en el curso de las pruebas, y. en la reducción, se separarán sin perder sus cualidades específicas.Tan sólo los *espíritus metálicos* tienen el privilegio de alterar, modificar y *desnaturalizar* los cuerpos metálicos. Son ellos los verdaderos promotores de todas las metamorfosis corporales que pueden observarse. Pero como esos espíritus, tenues, en extremo sutiles y volátiles, tienen necesidad de un vehículo o envoltorio capaz de retenerlos; como la materia de ellos debe ser muy pura -a fin de permitir al espíritu permanecer en ella- y muy fija, a fin de impedir su volatilización; como debe permanecer fusible, con objeto de favorecer el *ingreso*; como es indispensable asegurarle una resistencia absoluta a los agentes reductores, se comprende sin dificultad que esa materia no pueda ser buscada tan sólo en la categoría de los metales. Por ello, Basilio Valentín recomienda tomar el *espíritu* en la *raíz* metálica, y Bernardo *el Trevisano* se pronuncia por el empleo de los metales, los minerales y sus sales en la construcción del *cuerpo*. La razón es simple y se impone por sí misma. Si la piedra estuviera compuesta de un cuerpo metálico y de un espíritu fijado en ese cuerpo, y éste actuara sobre aquél como si fuera de la misma especie, el todo tomaría la forma característica del metal. Se podría, en este caso, obtener oro o plata, e incluso un metal desconocido, y nada más. Eso es lo que han hecho siempre los alquimistas, porque ignoraban la universalidad y la esencia del agente que buscaban. Pero lo que nosotros perseguimos, con todos los filósofos, no es la unión de un cuerpo y de un espíritu metálicos, sino la condensación, la aglomeración de este espíritu en un envoltorio coherente, tenaz y refractario, capaz de arroparlo, de impregnar todas sus partes y de asegurarle una protección eficaz. Esta alma, espíritu o fuego reunido, concentrado y coagulado en la más pura, más resistente y más perfecta de las materias terrestres, es lo que llamamos nuestra piedra. Y podemos certificar que toda empresa que no tenga este espíritu por guía y esta materia por base, jamás conducirá a la meta propuesta.

IV

En la primera planta de la casa de Lisieux, y tallado en el pilar izquierdo de la fachada, un hombre de aspecto primitivo levanta y parece querer llevarse un tronco de muy considerables dimensiones (lám. VII).

Este símbolo, que parece muy oscuro, esconde, sin embargo, el más importante de los arcanos secundarios. Diremos, incluso, que por ignorancia de este punto de doctrina -y también por haber seguido demasiado literalmente la enseñanza de los viejos autores-, gran número de buenos artistas no han podido recoger el fruto de sus trabajos. Y muchos son los investigadores, más entusiastas que penetrantes, que topan y tropiezan con la piedra de toque de los razonamientos falaces. Guardémonos de llevar demasiado lejos la lógica humana, tan a menudo contraria a la simplicidad natural. Si se supiera observar más ingenuamente los efectos que la Naturaleza manifiesta en torno nuestro; si nos contentáramos con controlar los resultados obtenidos utilizando los mismos medios; si se subordinara al hecho la investigación del misterio de las causas, su explicación por lo verosímil, lo posible o lo hipotético, sería descubierto gran número de verdades que aún están por buscar. No os fiéis, pues, de hacer intervenir en vuestras observaciones aquello que creéis conocer, pues os veríais llevados a comprobar que más hubiera valido no haber aprendido nada antes que tener que desprenderlo todo.

Tal vez sean estos consejos superfluos porque reclaman, para su puesta en práctica, la aplicación de una voluntad obstinada de que son incapaces los mediocres. Sabemos lo que cuesta trocar los diplomas, los sellos y los pergaminos por el humilde manto del filósofo. Nos ha sido preciso apurar, a los veinticuatro años, ese cáliz de brebaje amargo. Con el corazón lastimado, avergonzados de los errores de nuestros años jóvenes, tuvimos que quemar libros y cuadernos, confesar nuestra ignorancia y, como un modesto neófito, descifrar otra ciencia en los bancos de otra escuela. Y así, para quienes han tenido el coraje de olvidarlo todo, nos tomamos la molestia de estudiar el símbolo y despojarlo del velo esotérico.

El tronco del que se ha apoderado ese artesano de otra edad apenas parece destinado a servir más que a su genio industrioso. Y, sin embargo, se trata de nuestro *árbol seco*, el mismo que tuvo el honor de dar su nombre a una de las calles más viejas de París, luego de haber figurado largo tiempo en una enseña célebre[1]. Edouard Fournier[2] nos cuenta que, según Sauval (t. 1. p. 109), esta enseña se veía aún hacia 1660. Designaba a los transeúntes una «posada de la que habla Monstrelet» (t.I, cap, CLXXVII), y estaba bien escogida para semejante establecimiento que, desde 1300, había debido servir de albergue a los peregrinos de Tierra Santa. El *árbol seco* era un recuerdo de Palestina, y era la hierba plantada junto a Hebrón[3], que, tras haber sido, desde el comienzo del mundo, «verde y hojosa», perdió su follaje el día en que Nuestro Señor murió en la cruz, y entonces se secó, mas «para reverdecer cuando un señor, príncipe de Occidente, alcance la Tierra de Promisión con la ayuda de los cristianos y haga cantar misa bajo este árbol seco»[4].

Este árbol desecado que brota de la roca árida se ve figurado en la última lámina del *Art du Potier*[5], pero se ha representado cubierto de hojas y de frutos, con una banderola que lleva la divisa *Sic in sterili*. También se encuentra esculpido en la hermosa puerta de la catedral de Limoges, lo mismo que en un motivo tetralobulado del basamento de Amiens. Son también dos fragmentos de ese tronco mutilado lo que un clérigo de piedra eleva por encima de la gran concha que sirve de aguabenditera en la iglesia bretona de Guimiliau (Finisterre). Finalmente, hallamos de nuevo el árbol seco en cierto número de edificios civiles del siglo XV. En Aviñón, corona la puerta de arco apainelado del antiguo colegio de Roure; en Cahors, sirve de encuadre a dos ventanas (casa Verdier, rue des Boulevards), así como a una puertecilla del colegio Pellegri, situado en la misma ciudad (lám. XI).

Tal es el jeroglífico adoptado por los filósofos para expresar la inercia metálica, es decir, el estado especial que la industria humana hace tomar a los metales reducidos y fundidos. El esoterismo hermético demuestra, en efecto, que los cuerpos metálicos permanecen vivos y dotados de poder vegetativo mientras están mineralizados en sus yacimientos. Se encuentran allí asociados al *agente específico* o espíritu mineral, que asegura su vitalidad, su nutrición y evolución hasta el plazo requerido por la Naturaleza, y toman, entonces, en dichos yacimientos el aspecto y las propiedades de la plata y el oro nativos. Llegado a esta meta el agente se separa del cuerpo, que cesa de vivir, se convierte en fijo y no susceptible de transformación. Aunque permaneciera en la tierra muchos siglos, no podría, por sí mismo, cambiar el estado ni abandonar los caracteres que distinguen el metal del agregado mineral.

Mas es preciso que todo ocurra así de simplemente en el interior de los yacimientos metalíferos. Sometidos a las vicisitudes de este mundo transitorio, gran cantidad de minerales tienen su evolución suspendida por la acción de causas profundas -agotamiento de los elementos nutritivos, falta de aportaciones cristalinas, insuficiencia de presión, de calor, etc.-, o externas -grietas, aflujo de aguas, apertura de la mina-. Los metales se solidifican entonces y permanecen mineralizados con sus cualidades adquiridas, sin poder sobrepasar el estadio evolutivo que han alcanzado. Otros, más jóvenes, aguardando aún el agente que debe asegurarles solidez y consistencia, conservan el estado líquido y son del todo incoagulables. Tal es el caso del mercurio, que se halla con frecuencia en estado nativo o mineralizado por el azufre (cinabrio), ya sea en la misma mina o fuera de su lugar de origen.

Bajo esta *forma nativa*, y aunque el tratamiento metalúrgico no haya tenido que intervenir, los metales son tan insensibles como aquellos cuyos minerales han sufrido tueste y fusión. Al igual que ellos, carecen de agente vital propio. Los sabios nos dicen que están muertos, al menos, en apariencia, porque nos es imposible, bajo su masa sólida y cristalizada, adivinar la vida latente, potencial, escondida en lo profundo de su ser. Son *árboles muertos*, aunque conserven todavía un resto de humedad, los cuales no darán ya hojas, flores, frutos ni, sobre todo, semilla.

Con mucha razón, pues, ciertos autores aseguran que el oro y el mercurio no pueden concurrir, en todo o en parte, en la elaboración de la Obra. El primero, dicen, porque su agente propio ha sido separado de él a raíz de su terminación, y el segundo porque jamás dicho agente ha sido introducido en él. Otros filósofos sostienen, sin embargo, que el oro, aunque estéril bajo su forma sólida, puede volver a hallar su vitalidad perdida y proseguir su evolución, con tal de que se sepa «volverlo a su materia prima», mas hay ahí una enseñanza equívoca y que es preciso guardarse de tomarla en sentido vulgar. Detengámonos un instante sobre este punto litigioso y no perdamos de vista en absoluto la *posibilidad de la Naturaleza*: es el único medio que tenemos para reconocer nuestro camino en este tortuoso laberinto. La mayor parte de los hermetistas piensan que se debe entender por el término *reincrudación* la vuelta del metal a su estado primitivo, y se fundan en el significado mismo de la palabra, que expresa la acción de *volver crudo*, de *retrogradar*.Esta concepción es falsa. Es imposible a la Naturaleza, y más aún al arte, destruir el efecto de un trabajo secular. Lo que ha sido adquirido permanece adquirido. Y tal es la razón por

[1] La rue de l'Arbre-Sac aún existe. Está situada en el distrito I, a pocos metros del Louvre, tras la iglesia de St. Germain-l'Auxerrois. Nace en la place de l'Ecole, frente al Pont Neuf, en la orilla derecha del Sena, atraviesa la rue de Rivoli y acaba en la de St. Honoré. – *N. del T.*

[2] Edouard Fournier, *Enigmes des rues de Paris*. París, E. Dentu, 1860.

[3] La identificamos como la *encina de Membré* o, más herméticamente, *démembré* (desmembrado).

[4] *Le livre de Messire Guill, de Mandeville*. Bibl. nac. de París, ms. 8392, fol. 157.

[5] *Les Trois Livres de l'Art du Potier*, du Cavalier Cyprian Piccólpassi, translatés par Claudius Popelyn, Parisien. Pirís, Librairie Internationale, 1861.

la cual los viejos maestros afirman que es más fácil hacer oro que destruirlo. Nadie se envanecerá jamás de devolver a las carnes asadas -y a las legumbres cocidas el aspecto y las cualidades que poseían antes de experimentar la acción del fuego. Aquí, aún, la analogía y la *posibilidad* de naturaleza son los mejores y más seguros guías. No existe, pues, en todo el mundo, un ejemplo de regresión.

Otros investigadores creen que basta con bañar el metal en la sustancia primitiva y mercurial que, por maduración lenta y coagulación progresiva, le ha dado nacimiento. Este razonamiento es más falaz que verdadero. Incluso suponiendo que conocieran esta *materia prima* y que supieran de dónde tomarla -lo cual ignoran los más grandes maestros-, no podrían obtener en definitiva, sino un aumento del oro empleado y no un cuerpo nuevo, de potencia superior a la del metal precioso. La operación, así comprendida, se resume en la mezcla de un mismo cuerpo tomado en dos estados diferentes de su evolución: uno líquido y el otro sólido. Con un poco de reflexión, es fácil comprender que semejante empresa no pueda conducir a la meta. Está, por supuesto, en posición formal con el axioma filosófico que, a menudo, hemos enunciado: los cuerpos no tienen acción sobre los cuerpos; tan sólo los espíritus son activos y actuantes.

Debemos entender, pues, bajo la expresión de *devolver el oro a su materia prima* la animación del metal, realizada por el empleo de este *agente vital* del que hemos hablado. Él es el espíritu que ha huido del cuerpo a raíz de su manifestación en el plano físico, y él es también el *alma* metálica o esa *materia* prima que no se ha querido designar de otra forma y que radica en el seno de la *Virgen* sin mancha. La animación del oro, vitalización simbólica del árbol seco o resurrección del muerto, nos es mostrada alegóricamente por un texto de autor árabe. Este autor, llamado Kesseo, que se ha ocupado con preferencia -nos dice Brunet en sus notas sobre el *Evangelio de la Infancia*- de recoger las leyendas orientales a propósito de los acontecimientos que cuentan los Evangelios, narra en estos términos las circunstancias del parto de María: «Cuando el momento de su alumbramiento se aproximó, salió *en mitad de la noche* de la casa de Zacarías, y se encaminó fuera de Jerusalén. Vio una *palmera seca*, y cuando María se sentó al pie de este árbol, en seguida volvió a florecer y se cubrió de frutos por la operación del poder de Dios. Y Dios *hizo surgir al lado una fuente de agua viva*, y cuando los dolores del parto atormentaban a María, ella estrechaba con fuerza la palmera con sus manos.»

No somos capaces de decir más ni de hablar con mayor claridad.

V

En el pilar central del primer piso, se advierte un grupo bastante interesante para los amantes y los curiosos del simbolismo. Aunque haya sufrido mucho deterioro y se ofrezca hoy mutilado, rajado y corroído por las intemperies, no es posible, pese a todo, discernir aún el tema. Se trata de un personaje que estrecha entre sus piernas un *grifo* cuyas patas, provistas de garras, son muy notables, así como la cola del león que prolonga la grupa, detalles todos estos que permiten, por sí solos, una identificación exacta. Con la mano izquierda, el hombre ase al monstruo hacia la cabeza y, con la derecha, hace gesto de golpearlo (lám. XII).

Reconocemos en este motivo uno de los emblemas mayores de la ciencia, el que cubre la preparación de las materias primas de la Obra. Pero, mientras que el combate del dragón y del caballero indica el encuentro inicial, el duelo de los productos minerales que se esfuerzan por defender su integridad amenazada, el grifo marca el *resultado* de la operación, velada, por supuesto, bajo mitos de expresiones variadas, pero que presentan todos ellos los caracteres de incompatibilidad, de aversión natural y profunda que tienen, una por la otra, las sustancias en contacto. Del combate que el caballero o *azufre secreto* libra con el azufre arseniacal del viejo *dragón* nace la *piedra astral* blanca, pesada, brillante como la plata y pura que aparece *firmada* y llevando la señal de su nobleza, *la garra*, esotéricamente traducida por el *grifo*, índice cierto de unión y de paz entre el fuego y el agua, entre el aire y la tierra. Sin embargo, no cabría esperar alcanzar esta dignidad a partir de la primera conjunción. Pues -nuestra *piedra negra*, cubierta de andrajos, está cubierta por tantas impurezas que es en extremo difícil desembarazarla de ellas por completo. Por ello importa someterla a muchas lixiviaciones (que son *les laveures* de Nicolas Flamel), a fin de limpiarla poco a poco de sus impurezas y de las escorias heterogéneas y tenaces que la envuelven, y de verla tomar, a cada una de esas operaciones, más esplendor, limpieza y brillo.

Los iniciados saben que nuestra ciencia, aunque puramente natural y simple, no es en absoluto vulgar. Los términos de los que nos servimos, siguiendo a los maestros, no lo son menos. Préstese, pues, atención a ellos, ya que los hemos elegido con cuidado, a fin de mostrar *la vía* y de señalar los barrancos que la cruzan, esperando con ello ilustrar a los estudiosos, apartando a los cegados, a los ávidos y a los indignos. Aprended, vosotros que ya sabéis, que *todos nuestros lavados son ígneos*, que todas *nuestras purificaciones se hacen en el fuego, por el fuego y con el fuego*. Es la razón por la que algunos autores han descrito estas operaciones con el título químico de *calcinaciones*, porque la materia, largo tiempo sometida a la acción de la llama, le cede sus partes impuras y combustibles. Sabed, también, que nuestra *roca* -velada bajo la figura del dragón libera en primer lugar una oleada oscura, maloliente y venenosa, cuya humareda, espesa y volátil, es tóxica en extremo. Esta agua, que tiene por símbolo el *cuervo*, no puede ser lavada y blanqueada por medio del fuego. Y es eso lo que los filósofos nos dan a entender cuando, en su estilo enigmático, recomiendan al artista *cortarle la cabeza*. Mediante estas abluciones ígneas, el agua abandona su coloración negra y toma un color blanco. El cuervo decapitado, expira y pierde sus plumas. Así, el fuego, por su acción frecuente y reiterada sobre el agua, obliga a ésta a defender mejor sus cualidades específicas abandonando sus superfluidades. El agua se contrae, se repliega para resistir la influencia tiránica de Vulcano. Se nutre del fuego, que le agrega las moléculas puras y homogéneas y, al fin, se coagula en masa corporal densa, ardiente, hasta el punto de que la llama resulta impotente para exaltarla más.

Pensando en vosotros, hermanos desconocidos de la misteriosa ciudad solar, nos hemos formado el propósito de enseñar los modos diversos y sucesivos de nuestras purificaciones. Nos agradeceréis, estamos seguros de ello, que os hayamos señalado estos escollos, arrecifes de la mar hermética contra los que han ido a naufragar tantos argonautas inexpertos. Si deseáis, pues, poseer el *grifo* -que es nuestra *piedra astral*- arrancándolo de su ganga arsenical, tomad dos partes de *tierra virgen, nuestro dragón escamoso*, y una del agente ígneo, el cual es ese valiente caballero armado con la lanza y el escudo. ArhV, más vigoroso que *Aries*, debe estar en menor cantidad. Pulverizad y añadid la quinceava parte del total de esta sal pura, blanca, admirable, muchas veces lavada y cristalizada que debéis conocer necesariamente. Mezclad íntimamente y después, tomando ejemplo de la dolorosa Pasión de Nuestro Señor, crucificad con *tres* puntas de hierro, a fin de que el cuerpo muera y pueda resucitar a continuación. Hecho esto, apartad el cadáver los sedimentos más groseros, machacad y triturad sus huesos y amasad el total en fuego suave con una *varilla de acero*. Echad entonces en esta mezcla la mitad de la segunda sal, extraída del rocío que en el mes de mayo fertiliza la tierra, y obtendréis un cuerpo más claro que el precedente. Repetid *tres veces* la misma técnica y llegaréis a la mina de nuestro mercurio y habréis alcanzado el primer peldaño de la escalera de los sabios. Cuando Jesús resucitó el *tercer* día después de su muerte, un *ángel luminoso y vestido de blanco* ocupaba, él solo, el sepulcro vacío...

Pero si basta conocer la sustancia secreta figurada por el dragón, para descubrir a su antagonista es indispensable saber qué medio emplean los sabios para limitar y atemperar el ardor excesivo de los beligerantes. A falta de mediador necesario -cuya interpretación simbólica jamás hemos encontrado-, el experimentador ignorante se expondría a graves peligros. Espectador angustiado del drama que, imprudentemente, habría desencadenado, no sería capaz de dirigir sus fases ni de regular su furor. Proyecciones ígneas, a veces incluso la explosión brutal del horno, serían las tristes consecuencias de su temeridad. Por ello, conscientes de nuestra responsabilidad, rogamos con insistencia a aquellos que no poseen este secreto que se abstengan hasta aquí. Evitarán de este modo la suerte desagradable de un infortunado sacerdote de la diócesis de Aviñón, que la noticia siguiente relata en pocas palabras[1]: «El abate Chapaty creía haber encontrado la piedra filosofal, pero por desgracia para él se rompió el crisol y el metal le saltó, se adhirió a su rostro, a sus brazos y a su vestido. Corrió así por las rues des Infirmières, arrojándose a los arroyos como un poseso, y pereció miserablemente abrasado como un condenado. 1706.»

Cuando oigáis en el recipiente un ruido análogo al del agua en ebullición -fragor sordo de la Tierra cuyas entrañas desgarra el fuego-, disponeos a luchar y conservad vuestra sangre fría. Advertiréis humaredas y llamas azules, verdes y violetas que acompañan una serie de detonaciones precipitadas...

Una vez pasada la efervescencia y restablecida la calma, podréis gozar de un magnífico espectáculo. En un mar de fuego, se forman islotes sólidos que sobrenadan animados con movimientos lentos y toman y pierden una infinidad de vivos colores. Su superficie se hincha, revienta por el centro y los hace asemejarse a minúsculos volcanes. Desaparecen a continuación para dejar sitio a hermosas bolitas verdes, transparentes, que giran con rapidez sobre sí mismas, ruedan, se tropiezan y parecen perseguirse en medio de las llamas multicolores y de los reflejos irisados del baño incandescente.

Al describir la penosa y delicada preparación de nuestra piedra hemos omitido hablar del concurso eficaz que deben aportar ciertas *influencias exteriores*. Podríamos, en, este sentido, contentarnos con citar a Nicolas Grosparmy, adepto del siglo XV del que hemos hablado al comienzo de este estudio y a Cyliani, filósofo del siglo XIX, sin omitir a Cipriano Piccolpassi, maestro alfarero italiano, que han consultado una parte de su enseñanza al examen de esas condiciones. Pero sus obras no están al alcance de todos. Sea como fuere, y a fin de satisfacer, en la medida de lo posible, la legítima curiosidad de los investigadores, diremos que, sin la concordancia absoluta de los elementos superiores con los inferiores, nuestra materia, desprovista de las virtudes astrales, no puede ser de ninguna utilidad. El cuerpo sobre el que trabajamos es, antes de su tratamiento, más terrestre que celeste. El arte debe hacerlo, ayudando a la naturaleza, más celeste que terrestre. El conocimiento del momento propicio, del tiempo, lugar, estación, etc. nos es, pues, indispensable para asegurar el éxito de esta producción secreta. Sepamos prever la hora en que los astros formarán, en el cielo de las fijas, el aspecto más favorable, pues se reflejarán en este *espejo divino* que es nuestra piedra y fijarán en ella su impronta. Y la *estrella terrestre*, antorcha oculta de nuestra Natividad, será la marca probatoria de la feliz unión del cielo y de la tierra o, como escribe Filaleteo, de «la unión de las virtudes superiores en las cosas inferiores». Tendréis la confirmación al descubrir, en el seno del agua ígnea o de ese *cielo terrestre*, según la expresión típica de Wenceslao Lavinio de Moravia, el sol hermético, céntrico y radiante, manifestado, visible y patente.

Captad un rayo de sol, condensadlo en una forma sustancial, nutrid de fuego elemental ese fuego espiritual corporeizado, y poseeréis el mayor tesoro de este mundo.

Es útil saber que la lucha, corta pero violenta, sostenida por el caballero –llámese san Jorge, san Miguel o san Marcelo en la tradición cristiana; Marte, Teseo, Jasón, Hércules en la fábula- no cesa sino con la muerte de ambos campeones (en hermética, el águila y el león), y su unión en un cuerpo nuevo cuya signatura alquímica es el *grifo*, Recordemos que en todas las leyendas antiguas de Asia y Europa, siempre es un *dragón* el *encargado de la custodia*

---

[1] Recueil de piéces sur Avignon. Bibl. de Carpentras ms. número 917, fol. 168.

de los tesoros. Vela por las manzanas de oro de las Hespérides y por el vellocino suspendido de la Cólquida. Por ello es del todo necesario reducir al silencio a ese monstruo agresivo si se quiere apoderarse a continuación de las riquezas que protege. Una leyenda china cuenta a propósito del sabio alquimista Hujumsin, elevado a la categoría de dios tras su muerte, que habiendo dado muerte este hombre a un dragón horrible que asolaba el país, ató al monstruo a una columna. Es exactamente lo que hace Jasón en el bosque de Etes, y Cyliani en su narracion alegórica *Hermes desvelado*. La verdad, siempre semejante a sí misma, se expresa con la ayuda de medios y ficciones análogos.

La combinación de ambas materias iniciales, una volátil y la otra fija, da un tercer cuerpo, mezclado, que marca el primer estado de la piedra de los filósofos. Tal es, como hemos dicho, el grifo, mitad águila y mitad león, símbolo que corresponde al del *cesto* de Baco y al del *pez* de la iconografía cristiana. Debemos señalar, en efecto, que el grifo lleva, en lugar de una melena de león o de un collar de plumas, una cresta de aletas de pez. Este detalle tiene su importancia, pues si se trata de provocar el encuentro y de dominar el combate, es preciso aún descubrir el medio de captar la parte pura, esencial, del cuerpo producido de nuevo, la única que nos sea útil, es decir, el mercurio de los sabios. Los poetas nos cuentan que Vulcano, al sorprender en adulterio a Marte y Venus, se apresuró a rodearlos con una red, a fin de que no pudieran escapar a su venganza. Igualmente, los maestros nos aconsejan emplear también una *red delicada* o *sutil* para captar el producto a medida que va apareciendo. El artista pesca, metafóricamente, el pez místico y deja el agua vacía, inerte y sin alma: el hombre, en esta operación, debe *matar el grifo*. Es la escena que reproduce nuestro bajo relieve.

Si investigamos cuál es la significación secreta que se atribuye a la palabra griega gruf, *grifo*, genitivo grupoç, y cuya raíz es grup, o sea *tener el pico curvo*, hallaremos una palabra próxima, grifoç, cuya asonancia se acerca más a la española. Así que grifoç expresa, a la vez, un *enigma* y una *red*. Se advierte de este modo que el animal fabuloso contiene, en su imagen y en su nombre, el *enigma* hermético más ingrato de descifrar, el del *mercurio filosofal*, cuya sustancia, profundamente escondida en el cuerpo, se coge como el pez en el agua, con ayuda de una *red* apropiada.

Basilio Valentín, que de ordinario es más claro, no se ha servido del símbolo ICQUS cristiano[1], que han preferido humanizar bajo el nombre cabalístico de *Hiperión*. Así, señala a ese caballero presentando las tres operaciones de la Gran Obra bajo una fórmula enigmática que contiene tres fases sucintas enunciadas así:

«He nacido de Hermógenes, Hiperión me ha elegido. Sin Jamsuf estoy condenado a perecer.»

Hemos visto cómo, y a raíz de qué reacción, nace el grifo, el cual proviene de *Hermógenes* o de la primera sustancia mercurial. *Hiperión*, en griego Uperiwn, es el *padre del Sol*, y es él quien desprende, fuera del segundo caos blanco, formado por el arte y figurado por el grifo, el alma que tiene encerrada, el espíritu, fuego o luz escondida, y la lleva por encima de la masa, bajo el aspecto de una agua clara y límpida: *Spiritus Domini ferebatur super aquas*. Pues la materia preparada, la cual contiene todos los elementos necesarios para nuestra gran obra, no es más que una tierra fecundada en la que reina aún alguna confusión,- una sustancia que tiene en sí la luz esparcida, que el arte debe reunir y aislar imitando al Creador. Es preciso que mortifiquemos y descompongamoss esta tierra, lo que equivale a matar el grifo y a pescar el pez, a *separar el fuego de la tierra, lo sutil de lo espeso* «suavemente, con gran habilidad y prudencia» según enseña Hermes en su *Tabla de Esmeralda*.

Tal es el papel químico de *Hiperión*. Su mismo, formado por Up, contracción de Uper, *encima*, y hrion, *sepulcro, tumba*, que tiene la misma raíz que era, *tierra*, indica *aquello que está por encima de la tierra*, por encima del sepulcro de la materia. Se puede, si se prefiere, elegir la etimología por la que Uperiwn derivaría de Uper, *encima*, y ion, *violeta*. Los dos sentidos tienen, entre sí, una concordancia hermética perfecta, pero no damos esta variante más que para orientar a los novicios de nuestra orden, siguiendo en esto la palabra del Evangelio: « ... Porque al que tiene se le dará y abundará; pero a quien no tiene, aun lo que tiene se le quitará[2].»

VI

Esculpida sobre el grupo del hombre del grifo, advertiréis una enorme cabeza que hace un visaje y que se adorna con una barba en punta. Las mejillas, las orejas y la frente se estiran hasta tomar el aspecto de llamas. Esta máscara llameante, de rictus poco simpático, aparece coronada y provista de apéndices cornudos adornados con lazos, los cuales se apoyan en el funículo de la base de la cornisa (lám. XII). Con sus cuernos y su corona, el símbolo solar adquiere la significación de un verdadero *Bafomet*, es decir, de la imagen sintética en la que los iniciados del Templo habían agrupado todos los elementos de la alta ciencia y de la tradición. Figura compleja, en verdad, con apariencia simple, figura parlante, cargada de enseñanzas, pese a su estética ruda y primitiva. Si se encuentra en ellas en primer lugar la fusión mística de las *naturalezas* de la Obra que simbolizan los cuernos del *creciente lunar* colocados sobre *la cabeza solar*, no se sorprende uno menos de la expresión extraña, reflejo de un ardor devorador

---

[1] El nombre griego del pez está formado por las siglas de esta frase: IhsuV Cristoç Qeou UioV Svthr que significa *Jesús Cristo, Hijo de Dios, Salvador*. Se ve con frecuencia la palabra Icquç, grabada en las catacumbas romanas, y figura, asimismo, en el mosaico de San Apolinar de Ravena, colocada en lo alto de una cruz constelada, elevada sobre las palabras latinas SALUS MUNDI, que presenta en la extremidad de los brazos las letras A y W.

[2] Mateo, XXV, 29, Lucas, VIII, 18 y XIX, 26; Marcos, IV, 25. (El fragmento reproducido ha sido tomado de Mateo, versión Nácar-Colunga.)-*N. del T.*

que desprende este rostro inhumano, espectro del Juicio Final. Incluso hasta la barba, jeroglífico del haz luminoso e ígneo proyectado hacia la Tierra, no se justifica el conocimiento exacto que poseía el sabio acerca de nuestro destino...

¿Nos hallamos en presencia de la vivienda de algún afiliado a las sectas de iluminados o rosacruces que descendían de los viejos templarios? La teoría cíclica, paralelamente a la doctrina de Hermes, está allí expuesta con tanta claridad que como no sea por ignorancia o mala fe, no se podría sospechar el saber de nuestro adepto. En cuanto a nosotros, ya nos hemos hecho nuestra idea, y estamos ciertos de no equivocarnos ante tantas afirmaciones categóricas: lo que tenemos ante nuestros ojos se trata con seguridad de un *bafomet*, renovación del de los templarios. Esta imagen, sobre la cual no se poseen más que vagas indicaciones o simples hipótesis, jamás fue un ídolo, como algunos lo han creído, sino tan sólo un *emblema completo de las tradiciones secretas de la Orden*, empleado sobre todo exteriormente como paradigma esotérico, sello de caballería y signo de reconocimiento. Se reproducía en las joyas, así como en el frontón de las residencias de los comendadores y en el tímpano de las capillas templarias. Se componía de un triángulo isósceles con el vértice dirigido hacia abajo, jeroglífico del *agua*, - primer elemento creado, según Tales de Mileto, que sostenía que «Dios es ese Espíritu que ha formado todas las cosas del agua[1].» Un segundo triángulo semejante, invertido con relación al primero, pero más pequeño, se inscribía en el centro y parecía ocupar el espacio reservado a la nariz en el rostro humano. Simbolizaba el *fuego* y, más concretamente, el *fuego contenido en el agua* o la chispa divina, el alma encarnada, la vida infusa en la materia. En la base invertida del gran triángulo de agua se apoyaba un signo gráfico semejante a la letra H de los latinos o a la hta de los griegos, pero más ancha y cuyo vástago central cortaba un círculo en la mitad. En estenografía hermética, este signo indica *el Espíritu universal*, el Espíritu creador, Dios. En el interior del gran triángulo, un poco por encima y a cada lado del triángulo de fuego, se veía, a la izquierda, el *círculo lunar* con el creciente inscrito y, a la derecha, el *círculo solar* de centro aparente. Estos circulitos se hallaban dispuestos a la manera de los ojos. Finalmente, soldada a la base del triangulito interno, la cruz rematando el globo completaba así el doble jeroglífico del *azufre*, principio activo, asociado al *mercurio* principio pasivo y disolvente de todos los metales. A menudo, un segmento más o menos largo, situado en la cúspide del triángulo, aparecía cruzado de líneas de tendencia vertical en las que el profano no reconocía en absoluto la expresión de la radiación luminosa, sino una especie de barbichuela.

Así presentado, el *bafomet* afectaba una forma animal grosera, imprecisa y de identificación problemática. Eso explicaría, sin duda, la diversidad de las descripciones que de él se han hecho, y en las cuales se ve el *bafomet* como una cabeza de muerto aureolada con un bucráneo, a veces como una cabeza de Hapi egipcio[2] de buco y, mejor aún, el rostro horripilante ¡de Satán en persona! Simples impresiones, muy alejadas de lo. realidad, pero imágenes tan poco ortodoxas que, por desgracia, han contribuido a lanzar sobre los sabios caballeros del Templo la acusación de satanismo y brujería, que se convirtió en una de las bases de su proceso y en uno de los motivos de su condena.

Acabamos de ver lo que era el *bafomet*. Debemos ahora tratar de desprender de él el sentido escondido tras esta denominación.

En la expresión hermética pura, correspondiente al trabajo de la Obra, *bafomet* procede de las raíces griegas Βαφευς, *tintorero*, y μhV; en lugar de μhn, la luna, a menos que se quiera relacionar con μετρος, genitivo μετρος, *madre o matriz*, lo que vuelve al mismo sentido lunar, ya que la Luna es, en verdad, la madre o matriz mercurial que recibe la tintura o semilla del azufre que representa al macho, al tintorero, Βαφευς, en la generación metálica. Βαφη tiene el sentido de *inmersión* y de *tintura*. Y puede decirse, sin divulgar demasiado, que el azufre, padre y tintorero de la piedra, fecunda a la luna mercurial por *inmersión*, lo que nos lleva al *bautismo simbólico de Meté* expresado una vez más por la palabra *bafomet*[3]. Éste aparece claramente, pues, como el jeroglífico completo de la ciencia, figurada en otra parte en la personalidad del dios Pan, imagen mítica de la Naturaleza en plena actividad.

La palabra latina *Bapheus*, tintorero, y el verbo *meto*, cosechar, recolectar, segar, señalan, asimismo, esta virtud especial que posee *el mercurio o luna de los sabios* para captar, a medida de su emisión, y ello durante la *inmersión* o el *baño del rey*, la tintura que abandona y que la madre conservará en su seno durante el tiempo requerido. Tal es el *Graal*, que contiene el vino eucarístico, licor de fuego espiritual, licor vegetativo, vivo y vivificante introducido en las cosas materiales.

En cuanto al origen de la Orden, su filiación, conocimientos y creencias de los templarios, no podemos hacer nada mejor que citar textualmente un fragmento del estudio que Pierre Dujols, el erudito y sabio filósofo, consagra a los hermanos caballeros en su *Bibliographie générale des Sciences occultes*[4]. «Los hermanos del Templo -dice el autor, y ya no sería posible contradecirle- estuvieron en verdad afiliados al maniqueísmo. Por lo demás, la tesis del barón de Hammer es conforme a esta opinión. Para él, los sectarios de

---

[1] Cicerón, *De natura Deorum*, I, 10.

[2] Durante mucho tiempo, se consideró a Hapi como la personificación divina del Nilo. Los egiptólogos actuales creen, más bien, que se trataba del espíritu del río, entidad inconcreta que iba a parar a Nun, el mar increado. La crecida del Nilo solía llamarse «la venida de Hapi». A veces, se subordina a Khnum o a Amón, e incluso se lo identifica con Osiris.-*N. del T.*

[3] *El bafomet* ofrecía en ocasiones, como hemos dicho, el carácter y el aspecto exterior de los bucráneos. Presentado de esa forma, se identifica con la naturaleza acuosa figurada por Neptuno, la mayor divinidad marina del Olimpo. Poseidwu está, en efecto, velado bajo la imagen del buey, el toro o la vaca, que son símbolos lunares. El nombre griego de Neptuno deriva de Βους, genitivo, Βοος, *buey*, toro, y de ειδος ειδolon, *imagen, espectro o simulacro*.

[4] A propósito del Dictionnaire des Copitroverses historiques, por S. F. Jehan, París, 1866.

Mardeck, los ismailíes, los albigenses, los templarios, los masones, los iluminados, etc., son tributarios de una misma tradición secreta emanada de aquella *Casa de la Sabiduría* (Dar el hickmet) fundada en El Cairo hacia el siglo XI por Hakem. El académico alemán Nicolai llega a una conclusión análoga y añade que el famoso *bafomet*, que hace derivar del griego BafomhtoV era un símbolo pitagórico. No nos ocuparemos de las opiniones divergentes de Anton, Herder, Munter, etc., pero nos detendremos un instante en la etimología de la palabra *bafomet*. La idea de Nicolai es aceptable si se admite, con Hammer, esta ligera variante: Bafh Mhteoç, que podría traducirse *por bautismo de Meté*. Se ha encontrado, precisamente, un rito de este nombre entre los ofitas[1]. En efecto, *Meté* era una divinidad andrógina que figuraba la *Natura naturante*. Proclo dice textualmente que *Metis*, llamada también Epicarpaioç o *Natura germinans*, era el dios hermafrodita de los adoradores de la serpiente. Se sabe también que los helenos designaban con la palabra *Metis* a la *Prudencia* venerada como esposa de Júpiter. En suma, esta discusión filológica evidencia de manera indiscutible que el *Bafomet era la expresión pagana de Pan*. Pues, al igual que los templarios, los ofitas practicaban dos bautismos: uno, el del agua o exotérico; el otro, esotérico, el del espíritu o del fuego. Este último se llamaba *el bautismo de Meté*. San Justino y san Ireneo lo llaman la *iluminación*. Es el *bautismo de la luz* de los masones. Esta *purificación* -la palabra es aquí verdaderamente tópica- se encuentra indicada en uno de los ídolos gnósticos descubiertos por De Hammer, quien ha publicado su dibujo. Sostiene en su regazo -advertid bien el gesto: habla- una bacinilla llena de fuego. Este hecho, que habría debido sorprender al sabio teutón, y con él a todos los simbolistas, no parece haberles llamado la, atención. Sin embargo, el famoso mito del *Graal* tiene su origen en esta alegoría. Justamente, el erudito barón diserta con abundancia acerca de ese recipiente misterioso cuyo exacto significado aún se busca. Nadie ignora que, en la antigua leyenda germánica, Titurel eleva un templo al Santo Graal en Montsalvat, y confía su custodia a doce caballeros templarios. De Hammer quiere ver en ello el símbolo de la Sabiduría gnóstica, conclusión por demás vaga después de haber *ardido* tanto tiempo. Que se nos perdone si osamos sugerir otro punto de vista. El *Graal* -¿quién lo duda hoy?- es el más alto misterio de la Caballería mística y de la masonería, degeneración de aquélla. Es el velo del *Fuego creador*, el *Deus absconditus* en la palabra INRI, grabada sobre la cabeza de Jesús en la cruz. Cuando Titurel edifica, pues, su templo místico, es para que arda allí el fuego sagrado de las vestales, de los mazdeos e, incluso de los hebreos, ya que los judíos mantenían un *fuego perpetuo* en el Templo de Jerusalén. Los doce custodios recuerdan los doce signos del Zodiaco que recorre el Sol, Arquetipo del fuego vivo. El recipiente del ídolo del barón De Hammer es idéntico al vaso pirógeno de los parsis, que se representa en llamas. También los egipcios poseían este atributo: Serapis se representa a menudo con el mismo objeto sobre su cabeza, llamado *Gardal* en las riberas del Nilo. En ese *Gardal* conservaban los sacerdotes el fuego material, como las sacerdotisas el *fuego celeste* de Ptah. Para los iniciados de Isis, el *Gardal* era el jeroglífico del *fuego divino*. Y ese dios Fuego, ese dios Amor se encarna eternamente en cada ser, ya que todo, en el Universo, tiene su chispa vital. Es el *Cordero inmolado desde el comienzo del mundo*, que la Iglesia católica ofrece a sus fieles bajo las especies de la Eucaristía conservada en el copón como el Sacramento de Amor. El copón -y nadie conciba malos pensamientos-, así como el *Graal* y las crateras sagradas de todas las religiones, representa el órgano femenino de la generación, y corresponde al vaso cosmogónico de Platón, a la copa de Hermes y de Salomón y la urna de los antiguos Misterios. El *Gardal* de los egipcios es, pues, la clave del *Graal*. Es, en suma, la misma palabra. En efecto, de deformación en deformación, *Gardal* se ha convertido en *Gradal* y, luego, con una especie de aspiración, en *Graal*. La sangre que bulle en el santo cáliz es la fermentación ígnea de la vida o de la mixtión generadora. No podemos por menos de deplorar la ceguera de aquellos que se obstinaban en no ver en este símbolo, despojado de sus velos hasta la desnudez, más que una profanación de lo divino. El Pan y el Vino del Sacrificio místico es el espíritu o el fuego en la materia que, por su unión, producen la vida. He aquí por qué los manuales iniciáticos cristianos, llamados Evangelios, hacen decir alegóricamente a Cristo: *Yo soy la Vida; soy el Pan vivo; he venido a prender fuego en las cosas,* y lo envuelven en el dulce signo exotérico del alimento por excelencia.»

VII

Antes de abandonar la linda casa de la Salamandra. señalaremos aún algunos motivos situados en el primer piso, los cuales, sin presentar tanto interés como los precedentes, no están desprovistos de valor simbólico.

A la derecha del pilar que lleva la imagen del leñador, vemos dos ventanas contiguas, una cegada y la otra con vidriera. En el centro de los arcos conopiales, se distingue, en la primera, una *flor de lis* heráldica[2], emblema de la soberanía de la ciencia que, por extensión, se convirtió en el atributo de la realeza. El signo del aceptado y del sublime conocimiento, al figurar en los escudos reales a raíz de la institución del blasón, no perdió en absoluto el sentido elevado que implicaba, y sirvió siempre desde entonces para designar la superioridad, la preponderancia, el valor y la dignidad adquiridos. Por esta razón, la capital del reino (París) tuvo permiso para añadir, a la nave de plata en campo de gules de sus armas, tres flores de lis colocadas en jefe en campo de azur. Encontramos, por supuesto, el

---

[1] *Secta gnóstica egipcia que floreció en el siglo II. Eje de su doctrina era la adoración de la serpiente* (ophis) *del Génesis, como símbolo del conocimiento. – N. del T.*

[2] *Empleamos la expresión* lis *para significar inequívocamente la diferencia de expresión que existe entre este emblema heráldico, cuya imagen es una flor de iris, y el lirio natural que se da como atributo a la Virgen María.*

significado de este símbolo claramente explicado en los *Anales* de Nangis: «Los reyes de Francia acostumbraban llevar en sus armas la flor de lis representada por tres hojas, como si dijeran a todo el mundo: Fe, Sapiencia y Caballería son, por la provisión y por la gracia de Dios, más abundantes en nuestro reino que en los otros. Las dos hojas de la flor de lis que son iguales significan sentido y caballería que conservan la fe.»

En la segunda ventana, no deja de suscitar curiosidad una cabeza rubicunda, redonda y lunar, coronada por un falo. Descubrimos en ello la indicación, muy expresiva, de los dos principios cuya conjunción engendra la materia filosofal. Este jeroglífico del agente y del paciente, del azufre y del mercurio, del Sol y de la Luna, padres filosóficos de la piedra, es lo bastante elocuente para suministrarnos la explicación.

Entre esas ventanas, la columnilla medianera lleva, a guisa de capitel, una urna semejante a la que hemos descrito al estudiar los motivos de la puerta de entrada. No tenemos, pues, que renovar la interpretación ya dada. En la columnilla opuesta, continuando hacia la derecha, está fijada una figurita de ángel con la frente adornada con cintas, con las manos juntas, en actitud orante. Más allá, dos ventanas, en ajimez como las precedentes, presentan encima del dintel la imagen de dos escudos con el campo ornado con tres flores, que son el emblema de las tres reiteraciones de cada obra sobre las cuales nos hemos extendido frecuentemente en el curso de este análisis. Las figuras que hacen las veces de capiteles en las tres columnas del ventanaje ofrecen, respectivamente, y de izquierda a derecha: 1° una cabeza de hombre que creemos sea la del propio alquimista. cuya mirada se dirige hacia el grupo del personaje que cabalga el grifo; 2° un angelote que estrecha contra su pecho un escudo acuartelado que la lejanía y el escaso relieve nos impiden detallar; 3°, finalmente, un segundo ángel que expone el *libro abierto*, jeroglífico de la materia de la Obra, preparada y susceptible de manifestar el espíritu que contiene. Los sabios han llamado a su materia *Liber*, el libro, porque su textura cristalina y laminosa está formada por hojitas superpuestas como las páginas de un libro.

En último lugar, y tallado en el fuste del pilar extremo, una especie de hércules, completamente desnudo, sostiene con esfuerzo la enorme masa de un *bafomet* solar inflamado. De todos los temas esculpidos en la fachada, es el más grosero y el de ejecución menos afortunada. Aunque de la misma época, parece cierto que este hombrecillo rechoncho y deforme, de vientre meteorizado y órganos genitales desproporcionados, debió de ser labrado por algún artista inhábil y de segundo orden. Con excepción del rostro, de fisonomía neutra, todo parece desagradable a placer en esta cariátide desafortunada. Con los pies apisona una masa incurvada, provista de numerosos dientes, como la boca de un cetáceo. Nuestro hércules podría así querer representar a Jonás, ese profeta menor milagrosamente salvado tras haber permanecido tres días en el vientre de una ballena. Para nosotros, Jonás es la imagen sagrada del *León verde* de los sabios, el cual queda durante *Tres días filosóficos* encerrado en la sustancia madre, antes de elevarse por sublimación y aparecer sobre las aguas.

EL MITO ALQUÍMICO DE ADÁN Y EVA

El dogma de la caída del primer hombre, dice Dupiney de Vorepierre, no pertenece sólo al cristianismo, sino también al mosaísmo y a la religión primitiva, que fue la de los patriarcas. Ésa es la razón de que esta creencia se halle, si bien alterada y desfigurada, entre todos los pueblos de la Tierra. La historia auténtica de esta decadencia del hombre por su pecado nos es conservada en el primer libro de Moisés (*Génesis*, capítulos II y III). «Este dogma fundamental del cristianismo -escribe el abate Foucher- no era ignorado en absoluto en los tiempos antiguos. Los pueblos más próximos que nosotros al origen del mundo sabían, por una tradición uniforme y constante, que el primer hombre había prevaricado, y que su crimen había atraído la maldición de Dios sobre toda su posteridad.» «La caída del hombre degenerado -dice el propio Voltaire- el fundamento de la teología de todas las naciones antiguas.» Según Filolao el pitagórico (siglo V antes de J.C.), los filósofos antiguos decían que el alma estaba enterrada en el cuerpo, como en una tumba, como castigo por algún pecado. Platón testimonia, así, que tal era la doctrina de los órficos, y él mismo la profesaba. Pero como se reconocía igualmente que el hombre había salido de las manos de Dios y que había vivido en un estado de pureza y de inocencia (Dicearca, Platón), era preciso admitir que el crimen por el que sufría su pena era posterior a su creación. *La edad de oro* de las mitologías griega y romana es, evidentemente, un recuerdo del primitivo estado del hombre al salir de las manos de Dios.

Los monumentos y las tradiciones de los hindúes confirman la historia de Adán y de su caída. Esta tradición existe asimismo entre los budistas del Tíbet y era enseñada por los druidas, y también por los chinos y los antiguos persas Según los libros de Zoroastro, el primer hombre y la primera mujer fueron creados puros y sometidos a Ormuz, su hacedor. Ahrimán los vio y se sintió celoso de su felicidad. Los abordó en forma de *culebra*, les presentó unos frutos y los convenció de que era él mismo el creador del Universo entero. Le creyeron y, desde entonces, su naturaleza fue corrompida, y esta corrupción contaminó a su posteridad. La *madre de nuestra carne* o la *mujer de la serpiente* es célebre en las tradiciones mexicanas, que la representan caída de su estado primitivo de dicha y de inocencia. En el Yucatán, en el Perú, en las islas Canarias, etc., la tradición de la caída existía también entre las naciones indígenas cuando los europeos descubrieron esos países. Las expiaciones que se celebraban entre diversos pueblos para pacificar al niño a su entrada en esta vida constituyen un testimonio irrebatible de la existencia de esta creencia general. «Ordinariamente—dice el sabio cardenal Gousset—, esta ceremonia tenía lugar el día en que se daba nombre al niño. Ese día, entre los romanos, era el noveno para los varones y el octavo para las niñas, y se llamaba *lustricus* a causa del agua lustral que se empleaba para purificar al recién nacido. Los egipcios, los persas y los griegos tenían una costumbre semejante. En el Yucatán, en América, se llevaba al niño al templo, donde el sacerdote derramaba sobre su cabeza el agua destinada a ese uso, y le daba un nombre. En las Canarias, las mujeres desempeñaban esta función en lugar de los sacerdotes. Y las mismas expiaciones se encuentran prescritas por la ley entre los mexicanos. En algunas provincias, se encendía igualmente fuego y se hacía ademán de pasar al niño por la llama, como para *purificarlo a la vez por el agua y el fuego*. Los tibetanos, en Asia, tienen también costumbres parecidas. En la India, cuando se da un nombre al niño, después de haber escrito este nombre en su frente y de haberlo *sumergido por tres veces en el agua*, el brahmán o sacerdote exclama en voz alta: «Dios, puro, único, invisible y perfecto, te ofrecemos a este niño, nacido de una tribu santa, ungido con un aceite incorruptible y purificado con agua.»

Como señala Bergier, es absolutamente preciso que esta tradición se remonte a la cuna del género humano, pues si hubiera nacido entre un pueblo concreto tras la dispersión, no hubiera podido extenderse de un extremo al otro del mundo. Esta creencia universal en la caída del primer hombre iba, además, acompañada de la esperanza de un *mediador*, personaje extraordinario que debía llevar la salvación a los hombres y reconciliarlos con Dios. No sólo este libertador era esperado por los patriarcas y por los judíos, que sabían que aparecería entre ellos, sino también por los egipcios, los chinos, los japoneses, los indios, los siameses, los árabes, los persas y por diversas naciones de América. Entre griegos y romanos, esta esperanza era compartida por algunos hombres, como lo testimonian Platón y Virgilio. Por añadidura, como hace observar Voltaire: Desde tiempo inmemorial, existía entre los indios y los chinos una máxima según la cual el Sabio llegaría de Occidente. Europa, por el contrario, decía que vendría de Oriente.»

Bajo la tradición bíblica de la caída del primer hombre, los filósofos, con su acostumbrada habilidad, han ocultado una verdad secreta de orden alquímico. Eso, sin duda, es lo que nos sirve y lo que nos permite explicar las representaciones de Adán y Eva que se descubren en algunos viejos edificios del Renacimiento. Uno de ellos, claramente característico de esta intención, servirá de arquetipo a nuestro estudio. Esta morada filosofal, situada en Le Mans, nos muestra, en el primer piso, un bajo relieve que representa a Adán con el brazo levantado para tomar el fruto del *arbor scientiae*, mientras que Eva atrae la rama hacia él con la ayuda de una cuerda. Ambos llevan filacterias, atributos encargados de expresar que estos personajes tienen un significado oculto, distinto del del Génesis. Este motivo, maltratado por las intemperies—que apenas han respetado más que las grandes masas—, está circunscrito por una corona de follaje, flores y frutos, jeroglíficos de la naturaleza fecunda, de la abundancia y de la producción. A la derecha y arriba, se distingue, entre motivos vegetales carcomidos, la imagen del Sol, mientras que, a la izquierda, aparece la de la Luna. Ambos astros herméticos contribuyen a acentuar y precisar aún más la cualidad científica y la expresión profana del tema extraído de las Sagradas Escrituras (lám. XIII).

Señalemos, de paso, que las escenas laicas de la tentación están conformes a las de la iconografía religiosa. Adán Eva Aparecen siempre separados por el tronco del árbol paradisíaco. En la mayoría de los casos, la serpiente, enrollada en torno a aquél, se representa con cabeza humana. Así es como aparece en un bajo relieve gótico de la antigua Fontuine *Saint-Maclou*, en la iglesia de este nombre, en Ruán, y en otra escena de gran dimensión que decora un muro de la casa llamada de Adán y Eva, en Montferrand (Puy-deDome), que parece datar de finales del siglo XIV o comienzos del XV. En el coro de Saint-Bertrand-de-Comminges (Alto Garona), el reptil descubre un busto provisto de mamas, con brazos y una cabeza de mujer. También una cabeza femenina presenta la serpiente de Vitre, esculpida en el ajimez de una hermosa puerta del siglo XV en la rue Notre-Dame (lám. XIV). Por el contrario, el grupo en plata maciza del tabernáculo de la catedral de Valladolid permanece fiel al realismo: la serpiente es representada bajo su aspecto natural, y sostiene en sus fauces ampliamente abiertas una manzana entre sus colmillos[1].

Adamus, nombre latino de Adán, significa *hecho de tierra roja*. Es el primer *ser de naturaleza*, el único entre las criaturas humanas que ha sido dotado con las dos naturalezas del andrógino. Podemos, pues, considerarlo, desde el punto de vista hermético, como la materia básica unida al espíritu en la unidad misma de la sustancia creada, inmortal y perdurable. Pero desde que Dios, según la tradición mosaica, hizo nacer a la mujer, individualizando, en cuerpos distintos y separados, esas naturalezas al principio asociadas en un cuerpo único, el *primer Adán* tuvo que borrarse, se especificó al perder su constitución original y se convirtió en el *segundo Adán*, imperfecto y mortal. El Adán principio, del que jamás hemos descubierto figuración alguna en ningún sitio, es llamado por los griegos Αδαμοç o Αδαμαç, palabra que designa, en el plano terrenal, el *acero más duro*, empleado por Αδαμαστοç, es decir, *indomable* y *todavía virgen* (de la partícula privativa –a y δαμαw, *domar*), lo que caracteriza muy bien la naturaleza profunda del primer hombre celeste o del primer cuerpo terrestre como *solitarios y no sometidos al yugo del himen*. ¿Cuál es, pues, este acero llamado αdαμaç, del que tanto hablan los filósofos? Platón, en su *Timeo*, nos da la explicación siguiente.

«De todas las aguas que hemos llamado fusibles -dice-, la que tiene las partes más tenues y más iguales; la más densa; ese género único cuyo color es un amarillo brillante; los más preciosos bienes, en fin, el oro, se ha formado filtrándose a través de la piedra. El *nudo del oro*, convertido en *muy duro y negro* a causa de su densidad, se llama *adamas*. Otro cuerpo, próximo al oro por la pequeñez de sus partes, pero que tiene muchas especies, cuya densidad es inferior a la del oro, que encierra una débil aleación de tierra muy conocida, lo que lo hace más duro que el oro, y que es, al mismo tiempo, más ligero gracias a los poros que atraviesan su masa, es una de esas aguas brillantes y condensadas que se llaman *bronce*. Cuando la porción de este cuerpo que contiene se halla separada por la acción del tiempo, se hace visible por sí misma y se le da el nombre de herrumbre.»

Este pasaje del gran iniciado muestra la distinción de las dos personalidades sucesivas del Adán simbólico, las cuales se describen bajo su expresión mineral propia del acero y del bronce. Ya que el cuerpo próximo a la sustancia *adamas* —nudo o azufre del oro— es el segundo Adán considerado en el reino orgánico como el padre verdadero de todos los hombres y, en el reino mineral, como agente y procreador de los individuos metálicos y geológicos que lo constituyen.

Así, nos enteramos de que el azufre y el mercurio, principios generadores de los metales, no fueron en su origen sino una y la misma materia ya que sólo más tarde adquirieron su individualidad específica y la conservaron en los compuestos nacidos de su unión. Y aunque sea mantenida por una poderosa cohesión el arte puede, sin embargo, romperla y aislar el azufre y el mercurio bajo la forma que le es propia. El azufre, principio activo, es designado simbólicamente por el segundo Adán, y el mercurio, elemento pasivo su mujer, Eva. Este último elemento o mercurio, reconocido como el más importante, es también el más difícil de obtener en la práctica de la Obra. Su utilidad es tal, que la ciencia le ha reservado su nombre, ya que la filosofía *hermética* está fundada en el conocimiento perfecto del *Mercurio*, en griego Ερμης. Eso es lo que expresa el bajo relieve que acompaña y limita el panel de Adán y Eva en la casa de Le Mans. Se advierte a Baco niño provisto del tirso[2], escondiendo con la mano izquierda la boca de una vasija, y en pie sobre la tapadera de un gran recipiente decorado con guirnaldas. Pues Baco, divinidad emblemática del *mercurio de los sabios*, encarna un significado secreto parecido al de Eva, *madre de los vivos*. En Grecia a todas las bacantes se las llamaba Ευα, Eva, palabra que procedía de Ενιοç, *Evius*, sobrenombre de Baco. En cuanto a las vasijas destinadas a contener *el vino de los filósofos* o mercurio, son lo bastante elocuentes como para dispensarnos de poner de relieve su sentido esotérico.

Pero esta explicación, aunque lógica y conforme a la doctrina, es, sin embargo, insuficiente para suministrar la razón de ciertas particularidades experimentales y de algunos puntos oscuros de la práctica. Es indiscutible que el artista no sería capaz de pretender adquirir la materia original, es decir, el primer Adán «formado de tierra roja», y que el *tema de los sabios* mismo, calificado de *materia prima* del arte, aparece muy alejado de la simplicidad

---

[1] *Esta magnífica obra de arte es del escultor Juan de Arfe que la labró en 1590.*

[2] En griego Θυρσοç, al que los adeptos prefieren, como mucho más cercano a la verdad científica y a la realidad experimental, su sinónimo Θυρσολογχοç, en el que puede advertirse una relación muy sugestiva entre la vara de Aarón y el dardo de Ares.

inherente a la del segundo Adán. Este *tema*, sin embargo, es propiamente la *madre* de la Obra, como Eva es la madre de los hombres. Dispensa a los cuerpos que da a luz, o más exactamente que *reincruda*, la vitalidad, la vegetabilidad y la posibilidad de mutación. Iremos más lejos y diremos, dirigiéndonos a quienes tienen ya alguna capa de ciencia, que la madre común de los metales alquímicos no entra en absoluto *en sustancia* en la Gran Obra, aunque sea imposible producir algo ni emprender nada sin ella. En efecto, por su intermedio, los *metales vulgares*, verdaderos y únicos agentes de la piedra, se cambian en *metales filosóficos* y gracias a ella son disueltos y purificados. En ella encuentran y prosiguen su actividad perdida, y de muertos como estaban, vuelven a la vida. Ella es la tierra que los nutre, los hace crecer y fructificar y les permite multiplicarse. Por fin, volviendo al seno materno que otrora los formara y les diera nacimiento, renacen y recobran las facultades primitivas de las que la industria humana las había privado. Eva y Baco son los símbolos de esta sustancia filosofal y natural -no primera, sin embargo, en el sentido de la *unidad* o de la *universalidad* -comúnmente llamada con el nombre de Hermes o Mercurio. Pues se sabe que el mensajero alado de los dioses servía de intermediario entre las potencias del Olimpo y desempeñaba en la mitología un papel análogo al del mercurio en la labor hermética. Se comprende mejor así la naturaleza especial de su acción y por qué no permanece con los cuerpos que ha disuelto, purgado y animado. Y, asimismo, se interpreta el sentido en que conviene comprender a Basilio Valentín cuando asegura que los metales[1] son criaturas *dos veces nacidas del mercurio*, hijos de una sola madre, producidos y regenerados por ella. Y se concibe mejor, por otra parte, dónde radica esa piedra miliar que los filósofos han lanzado a través del camino cuando afirman, de común acuerdo, que *el mercurio es la única materia de la Obra*, en tanto que las reacciones necesarias son tan sólo provocadas por él, lo cual han dicho en metáfora o bien considerándolo desde un punto de vista particular.

Tampoco es inútil tener en cuenta que si tenemos necesidad del cisto de Cibeles, de Ceres o de Baco, es sólo porque encierra el cuerpo misterioso que constituye el embrión de nuestra piedra; si precisamos un vaso no es más que para contener en él el cuerpo, y nadie ignora que sin una tierra apropiada, todo grano resultaría inútil, Así, no podemos prescindir de la *vasija* aunque el contenido sea infinitamente más precioso que el continente, el cual está destinado, tarde o temprano, a separarse de aquél. El agua carece de forma en sí, aunque sea susceptible de adoptarlas todas y de tomar la del recipiente que la contiene. He aquí la razón de nuestro vaso y de su necesidad, y por qué los filósofos lo han recomendado tanto como el vehículo indispensable, el excipiente obligado de nuestros cuerpos. Y esta verdad halla su justificación en la imagen de Baco niño en pie sobre la tapadera de la vasija hermética.

De cuanto antecede, importa, sobre todo, retener el hecho de que los metales, licuados y disociados por el mercurio, encuentran de nuevo el poder vegetativo que poseían en el momento de su aparición en el plano físico. El disolvente hace para ellos, en cierto modo, el oficio de una verdadera fuente de Juvencia. Separa sus impurezas heterogéneas tomadas de los yacimientos metalíferos, les quita los achaques contraídos en el curso de los siglos; los reanima, les da un vigor nuevo y los rejuvenece. Así, los metales vulgares se hallan *reincrudados*, es decir, vueltos a un estado próximo al suyo original, y en lo sucesivo son llamados *metales vivos o filosóficos*. Puesto que al contacto de su madre toman de nuevo sus facultades primitivas, puede asegurarse que se han acercado a ella y han adquirido una naturaleza análoga a la suya. Pero es evidente, por otra parte, que como consecuencia de esta conformidad de complexión no serían capaces de engendrar cuerpos nuevos con su madre, ya que ésta tiene sólo un poder renovador y no generador. De donde hay que concluir que el mercurio del que hablamos, y que es figurado por la Eva del Edén mosaico, no es el que los sabios han designado como la matriz, el receptáculo y el *vaso* apropiado para el metal reincrudado, llamado azufre, sol de los filósofos, semilla metálica y padre de la piedra.

No hay que dejarse engañar, pues aquí está el nudo gordiano de la Obra, el que los principiantes deben aplicarse a desanudar si no quieren verse detenidos en seco al comienzo de la práctica. Existe, pues, otra madre, hija de la primera, a la que los maestros con un designio fácil de adivinar, han impuesto también la denominación de *mercurio*. Y la diferenciación de estos dos mercurios, uno agente de renovación y el otro de procreación, constituye el estudio más ingrato que la ciencia huya reservado al neófito. Con el propósito de ayudarle a franquear esa barrera, nos hemos extendido sobre el mito de Adán y Eva, y vamos a intentar aclarar esos puntos oscuros, voluntariamente dejados en la sombra por los mejores autores mismos. La mayoría de ellos se han contentado con describir de manera alegórica la unión del azufre y del mercurio, generadores de la piedra a la que llaman *Sol y Luna, padre y madre filosóficos, fijo y volátil, agente y paciente, macho y hembra, águila y león, Apolo y Diana* (que algunos convierten en *Apolonio de Tiana), Gabritius y Beya, Urim y Tumim*, las dos columnas del templo: *Yakin y Bohas, el anciano y la joven virgen* y, en fin, y de manera más exacta, el hermano y la hermana. Pues son, en realidad, hermano y hermana, ya que ambos tienen una madre común y deudores de la contrariedad de sus temperamentos antes de la diferencia de edad y de evolución debida a lo divergente de sus afinidades.

El autor anónimo de la *Ancienne Guerre des Chevaliers*[2], en un discurso que hace pronunciar al metal reducido a azufre bajo la acción del *primer mercurio*, enseña que este azufre tiene necesidad de un *segundo mercurio* con el que debe juntarse a fin de multiplicar su especie. «Entre los artistas -dice- que han trabajado conmigo, algunos han llevado tan lejos su trabajo que han conseguido separar de mí mi espíritu, que contiene mi tintura, de modo que,

---

[1] El adepto entiende que se habla aquí de los metales alquímicos producidos por *reincrudación*, o sea el regreso al estado simple de los cuerpos metálicos vulgares.

[2] Tratado reimpreso en *Le Triomphe hermétique* de Limojon de Saint-Didier Amsterdam, Henry Wetstein, 1699, y Jacques Desbordes, 1710, p. 18.

mezclándolo con otros metales y minerales, han conseguido comunicar un poco de mis virtudes y de mis fuerzas a los metales que tienen alguna afinidad y algunas amistad conmigo. Sin embargo, los artistas que han conseguido por esta vía el éxito y que han encontrado con seguridad una parte del arte son, en verdad, poquísimos. Mas como no han conocido el origen de donde vienen las tinturas, les ha sido imposible llevar su trabajo más acá, y no han hallado, al fin, que hubiera gran utilidad en su procedimiento. Pero si estos artistas hubieran proseguido sus investigaciones y hubieran examinado bien qué *mujer* me es propia, la hubieran buscado y me hubieran unido a ella, entonces yo hubiera podido teñir mil veces más.» En el *Entretien d'Eudoxe et de Pyrophile*, que sirve de comentario a este tratado, Limojon de Saint-Didier escribe, a propósito de este pasaje: «La mujer *apropiada* a la piedra y que debe unírsele es esa *fuente de agua viva* cuya fuente, toda celeste, que tiene particularmente su centro en el Sol y en la Luna, produce ese claro y precioso *arroyo de los Sabios* que discurre hasta el *mar de los filósofos*, el cual rodea todo el mundo. No deja de tener fundamento que esta divina fuente sea llamada por este autor la *mujer de la piedra*. Algunos la han representado bajo la forma de una *ninfa celeste*, y otros le dan el nombre de la casta *Diana*, cuya pureza y virginidad no está en absoluto mancillada por el vínculo espiritual que la une a la piedra. En una palabra, esta conjunción magnética constituye el *matrimonio mágico del cielo con la tierra*, del que algunos filósofos han hablado, de tal manera, que la *fuente segunda* de la tintura física, que opera tan grandes maravillas, nace de esta unión conyugal tan misteriosa.»

Estas dos madres, o mercurios, que acabamos de distinguir figuran bajo el emblema de los dos gallos[1], en el panel de piedra situado en el segundo piso de la casa de Le Mans (lám. XV). Están junto a un *vaso*[2] lleno de hojas y frutas, símbolo de su capacidad vivificante, generadora y vegetal, de la fecundidad y la abundancia de las producciones que resultan. A cada lado de este motivo, unos personajes sentados -uno soplando un cuerno y el otro tañiendo una especie de guitarra- ejecutan un dúo musical. A la traducción de este *Arte de música* -epíteto convencional de la alquimia- se refieren los diversos temas esculpidos en la fachada.

Pero antes de proseguir el estudio de los motivos de la casa de Adán y Eva, nos creemos obligados a prevenir al lector de que, bajo términos muy poco velados, nuestro análisis encierra la revelación de lo que se ha convenido en llamar el *secreto de los dos mercurios*. Nuestra explicación, sin embargo, no podría resistir el examen, y quien se tomara la molestia de analizarla, hallaría en ella ciertas contradicciones, errores manifiestos de lógica o de juicio. Pero reconocemos lealmente que, en la base, no existe más que un solo mercurio, y que el segundo deriva necesariamente del primero. Convenía no obstante, llamar la atención sobre las cualidades diferentes que afectan con objeto de mostrar -aún al precio de una torsión a la razón o de una inverosimilitud- cómo pueden distinguirse, identificarse y cómo es posible extraer directamente la propia mujer del azufre, madre de la piedra, del seno de nuestra madre primitiva. Entre la narración cabalística, la alegoría tradicional y el silencio, no podíamos escoger. Siendo nuestra meta acudir en ayuda de los trabajadores poco familiarizados con las parábolas y las metáforas, nos estaba prohibido el empleo de la alegoría y de la cábala. ¿Hubiera valido más actuar como muchos de nuestros predecesores y no decir nada? No lo creemos. ¿Para qué serviría escribir sino para quienes saben ya y no necesitan nuestros consejos? Hemos preferido, pues, dar en lenguaje claro una demostración *ab absurdo*, gracias a la cual resultaba posible desvelar el arcano que, hasta ahora, permaneció obstinadamente escondido. El procedimiento, por supuesto, no es nuestro. ¡Que los autores -y son numerosos- en quienes se advierten semejantes discordancias nos arrojen la primera piedra!

Encima de los gallos, guardianes del vaso fructificante, se ve un panel de mayor dimensión, por desgracia muy mutilado, cuya escena figura el rapto de Deyanira por el centauro Neso (lám. XV).

La fábula narra que habiendo obtenido de Eneo la mano de Deyanira por haber triunfado sobre el dios río Aqueloo[3], en compañía de su nueva esposa quiso atravesar el río Evenio[4]. Neso, que se halla en las cercanías, se ofreció para transportar a Deyanira a la otra orilla. Hércules cometió el error de consentirlo, y no tardó en advertir que el centauro intentaba apoderarse de Deyanira. Una flecha templada en la sangre de la hidra y lanzada con mano segura lo detuvo allí mismo. Sintiéndose morir, Neso entregó a Deyanira su túnica, teñida con su sangre, asegurándole que le serviría para atraer a su marido si se alejaba de ella para acercarse a otras mujeres. Más tarde, la esposa crédula supo que Hércules buscaba a Iole[5], premio de su victoria sobre Eurito, su padre, y le envió la prenda ensangrentada, mas apenas la vistió comenzó a sentir atroces dolores. No pudiendo resistir tanto sufrimiento, se

---

[1] En la Antigüedad, el gallo era atribuido al dios Mercurio. Los griegos lo designaban con la palabra alectwr, que igual significa *virgen* como *esposa*, expresiones características de uno y otro mercurio. Cabalísticamente, alectwr, juega con alectoç, *aquel que no debe o no puede ser dicho, secreto, misterioso*.

[2] En griego, vaso se dice aggeion, *el cuerpo*, palabra que procede de aggoç, *el útero*.

[3] El agua, la fase húmeda o mercurial que ofrecen los metales en su origen, y que pierden poco a poco al coagularse bajo la acción secadora del azufre encargado de asimilar el mercurio. El término griego AcelwoV no se aplica tan sólo al río Aqueloo, sino que también sirve para designar todo curso de agua, ya sea río o arroyo.

[4] Euhnioç, *suave, fácil*. Hay que señalar que no se trata aquí de una solución de los principios del oro. Hércules no entra en las aguas del río, y Deyanira las atraviesa a lomos de Neso. Es la solución de la piedra que constituye el tema del paso alegórico del Evenio, y ésta solución se obtiene fácilmente, de manera suave y cómoda.

[5] La palabra griega Ioleia está formada por Ioç, *veneno*, y leia, *botín, presa*. Iole es el jeroglífico de la materia prima, veneno violento, según dicen los sabios, que, sin embargo, se utiliza para obtener la gran medicina. Los metales vulgares disueltos por ella son, así, la presa de este veneno que cambia su naturaleza y los descompone. Por ello, el artista debe guardarse bien de alear el azufre obtenido de esta manera con el oro metálico. Hércules, aunque busque a Iole, no consuma su unión con ella.

lanzó en medio de las llamas de una hoguera que coronaba el monte Eta[1] y que prendió con sus propias manos. Deyanira, al saber la fatal noticia, se dio muerte, desesperada.

Esta narración se relaciona con las últimas operaciones del Magisterio, y constituye una alegoría de la fermentación de la piedra por el oro, a fin de orientar el Elixir hacia el reino metálico y limitar su empleo a la transmutación de los metales.

Neso representa la piedra filosofal, aún no determinada ni afecta a alguno de los grandes géneros naturales, cuyo color varía del carmín al escarlata brillante. Nhsoç, significa en griego *vestidura de púrpura*, la túnica sangrienta del centauro —"que quema los cuerpos más que el fuego del Infierno" indica la perfección del producto acabado, maduro y lleno de tintura.

Hércules figura el *azufre del oro* cuya virtud refractaria a los agentes más incisivos sólo puede ser vencida por la acción de la vestidura roja o *sangre de la piedra*. El oro, calcinado bajo los efectos combinados del fuego y de la tintura, toma el color de la piedra y, a cambio, le da la calidad metálica que el trabajo le había hecho perder. Juno, reina de la Obra, consagra así la reputación y la gloria de Hércules, cuya apoteosis mítica encuentra su realización material en la fermentación. El nombre mismo de Hércules, Hraclhç, indica que debe a Juno la imposición de los trabajos sucesivos que debían asegurarle la celebridad y extender su nombradía. Hraclhç, está formado, en efecto, por Hra, *Juno* y cleoç, *gloria, reputación, renombre*. Deyanira, mujer de Hércules, personifica el principio mercurial del oro, que lucha junto al azufre, al que está unida, pero que sucumbe, bajo el ardor de la túnica ígnea. En griego, Dhianeira deriva de Dhiothç, *hostilidad, lucha, agonía*.

En el fuste de los dos pilares adosados que flanquean la escena mitológica cuyo esoterismo acabamos de estudiar, figuran, por un lado, una cabeza de león provista de alas, y por el otro, una cabeza de perro o de perra. Estos animales están, asimismo, representados en su forma completa en los arcos de la puerta de Vitré (lám. XIV). El león, jeroglífico del principio fijo y coagulante llamado comúnmente azufre, lleva alas a fin de mostrar que el disolvente primitivo, al descomponer y *reincrudar* el metal, da al azufre una cualidad volátil sin la cual su reunión con el mercurio resultaría imposible. Algunos autores han descrito la manera de efectuar esta importante operación bajo la alegoría del combate del águila y el león, de lo volátil y lo fijo, combate bastante explicado ya en otra parte[2].

En cuanto al perro simbólico, sucesor directo del cinocéfalo egipcio, el filósofo Artefio le ha dado patente de ciudadanía entre las figuras de la iconografía alquímica. Habla, en efecto, *del perro del Corasán* y de la *perra de Armenia*, emblemas del azufre y del mercurio, padres de la piedra[3]. Pero mientras la palabra Drmenoç, que significa *aquello de lo que se tiene necesidad, lo que está preparado y convenientemente dispuesto*, indica el principio pasivo y femenino, el perro del Corasán o azufre toma su nombre del término griego Korax, equivalente a *cuervo*[4], vocablo que servía también para designar cierto *pez negruzco* sobre el cual, si nos fuera permitido, podríamos decir cosas curiosas.

Los «hijos de ciencia» a quienes su perseverancia ha conducido al dintel del santuario saben que tras el conocimiento del disolvente universal -madre única que toma la personalidad de Eva-, nada hay más importante que el del azufre metálico primer hijo de Adán, generador efectivo de la piedra, el cual recibió el nombre de Caín. Pues Caín significa *adquisición*, y lo que el artista adquiere en primer lugar es *el perro negro* y *rabioso* del que hablan los textos, el *cuervo*, primer testimonio del Magisterio. También, según la versión del Cosmopolita, el *pez sin huesos*, *echeneis* o *rémora* «que nada en nuestro mar filosófico», y a propósito del cual Jean Joachim d'Estinguel d'Ingrofont[5] asegura -que «poseyendo una vez el pececillo llamado *Rémora*, que es muy raro, por no decir único en esta gran mar, ya no tendréis más necesidad de pescar, sino sólo de pensar en la preparación, sazonamiento y cocción de ese pececillo». Y aunque sea preferible no extraerlo del medio en que habita -dejándole para sus necesidades bastante agua a fin de mantener su vitalidad-, quienes tuvieron la curiosidad de aislarlo pudieron verificar la exactitud y la veracidad de las afirmaciones filosóficas. Se trata de un cuerpo minúsculo -habida cuenta el volumen de la masa de donde proviene-, con apariencia exterior de una lenteja biconvexa, a menudo circular y en ocasiones elíptica. Con aspecto terroso más bien que metálico, este ligero botón, infusible pero muy soluble, duro, quebradizo, friable, negro en una cara y blancuzco en la otra, violeta al romperse ha recibido nombres diversos y relativos a su forma, a su coloración o a ciertas particularidades químicas. Es el prototipo secreto del *bañista* popular del zapato de los reyes, el *haba (*cuamoç, parónimo de cuanoç; *negro azulado*), el *sabot*[6]. (bembhx); es

---

[1] Del griego Aidw, *quemar, inflamar, estar ardiendo*.

[2] Cf. Fulcanelli, *El misterio de las catedrales*. Barcelona, Plaza & Janes editores, 1967, p. 135 y ss.

[3] Entre los detalles de la Creación del mundo que adornan la portada Norte de la catedral de Chartres, se advierte un grupo del siglo XIII que representa a Adán y Eva con el tentador a sus pies, figurado éste por un monstruo de cabeza y torso de perro, apoyado en las patas anteriores y terminando en cola de serpiente. Es el símbolo del azufre unido al mercurio en la sustancia caótica original (Satán).

[4] Los latinos Llamaban al cuervo Phoebeius ales, el pájaro de Apolo o del sol (Foiboç). Se advierte en Notre-Dame de París, entre las quimeras fijadas en las balaustradas de las galerías altas, un curioso cuervo revestido de un largo velo que lo cubre a medias.

[5] Jean-Joachim d'Estinguel d'Ingrofont, *Traitez du Cosmopolite nouvellement découverts*. París, Laurent d'Houry, 1691. Carta II, página 46.

[6] Conf.supra p. 25 y *El misterio de las catedrales*, Plaza & Janes (pág. 55), lo que se dice acerca de este juguete de niño en cuanto objeto principal del *ludus puerorum*. (Se trata de un trompo de corte cruciforme, zumbador, que los

también el *capullo* (bombucion) y su *gusano*, cuyo nombre griego, bombhx, que tanto se parece al de zueco, procede de bomboç; que expresa, precisamente, el ruido de un trompo en rotación. También se llama al *pececillo negruzco chabot* (gobio), de donde Perrault sacó su *Chat botté* (el gato con botas) y al famoso marqués de *Carabás* (de **cara**, *cabeza*, y **basileuç**, *rey*) de las leyendas herméticas caras a nuestra juventud y reunidas bajo el título de *Cuentos de mi madre la Oca*. Finalmente, es el basilisco de la fábula —**basilicon**—, nuestro *régulo* (*regulus, reyezuelo*) o reyecito (**basiliscoç**), la *zapatilla de cebellina* (porque es blanca y gris) de la humilde *Cenicienta*, el *lenguado*, pescado plano, cada una de cuyas caras está coloreada de manera distinta y cuyo nombre se relaciona con el *Sol* (en francés *sole*; en latín *sol, solis*), etc. En el lenguaje oral de los adeptos, no obstante, este cuerpo apenas se designa con otro término que con el de *violeta*, primera flor que el sabio ve nacer y expansionarse, en la primavera de la Obra, transformando en color nuevo la verdura de su jardín...

Pero aquí creemos que debemos suspender esta enseñanza y guardar el prudente silencio de Nicolas de Valois y de Quercetano, los únicos, que nosotros sepamos, que revelaron el epíteto verbal del *azufre, oro o sol* hermético.

---

monaguillos de la catedral de Langres echaban fuera del recinto sagrado a latigazos en la ceremonia llamada *flagelación del Aleluya*.) —*N. del T.*

LOUIS D'ESTISSAC

**GOBERNADOR DEL POITOU Y DE LA SAINTONGE
GRAN OFICIAL DE LA CORONA
Y FILÓSOFO HERMÉTICO**

I

El aspecto misterioso de un personaje histórico se nos revela por una de sus obras. Louis d'Estissac, hombre de elevada condición, se muestra, en efecto, como un alquimista practicante y uno de los adeptos mejor instruidos acerca de los arcanos herméticos.

¿De dónde sacó su ciencia? ¿Quién le enseñó -de viva voz, sin duda- sus primeros elementos? No lo sabemos con seguridad, pero nos gusta creer que el sabio médico y filósofo François Rabelais[1] tal vez no fuera ajeno a su iniciación. Louis d'Estissac, nacido en 1507, era el sobrino de Geoffroy d'Estissac y vivía en la casa de su tío, superior de la abadía benedictina de Maillezais, el cual había establecido su priorato no lejos de allí, en Ligugé (Vienne). Es notorio, por otra parte, que Geoffroy d'Estissac mantenía desde hacía largo tiempo relaciones impregnadas de la más viva y cordial amistad con Rabelais. En 1525, nos dice H. Clouzot[2], nuestro filósofo se hallaba en Ligugé en calidad de agregado «al servicio» de Geoffroy d'Estissac. «Jean Bouchet -añade Clouzot-, el procurador y poeta que tan bien nos da noticia sobre la vida que se lleva en Ligugé, en el priorato del reverendo obispo, no precisa, por desgracia, las funciones de Rabelais. ¿Secretario del prelado? Es posible. Mas, ¿por qué no *preceptor de su sobrino*, Louis d'Estissac, que tan sólo cuenta dieciocho años y no se casará hasta 1527? El autor *de Gargantúa y Pantagruel* da tales desarrollos a la educación de sus héroes que hay que suponer que su erudición no es puramente teórica, sino que es, también, el fruto de una puesta en práctica anterior.u Por supuesto que Rabelais no parece haber abandonado jamás a su nuevo amigo -tal vez su discípulo--; ya que estando en Roma en 1536 envió, según nos dice Clouzot, a Madame d'Estissac, la joven sobrina del obispo, «plantas medicinales y mil pequeñas *mirelificques* (objetos de curiosidad) baratas» que traen de Chipre, de Candia y de Constantinopla. Nuestro filósofo acudirá, perseguido por el odio de sus enemigos, hacia 1550, al castillo de Coulonges-sur-l'Autize -llamado Coulonges-les-Royaux en el cuarto libro del *Pantagruel*-, en busca de un refugio junto a Louis d'Estissac, heredero del protector de Rabelais, el obispo de Maillezais.

Sea como fuere, nos inclinamos a pensar que la búsqueda de la piedra filosofal, en los siglos XVI y XVII, era más activa de lo que pudiera creerse, y que sus felices poseedores no representaban en el mundo espagírico la ínfima minoría que tiende a considerarse. Si permanecen desconocidos para nosotros, es mucho menos por la ausencia de documentos relativos a su ciencia que por nuestra ignorancia del simbolismo tradicional que no nos permite reconocerlos bien. Es posible que al prohibir, por las cartas patentes de 1537, el uso de la Imprenta, Francisco I fuera la causa determinante de esta carencia de obras que se advierte en el siglo XVI, y el promotor inconsciente de un resurgir simbólico digno del más hermoso período medieval. La piedra sustituye al pergamino, y la ornamentación esculpida acude en ayuda de la impresión prohibida. Esta vuelta temporal del pensamiento al monumento, de la alegoría escrita a la parábola lapidaria, nos valió algunas obras brillantes, de un real interés por el estudio de las versiones artísticas de la vieja alquimia.

Ya en la Edad Media, los maestros de quienes poseemos tratados gustaban de decorar su vivienda con signos e imágenes herméticos. En la época en que vivía Jean Astruc[3], médico de Luis XV, es decir, hacia 1720, existía en Montpellier, en la rue du Cannau, frente al convento de los capuchinos, una casa que, según la tradición, habría pertenecido al maestro Arnaldo de Vilanova en 1280, o habría sido habitada por él. Veíanse, esculpidos en la puerta, dos bajo relieves que representaban el uno un león rugiente, y el otro un dragón que se mordía la cola, emblemas reconocidos de la Gran Obra. Esta casa fue destruida en 1755. El médico de Vilanova, Raimundo Lulio, se detuvo en Milán procedente de Roma, en 1296, para continuar sus investigaciones filosofales. En el siglo XVIII, se mostraba aún en esa ciudad la casa donde Lulio había trabajado. La entrada estaba decorada con figuras jeroglíficas relacionadas con la ciencia, como resulta de un pasaje del tratado de Borriquio sobre *El origen y los progresos de la química*[4]. Se sabe que las casas, las iglesias y los hospitales edificados por Nicolas Flamel sirvieron de mediadores para la difusión de las imágenes del Arte sagrado, y su propia vivienda «l'hostel Flamel», construida en el año 1376 en la rue des Marivaulx parisiense, cerca de la iglesia de Saint-Jacques, estaba, dice la crónica, «toda adornada de historias y divisas pintadas y doradas».

Louis d'Estissac, contemporáneo de Rabelais, Denys Zachaire y Jean Lallemant, quiso también consagrar a la ciencia de su particular preferencia una mansión digna de ella. A los treinta y cinco años, concibió el proyecto de un

---

[1] Gilbert Ducher, en un epigrama a la filosofía (1538), lo cita entre los fieles de la ciencia divina:
«In primis sane Rabelæsum, principem eundem
Supremum in studiis diva tuis sophia.»
[2] H. Clouzot, *Vie de Rabelais* noticia biográfica escrita para la edición de las *Oeuvres de Rabelais*. París. Garnier frères, 1926.
[3] Jean Astruc, *Mémoires pour servir a l'Histoire de la Faculté de Médecine de Montpellier*. París, 1767, n. 153.
[4] «Quod autem Lullius Mediolani et fuerit et chimica ibi tractaverit notissimum est, ostenditurque adhuc domus illic nobili isto habitatore quondam superbiens; in cujus vestibulo conspicuæ figuræ, naturæque ingenium artemque chimici satisdemonstrant.» (Olaus Borrichius, *De Ortu et Progressu Chimiæ*, p. 133.)

interior simbólico donde se hallarían, hábilmente repartidos y disimulados con cuidado, los signos secretos que habían guiado sus trabajos. Una vez los temas bien establecidos, convenientemente velados -a fin de que el profano no pudiera discernir su sentido misterioso- y trazadas las grandes líneas arquitectónicas, confió la ejecución a un arquitecto que fue, tal vez -al menos, ésa es la opinión de Rochebrune-, Philibert de l'Orme. Así nació el soberbio castillo de Coulonges-sur-l'Autize (Deux-Sèvres), cuya construcción exigió veintiséis años, de 1542 a 1568, pero que ya no ofrece hoy sino un interior vacío, de paredes desnudas. El mobiliario, los soportales, las piedras esculpidas, los techos e incluso las torrecillas de ángulo, todo ha sido dispersado. Algunas de esas piezas artísticas fueron adquiridas por un aguafuertista célebre, Etienne-Octave de Gillaume de Rochebrune, y sirvieron para la. restauración y embellecimiento de su propiedad de Fontenayle-Comte (Vendée). En efecto, en el castillo de Terre-Neuve, donde en la actualidad se conservan, podemos admirarlas y estudiarlas a placer. Ese castillo, por otra parte, debido a la abundancia, a la variedad y al origen de las piezas artísticas que encierra, parece más bien un museo que una morada burguesa del tiempo de Enrique IV.

El más hermoso techo del castillo de Coulonges, el que otrora ornara el vestíbulo y la sala del tesoro, cubre ahora el gran salón de Terre-Neuve, denominado l'Atelier. Está compuesto por casi cien artesones, todos variados. Uno de ellos lleva la fecha de 1550 y el monograma de Diana de Poitiers tal como se encuentra en el castillo de Anet. Este detalle ha hecho suponer que los planos del castillo de Coulonges podrían pertenecer al arquitecto y canónigo Philibert de l'Orme[1]. Más adelante, volveremos a ocuparnos, al estudiar una morada análoga, del significado secreto del monograma antiguo adoptado por la favorita de Enrique II, y diremos por qué menosprecio fueron atribuidos falsamente tantos edificios magníficos a Diana de Poitiers.

Al principio, una simple alquería, el castillo de Terre-Neuve fue, según su plano actual, construido en 1595 por Jean Morison por cuenta de Nicolas Rapin, vicesenescal de Fontenay-le-Comte y «poeta distinguido», tal como nos lo explica una monografía manuscrita del castillo de Terre-Neuve, probablemente redactada por Rochebrune. La inscripción, en verso, que se encuentra bajo la portada, fue compuesta por el mismo Nicolas Rapin. La reproducimos aquí a título de ejemplo, conservando su disposición y su ortografía:

VENTZ.SOVFLEZ.EN.TOVTE.SAISON.
VN.BON.AYR.EN.CETTE.MAYSON.
QVE.JAMAIS.NI.FIEVRE.NI.PESTE.
NI.LES.MAVLX.QVI.VIENNENT.DEXCEZ.
ENVIE.QVERELLE.OV.PROCEZ.
CEVLZ.QVI.SY.TIENDRONT.NE.MOLESTE.

Pero gracias al sentido estético de los sucesores del poeta vicesenescal, y, sobre todo, al gusto muy seguro de Rochebrune[2] por las obras de arte, el castillo de Terre-Neuve posee sus ricas colecciones. Nuestra intención no es establecer el catálogo de las curiosidades que alberga, pero señalemos, al azar, para satisfacción de los aficionados y los diletantes, tapicerías de temas históricos de la época de Luis XIII procedentes de Chaligny, cerca de Sainte-Hermine (Vendée); una portada del gran salón, originaria de Poitiers; la silla de mano del monseñor De Mercy, obispo de Luçon en 1773; revestimientos de madera dorada estilo Luis XIV y Luis XV; algunas consolas de madera del castillo de Chambord; un panel blasonado de tapicería de Gobelinos (1670) otorgado por Luis XIV; hermosísimas esculturas en madera (siglo XV) procedentes de la biblioteca del castillo de Hermenault (Vendée); colgaduras Enrique II; tres de los ocho tapices de la serie titulada «Triunfos de los dioses», que representan los Triunfos de Venus, Belona y Minerva, tejidos en seda en Flandes, y atribuidos a Mantegna; mueble Luis XIV muy bien conservado y mueble de sacristía Luis XIII; grabados de los mejores maestros de los siglos XVI y XVII; serie casi completa de todas las armas ofensivas en uso del siglo IX al XVIII; cerámicas esmaltadas de Avisseau, bronces florentinos, platos chinos de la familia verde; biblioteca que contiene las obras de los arquitectos más reputados de los siglos XVI y XVII: Ducerceau, Dietterlin, Bullant, Lepautre, Philibert de l'Orme, etc.

De todas estas maravillas, la que nos interesa más es, sin asomo de duda, la chimenea monumental del salón grande, comprada en Coulonges y reedificada en el castillo de Terre-Neuve en Marzo de 1884. Más notable aún por la exactitud de los jeroglíficos que la decoran, por el acabado de la ejecución, por «la rectitud de la talla, llevada en ocasiones hasta lo imposible» y por su sorprendente conservación antes que por su valor artístico, constituye para los discípulos de Hermes un documento precioso y útil en extremo de consultar (lám. XVI).

Ciertamente, el crítico de arte tendría algo de razón si dirigiera a esta obra lapidaria el reproche, común a las producciones decorativas del Renacimiento, de ser pesada, inarmónica y fría, pese a su aspecto suntuoso y a la ostentación de un lujo en exceso chillón. Acaso realcen la pesadez excesiva del lienzo, que se apoya en unas jambas delgadas, las superficies mal equilibradas entre sí, esa pobreza de forma y de invención penosamente enmascarada por la brillantez de los ornamentos, de las molduras y de los arabescos prodigados con vanidosa ostentación. En cuanto a nosotros, dejaremos voluntariamente de lado el sentimiento estético de una época brillante, pero superficial,

---

[1] El 5 de setiembre de 1550, Philibert de l'Orme recibió una canongía en Notre-Dame de París, bacia la misma época que Rabelais. Nuestro arquitecto renunció a ella en 1559, pero su nombre se encuentra con frecuencia mencionado en los registros capitulares de la catedral.
[2] Monsieur de Rochebrune, nacido en Fontenay-le-Comte en 1824 y muerto en el castillo de Terre-Neuve en 1900 era el abuelo del propietario actual, Monsieur du Fontenioux

en que la afectación y el manierismo sustituían el pensamiento ausente y la originalidad desfalleciente, para no ocuparnos más que del valor iniciático del simbolismo al que esta chimenea sirve, a la vez, de pretexto y de soporte.

La campana, labrada a la manera de un entablamento cargado de entrelazos y figuras simbólicas, se apoya en dos pilares de piedra cilíndricos y pulidos. En sus ábacos se sustenta un dintel acanalado bajo un cuarto bocel de ovas, y flanqueado por tres hojas de acanto. Encima, euatro cariátides sobre pedestales -dos atlantes y dos cariátides propiamente dichas- sostienen la cornisa. Las mujeres tienen su pedestal ornado de frutos, mientras que los hombres prasentan en el suyo una máscara de león que muerde, a guisa de anillo, el creciente lunar. Entre las cariátides, tres paneles de friso desarrollan diversos jeroglíficos bajo una forma decorativa destinada a velarlos mejor. La cornisa está dividida, horizontalmente, en dos pisos por una moldura saliente que recubre cuatro motivos: dos vasos llenos de fuego y dos carteles que llevan grabada la fecha de ejecución: marzo de 1563[1]. Sirven de marco a tres departamentos que contienen los tres elementos de una frase latina: *Nascendo quotidie morimur*. Finalmente, la parte superior muestra seis pequeños paneles, opuestos dos a dos, que van de las extremidades hacia el centro, en los que se ven escuditos reniformes, bucráneos y, cerca del eje medio, escudos herméticos.

Tales son, brevemente descritas, las piezas emblemáticas más interesantes para el alquimista. Y, ahora, vamos a analizarlas con detalle.

II

El primero de los tres paneles que separan las cariátides, el de la izquierda, ofrece una flor central, nuestra *rosa hermética*, dos cáscaras del género venera o *conchas de Compostela*, y dos cabezas humanas, una de viejo, en la parte baja, y otra de querubín, en lo alto. Descubrimos ahí la indicación formal de los materiales necesarios para el trabajo y el resultado que el artista debe esperar de ellos. La máscara de anciano es el emblema de la sustancia mercurial primaria, a la cual, según dicen los filósofos, todos los metales deben su origen. «No debéis ignorar -escribe Limojon de Saint-Didier[2]- que *nuestro anciano es nuestro mercurio*; que este nombre le va bien porque es la materia prima de todos los metales. El Cosmopolita dice que es su *agua*, a la que da el nombre de *acero* e *imán*, y añade, para confirmar mejor lo que acabo de descubriros: *Si undecies cait aurum cum eo, emittit suum semen, et debilitatur fere ad mortem usque; concipit chalybs, et generat filium patre clariorem.*»[3]

Puede verse en el portal occidental de la catedral de Chartres una hermosísima estatua del siglo XII en la que se encuentra el mismo esoterismo luminosamente expresado. Se trata de un anciano de gran tamaño, de piedra, coronado y *aureolado* -lo que evidencia ya su personalidad hermética-, vestido con el amplio manto del filósofo. Con la mano derecha, sostiene una *cítara*[4] y eleva con la izquierda una redoma de tripa hinchada como la calabaza de los *peregrinos*. De pie entre las gradas de un trono, pisotea a dos monstruos con cabeza humana, enlazados, uno de los cuales está provisto de alas y patas de pájaro (lám. XVII). Estos monstruos representan los cuerpos brutos cuya descompición y acoplamiento bajo otra forma de carácter volátil, proporcionan esa sustancia secreta que llamamos *mercurio* y que basta por sí sola para realizar la obra entera. La calabaza, que encierra el brebaje del peregrino, es la imagen de las virtudes disolventes de este mer curio, cabalísticamente denominado *peregrino* o *viajero*. Entre los motivos de nuestra chimenea figuran asimismo las *conchas de Santiago*, llamadas también *benditeras* porque en ellas se conserva el *agua bendita*, calificación que los antiguos aplicaban al agua mercurial.

Pero aquí, fuera del sentido químico puro, estas dos conchas enseñan todavía al investigador que la proporción regular y natural exige dos partes del disolvente contra una del cuerpo fijo. De esta operación, hecha según el arte, proviene un cuerpo nuevo, regenerado, de esencia volátil, representado por el querubín o el ángel[5] que domina la composición. Así, *la muerte del anciano da nacimiento al niño* y asegura su vitalidad. Filaleteo nos advierte que es necesario, para alcanzar la meta, *matar al vivo* a fin de *resucitar al muerto*. «Tomando –dice- el oro que está muerto y el agua que está viva, se forma un compuesto en el cual, por una breve decocción, la semilla del oro se convierte en viva, mientras que el mercurio vivo es muerto. El espíritu se coagula con el cuerpo, y ambos entran en putrefacción en forma de limo, hasta que los miembros de este compuesto queden reducidos a átomos. Tal es la

---

[1] Louis d'Estissac tenía entonces cincuenta y seis años.

[2] *Lettre aux Vrays Disciples d'Hermes* en *Le Triomphe hermetique*, p. 143.

[3] «Si el oro se junta once veces con ella (el agua), emite su simiente y se encuentra debilitado hasta la muerte. Entonces, el acero concibe y engendra un hijo más claro que su padre.»

[4] No es raro encontrar en los textos medievales la alquimia calificada de arte de música. Esta denominación motiva la efigie de los dos músicos que se advierten entre los balaustres que terminan el piso superior de la casa de la Salamandra de Lisieux. Los hemos visto igualmente reproducidos en la casa de Adán y Eva, en Le Mans, y podemos hallarlos otra vez, tanto en la catedral de Amiens (reyes músicos de la galería alta), como en la residencia de los condes de Champaña, llamada comúnmente *maison des musiciens*, en Reims. En las hermosas láminas que ilustran el *Amphitheatrum Sapientiæ Aeternæ*, de Enrique Khunrath (1610), hay una que representa el interior de un suntuoso laboratorio. En medio, hay una mesa cubierta de instrumentos de música y de partituras. El griego mousicoç procede de mousa, *musa*, palabra derivada de mudoç, *fábula, apólogo, alegoría*, que significa también el *espíritu*, el sentido oculto de una narración.

[5] En griego, aggeloç, *ángel*, significa igualmente mensajero, función que las divinidades del Olimpo habían reservado al dios Hermes.

naturaleza de nuestro Magisterio.»[1]. Esta sustancia doble, este compuesto perfectamente maduro, aumentado y multiplicado, se convierte en el agente de transformaciones maravillosas que caracterizan la piedra filosofal, *rosa hermética*. Según el fermento, argéntico o aurífico, que sirve para orientar nuestra primera piedra, la rosa tan pronto es blanca como roja. Estas dos flores filosóficas, florecidas en el mismo rosario, son las que Flamel nos describe en el *Libro de las figuras jeroglíficas*. Embellecen, asimismo, el frontispicio del Mutus Liber y las vemos florecer en un crisol en el grabado de Gobille que ilustra la duodécima clave de Basilio Valentín. Se sabe que la Virgen celeste lleva una corona de *rosas blancas* y tampoco se ignora que la *rosa roja* es la firma reservada a los iniciados de la orden superior o *Rosa Cruz*. Y este término *de Rosa Cruz* nos permitirá, al explicarlo, acabar la descripción de este primer panel.

Aparte del simbolismo alquímico, cuyo sentido es ya muy transparente, descubrimos otro elemento escondido, el del grado eleva do que poseía, en la jerarquía iniciática, el hombre al que debemos los motivos de esta arquitectura jeroglífica. Está fuera de duda que Louis d'Estissac había conquistado el título por excelencia de la nobleza hermética. La *rosa* central, en efecto, aparece en mitad de una *cruz* de san Andrés formada por el alzamiento de los filetes de piedra que podemos suponer que, al principio, la recubrían y la encerraban. Ahí está el gran símbolo de *la luz manifestada*[2] que se indica por la letra griega C (chi; suena como nuestra jota), inicial de las palabras cwnh, crusoç, y cronoç, *el crisol, el oro y el tiempo*, triple incógnita de la Gran Obra. La cruz de san Andrés (ciasma), que tiene la forma de nuestra X, es el jeroglífico, reducido a su más simple expresión, de las radiaciones luminosas y divergentes emanadas de un hogar único. Aparece, pues, como la gráfica de la chispa. Puede multiplicarse su irradiación, pero es imposible simplificarlo más. Estas líneas entrecruzadas dan el esquema del centelleo de las estrellas y de la dispersión radiante de todo cuanto brilla, alumbra e irradia. También se han convertido en el sello y la marca de la *iluminación* y, por extensión, de la *revelación* espiritual. El Espíritu Santo es siempre figurado por una paloma en pleno vuelo, con las alas extendidas según un eje perpendicular al del cuerpo, es decir, una cruz. Pues la cruz griega y la de san Andrés tienen, en hermética, un significado exactamente parecido. Se encuentra con frecuencia la imagen de la paloma completada por una gloria que viene a precisar su sentido oculto, como puede verse en las escenas religiosas de nuestros primitivos en muchas esculturas puramente alquímicas[3]. La X griega y nuestra X representan la *escritura de la luz por la luz misma*, la señal de su paso, la manifestación de su movimiento y la afirmación de su realidad. Es su verdadera firma. Hasta el siglo XII, no se utilizaba otra marca para autentificar los viejos documentos; a partir del XV, la cruz se convirtió en la firma de los iletrados. En Roma, se señalaban los días fastos con una cruz blanca y los nefastos, con una cruz negra. Es el número completo de la Obra, pues la unidad, las dos naturalezas, los tres principios y los cuatro elementos dan la. doble quintaesencia, las dos V fundidas en la cifra romana X del número diez. En esta cifra se encuentra la base de *la cábala de Pitágoras* o de la lengua universal, de la que puede verse un curioso paradigma pn la última página de un librito de alquimia[4]. Los bohemios utilizan la cruz o la X como signo de reconocimiento. Guiados por este gráfico trazado en un árbol o en cualquier pared, acampan siempre en el lugar que ocupaban sus predecesores, junto al símbolo sagrado que llaman *Patria*. Podría creerse esta palabra de origen latino, y aplicar a los nómadas esta máxima que los gatos -objetos de arte vivos- se esfuerzan en practicar: *Patria est ubicumque est bene*, la patria está en todas partes donde se está bien. Pero en realidad deriva de una palabra griega, **Patria**, que pasa por su emblema con el sentido de *familia, raza, tribu*. La cruz de los gitanos indica, pues, claramente, el lugar de refugio señalado a la tribu. Es singular, por otra parte, que casi todos los significados revelados por el signo X tengan un valor trascendente o misterioso. X es, en álgebra, la o las cantidades incógnitas, es también el problema por resolver, la solución por descubrir y es el signo pitagórico de la *multiplicación* y el elemento de *la prueba aritmética del nueve*. Es el símbolo popular de las *ciencias matemáticas* en lo que tienen de superior o abstracto. Viene a caracterizar lo que, en general, es *excelente, útil y notable* (crhsimoç). En este sentido, y en la jerga de los estudiantes, sirve para distinguir la parisiense Escuela politécnica, asegurándole una superioridad sobre la que no admitirían la menor discusión *taupins* (estudiantes que se preparan para ingresar en la Escuela) y *chers camarades* (alumnos de la misma). Los primeros, candidatos a la Escuela, se unen en cada promoción o *taupe* por una fórmula cabalística compuesta por una X en los ángulos opuestos de la cual figuran los símbolos químicos del azufre y del hidrato de potasio:

$$\text{S} \ X \ \text{KOH}$$

Lo cual se anuncia, en su jerga bien interpretada, como «azufre y potasio por la X». La X es el emblema de la medida (metron) tomado en todas sus acepciones: dimensión, extensión, espacio, duración, regla, ley, frontera o

---

[1] Filaleteo *Introitus apertus ad occlusum Regis palatium* en Lenglet-Dufresnoy, *Histoire de la Philosophie Hermétique*. Paris, Coustelier, 1742, t, II, cap. XIII, 20.

[2] El símbolo de la luz se encuentra en el órgano visual del hombre, ventana del alma abierta a la naturaleza. El cruce en x de los nervios ópticos que los anatómicos llaman *quiasma* (del griego ciasma, disposición en cruz, de ciaçw, *cruzar en X*). El entrecruzamiento que ofrecen las sillas de paja les ha dado, en dialecto picardo, el nombre de Cayelles [c(a)-eilh, rayo de luz].

[3] El techo del palacio Lallemant. en Bourges, ofrece un notable ejemplo.

[4] *La Clavicule de la Science Hermétique*, écrite par un habitant du Nord dans ses heures de loisir, 1732. Amsterdam, Pierre MortieR, 1751.

límite. Tal es la razón oculta por la cual el *prototipo internacional del metro*, construido de platino iridiado y conservado en el pabellón de Breteuil, en Sèvres, afecta el perfil de la X en su sección transversal[1]. Todos los cuerpos de la Naturaleza y todos los seres, ya sean en su estructura o en su aspecto, obedecen a esta ley fundamental de la radiación y todos están sometidos a esta *medida*. El canon de los gnósticos constituye su aplicación al cuerpo humano[2], y Jesucristo, el espíritu encarnado, san Andrés y san Pedro personifican su gloriosa y dolorosa imagen.

¿Acaso no hemos observado que los órganos aéreos de los vegetales -ya se trate de árboles altivos o de hierbas minúsculas- presentan con sus raíces la divergencia característica de los brazos de la X? ¿Cómo se abren las flores? Seccionad los tallos vegetales, peciolos, nerviaciones, etc., examinad esos cortes al microscopio y tendréis, *de visu*, la más brillante y maravillosa confirmación de esta voluntad divina. Diatomeas, erizos y estrellas de mar os proporcionarán otros ejemplos, pero sin buscar más, abrid un marisco comestible -buccino, pectinero, vieira- y las dos valvas, que encajan en un único plano, os mostrarán dos superficies convexas provistas de estrías en forma de abanico doble de la X misteriosa. Son los *bigotes* del gato lo que ha servido para darle nombre[3]. Ya no se duda casi de que disimulan un elevado punto de ciencia, y que esta razón secreta valió al gracioso felino el honor de ser elevado al rango de las divinidades egipcias. A propósito del gato, muchos de nosotros nos acordamos del famoso *Chat-Noir* que tan en boga estuvo bajo la tutela de Rodolphe Salis, pero pocos saben el centro esotérico y político que se disimulaba, y la masonería internacional que se escondía tras la enseña del cábaret artístico. Por un lado, el talento de una juventud fervorosa, idealista, constituida por estetas en busca de gloria, despreocupada, ciega, incapaz de sospechar; por otro lado, las confidencias de una ciencia misteriosa mezcladas con la oscura diplomacia, cuadro de doble cara expuesto a propósito en un marco medieval. La. enigmática. *tournée des grands-ducs*, señalada por el gato de ojos escrutadores bajo su librea nocturna, con mostachos en X, rígidos y desmesurados y cuya postura heráldica daba a las alas del molino montmartrense un valor simbólico igual al suyo[4], no era la de príncipes que van de francachela. Los rayos de Zeus, que hacen temblar el Olimpo y siembran el terror entre la Humanidad mitológica, ya sea porque el dios los tenga en la mano o los pise, o bien porque surjan de las garras del águila, toman la forma gráfica de la radiación. Es la traducción del fuego celeste o del fuego terrestre, del fuego potencial o virtual que compone o disgrega, engendra o mata, vivifica o desorganiza. Hijo del Sol que lo genera, servidor del hombre que lo libera y lo mantiene, el fuego divino, caído, decadente, aprisionado en la materia, determina su evolución y dirige su redención, es Jesús en su cruz, imagen de la irradiación ígnea, luminosa y espiritual encarnada en todas las cosas. Es el *Agnus* inmolado desde el comienzo del mundo, y es, también, el *Agni*, dios védico del fuego[5], pero si el *Cordero de Dios* lleva la cruz sobre su oriflama como Jesús sobre su espalda, si la sostiene con la pata, es porque tiene el *signo incrustado en la misma pata*: imagen en el exterior, realidad en el interior[6]. Quienes reciben así el espíritu celeste del fuego sagrado, que lo llevan en sí y que son marcados por su signo, nada tienen que temer del fuego elemental. Estos *elegidos*, discípulos de *Elías* e hijos de *Helios*, modernos cruzados que tienen por guía el astro de sus antepasados, parten para la misma conquista al mismo grito de *¡Dios lo quiere!*[7].

Esta fuerza superior y espiritual actúa misteriosamente en el seno de la sustancia concreta, y obliga al cristal a tomar su aspecto y sus características inmutables. Ella también es el eje, la energía generatriz y la voluntad geométrica. Y esta configuración, variable hasta el infinito, aunque siempre basada en la cruz, es la primera manifestación de la forma organizada, por condensación y corporeización de la luz, alma, espíritu o fuego. Gracias a su disposición entrecruzada, las telas de araña retienen los moscardones, y las redes aprisionan, sin lastimarlos,

---

[1] No hablamos aquí de la copia n.º 8, depositada en el Conservatorio de Artes y Oficios de París y que sirve de *patrón legal*, sino del prototipo internacional.

[2] Leonardo de Vinci lo tomó de nuevo y lo enseñó transportándolo del terreno místico al de la morfología estética.

[3] X(a), el *Signo de la luz*. El dialecto picardo, guardián, como el provenzal de las tradiciones de la lengua sagrada, ha conservado el sonido duro primitivo *ka* para designar el gato.

[4] Rodolphe Salis impuso al dibujante Steinlein, autor de la viñeta, la imagen del molino de la Galette, la del gato, así como el color de su traje, de sus ojos y la rectitud geométrica de los bigotes. El cabaret del «Chat-Noir», fundado en 1881, desapareció a la muerte de su creador, en 1897.

[5] La *esvástica* hindú o *cruz gamada* es el signo del espíritu divino, inmortal y puro, el símbolo de la vida y del fuego y no, como se cree equivocadamente, un utensilio destinado a producir la llama.

[6] No se nos acuse de arrastras a nuestro lector a inútiles y vanos ensueños. Afirmamos hablar de manera positiva, y los iniciados no se equivocarán. Digamos esto para los otros. Haced hervir en agua un pie de carnero hasta que los huesos puedan separarse con facilidad. Entre ellos encontraréis uno que presenta un tajo mediano en una cara y una *cruz de Malta* en la cara opuesta. Este hueso *firmado* es el verdadero *huesecillo* de los antiguos. Con él, la juventud griega se dedicaba a su juego favorito (juego de la taba). Es lo que se llamaba **astragaloç**, palabra formada por **asthr**, *estrella de mar*, a causa del sello radiante del que hablamos, y de **galoç**, empleado por **gala**, *leche*, lo que corresponde a *la leche de la Virgen* (*maris stella*) o Mercurio de los filósofos. Pasamos de largo sobre otra etimología más reveladora aún, pues debemos obedecer la disciplina filosófica, que nos prohíbe desvelar el misterio por completo. Nuestra intención se limita, pues, a despertar la sagacidad del investigador, poniéndolo en condiciones de adquirir por su esfuerzo personal esa enseñanza secreta cuyos elementos jamás han querido descubrir los autores más sinceros. Siendo todos sus tratados acroamáticos, es inútil esperar obtener la menor información en cuanto a la base y al fundamento del arte. Es la razón por la que nos esforzamos, en la medida de lo posible, por hacer útiles estas obras selladas, proporcionando la materia de lo que otrora constituyera la iniciación primera es decir, la *revelación verbal* indispensable para comprenderlas.

[7] Expresión cabalística que encierra la clave del misterio hermético. *Dios lo quiere (Dieu le veut)* se toma por *Dios el Fuego (Dieu le Feu)*, lo que explica y justifica la insignia adoptada por los caballeros *cruzados* y su color: una *cruz roja* en el hombro derecho.

pájaros y mariposas, y gracias a ello, los lienzos se vuelven traslúcidos y las telas metálicas cortan las llamas y se oponen a la inflamación de los gases...

Finalmente, en el espacio y en el tiempo, la inmensa cruz ideal divide los veinticuatro siglos del año cíclico (**Ciliasmoç**) y separa en cuatro grupos de edades a los veinticuatro ancianos del *Apocalipsis*, doce de los cuales cantan las alabanzas de Dios, mientras que los otros doce gimen sobre la decadencia del hombre.

¡Cuántas verdades insospechadas permanecen escondidas en este simple signo que los cristianos renuevan cada día por sí mismos, sin comprender siempre su sentido ni su virtud escondida! «Pues la *palabra de la cruz* es una locura para quienes se pierden, mas para quienes se salvan, es decir para nosotros, es el *instrumento del poder de Dios*. Por esto está escrito: Destruiré la sabiduría de los sabios y rechazaré la ciencia de los sabios. ¿Qué se ha hecho de los sabios? ¿Qué de los doctores de la ley? ¿Qué de esos espíritus curiosos por las ciencias de este siglo? ¿Acaso Dios no ha convencido de que es locura la sabiduría de este mundo[1]?» ¿Cuántos saben mas que el asno que vio nacer, en Belén, al humilde Niño Dios, que lo transportó en triunfo a Jerusalén y que recibió, como recuerdo del Rey de Reyes, la magnífica *cruz negra* que lleva en el espinazo[2]?

En el terreno alquímico, la cruz griega y la de san Andrés tienen algunos significados que el artista debe conocer. Esos símbolos gráficos, reproducidos en gran número de manuscritos y que son, en algunos impresos, objeto de una nomenclatura especial representan, entre los griegos y sus sucesores de la Edad Media, el *crisol* en fusión que los ceramistas marcaban siempre con una crucecita (*crucibulum*), índice de buena fabricación y solidez probadas. Pero los griegos se servían también de un signo parecido para designar un *matraz de tierra*. Sabemos que se sometía esa vasija a cocción y pensamos que, dada su materia misma, su uso debía de diferir poco del crisol. Por otra parte, la palabra *matraz*, empleada en el mismo sentido en el siglo XIII, viene del griego mhtra, *matriz*, término igualmente usado por los sopladores y aplicado al recipiente secreto que sirve para la maduración del compuesto. Nicolas Grosparmy, adepto normando del siglo XV, da una figura de este utensilio esférico, tubular lateralmente, al que, asimismo, llama *matriz*. La X traduce también la *sal amoniacal* de los sabios o *sal de Amón* (ammwniacoç), es decir, *Carnero*[3]; que antaño se escribía más exactamente *harmoníaco* porque realiza la armonía (armonia, reunión), el acuerdo del agua y del fuego, que es el mediador por excelencia entre el cielo y la tierra, el espíritu y el cuerpo, lo volátil y lo fijo. Es también el *Signo*, sin más calificación, el sello que revela al hombre, por ciertos aspectos superficiales, las virtudes intrínsecas de la sustancia prima filosofal. Finalmente, la X es el jeroglífico griego del vidrio, materia pura entre todas, como nos aseguran los maestros del arte, y la que se aproxima más a la perfección.

Creemos haber demostrado de manera suficiente la importancia de la cruz, la profundidad de su esoterismo y su preponderancia en el simbolismo en general[4]. No ofrece menos valor y enseñanza en lo que concierne a la realización práctica de la Obra. Es la primera clave, la más considerable y secreta de todas cuantas pueden abrir al hombre el santuario de la Naturaleza. Pero esta clave figura siempre en *caracteres aparentes* trazados por la misma Naturaleza obedeciendo a las voluntades divinas, en la piedra angular de la Obra, que es, asimismo, la piedra fundamental de la Iglesia y de la Verdad cristianas. También es dá, en iconografía religiosa, una llave a san Pedro, como atributo particular que permite distinguir, entre los apóstoles de Cristo, a aquel que fue el humilde pescador Simón (cabal. C-monoç, *el único rayo*) y debía convertirse, tras la muerte del Salvador, en su representante espiritual terrestre. Así lo hallamos figurado en una hermosa estatua del siglo XVI, esculpida en madera de encina y conservada en la iglesia de San Etheldreda de Londres (lám. XVIII). San Pedro, en pie, sostiene una llave y muestra la Verónica, singularidad que hace de esta notable imagen una obra única de excepcional interés. Es cierto que, desde el punto de vista hermético, el simbolismo se expresa doblemente, ya que el sentido de la llave se repite en la Santa Faz, sello milagroso de nuestra piedra. Por añadidura, la Verónica se nos ofrece aquí como una réplica velada de la cruz, emblema mayor del cristianismo y signatura del Arte sagrado. En efecto, la palabra *verónica* no procede, como algunos autores lo han pretendido, del latín *vera iconica* (imagen verdadera y natural) -así como nos enseña-, sino del griego ferenicoç, *que procura la victoria* (de ferw, *llevar, producir* y nich *victoria*). Tal es el sentido de la inscripción latina *In hoc signo vinces*, «con este signo vencerás», colocado en la crisma del lábaro de Constantino, que corresponde a la fórmula griega En toutw nich. El signo de la cruz, monograma de Cristo del

---

[1] San Pablo. Primera Epístola a los Corintios, cap. I, v. 18-20.

[2] Esta señal hizo que fuera llamado el asno *san Cristóbal de Pascua florida*, porque Jesús entró en Jerusalén el día de Ramos o de Pascua florida, el mismo en que los alquimistas tienen costumbre de emprender su gran obra.

[3] Amón Ra, la gran divinidad solar de los egipcios, era ordinariamente representado con cabeza de carnero o, si conservaba la cabeza humana, con cuernos en espiral que le nacían encima de las orejas. Este dios, al que se consagraba el carnero, tenía un templo colosal en Tebas (Karnak), al que se accedía siguiendo una avenida bordeada de carneros agachados. Recordemos que este animal era la imagen del agua de los sabios, el igual que el disco solar, con o sin el *ureus* -otro atributo de Amón-, es el del fuego secreto. Amón, mediador salino, completa la trinidad de los principios de la Obra, de la que realiza la concordia, la unidad, la perfección en la piedra filosofal.

[4] Las catedrales góticas tienen su fachada construida según las líneas esenciales del símbolo alquímico del *espíritu*, y su plano calcado de la huella de la *cruz redentora*. Todas presentan, en el interior, esos atrevidos cruceros de ojivas cuya invención corresponde propiamente a los *frimasons*, constructores esclarecidos de la Edad Media. De tal manera, que los fieles se hallan, en los templos medievales, colocados entre dos cruces, una inferior y terrestre y la otra superior y celeste, hacia la que aspiran, pero que sus miradas tan sólo no les permiten alcanzar.

que la X de san Andrés y la llave de san Pedro son dos réplicas de igual valor esotérico, es, pues, la marca capaz de asegurar la victoria por la identificación cierta de la única sustancia exclusivamente afecta a la labor filosofal.

San Pedro detenta las *llaves* del Paraíso, aunque una sola baste para asegurar el acceso a la morada celeste. Pero la *llave primera* se desdobla, y estos dos símbolos entrecruzados, uno de plata y el otro de oro, constituyen, con el trirreme, las armas del soberano pontífice, heredero del trono de Pedro. La cruz del Hijo del Hombre reflejada en las llaves del Apóstol revela a los hombres de buena voluntad los arcanos de la ciencia universal y los tesoros del arte hermético. Ella sola permite a quien posee su sentido abrir la puerta del jardín cerrado de las Hespérides y tomar, sin miedo para su salvación, la *Rosa del Adeptado*.

De cuanto acabamos de decir de la cruz y de la rosa que está en su centro o, más exactamente, el *corazón* --ese corazón sangrante, radiante y glorioso del Cristo-materia-, es fácil inferir que Louis d'Estissac llevaba el título elevado de *Rosa-Cruz*, marca de iniciación superior, brillante testimonio de una ciencia positiva, concretada en la realidad sustancial de lo *absoluto*.

Sin embargo, si nadie puede discutir a nuestro adepto su cualidad de rosacruz, no cabría deducir de este hecho que hubiera pertenecido a la hipotética cofradía de ese nombre. Concluir eso significaría cometer un error. Es importante saber discernir las dos Rosacruces, a fin de no confundir la verdadera con la falsa.

Probablemente, jamás se sabrá la oscura razón que guió a Valentín Andreae, o más bien al autor alemán oculto tras este seudónimo, cuando mandó imprimir en Frankfurt del Oder, hacia 1614, el opúsculo titulado *Fama Fraternitatis Rosae-Crucis*. Tal vez perseguía una meta política o acaso pretendiera contrapesar, mediante una potencia oculta ficticia, la autoridad de las logias masónicas de la época, o a lo mejor quisiera provocar la agrupación en una sola fraternidad, depositaria de sus secretos, de los rosacruces diseminados un poco por todas partes. Sea como fuere, si el *Manifiesto* de la cofradía no pudo realizar ninguno de estos designios, contribuyó, no obstante, a extender entre el público la noticia de una secta desconocida dotada de las más extravagantes atribuciones. Según el testimonio de Valentín Andreae, sus miembros, ligados por un juramento inviolable y sometidos a una disciplina severa, poseían todas las riquezas y podían realizar las maravillas. Se calificaban de invisibles; se decían capaces de fabricar oro, plata y piedras preciosas; de curar a los paralíticos, a los ciegos, a los sordos y a todos los apestados e incurables. Pretendían tener el sistema de prolongar la vida humana más allá de los límites naturales; de conversar con los espíritus superiores y elementales; de descubrir hasta las cosas más escondidas, etc. Semejante cantidad de prodigios debía, necesariamente, chocar a la imaginación de las masas y justificar que pronto se hizo de los rosacruces, así presentados, con los magos, brujos, satanistas y nigromantes[1]. Reputación bastante desagradable que compartían, por otra parte, en algunas provincias, con los mismos masones. Añadamos que éstos se habían empeñado en adoptar e introducir en su jerarquía este título nuevo que convirtieron en un grado, sin molestarse en conocer su significado simbólico ni su verdadero origen[2].

En suma, la cofradía mística, pese a la afiliación benévola de algunas personalidades sabias a las que el *Manifiesto* sorprendió en su buena fe, jamás ha existido más allá del deseo de su autor. Es una fábula y nada más. En cuanto al grado masónico, tampoco tiene ninguna importancia filosófica. Finalmente, si señalamos, sin profundizar, esas capillitas donde se pasa el tiempo perezosamente bajo la enseña rosacruz, habremos abarcado las diversas modalidades de la apócrifa Rosa-Cruz.

Por lo demás, no sostendremos que Valentín Andreae enalteciera mucho las virtudes extraordinarias que ciertos filósofos, más entusiastas que sinceros, atribuyen a la medicina universal. Si atribuye a los hermanos lo que tan sólo puede ser patrimonio del Magisterio, al menos, encontramos en ello la prueba de su convicción sobre la realidad de la piedra. Por otra parte, su seudónimo muestra a las claras que conocía muy bien lo que de oculta verdad contiene el símbolo de la cruz y de la rosa, emblema utilizado por los antiguos magos y conocido desde la más remota antigüedad. Hasta el punto de que hemos llegado a ver en él, tras la lectura del *Manifiesto*, tan sólo un simple tratado de alquimia, de interpretación ni más inhábil ni menos expresiva que tantos otros escritos del mismo orden. La tumba del *caballero Christian Rosenkreuz* (el cabalista cristiano y rosacruz) presenta una singular identidad con el antro alegórico, amueblado con un cofre de plomo, que habita el temible guardián del tesoro hermético[3], ese feroz genio al que el *Sueño verde* llama *Seganissegede*[4]. Una luz que emana un sol de oro alumbra la caverna y simboliza. este espíritu encarnado, chispa divina prisionera en las cosas, de la que ya hemos hablado. En esa tumba se encierran los múltiples secretos de la sabiduría, y no podemos sorprendernos puesto que siendo los principios de la Obra perfectamente conocidos, la analogía nos conduce naturalmente al descubrimiento de verdades y hechos conexos.

Un análisis más detallado de este opúsculo no nos enseñaría nada nuevo, salvo algunas condiciones indispensables de prudencia, disciplina y silencio para uso de los adeptos; consejos juiciosos, sin duda, pero superfluos. Los verdaderos rosacruces, los únicos que pueden llevar ese título y aportar la prueba material de su ciencia, nada tienen que hacer. Viven aislados en su austero retiro, y no temen en absoluto ser conocidos jamás, ni siquiera por sus

---

[1] Edouard Fournier, en sus *Enigmes des Rues de Paris* (Paris, E. Dentu, 1860), señala el «aquelarre de los *hermanos de la Rosacruz*» que se celebró en 1623, en las soledades campestres de Ménilmontant. En una nota (p. 26), añade: «En un librito de la época, *Effroyables pactions*, etc., reproducido en el tomo IX de nuestras *Variétés historiques e littéraires* (p. 290), se dice que se reunían "lo mismo en las canteras de Montmartre como a lo largo de las fuentes de Belleville, y allí proponían las lecciones que debían dar particularmente antes de hacerlas públicas".»

[2] El grado rosacruz es el octavo del rito masónico francés y el decimoctavo det rito escocés.

[3] Cf *Azoth ou Moyen de faire l'Or caché des Philosophes*. París, Pierre Moët, 1659.

[4] Anagrama de *Génie des sages* (genio de los sabios).

hermanos de cofradía. Algunos, sin embargo, ocuparon brillantes puestos: d'Espagnet, Jacques Coeur, Jean Lallemant, Louis d'Estissac y el conde de Saint-Germain se cuentan entre ellos, pero supieron enmascarar tan hábilmente el origen de su fortuna, que nadie supo distinguir al rosacruz bajo el aspecto de gentilhombre. ¿Qué biógrafo osaría afirmar que Filaleteo -ese *amigo de la verdad-* fue el seudónimo del noble Thomas de Waghan, y que bajo el epíteto de Sethon (*el luchador*) se escondía un miembro ilustre de una poderosa familia escocesa, los señores de Winton? Al atribuir a los hermanos ese privilegio extraño y paradójico de *invisibilidad,* Valentín Andreae reconoce la imposibilidad de indentificarlos, como grandes señores que viajan de incógnito en traje y carruaje burgueses. Son invisibles porque son *desconocidos.* Nada les caracteriza sino la modestia, la simplicidad y la tolerancia, virtudes generalmente menospreciadas en nuestra civilización vanidosa, llevada a la exageración ridícula de la personalidad.

Junto a los personajes de condición que acabamos de citar, han sido muchos otros los que han preferido llevar sin alharacas su dignidad rosacruz, viviendo entre el pueblo laborioso en una mediocridad deseada y en el ejercicio cotidiano de oficios sin nobleza. Tal es el caso de cierto Leriche, humilde maestro herrador, adepto ignorado y poseedor de la gema hermética. Este hombre de bien, de una excepcional modestia, hubiera quedado desconocido para siempre si Cambriel[1] no se hubiera tomado la molestia de nombrarlo, contando con detalle cómo se las arregló para reanimar al lionés Candy, joven de dieciocho años al que una crisis letárgica iba a llevarse (1774). Leriche nos muestra lo que debe ser el verdadero sabio y de qué manera debe vivir. Si todos los rosacruces se hubieran mantenido en esa reserva prudente, si hubieran observado la misma discreción, no tendríamos que deplorar la pérdida de tantos artistas de calidad arrastrados por un celo malsano, una confianza ciega o empujados por la irresistible necesidad de atraer la atención. Este vano deseo de gloria condujo a la Bastilla, en 1640, a Jean du Châtelet, barón de Beausoleil, y le hizo morir cinco años más tarde. Paykul, filósofo livonio, trasmutó ante el senado de Estocolmo y fue condenado por Carlos XII a ser decapitado. Vinache, hombre del pueblo bajo, no sabía leer ni escribir, pero conocía, en cambio, la Gran Obra hasta en sus menores detalles, expió cruelmente también su insaciable sed de lujo y notoriedad. A él se dirigió René Voyer de Paulmy d'Argenson para fabricar el oro que el financiero Samuel Bernard destinaba al pago de las deudas de Francia. Concluida la operación, Paulmy d'Argenson, en reconocimiento de sus buenos servicios, se apoderó de Vinache el 17 de febrero de 1704, lo arrojó a la Bastilla, ordenó que se le degollara el 19 de marzo siguiente, y acudió en persona para asegurarse de la ejecución; luego, lo hizo inhumar clandestinamente el 22 de marzo, hacia las seis de la tarde, bajo el nombre de Etienne Durand, de sesenta años -cuando Vinacho no tenía más que treinta y ocho-, y redondeó el crimen publicando que había muerto de apoplejía[2]. ¿Quién, después de esto, se atrevería a encontrar raro que los alquimistas se nieguen a confiar su secreto, y prefieran rodearse de misterio y de silencio?

La pretendida *Fraternidad de la Rosa Cruz* jamás ha tenido existencia social. Los adeptos que llevan título son sólo *hermanos por el conocimiento* y el éxito de sus trabajos. Ningún juramento los liga, ningún estatuto los vincula entre sí y ninguna regla influye su libre arbitrio, como no sea la disciplina hermética libremente aceptada y voluntariamente observada. Todo cuanto se haya podido escribir o contar, según la leyenda atribuida al teólogo de Cawle, es apócrifo y digno, todo lo más, de alimenar la imaginación y la fantasía novelesca de un Bulwer Lytton[3]. Los rosacruces no se conocían. No tenían lugar de reunión, ni sede social, ni templo, ni ritual, ni marca exterior de reconocimiento. No pagaban cotizaciones ni jamás hubieran aceptado el título, dado a ciertos otros hermanos, de *caballeros del estómago,* pues los banquetes les eran desconocidos. Fueron, y son aún, solitarios, trabajadores dispersos por el mundo, investigadores «cosmopolitas» según la más estricta acepción del término. Como los adeptos no reconocen ningún grado jerárquico, resulta que la Rosacruz no es en absoluto un grado, sino tan sólo la consagración de sus trabajos secretos y de la experiencia, luz positiva cuya existencia les había revelado una fe viva. Es cierto que algunos maestros han podido agrupar en torno suyo a jóvenes aspirantes, aceptar la missón de aconsejarlos, de dirigir y orientar sus esfuerzos, y formar pequeños centros iniciáticos de los que eran el alma, a veces reconocida y a menudo misteriosa. Pero aseveramos y muy pertinentes razones nos permiten hablar así- que jamás hubo, entre los poseedores del título, otro vínculo que el de la verdad científica confirmada por la adquisición de la piedra. Si los rosacruces son hermanos por el descubrimiento, el trabajo y la ciencia, hermanos por los actos y las obras, lo son a la manera del concepto filosófico, que considera a todos los individuos miembros de la misma familia humana.

En resumen, los grandes autores clásicos que han enseñado en sus obras literarias o artísticas los preceptos de nuestra filosofía y los arcanos del arte, e igualmente los que dejaron pruebas irrefutables de su maestría, todos son *hermanos de la verdadera Rosa Cruz.* Y a esos sabios, célebres o desconocidos, se dirige el traductor anónimo de un libro afamado[4] cuando dice en su Prefacio: «Como no es sino por la cruz como deben ser probados los verdaderos fieles, he recurrido a vos, *otros hermanos de la verdadera Rosa Cruz,* que poseéis todos los tesoros del mundo. Me

---

[1] Cf. L. P. François Cambriel, *Cours de Philosophie hermétique ou d'Alchimie, en dix-neuf leçons.* París, Lacour et Maistrasse, 1843.

[2] Un Mystère à la Bastille. *Etienne Vinache, médecin empirique et alchimiste (XVII siècle),* por el doctor Roger Goulard, de Brie-Comte-Robert. En el *Bulletin de la Société française d'Histoire de la Médecine,* t. XIV, núms. 11 y 12.

[3] Aunque su popularldad se la dio Los úttimos días de Pompeya el escritor británico sir Edward George Bulwer, primer barón de Lytton (1803-1873) debe su notoriedad entre los esoteristas a su novela Zanoni (1842), de carácter pretendidamente rosacruz. El propio autor ocupó destacados puestos en Londres, en una llamada Societas Rosicruciana in Anglia. - *N. det T.*

[4] *Le Texte d'Alchymie et le Songe Verd.* París, Laurent d'Houry, 1695. Prefacio, páginas 25 y siguientes.

someto por entero a vuestros piadosos y sabios consejos, pues sé que no podrán ser sino buenos, ya que me consta hasta qué punto estáis dotados de virtudes por encima del resto de los hombres. Como sois los dispensadores de la ciencia y, por consecuencia, os debo cuanto sé, si puedo decir no obstante, que sé algo, deseo (según la institución que Dios ha establecido en la Naturaleza) que las cosas vuelvan a su procedencia. *Ad locum*, dice el Eclesiastés, *unde exeunt flumina revertuntur, ut iterum fluant*. Todo es vuestro, todo viene de vosotros y todo volverá, pues, a vosotros.»

Excúsenos el lector por esta digresión que nos ha llevado mucho más lejos de lo que quisiéramos, pero nos ha parecido necesario dejar sentado claramente lo que es la verdadera y tradicional Rosa Cruz hermética, aislarla de otros grupos vulgares que utilizan la misma denominación[1] y permitir que se distinga a los raros iniciados de los impostores que se vanaglorian de un título cuya adquisición no serían capaces de justificar.

III

Reanudemos ahora el estudio de los curiosos motivos imaginados por Louis d'Estissac para la decoración hermética de su chimenea.

En el panel de la derecha, opuesto al que acabamos de analizar, se señala la máscara de anciano antes identificada, que sostiene en su mandíbula dos tallos vegetales provistos de hojas y cada uno de los cuales lleva un botón floral a punto de entreabrirse. Esos tallos engarzan una especie de mandorla abierta en cuyo interior se advierte una *vasija decorada de escamas*, la cual contiene botones florales, frutos y mazorcas. Encontramos ahí la expresión jeroglífica de la vegetación, de la nutrición y del crecimiento del cuerpo naciente del que hemos hablado. Por sí solo, el maíz, voluntariamente colocado al lado de las flores y los frutos, es un símbolo muy elocuente. Su nombre griego, zea, deriva de zaw, *vivir, subsistir, existir*. El vaso escamoso figura esa sustancia primitiva que la naturaleza ofrece al artista al salir de la mina, y con la cual comienza su trabajo. De ésta extrae los diversos elementos que necesita, y de ella y por ella, se efectúa la labor entera. Los filósofos la han pintado con la imagen del *dragón negro cubierto de escamas* al que los chinos llaman *Lung*, y cuya analogía es perfecta con el monstruo hermético. Como él, es una especie de serpiente alada, con cabeza cornuda, que arroja fuego y llamas por las narices, cuyo cuerpo negro y escamoso se apoya en cuatro patas rechonchas armadas de cinco garras cada una. El dragón gigantesco de las banderas escitas se llamaba *Apophis*. El griego apofusiç, que significa *excrecencia, desecho*, tiene por raíz apofuw, en el sentido de *empujar, crecer, producir, nacer de*. El poder vegetativo indicado por las fructificaciones del vaso simbólico está, pues, expresamente confirmado en el dragón mítico, el cual se desdobla en *mercurio común* o primer disolvente. Como consecuencia, ese mercurio primitivo, junto con cualquier cuerpo fijo, lo hace volátil, vivo, vegetativo y fructificante. Cambia entonces de nombre cambiando de cualidad y se convierte en *el mercurio de los sabios*, el *húmedo radical metálico*, la *sal celeste* o *sal florecida*. «*In Mercurio est quicquid quaerunt Sapientes*»: todo cuanto buscan los sabios está en el mercurio, repiten hasta la saciedad nuestros viejos autores. No cabía expresar mejor en la piedra la naturaleza y la función de esa vasija que tantos artistas conocen, sin saber lo que es capaz de producir. Sin ese mercurio tomado de nuestra *Magnesia*, nos asegura Filaleteo, es inútil encender la lámpara o el horno de los filósofos. Nada más diremos aquí porque ya tendremos ocasión de volver de nuevo sobre este tema, y de desvelar más adelante el arcano mayor del gran arte.

IV

Ante el panel central, el observador no puede evitar un instintivo movimiento de sorpresa, tan singular aparece su decoración (lámina XIX).

Dos monstruos humanos sostienen una corona formada de hojas y frutos que circunscribe un simple escudo francés. Uno de ellos presenta el horrible aspecto de los hocicos de liebre en un torso barbilampiño y provisto de mamas. El otro presenta el aspecto despierto de un muchachito travieso y revoltoso, pero con el busto velludo de los antropoides. Si los brazos y las manos no ofrecen otra particularidad que su excesiva delgadez, por el contrario, los miembros inferiores, cubiertos de pelos largos y frondosos, terminan el uno en garras de felino y en el otro, en patas de rapaz. Estos seres de pesadilla, provistos de una larga cola curvada, están tocados con inverosímiles cascos, uno escamoso y el otro estriado, cuyo remate se enrolla en forma de amonita. Entre estos «estefanóforos» de aspecto

---

[1] En el siglo XIX se crearon dos órdenes rosacruces que pronto cayeron en el olvido: 1.º *Orden cabalística de la Rosa Cruz*, fundada por Stanislas de Guaita; 2.º *Orden de la Rosa Cruz del Templo y del Graal*, fundada en Tolosa, hacia 1850, por el vizconde de Lapasse, médico espagírico, discípulo del príncipe Balbiani de Palermo, pretendido discípulo, a su vez, de Cagliostro. Joséphin Péladan, que se atribuyó el título de *Sâr* fue uno de los animadores estéticos del movimiento. Esta orden idealista, desprovista de dirección iniciática inteligente y de base filosófica sólida, no podía por menos de tener una duración limitada. El *Salon rosicrucien* abrió sus puertas de 1892 a 1897 y cesó de existir. (N. del T.: Desde principios de siglo han proliferado en Europa y América estos movimientos rosacruces, que llegan a agrupar a miles de miembros en todo el mundo. Desde luego, aunque pretenden entroncar con la «verdadera tradición», no son más, en su mayoría, que adaptaciones del teosofismo blavatskiano mezcladas, a veces, con cierto puritanismo de origen protestante.)

repulsivo, y colocada sobre ellos en el eje de la composición, hay una máscara de hombre que hace muecas, con los ojos redondos, los cabellos crespos que hacen más pesada la frente baja y que sostiene en su mandíbula abierta y bestial el escudo central, mediante un ligero cordoncillo. Por fin, un bucráneo que ocupa la parte baja del panel termina con una nota macabra este cuarteto apocalíptico.

En cuanto al escudo, las figuras extrañas que contiene parecen extraídas de algún viejo grimorio. A primera vista, se dirían tomadas de las sombrías *Clavículas de Salomón*, imágenes trazadas con sangre fresca en pergamino virgen y que inidican, en sus zig-zags inquietantes, los movimientos rituales que la varita ahorquillada debe ejecutar entre los dedos del hechicero.

Tales son los elementos simbólicos ofrecidos a la sagacidad del estudiante y disimulados con habilidad bajo la armonía decorativa de este extraño tema. Vamos a intentar explicarlos tan claramente como nos sea posible, aunque tengamos que recabar la ayuda del verbo filosófico o recurrir a la *lengua de los dioses* cuando juzguemos imposible, sin pasarnos de la raya, llevar más lejos esta enseñanza.

Los dos *gnomos*[1] que se enfrentan traducen -como el lector habrá adivinado- nuestros dos principios metálicos, cuerpos o *naturalezas* primas, con la ayuda de las cuales comienza la Obra, se perfecciona y se acaba. Los genios sulfuroso y mercurial, encargados de la custodia de los tesoros subterráneos, artesanos nocturnos de la obra hermética son familiares para el sabio al que sirven, honran y enriquecen con su labor incesante. Son los poseedores de los secretos terrestres, los reveladores de los misterios minerales. El *gnomo*, criatura ficticia, deforme pero activa, es la expresión esotérica de la vida metálica, del dinamismo oculto de los cuerpos brutos que el arte puede condensar en una sustancia pura. La tradición rabínica recoge en el Talmud que un gnomo cooperó en la edificación del Templo de Salomón, lo que significa que la piedra filosofal tuvo que intervenir en ella en cierta proporción. Pero, más cerca de nosotros, nuestras catedrales góticas, según Georges Stahl, le deben el inimitable colorido de sus vidrieras. «Nuestra piedra -escribe un autor anónimo[2]- tiene aún dos virtudes muy sorprendentes. La primera, con relación al vidrio, al que da en su interior toda clase de colores, como en las vidrieras de la Sainte-Chapelle, en París, y en las de las iglesias de Saint-Gatien y Saint-Martin en la ciudad de Tours.»

Así, la vida oscura, latente y potencial de las dos sustancias minerales primitivas se desarrolla por el contacto, la lucha y la unión de sus naturalezas contrarias, la una ígnea y la otra acuosa. Ahí están nuestros elementos, y nó existen otros. Cuando los filósofos hablan de *tres principios*, describiéndolos y distinguiéndolos a propósito, utilizan un artificio sutil destinado a ocasionar al neófito la más cruel dificultad. Aseguramos, pues, con los mejores autores, que *dos cuerpos* bastan para consumar el Magisterio desde el principio hasta el fin. «No es posible adquirir la posesión de nuestro mercurio -dice la *Antigua guerra de los caballeros*- sino mediante *dos cuerpos*, uno de los cuales no puede recibir sin el otro la perfección que le es requerida.» Si tenemos que admitir un tercero, lo encontraremos en el que resulta de su unión y nace de su destrucción recíproca. Pues por más que investiguéis y multipliquéis las tentativas, jamás encontraréis a otros padres de la piedra que los *dos cuerpos* citados, calificados de *principios*, de los cuales procede el tercero, heredero de las cualidades y virtudes mezcladas de sus procreadores. Este punto importante merecía que fuera precisado. Pues bien; esos dos principios, hostiles por contrarios, son tan expresivos en la chimenea de Louis D'Estissac, que el principiante mismo los reconocerá sin dificultad. Volvemos a hallar ahí, humanizados, los *dragones herméticos* descritos por Nicolas Flamel; uno, alado -el monstruo de hocico de liebre- y el otro, áptero -el gnomo de torso velludo-. «Contempla bien esos dos dragones -nos dice el adepto[3]-, pues son los *verdaderos principios* de la sabiduría que los sabios no han osado mostrar a sus propios hijos. El que está debajo, sin alas, es el fijo o macho, y el de encima, es el volátil o bien la *hembra negra y oscura*[4] que dominará durante muchos meses. El primero es llamado *azufre* o bien *calidez y sequedad*, y el último, *azogue o frigidez y humedad*. Son el Sol y la Luna, de fuente mercurial y origen sulfuroso que, en el fuego continuo, se ornan con adornos reales para vencer, estando unidos, y luego cambiados en quintaesencia, toda cosa metálica sólida, dura y fuerte. Son esas *serpientes* y *dragones* que los antiguos egipcios pintaron formando un círculo, mordiéndose la cola para señalar que habían salido de una misma cosa y que se bastaba a sí misma, y que se completaba en su contorno y circulación. Son esos dragones que los poetas antiguos colocaron como guardianes insomnes de las doradas manzanas de los jardines de las vírgenes Hespérides. Son aquellos sobre los que Jasón, en la aventura del Vellocino de Oro, vertió el jugo preparado por la bella Medea; de cuyos discursos están tan llenos los libros de los filósofos, que ninguno de éstos ha existido que no haya escrito sobre el tema, desde el verídico Hermes Trimegisto, Orfeo, Pitágoras, Artefio, Morieno y los que les siguen hasta mí. Esas dos *serpientes* enviadas y dadas por Juno, que es la *naturaleza metálica*, son las que el fuerte Hércules, es decir, el sabio, debe estrangular en su cuna, o sea vencer y matar, para hacerlas pudrir, corromper y engendrar, en el comienzo de su Obra. Son las dos serpientes enroscadas en

---

[1] El griego gnwma, equivalente fonético de nuestro *gnomo*, significa el *indicio*, lo que sirve para dar a conocer, clasificar o identificar una cosa; es su *signo distintivo*. Inwmwn es también el signo indicador de la *marcha solar*, la aguja de los cuadrantes solares y nuestro *gnomón*. Medítese. Un importante secreto se esconde bajo esta cábala.

[2] *Clef du Grand-Oeuvre, ou Lettres du Sancelrien tourangeau.* París, Cailleau, 1777, página 65.

[3] *Le Livre des Figures Hieroglphiques* de Nicolas Flamel, escrivain, ainsi qu'elles sont en la quatriesme arche du cymetiere des Innocens à Paris, en entrant par la porte rue Saint-Denis, devers la main droite, avec l'explication d'icelles par le dict Flamel, traittant de la Transmutation metallique, non jamais imprimé. Traduit par P. Arnautd. En *Trois Traitez de la Philosophie naturelle*, París, G. Marette 1612.

[4] Es esa mujer que dice de sí misma en el Cantar de los Cantares (cap. I, V. 5): *Nigra sum sed formosa* (Soy negra, pero hermosa).

torno al Caduceo y Vara de Mercurio, con los que ejerce su gran poder y se trasfigura como quiere. Aquel, dice Haly, que dé muerte a una, matará también a la otra, porque una no puede morir más que con su hermana. Estando éstos (a los que Avicena llama *Perra del Corasán* y *Perro de Armenia*), pues, unidos en el recipiente del sepulcro, se muerden entre sí cruelmente, y por su gran veneno y rabia furiosa jamas se dejan desde el momento en que se entrelazan... Tales son esas dos espermas, masculina y femenina, descritas al comienzo de mi *Rosario filosófico*, que son engendradas (dicen Rasis, Avicena y Abraham *el Judío*) en los riñones y en las entrañas, y por las operaciones de los cuatro elementos. Se trata de la humedad de los metales, azufre y azogue, no los vulgares que venden los mercaderes y boticarios, sino los que nos dan esos dos hermosos y queridos cuerpos que tanto amamos. Esas dos espermas, decía. Demócrito, no se hallan en la tierra de los vivos.»

Serpientes o dragones, las formas jeroglíficas señaladas por los viejos maestros como figurativas de los materiales dispuestos para ser trabajados presentan, en la obra de arte de Fontenay-le-Comte, algunas particularidades muy notables debidas al genio cabalístico y a la extensa ciencia de su autor. Lo que especifica esotéricamente a estos seres antropomorfos no son sólo sus pies de grifo y sus miembros velludos, sino también, y sobre todo, su casco. Éste, terminado en cuerno de Amón y que se llama en griego cranoç porque recubre la cabeza y protege el cráneo (cranion), nos permitirá identificarlos. Ya la palabra griega que sirve para designar la cabeza, Kranion, nos aporta una indicación útil, puesto que señala igualmente el *lugar del Calvario*, el Gólgota, donde Jesús, Redentor de los hombres, tuvo que sufrir la Pasión en su carne antes de transfigurarse en espíritu. Pues bien; nuestros dos principios, uno de los cuales lleva la cruz y el otro la lanza que le atravesará el costado[1], son una imagen, un reflejo de la Pasión de Cristo. Al igual que Él, si deben resucitar en un cuerpo nuevo, claro, glorioso y espiritualizado, les es preciso ascender juntos su calvario, soportar los tormentos del fuego y morir de lenta *agonía* (agwnia), al final de un duro combate (agwnia).

Se sabe, asimismo, que los sopladores llamaban a su alambique *homo galeatus* -el hombre tocado con un casco-, porque estaba compuesto por una cucúrbita cubierta con su tapadera. Nuestros dos genios con casco no pueden significar, pues, más que el *alambique de los sabios* o los dos cuerpos juntos, el continente y el contenido, la materia. propiamente dicha y su recipiente. Pues si las reacciones son necesariamente provocadas por el uno (agente), sólo se ejercen rompiendo el equilibrio del otro (paciente), el cual sirve de receptáculo y de vasija a la energía contraria de la naturaleza adversa.

En el presente motivo, el agente se señala por su *casco estriado*. En efecto, la palabra griega rabdwdhç, *estriado, rayado, listado*, procede de raËdoç, *vara, bastón, varilla, cetro, caduceo, mango de dardo, dardo*. Estos diferentes sentidos caracterizan la mayoría de los atributos de la materia activa, masculina y fija. Es, en primer lugar, la *varilla* que Mercurio lanza contra la culebra y la serpiente (Rea y Júpiter), y a cuyo alrededor se enroscan originando el *caduceo*, emblema de paz y reconciliación. Todos los autores herméticos hablan de un terrible combate entre dos dragones, y la mitología nos enseña que ése fue el origen del atributo de Hermes, que provocó su acuerdo interponiendo su bastón. Es el signo de la unión y de la concordia que es preciso saber realizar entre el fuego y el agua. Pues bien; siendo el jeroglífico que representa el fuego, y el mismo gráfico invertido, , el agua, ambos superpuestos forman la imagen del *astro*, marca segura de unión, de pacificación y de procreación, pues la estrella (*stella*) significa *fijación del Sol*[2]. Y, de hecho, el *signo* no se muestra sino después del combate, cuando todo se ha calmado y las primeras efervescencias han cesado. El sello de Salomón, figura geométrica que resulta de la conjunción de los triángulos del fuego y del agua, confirma la *unión del cielo y de la tierra*. Es el astro mesiánico anunciador del nacimiento del Rey de Reyes. Por otra parte, chruceion, *caduceo*, palabra griega derivada de chruceuw, *publicar, anunciar*, revela que el emblema distintivo de Mercurio es el signo de la *buena nueva*. Entre los indios de América septentrional, la pipa que emplean en sus ceremonias civiles y religiosas es un sí bolo análogo al caduceo, tanto por su forma como por su significado. «Es -nos dice Noël[3]- una gran pipa para fumar, de mármol *rojo, negro o blanco*. Se parece bastante a un martillo. La cazoleta está bien pulida, y el tubo, largo como de dos pies y medio, es una caña bastante fuerte, adornada con plumas de todos los colores, con muchas trenzas de cabello de mujeres, entrelazadas de diversas maneras. Se le pegan *dos alas*, lo que hace parecerse bastante al caduceo de Mercurio, o a la *vara que los emisarios de paz llevaban antaño*. Esta caña está implantada en cuellos de vencejos, pájaros manchados de blanco y negro y grandes como ocas... Esa pipa es objeto de la mayor veneración entre los salvajes, que la respetan como un *don precioso que el Sol ha hecho a los hombres*. También es el símbolo

---

[1] Longino en la Pasión de N. S. Jesucristo, desempeña el mismo papel que san Miguel y san Jorge, Cadmo Perseo y Jasón hacen oficio parecido entre los paganos. Atraviesa de un lanzazo el costado de Cristo, como los caballeros celestes y los héroes griegos ensartan al dragón. Es éste un acto simbólico cuya aplicación positiva al trabajo hermético se manifiesta cargada de consecuencias felices.

[2] Esta verdad esotérica está magistralmente expresada en un himno de la Iglesia cristiana:

Latet sol insidere;	El Sol está escondido bajo la estrella,
Oriens in vespere,	el Oriente, en el poniente;
Artifex in opere;	el artesano, en la obra;
Per gratiam	por la gracia
Redditur et traditur	es devuelto y conducido
Ad patriam.	a la patria.

[3] Fr. Noël, *Dictionnaire de ta Fable ou Mythologie grecque, latine, egyptienne, celtique, persanne etc.* París, Le Normant, 1801.

de la paz, el emblema de todos los inicios de los asuntos importantes y de las ceremonias públicas.» La vara de Hermes es, en verdad, el cetro del soberano de nuestro arte, el *oro hermético*, vil, abyecto y despreciado, más buscado por el filósofo que el oro natural. La vara que el sumo sacerdote Aarón convirtió en serpiente, y con la que Moisés (Éxodo, XVII, 5-6) -imitado en esto por Jesús[1]- golpeó la roca, es decir la materia pasiva, haciendo brotar el agua pura escondida en su seno. Es el antiguo dragón de Basilio Valentín, cuya lengua y cuya cola terminan en *dardo*, lo que nos lleva hasta la serpiente simbólica, *serpens aut draco qui caudam devoravit.*

En cuanto al segundo cuerpo -paciente y femenino-, Louis d Estissac lo ha hecho representar bajo el aspecto de un gnomo con hocico de liebre provisto de mamas y tocado con un casco escamoso. Ya sabíamos, por las descripciones que sobre él han dejado los autores clásicos, que esta sustancia mineral, tal como se extrae de la mina, es *escamosa*, negra, dura y seca. Algunos la han calificado de *leprosa*. El griego λεπίς, λεπιδός, *escama*, cuenta entre sus derivados la palabra λεπρα, *lepra*, porque esta temible infección cubre la epidermis de pústulas y *escamas*. También es indispensable eliminar la impureza grosera y superficial del cuerpo despojándolo de su envoltura escamosa (λεπιζω), operación que se realizará fácilmente con la ayuda del principio activo, el agente de casco estriado. Tomando ejemplo del gesto de Moisés, bastará con golpear rudamente por tres veces esa roca (λεπας) de apariencia árida y seca, para ver manar de ella el agua misteriosa que contiene. Ése es el *primer disolvente, mercurio común de los sabios y leal servidor* del artista, el único del que tiene necesidad y al que nada sería capaz de remplazar, según el testimonio de Jabir y de los más antiguos adeptos. Su cualidad volátil, que permite a los filósofos asimilar este mercurio con el hidrargirio vulgar es, por otra parte, subrayada en nuestro bajo relieve por las alas minúsculas de lepidóptero (gr. λεπιδοςπτερον) fijadas en las espaldas de nuestro monstruo simbólico. Sin embargo, la mejor denominación que hayan dado los autores a su mercurio nos parece la de *espíritu de la magnesia*, pues llaman *magnesia* (del griego μαγνης, *imán*) a la materia femenina bruta que atrae, por una virtud oculta, al espíritu encerrado bajo la dura corteza del *acero de los sabios*. Éste, penetrando como una llama ardiente el cuerpo de la naturaleza pasiva, quema y consume sus partes heterogéneas, en busca del azufre arsenical (o leproso) y anima el puro mercurio que encierra, el cual aparece bajo la forma convencional de un licor a la vez húmedo e ígneo -agua-fuego de los antiguos- que calificamos de *espíritu de la magnesia* y disolvente universal. «Como *el acero atrae hacia sí el imán* -escribe Filaleteo[2]-, igual el imán se vuelve hacia el acero. Eso es lo que hace el *imán de los sabios* en presencia de su *acero*. Por eso, habiendo dicho ya *que nuestro acero es la mina del oro*, es preciso señalar, del mismo modo, que nuestro imán es la verdadera mina del *acero de los sabios.*»

Finalmente -detalle inútil para el trabajo, pero que señalamos porque sirve para apoyar nuestro examen-, un término próximo a λεπις, el vocablo λεπορις designaba antaño, en dialecto eolio, la *liebre* (lat. *lepus, leporis*), de donde aquella deformidad bucal, inexplicable en principio, pero necesaria para la expresión cabalística, que imprime al rostro de nuestro gnomo su fisonomía característica...

Llegados a este punto, tenemos que detenernos en nuestra exposición. Nos interrogamos. El camino, lleno de maleza, cubierto de zarzas y espinas, se hace impracticable. A algunos pasos, por instinto, adivinamos la gruta abierta. Cruel incertidumbre. Seguir avanzando, con la mano en la del discípulo, ¿sería un acto de sabiduría? En verdad, Pandora nos acompaña, pero por desgracia, ¿qué podemos esperar de ella? La caja fatal, imprudentemente abierta, está ya vacía. ¡Nada nos queda sino la esperanza...!

Aquí, en efecto, es donde los autores, ya muy enigmáticos en la preparación del disolvente, callan con obstinación. Cubriendo con un silencio profundo el proceso de la segunda operación, pasan directamente a las descripciones que se refieren a la tercera, es decir, a las fases y a los regímenes de la cocción. Luego, volviendo a la terminología utilizada para la primera, dejan creer al principiante que el *mercurio común* equivale al *rebis* o *compuesto* y, como tal, se debe cocer, sin más, en vasija cerrada. Filaleteo, aunque escribe sobre la misma disciplina, pretende colmar el vacío dejado por sus predecesores. Leyendo su *Introitus* no se distingue ningún corte; tan sólo falsas manipulaciones sustituyen a las verdaderas y vienen a colmar las lagunas, de tal manera, que unas y otras se encadenan y se sueldan sin dejar huella de artificio. Semejante flexibilidad hace imposible para el profano la tarea de separar la cizaña del trigo, lo malo de lo bueno, el error de la verdad. Apenas tenemos necesidad de afirmar hasta qué punto reprobamos semejantes abusos que no son, pese a la regla, sino mixtificaciones disfrazadas. La cábala y el simbolismo ofrecen bastantes recursos para expresar lo que no debe ser comprendido más que por la pequeña minoría. Por otra parte, estimamos preferible el mutismo a la mentira más hábilmente presentada.

Cabría sorprenderse de que nuestro juicio fuera tan severo acerca de una parte de la obra del célebre adepto, pero otros antes que nosotros no han temido dirigirle las mismas reconvenciones. Tolio, Naxágoras y, sobre todo, Limojon de Saint-Didier, desenmascararon la insidiosa y pérfida fórmula, y nosotros estamos de perfecto acuerdo con ellos. Y es que el misterio que envuelve nuestra segunda operación es el mayor de todos, pues afecta a la elaboración del *mercurio filosófico*; la cual jamás ha sido enseñada abiertamente. Algunos echaron mano de la alegoría, los enigmas o las parábolas, pero la mayoría de los maestros se han abstenido de tratar esta delicada

---

[1] Según la redacción armenia del *Evangelio de la Infancia*, traducida por Paul Peeters, Jesús, a raíz de su estancia en Egipto, renueva, en presencia de niños de su edad el milagro de Moisés: «Pues habiéndose levantado Jesús, se colocó en pie en mitad de ellos y con su varita golpeó la roca, y en el mismo instante brotó de esta roca una fuente de agua abundante y deliciosa de la que bebieron todos. Esta fuente existe todavía hoy.»

[2] *Introitus apertus ad occlusum Regis palatium.* Op. cit., cap. IV, I.

Las Moradas Filosofales, LOUIS D'ESTISSAC

cuestión. «Es verdad -escribe Limojon de Saint-Didier[1]- que hay filósofos que pareciendo, por lo demás, sinceros, hacen caer, sin embargo, a los artistas en este error, sosteniendo con toda seriedad que quienes no conocen el oro de los filósofos podrán, pese a ello, encontrarlo en el oro común, cocido con el mercurio de los filósofos. Filaleteo se cuenta entre ellos. Asegura que el Trevisano, Zacarías y Flamel han seguido esta vía. Añade, sin embargo, que no es la verdadera vía de los sabios, aunque conduzca al mismo fin. Pero estas seguridades, por sinceras que parezcan, no dejan de engañar a los artistas, los cuales, queriendo seguir al mismo Filaleteo en la purificación y la animación que enseña del mercurio común para hacer de él mercurio de los filósofos (lo que constituye un error muy grosero bajo el que ha escondido el secreto del mercurio de los sabios) emprenden, según él, una obra penosísima y absolutamente imposible. También, tras un largo trabajo lleno de molestias y de peligros, no tienen más que un mercurio un poco más impuro que antes, en lugar de un mercurio animado por la quintaesencia celeste. Error deplorable que ha perdido y arruinado, y que arruinará aún a gran número de artistas.» Y, sin embargo, los investigadores que con éxito han remontado los primeros obstáculos y extraído *agua viva* de la antigua *Fuente* poseen una llave capaz de abrir las puertas del laboratorio hermético[2]. Si yerran y se consumen de impaciencia, si multiplican sus tentativas sin descubrir desenlace feliz, se debe, sin duda, a que no han adquirido un conocimiento suficiente de la doctrina. Mas que no desesperen. La meditación, el estudio y, sobre todo, una fe viva, inquebrantable, atraerán por fin la bendición del cielo sobre sus trabajos. «En verdad os digo -exclama Jesús (Mateo, XVII, 19}- que si tuvierais la fe como un grano de mostaza, diríais a aquella montaña muévete, y se movería, y *nada os sería imposible.*» Pues la fe, certidumbre espiritual de la verdad aún no demostrada, presciencia de lo realizable, es esa antorcha que Dios ha puesto en el alma humana para alumbrarla, guiarla, instruirla y elevarla. Nuestros sentidos a menudo nos extravían, pero la fe no nos engaña jamás. «La fe sola -escribe un filósofo anónimo[3]- formula una voluntad positiva. La duda la vuelve neutra y el escepticismo, negativa. Creer antes de saber es cruel para los sabios, mas ¿qué queréis? La Naturaleza no se rehará ni siquiera para ellos, y tiene la pretensión de imponernos la fe, es decir, la confianza en ella, a fin de concedernos sus gracias. Confieso, por lo que a mí respecta, que la he considerado siempre bastante generosa para perdonarle esta fantasía.»

Que aprendan, pues, los investigadores antes de emprender nuevos gastos, lo que diferencia el primer mercurio del mercurio filosofal. Cuando se sabe bien lo que se busca, resulta más cómodo orientar la marcha. Que sepan que su disolvente o *mercurio común* es el resultado del trabajo de la Naturaleza, mientras que el *mercurio de los sabios* constituye una producción del arte. En la confección de éste, el artista, aplicando las leyes naturales, conoce lo que quiere obtener. No sucede lo mismo con *el mercurio común*, pues Dios prohibió al hombre penetrar en su misterio. Todos los filósofos ignoran, y muchos lo confiesan, cómo las materias iniciales puestas en contacto reaccionan, se interpenetran y, al fin, se unen bajo el *velo de tinieblas* que envuelve, desde el comienzo al fin, los intercambios íntimos de esta singular procreación. Ello explica por qué los escritores se han mostrado tan reservados con relación al mercurio filosófico cuyas fases sucesivas el operador puede seguir, comprender y dirigir a su gusto. Si la técnica reclama cierto tiempo y demanda algún esfuerzo, como contrapartida es de una extremada simplicidad. Cualquier profano que sepa mantener el fuego la ejecutará tan bien como un alquimista experto. No requiere pericia especial ni habilidad profesional, sino sólo el conocimiento de un curioso *artificio* que constituye ese *secretum secretorum* que no ha sido revelado y, probablemente, no lo será jamás. A propósito de esta operación, cuyo éxito asegura la posesión del rebis filosofal, Jacques Le Tesson[4], citando al Damasceno, escribe que este adepto, en el momento de emprender el trabajo, «miraba por toda la estancia a fin de asegurarse de no hubiera moscas allí dentro, queriendo significar con ello que nunca es excesivo el secreto, dado el peligro que puede acarrear.»

Antes de proseguir, digamos que este *artificio desconocido* -que, desde el punto de vista químico debería calificarse de absurdo, de ridículo o de paradójico, porque su acción inexplicable desafía toda regla científica- marca la encrucijada en que la ciencia alquímica se aparta de la ciencia química. Aplicado a otros cuerpos, del lugar, en las mismas condiciones, a tantos resultados imprevistos como sustancias dotadas de cualidades sorprendentes. Este único y poderoso *medio* permite así un desarrollo de una envergadura insospechada por los múltiples *elementos simples* nuevos y los compuestos derivados de esos mismos elementos, pero cuya génesis continúa siendo un enigma para la razón química. Esto, evidentemente, no debería enseñarse. Si hemos penetrado en ese ámbito reservado de la hermética; si, más arriesgados que nuestros predecesores, lo hemos señalado es porque desearíamos demostrar: 1.º, que la alquimia es una *ciencia verdadera* susceptible, como la química, de extensión y progreso, y no la adquisición empírica de un *secreto de fabricación* de los metales preciosos; 2.º, que la alquimia y la química son dos ciencias positivas, exactas y reales, aunque diferentes entre sí, tanto en la teoría como en la práctica; 3.º, que la química no podría, por estas razones, reivindicar un origen alquímico; 4.º, finalmente, que las innumerables propiedades, más o menos maravillosas, atribuidas en bloque por los filósofos tan sólo a la piedra filosofal, pertenecen, cada una de ellas, a las sustancias desconocidas obtenidas a partir de materiales y cuerpos químicos, pero tratados según la técnica secreta de nuestro Magisterio.

---

[1] *Le Triomphe Hermétique. Op. cit.*, p. 71.
[2] Esta clave era dada a los neófitos en la ceremonia de la *cratera* (crathrixw, de crathr, *vasija, copa grande o pila de fuente*), que consagraba la primera iniciación en los misterios del culto dionisíaco.
[3] *Comment l'Esprit vient aux tables,* par un homme qvi n'a pas perdu l'esprit. París, Librairie Nouvelle, 1854.
[4] *Le Grand et Excellent Oeuvre des Sages*, por Jacques Le Tesson. *Second dialogue du Lyon Verd*, cap. VI, ms. XVII, bibl. de Lyon, n.º 971.

No nos corresponde explicar en qué consiste el *artificio* utilizado en la producción *del mercurio filosófico*. Sintiéndolo mucho, y pese a toda la solicitud que tenemos para con los «hijos de ciencia», debemos imitar el ejemplo de los sabios, que han juzgado prudente reservar esta insigne *palabra*. Nos limitaremos a decir que ese mercurio segundo o *materia próxima* de la Obra es el resultado de las reacciones de dos cuerpos, uno fijo y el otro volátil. El primero, velado bajo la denominación *de oro filosófico*, no es en absoluto el oro vulgar. El segundo es nuestra *agua viva* anteriormente descrita bajo el nombre de *mercurio común*. Por la disolución del cuerpo metálico con ayuda del *agua viva*, el artista entra en posesión del *húmedo radical* de los metales, su *simiente, agua permanente o sal de sabiduría*, principio esencial, *quintaesencia* del metal disuelto. Esta solución, ejecutada según las reglas del arte, con todas las disposiciones y condiciones requeridas, está muy alejada de las operaciones químicas análogas, a las que no se parece en nada. Además de la longitud del tiempo y el conocimiento del medio idóneo, obliga a numerosas y penosas reiteraciones. Es un trabajo fastidioso. El mismo Filaleteo[1] así lo proclama cuando dice: «Nosotros, que hemos trabajado y conocemos la operación, sabemos con certeza que no hay labor más aburrida que la de nuestra. primera preparación[2]. Por eso Moriano advierte al rey Khálid que numerosos sabios se lamentaban siempre del fastidio que les causaba la Obra... Eso es lo que ha hecho decir al célebre autor del *Secreto hermético* que el trabajo requerido para la primera operación era un *trabajo de Hércules*.» Hay que seguir aquí el excelente consejo del *Triunfo hermético* y no temer «abrevar a menudo la tierra con su agua, y secarla otras tantas veces». Por estas lixiviaciones sucesivas o *laveures* de Flamel, por esas inmersiones frecuentes y renovadas se extrae progresivamente la humedad viscosa, oleaginosa y pura del metal «en la cual -asegura Limojon de Saint-Didier- reside la energía y la gran eficacia del mercurio filosófico». El agua viva, «más celeste que terrestre», actuando sobre la materia pesada, rompe su cohesión, la ablanda, la va haciendo soluble poco a poco, afecta sólo a las partes puras de la masa disgregada, abandona las otras y asciende a la superficie, arrastrando lo que ha podido tomar conforme a su naturaleza ardiente y espiritual. Este carácter importante de la *ascensión de lo sutil* por la *separación de lo espeso* valió a la operación del *mercurio de los sabios* ser llamada *sublimación*[3]. Nuestro disolvente, todo espíritu, desempeña en ella el papel simbólico del águila arrebatando su presa, y es la razón por la cual Filaleteo, el Cosmopolita, Cyliani, d'Espagnet y muchos otros nos recomiendan permitir su expansión, insistiendo en la necesidad de *hacerlo volar*, pues el espíritu se eleva y la materia se precipita. ¿Qué es la crema sino la mejor parte de la leche? Pues bien, Basilio Valentín enseña que «la piedra filosofal se hace de la misma manera que los aldeanos elaboran mantequilla», batiendo o agitando la crema, que representa, en este ejemplo, nuestro mercurio filosófico. También toda la atención del artista debe concentrarse en la extracción del mercurio, que se recoge, en la superficie del compuesto disuelto, *descremando* la untuosidad viscosa y metálica a medida que se va produciendo. Es, por otra parte, lo que representan los dos personajes del Mutus Liber[4], en el que se ve a la mujer batir, con ayuda de una cuchara, el licor contenido en el cuenco que su marido mantiene a su alcance. «Tal es - escribe Filaleteo- el orden de nuestra operación, y tal es toda nuestra filosofía.» Hermes, al designar la materia básica por el jeroglífico solar, y su disolvente por el símbolo lunar lo explica en pocas palabras: «El Sol -dice- es su padre, y la Luna, su madre.» Se comprenderá también el sentido secreto que encierran estas palabras del mismo autor: «El viento lo ha llevado en su vientre.» El *viento* o el *aire* son epítetos aplicados al *agua viva*, que su volatilidad hace desvanecer al fuego sin dejar rastro residual. Y como esta agua -nuestra *Luna hermética*- penetra la naturaleza fija del *Sol filosófico* que retiene y junta sus más nobles partículas, el filósofo tiene razón al asegurar *que el viento es la matriz de nuestro mercurio, quintaesencia del oro de los sabios* y pura simiente mineral. «El que ha ablandado el Sol seco -dice Henckel[5]- por medio de la Luna mojada, hasta el punto de que el uno se ha hecho igual a la otra y ambos siguen unidos, halló el agua bendita que discurre por el Jardín de las Hespérides.»

Así se ve realizado el primer término del axioma *Solve et Coagula*, por la volatilización regular de lo fijo y por su combinación con lo volátil. El cuerpo se ha espiritualizado y el alma metálica, abandonando su vestidura manchada, reviste otra de más precio a la que los antiguos maestros dieron el nombre de *mercurio filosófico*. Es el *agua de los dos campeones* de Basilio Valentín, cuya fabricación viene enseñada por el grabado de su segunda clave. Uno de los campeones lleva un águila en su espada (el cuerpo fijo), y el otro esconde tras su espalda un caduceo (disolvente). Toda la parte baja del dibujo está ocupada por dos grandes alas desplegadas, mientras que en el centro, en pie entre los combatientes, aparece el dios Mercurio bajo el aspecto de un adolescente coronado, enteramente desnudo y con un caduceo en cada mano. El simbolismo de esta figura permite ser aclarado con facilidad. Las amplias alas, que sirven de liza a los contendientes, marcan la meta de la operación, es decir, la volatilización de las porciones puras del fijo. El águila indica cómo hay que proceder, y el caduceo designa a aquel que debe atacar al adversario, nuestro

[1] *Introitus ad occlusum Regis palatium* Op. cit., cap. VIII, 3, 4.
[2] Se ve que el adepto habla de la preparación del *mercurio filosófico* como si fuera la primera de todas. Omite deliberadamente la que procura el disolvente universal, que supone conocida y acabada. En realidad, se trata de la primera operación de la segunda obra. Se trata de un artificio filosófico corriente del que prevenimos a los discípulos de Hermes.
[3] «Separarás la tierra del fuego lo sutil de lo espeso suavemente, con gran industria.» Hermes Trimegisto en *La tabla de esmeralda*.
[4] *Mutus Liber, in quo tamen Philosophia Hermetica figuris hieroglyphicis depingitur ter optimo maximo Deo misericordi consecratus solisque filiis artis dedicatus authore cujus nomen est Altus* Acerca de este excelente tratado, véase *Alchimie*, editado por Jean-Jacques Pauvert, pág. 40, sequentes y passim. (N. del T.: El autor de este libro, aparecido en 1964 y que lleva el subtítulo de *Etudes de Symbolisme hermétique et de pratique Philosophale* es Eugène Canseliet.)
[5] J. F. Henckel, *Flora Saturnisans*. París, J. T. Herissant, 1760, cap. IV, p. 78.

mercurio disolvente. En cuanto al jovencito mitológico, su desnudez es la traducción del despojamiento total de las partes impuras, y la corona, el índice de su nobleza. Simboliza, finalmente, por sus dos caduceos, el *mercurio doble*, epíteto que ciertos adeptos han sustituido al de *filosófico*, para mejor diferenciarlo del *mercurio simple* o común, nuestra agua viva y disolvente[1]. Ese *mercurio doble* es el que encontramos representado en la chimenea de Terre-Neuve por la cabeza humana simbólica que sostiene entre sus dientes el cordoncillo del escudo cargado de emblemas. La expresión animal de la máscara de ojos ardientes, su fisonomía enérgica y devorada por los apetitos hacen sensibles la potencia vital, la actividad generadora y todas esas facultades de producción que nuestro mercurio ha recibido del concurso recíproco de la Naturaleza y del arte. Hemos visto que se recoge encima del agua, cuya superficie y lugar más elevado ocupa. Y ello ha movido a Louis d'Estissac a mandar colocar su imagen en la cúspide del panel decorativo. En cuanto al bucráneo, esculpido sobre el mismo eje, pero en la parte baja de la composición, indica ese *caput mortuum* inmundo, grosero, *tierra condenada* del cuerpo, impura, inerte y estéril que la acción del disolvente separa, rechaza y precipita como un residuo inútil y sin valor.

Los filósofos han traducido la unión del fijo y del volátil, del cuerpo y del espíritu por la figura de la *serpiente que devora su cola*. El *ouroboros* de los alquimistas griegos (oυρα, *cola* y βoρoς, *devorador*) reducido a su expresión más simple, toma así la forma circular, trazado simbólico del infinito y de la eternidad, como también de la perfección. Es el círculo central del mercurio en la notación gráfica, y el mismo que señalamos, ornado de hojas y de frutos para indicar su facultad vegetal y su poder fructificante en el bajo relieve que estudiamos. Por añadidura, el signo es completo, pese al cuidado que nuestro adepto tuvo para disimularlo. Si lo examinamos bien, veremos, en efecto, que la corona lleva en su curvatura superior las dos expansiones en espiral, y en la inferior, la cruz, figurada por los cuernos y el eje frontal del bucráneo, complementos del círculo en el signo astronómico del planeta Mercurio.

Nos falta analizar el escudo central, que hemos visto llevado por la cabeza humana (y, en consecuencia, colocado bajo su dependencia), imagen del *mercurio filosófico* que domina los diversos motivos del panel. Esta relación entre la máscara y el escudo demuestra bastante el papel esencial de la materia hermética en la exposición cabalística de estos singulares escudos de armas. Tales caracteres misteriosos expresan, en pocas palabras, toda la labor filosofal, no ya con ayuda de formas tomadas de la flora y la fauna, sino por figuras de notación gráfica. Este paradigma constituye así una verdadera fórmula alquímica. Advirtamos, primero, tres estrellas, características de los tres grados de la Obra o, si se prefiere, de los tres estados sucesivos de una misma sustancia. El primero de estos asteriscos, aislado hacia el tercio inferior del escudo, designa nuestro *primer mercurio* o aquella *agua viva* cuya composición nos han mostrado los dos gnomos *estefanóforos*. Por la solución del *oro filosófico* que nada indica aquí ni en otra parte[2], se obtiene el *mercurio filosófico*, compuesto por el fijo y el volátil, aún no radicalmente unidos, pero susceptibles de coagulación. Este mercurio segundo viene expresado por las dos V entrelazadas por la punta, signo alquímico conocido del alambique. Nuestro mercurio es, lo sabemos, el *alambique de los sabios*, cuya cucúrbita y cuya tapadera representan los dos elementos espiritualizados y unidos. Con el mercurio filosófico solo los sabios emprenden este largo trabajo, constituido por operaciones numerosas[3], que han llamado *cocción* o *maduración*. Nuestro compuesto, sometido a la acción lenta y continuada del fuego, destila, se condensa, se eleva, baja, se hincha, se vuelve pastoso, se contrae, disminuye de volumen y, agente de sus propias cohobaciones, adquiere poco a poco una consistencia sólida. Elevado así un grado, este mercurio, convertido en fijo por acostumbramiento al fuego, tiene necesidad, otra vez, de ser disuelto por el agua primera, escondida aquí tras el signo I, seguido de la letra M, es decir, *espíritu de la magnesia*, otro nombre del disolvente. En la notación alquímica, toda barra o trazo, cualquiera que sea su dirección, es la signatura gráfica convencional del *espíritu*, lo que merece que se tenga en cuenta si se quiere descubrir, qué cuerpo se disimula bajo el epíteto de *oro filosófico*, padre del mercurio[4] y Sol de la Obra. La mayúscula M sirve para identificar nuestra *magnesia* de la que, por otra parte, es la inicial. Esta segunda licuefacción del cuerpo coagulado tiene por objeto aumentarlo y fortificarlo, alimentándolo con la leche mercurial a la que debe la ser, la vida y el poder vegetativo. Se convierte por segunda vez en volátil, mas para tomar, al contacto con el fuego, la consistencia seca y dura que había adquirido precedentemente. Y así llegamos a la cúspide de la vara de carácter extraño cuyo aspecto recuerda la cifra 4, pero que figura., en realidad, la vía, el camino que debemos seguir. Llegado a este punto, una tercera solución, semejante a las dos primeras, nos conduce, siempre por el recto camino del *régimen* y la *vía lineal* del fuego, al astro segundo, emblema de la materia perfecta y coagulada que bastará cocer continuando los grados requeridos sin apartarse jamás de aquella *vía lineal* que concluye la barra del *espíritu*, fuego o azufre incombustible. Tal es el signo, ardientemente deseado, de la piedra o medicina del

---

[1] En las ya editadas *Doce claves de la filosofía*

[2] «Debes saber que esta solución y separación jamás ha sido descrita por ninguno de los antiguos sabios filósofos que han vivido antes que yo y que han sabido este Magisterio. Y si han hablado de ello, no ha sido sino mediante enigmas y figuras, y no a las claras.» Basilio Valentín, *Testamentum*.

[3] Los artistas que han creído que la tercera obra se concluía con una cocción continua que no exigía otra ayuda que la de un fuego determinado, de temperatura igual y constante, se han equivocado ruidosamente. La verdadera cocción no se efectúa en absoluto de esa manera, y es la última piedra miliar contra la que tropiezan aquellos que, tras largos y penosos esfuerzos alcanzan al fin la posesión del mercurio filosófico.Una indicación útil podrá levantarlos: los colores no son obra del fuego, no aparecen sino por la voluntad del artista, y no se los puede observar más que *a través del vidrio*, es decir, en cada fase de coagulación. Pero ¿sabrá comprendérsenos mejor?

[4] El padre del Hermes griego fue Zeus, el señor de los dioses, Pues bien: Zευς se aproxima a Zευξiς, que señala la acción de *juntar, unir, ensamblar, casar.*

primer orden. En cuanto al ramo florido de una estrella, situado fuera de lugar, demuestra que, por reiteración de la misma técnica, la piedra puede multiplicarse en cantidad y calidad gracias a la fecundidad excepcional que ha recibido de la Naturaleza y del arte. Pues bien, como su fertilidad exuberante proviene del agua primitiva y celeste, la cual da al azufre metálico la actividad y el movimiento a cambio de su virtud coagulante, se comprende que la piedra no difiera del mercurio filosófico más que en perfección y no en sustancia. Los sabios, pues, tienen razón al enseñar que «la piedra de los filósofos o nuestro mercurio y la piedra filosofal son *una sola y misma cosa, de una sola y misma especie*», aunque una sea más madura y excelente que la otra. Referente a este mercurio, que es también la *sal de los sabios* y la *piedra angular* de la Obra, citaremos un pasaje de Khunrath[1], muy transparente pese a su estilo enfático y al abuso de frases incidentes. «La piedra de los filósofos -dice nuestro autor- es Ruach Elohim (que reposaba -*incubebat*- en las aguas [*Génesis*,]), concebida por la mediación del cielo (sólo Dios, por su pura bondad, queriéndolo así) y hecha *cuerpo verdadero* y cayendo bajo los sentidos, en el útero virginal del mundo mayor primogenerada, o del caos creada, es decir la *tierra*, vacía e inane, y el *agua*. Es el hijo nacido en la luz del Macrocosmos, de aspecto vil (a los ojos de los insensatos), deforme y casi ínfimo, pero consustancial y semejante a su autor (*parens*), pequeño mundo (no imagines aquí que se trata del hombre o de cualquier otra cosa, de o por él), católico, tri-uno, hermafrodita, visible, sensible al tacto, al oído, al olfato y al gusto, local y finito, manifestado regeneratoriamente por sí mismo y, por medio de la mano obstétrica del arte de la fisicoquímica, glorificado en su cuerpo desde su asunción. Capaz de servir para comodidades o *usos* casi infinitos, y miríficamente saludables para el microcosmos y el macrocosmos en la trinidad católica. Oh, tú, hijo de perdición, deja, pues, con seguridad el azogue (**udrarguron**) y con él, todas, las cosas, cualesquiera que sean, mangónicamente preparadas para ti. Tú eres el tipo del pecador, no del Salvador. Puedes y debes ser librado, pero no liberar tú mismo. Tú eres la figura del mediador que conduce al error, a la ruina y a la muerte y no dé aquel que es bueno y lleva a la verdad, al crecimiento y a la vida: Ha reinado, reina y reinará natural y universalmente sobre las cosas naturales. Es el hijo católico de la naturaleza, la *sal* (sábelo) de *saturno*, fusible según su constitución particular, permanente en todas partes y siempre en la naturaleza por sí mismo, y, por su origen y su virtud, *universal*. Escucha y está atento: *esta sal es la piedra muy antigua*. ¡Es un misterio! Su núcleo (*nuclens*) es el *denario*. ¡Cállate harpocráticamente! Quien pueda comprender, que comprenda. He dicho. *La sal de sapiencia*, no sin causa grave, ha sido ornada por los sapientes con muchos sobrenombres. Han dicho que nada había más útil en el mundo que ella y el *Sol*. Estudia esto.»

Pero antes de proseguir, nos permitiremos hacer una observación de alguna importancia, dirigida a nuestros hermanos y a los hombres de buena voluntad. Pues nuestra intención es dar aquí el complemento de lo que hemos enseñado en una obra anterior[2].

Los más instruidos de los nuestros en la cábala tradicional, sin duda han sido sorprendidos por la relación existente entre la *vía*, el *camino* trazado por el jeroglífico que afecta la forma de la cifra 4, y el *antimonio mineral* o *stibium*, claramente indicado por ese vocablo topográfico. En efecto, el oxisulfuro de antimonio natural se llamaba, entre los griegos, Stimmi o Stibi. Pues bien; Stibia es el *camino*, el *sendero*, la *vía* que el investigador (Stibeuç) o *peregrino* recorre en su viaje, y que pisotea (Sietbw).

Estas consideraciones, basadas en una correspondencia exacta de palabras, no han escapado a los viejos maestros ni a los filósofos modernos, los cuales, apoyándolas con su autoridad, han contribuido a extender ese error nefasto de que el antimonio vulgar era el misterioso *sujeto* del arte. Confusión lamentable, obstáculo invencible contra el cual han ido a dar centenares de investigadores. Desde Artefio, que comienza su tratado[3] con las palabras «El antimonio es de las partes de Saturno...», hasta Filaleteo, que titula una de sus *obras Experiencias sobre la preparación del mercurio filosófico por el régulo de antimonio marcial estrellado y la plata*, pasando por *El carro triunfal del antimonio* de Basilio Valentín y la afirmación peligrosa, en su positivismo hipócrita, de Batsdorff, el número de aquellos que se han dejado enredar en esta trampa grosera es sencillamente prodigioso. La Edad Media ha visto a los sopladores y a los arquimistas volatilizar, sin ningún resultado, toneladas de mercurio amalgamado con oro estibiado. En el siglo XVIII, el sabio químico Juan Federico Henckel[4] confiesa, en su *Tratado de la apropiación*, que durante largo tiempo se entregó a esas costosas y vanas experiencias. «El régulo de antimonio -dice- se considera como un medio de unión entre el mercurio y los metales, y he aquí la razón: ya no es mercurio ni aun metal perfecto; ha cesado de ser el uno y ha comenzado a convertirse en el otro. Sin embargo, no debo dejar en silencio que he emprendido inútilmente grandísimos trabajos para unir más íntimamente el oro y el mercurio mediante el régulo de antimonio.» ¿Y quién sabe si buenos artistas no siguen aún hoy el ejemplo deplorable de los espagiristas medievales? Por desgracia, cada loco anda con su tema, cada cual se adhiere a la suya, y lo que podamos decir no prevalecerá en absoluto contra un prejuicio tan tenaz. No importa. Nuestro deber es, ante todo, ayudar a los que no se nutren de quimeras, y escribiremos para ellos solos, sin preocuparnos lo más mínimo de los demás. Recordemos, pues, que otra similitud de palabras permitiría igualmente inferir que la piedra filosofal podría proceder del antimonio. Se sabe que los alquimistas del siglo XIV llamaban *kohl* o *kohol* a su medicina universal, de las palabras árabes *al cohol*, que significan *polvo sutil*, término que ha tomado más tarde, en nuestro idioma, el sentido de *aguardiente* (alcohol). En árabe, kohl es, se dice, el oxisulfuro de antimonio pulverizado que emplean los

---

[1] Henri Khunrath, *Amphithéatre de l'Eternelle Sapience*, París, Chacornac, 1900, página 156.

[2] Cf. Fulcanelli, *El misterio de las catedrales*, Barcelona, Plaza & Janés 1967.

[3] *Le Secret Livre du Tres-ancien Philosophe Artephius, en Trois Traitez de la Philosophie naturelle*. París, Guillaume Marette, 1612.

[4] J. F. Henckel, *Opuscules Mineralogiques*, cap. III, 404. París, Herissant, 1760.

musulmanes para teñirse de negro las cejas. Las mujeres griegas se servían del mismo producto, que se llamaba **platnoflalmon**, es decir, *gran ojo*, porque el uso de ese artificio hacía parecer a sus ojos más anchos (de **platuç**, ancho, y **oflalmoç**, ojo). He aquí, se pensará, sugestivas relaciones. Compartiríamos, ciertamente, esa opinión si ignorásemos que no entraba la menor molécula de estibina en el *platyophthalmon* de los griegos (sulfuro de mercurio sublimado), el *kohl* de los árabes y el *cohol* o *cohel* de los turcos. Los dos últimos, en efecto, se obtenían por calcinación de una mezcla de estaño granulado y agalla. Tal es la composición química del *kohl* de las mujeres orientales, del que los antiguos alquimistas se sirvieron como término de comparación para enseñar la preparación secreta de su antimonio. Ése es el ojo solar que los egipcios llamaban *udja*. Figura, también, entre los emblemas masónicos, rodeado de una gloria en el centro de un triángulo. Este símbolo ofrece el mismo significado que la letra G, séptima del alfabeto, *inicial del nombre vulgar del Tema de los sabios*, que figura en medio de una estrella radiante. Esta materia es el *antimonio saturniano* de Artefio, el *régulo de antimonio* de Tolio y el verdadero y único *stibium* de Miguel Maier y de todos los adeptos. En cuanto a la estibina mineral, no posee ninguna de las cualidades requeridas y, de cualquier manera que se la quiera tratar, no se obtendrá jamás de ella ni el disolvente secreto ni el mercurio filosófico. Y si Basilio Valentín da a éste el sobrenombre de *peregrino* o *viajero* (**stibeuç**)[1], porque debe, nos dice, *atravesar seis ciudades celestes* antes de fijar su residencia en la séptima; si Filaleteo nos asegura que él solo es nuestra *vía* (**stibia**), no hay razones suficientes para invocar que estos maestros hayan pretendido designar el antimonio vulgar como generador del mercurio filosófico. Esta sustancia está demasiado alejada de la perfección, de la pureza y de la espiritualidad que posee el *húmedo radical* o *simiente metálica* -que, por otra parte, no podría encontrarse en la tierra- para sernos de veras útil. El *antimonio de los sabios*, materia prima extraída directamente de la mina, «no es propiamente mineral y menos aún metálico, como nos enseña Filaleteo[2], pero sin participar de esas dos sustancias tiene su medio entre una y otra. No es, sin embargo, corporal puesto que es enteramente volátil. No es en absoluto espíritu, pues se licua en el fuego como un metal. Es, pues, un *caos* lo que hace las veces de madre de todos los metales». La *flor* (**anlemon**) metálica y mineral, la primera rosa, negra en verdad, ha permanecido aquí abajo como una parcela del caos elemental. De ella, de esta flor de las flores (*flos florum*) extraemos primero nuestra *gelatina blanca* (**stibh**), la cual es el espíritu que se mueve sobre las aguas y el revestimiento blanco de los ángeles. Reducida a esta blancura resplandeciente, es el *espejo* del arte, la *antorcha* (**stilbh**), la *lámpara* o la *linterna*[3], la brillantez de los astros y el esplendor del Sol (*splendor solis*), y también, unida al oro filosófico, se convertirá en el planeta metálico *Mercurio* (**bwn arthe**), el *nido* del pájaro (**stibaç**), nuestro fénix y su piedracita (**stia**). Finalmente, es la *raíz, tema* o *eje* (lat. *stipes, stirps*) de la Gran Obra y no el antimonio vulgar. Sabed, pues, hermanos, a fin de no errar más, que nuestro término *antimonio*, derivado del griego **anlemwn**, designa, por un juego de palabras familiar a los filósofos, el *asno-timón (ânetimon)*, el guía que conduce, en la Biblia, a los judíos, a la *fuente*. Es el *Aliboron* mítico, **Aeliforon**, el *caballo del Sol*. Una palabra más. No debéis ignorar que, en la lengua primitiva, los cabalistas griegos tenían la costumbre de sustituir por cifras ciertas consonantes para las palabras cuyo sentido ordinario querían velar bajo otro sentido hermético. Se servían, así, de la *episemon* (**stagion**), de la *koppa*, de la *sampi* o de la *digama*, a las que adaptaban un valor convencional. Los nombres, modificados por este procedimiento, constituían verdaderos criptogramas, aunque su forma y su pronunciación parecieran no haber sufrido alteración. Pues bien; el vocablo *antimonio*, **stimmi**, se escribía siempre con episemon (**ç**), equivalente a las dos consonantes juntas *sigma* y *tau* (**st**) cuando se lo empleaba para caracterizar el tema hermético. Escrito de ese modo, **çimmi** ya no es la estibina de los mineralogistas, sino una *materia señalada* por la Naturaleza o, mejor, un movimiento, dinamismo o vibración, *vía sellada* (**ç-immenai**), a fin de permitir al hombre la identificación, signo muy particular y sometido a las reglas del número *seis*. **Episemon**, palabra formada por **Epi**, *sobre*, y **shma**, *signo*, significa, en efecto, *marcado con un signo distintivo*, y este origen debe corresponder al número seis. Además, un término próximo, frecuentemente empleado para la asonancia en cábala fonética, la palabra **Episthmwn** indica *el que sabe, el que está instruido en, hábil para*. Uno de los personajes importantes de Pantagruel, el hombre de ciencia, se llama Epistemon. Y el artesano secreto, el espíritu encerrado en una sustancia bruta, traduce el epistemon griego, porque este espíritu es capaz por sí solo de ejecutar y realizar la obra entera, sin otro concurso que el del fuego elemental.

Nos resultaría fácil completar lo que hemos dicho del mercurio filosófico y de su preparación, pero no nos corresponde desvelar por entero este importante secreto. La enseñanza escrita no sería capaz de sobrepasar la que los prosélitos recibían antaño en los misterios menores de Agra. Y si nos plegamos de buen grado a la tarea ingrata del Hidrano antiguo, por el contrario el ámbito esotérico de las Grandes Eleusinias nos está prohibido formalmente.

---

[1] Viejas estampas con la leyenda *Icon peregrini* representan al Mercurio hermético bajo la imagen de un peregrino que asciende por un sendero abrupto y rocoso, en un paraje de peñas y grutas. Tocado con un ancho sombrero plano, se apoya con una mano en su bastón, y con la otra sostiene un escudo en el que figuran el Sol y tres estrellas. Unas veces joven, alerta y vestido con cuidado, y otras viejo, cansado y miserable, es seguido siempre por un perro fiel que parece compartir su buena o mala fortuna.

[2] *Introitus apertus ad occlusum Regis palatium. Op. cit.*, cap. II, 2.

[3] Un dibujo con pluma de oca ejecutado por el adepto Lintaut en su manuscrito titulado *L'Aurore* (bibl. de l'Arsenal, siglo XVII, n.º 3020) muestra el alma de un rey coronado, yacente, inerte, en una ancha losa, que se eleva, con el aspecto de un niño alado, hacia una linterna suspendida en medio de nubes espesas. Señalemos, asimismo, para los hermetistas, lo que dice Rabelais del viaje al país de *Lanternois* que hace realizar a los héroes de su *Pantagruel*.

Antes de recibir la iniciación suprema, los mistes griegos juraban, por su vida y en presencia del hierofante, no revelar jamás nada de las verdades que les fueran confiadas. Pues bien; nosotros no hablamos a algunos discípulos seguros y probados, en la sombra de un santuario cerrado, ante la imagen divina de una venerable Ceres -piedra negra importada de Pesinonte- o de la Isis sagrada, sentada en el bloque cúbico; nosotros discurrimos en el umbral del templo, bajo el peristilo y ante la muchedumbre, sin exigir de nuestros oyentes ningún juramento previo. En presencia de condiciones tan adversas, ¿cómo sorprenderse de vernos utilizar prudencia y discreción? Ciertamente, deploramos que las instituciones iniciáticas de la Antigüedad hayan desaparecido para siempre y que un exoterismo estrecho haya sustituido el espíritu amplio de los misterios de otrora, pero creemos, con el filósofo[1], «que es más digno de la naturaleza humana, y más instructivo, admitir lo maravilloso buscando extraer de él lo verdadero antes que tratarlo todo, desde el principio, de mentira o de consagrarlo como milagro, para escapar a su explicación». Pero ésas son lamentaciones superfluas. El tiempo, que todo lo destruye, ha hecho tabla rasa de las civilizaciones antiguas. ¿Qué queda hoy de ellas sino el testimonio histórico de su grandeza y de su poder, recuerdo enterrado en el fondo de los papiros o piadosamente exhumado de suelos áridos, poblados de emotivas ruinas? Por desgracia, los últimos mistagogos se llevaron su secreto, y ya sólo a Dios, padre de la luz y dispensador de toda verdad, podemos solicitar la gracia de las altas revelaciones.

Éste es el consejo que nos permitimos dar a los investigadores sinceros, a los hijos de ciencia en favor de los cuales escribimos. Tan sólo la iluminación divina les proporcionará la solución del oscuro problema: ¿dónde y cómo obtener ese *oro misterioso*, cuerpo desconocido susceptible de animar y fecundar el agua, primer elemento de la naturaleza metálica? Las esculturas ideográficas de Louis d'Estissac permanecen mudas acerca de este punto esencial, pero puesto que nuestro deber está orientado hacia el respeto a las voluntades del adepto, limitaremos nuestra solicitud a señalar el obstáculo situándolo en la práctica.

Antes de pasar al examen de los motivos superiores, debemos decir aún una palabra sobre el escudo central, cargado de jeroglíficos, que acabamos de analizar. La monografía citada del castillo de Terre-Neuve, que creemos redactada por el difunto señor de Rochebrune, encierra un pasaje bastante singular referente a los símbolos en cuestión. El autor, tras una breve descripción de la chimenea, añade: «Es una de las hermosas obras de piedra ejecutada por los adornistas de Louis d'Estissac. El escudo colocado bajo el del señor de ese hermoso castillo está decorado en su centro con el *monograma* del maestro imaginero. Está coronado por el *cuatro*, cifra simbólica que se halla casi siempre unida a todos esos monogramas de artistas, grabadores, impresores o pintores vidrieros, etc. Aún se busca la *clave* de este signo extraño de cofradía.» He aquí, en verdad, una tesis cuando menos sorprendente. Es posible que su autor haya encontrado en ocasiones una sigla en forma de cuatro que sirviera para clasificar o identificar ciertas piezas de arte. En cuanto a nosotros, que la hemos señalado entre numerosos objetos curiosos, de carácter netamente hermético -estampas, vidrieras, objetos de mayólica, de orfebrería, etcétera-, no podemos admitir que esa cifra pueda constituir una *figura de cofradía*. No pertenece a *escudos corporativos*, pues éstos deberían presentar, en tal caso, los útiles e insignias especiales de los cuerpos de oficios considerados. Tampoco puede clasificarse ese blasón en la categoría de las armas parlantes ni de los testimonios de nobleza, ya que éstos no obedecen en absoluto a las reglas heráldicas, y aquéllas están desprovistas del sentido en imágenes que caracteriza los jeroglíficos. Por otra parte, sabemos pertinentemente que los artistas a los que Louis d'Estissac confió la decoración de su vivienda están olvidados por completo: sus nombres no nos han sido conservados. Tal vez esta laguna autoriza la hipótesis de una marca personal del artista, mientras que esos mismos caracteres, provistos de un significado preciso, se hallan corrientemente en las fórmulas alquímicas. Por añadidura, no se puede explicar la indiferencia del sabio simbolista que fue el adepto de Coulonges frente a su obra, en tanto que, contentándose él mismo con un escudo modesto, abandona al capricho de sus artesanos una adaraja más espaciosa que la suya propia. ¿Por qué razón el ordenador y creador de un paradigma hermético tan armonioso, tan conforme a la pura doctrina hasta en sus menores detalles, hubiera tolerado la aplicación de jeroglíficos extraños si estos últimos debían estar en desacuerdo flagrante con el resto? Concluimos que la hipótesis de un signo cualquiera de cofradía no puede sostenerse. No existe ejemplo en el que el pensamiento de una obra haya estado concentrado en la firma misma del artesano, aunque tal sea el error cometido por una interpretación defectuosa de la analogía.

V

Una inscripción latina, que ocupa toda la anchura del entablamento, se lee encima de los paneles simbólicos, los cuales nos han suministrado hasta ahora la materia de nuestro estudio. Comprende tres palabras separadas las unas de las otras por dos vasos pirógenos, y forma el epígrafe siguiente:

NASCENDO QUOTIDIE MORIMUR[2]

Naciendo, morimos cada día. Grave pensamiento de Séneca el Filósofo, axioma que apenas se esperaría hallar aquí.

---

[1] *Comment l'Esprit vient aux tables. Op. cit.*, p. 25.

[2] *Morimur* es una forma antigua de *moriemur*.

Es evidente que esta verdad profunda, pero de orden moral, parece discordante y sin relación directa con el simbolismo que la rodea. No se acaba de ver qué valor puede asumir, en medio de emblemas herméticos, la exhortación severa de tener que meditar acerca de la suerte miserable que la vida nos reserva, sobre el implacable destino que impone a la Humanidad la muerte como meta real de la existencia, el caminar hacia el sepulcro como condición esencial de la estancia terrestre, el féretro como razón de ser de la cuna. Tal vez fuera para recordarnos, simplemente -derivativo saludable-, que es útil conservar en el espíritu la imagen de las angustias y de la incertidumbre supremas, el temor del inquietante Desconocido, frenos necesarios de nuestras pasiones y nuestros extravíos. O acaso el sabio ordenador del monumento, al provocar de modo incidental ese despertar de conciencia invitándonos a reflexionar, a mirar de cara lo que tememos más, quisiera persuadirnos de la vanidad de nuestros deseos, de nuestras esperanzas, de la impotencia de nuestros esfuerzos y de la inanidad de nuestras ilusiones. No lo creemos. Pues por expresivo y riguroso que pueda ser para el común el sentido literal del epígrafe, es cierto que debemos descubrir en él otro, adecuado y conforme al esoterismo de esta obra magistral. Pensamos, en efecto, que el axioma latino tomado por Louis d'Estissac al estoico preceptor de Nerón no deja de tener su razón. Es lo único escrito en este *mutus liber*. No se duda de que sea consecuente y esté puesto allí para enseñar lo que la imagen no sería capaz de traducir.

Un simple examen de la inscripción demuestra que de los tres términos que concurren para formarla, dos están precedidos de un signo especial, las palabras *quotidie* y *morimur*. Este signo, un pequeño rombo, era llamado por los griegos **romboç**, de **rembw**, *equivocarse, extraviarse, girar en torno de*. La indicación de un sentido engañador, susceptible de hacer errar, está, pues, muy clara. Y se ha servido de *dos signos* para señalar que existen dos sentidos **(amfiboloç)** en esta frase *diplomática*. En consecuencia, si se determina cuál de los tres miembros presenta una acepción doble, se descubrirá, sin dificultad, el sentido secreto velado bajo el sentido literal. Pues bien; el mismo carácter grabado ante *quotidie* y *morimur* atestigua que estas palabras permanecen invariables y conservan su valor ordinario. *Nascendo*, por el contrario, al estar desprovisto de todo indicio, encierra otro significado. Empleándolo en gerundio, invoca, sin modificación ortográfica., la idea de *producción*, de *generación*. No hay que leer, pues, *Naciendo*, sino mejor *Para producir, para generar*. Así, el misterio, desprovisto de su ganga, permite advertir la razón oculta del axioma anfibológico. Y la fórmula superficial que recuerda al hombre su origen mortal se borra y desaparece. Ahora, el simbolismo, en su lenguaje figurado, se dirige al lector y le enseña: *Para producir, morimos cada día*. Son los padres del niño hermético quienes hablan, y su lenguaje es verdadero, pues, en realidad, mueren juntos no sólo para darle el ser, sino también para asegurar su crecimiento y desarrollar su vitalidad. Mueren todos los días, es decir, cada uno de los seis días de la Obra que rigen el aumento y la multiplicación de la piedra. El niño nace de su muerte y se nutre de sus cadáveres. Se ve hasta qué punto el sentido alquímico se revela expresivo y luminoso. Limojon de Saint-Didier enuncia, pues, una verdad primordial cuando asegura que la «piedra de los filósofos nace de la destrucción de dos cuerpos». Añadiremos que la piedra filosofal -o nuestro mercurio, su materia próxima- nace igualmente del combate, de la mortificación y de la ruina de dos naturalezas contrarias. Así, en las operaciones esenciales del arte, vemos que hay siempre dos principios que producen un tercero, y que esta generación depende de una descomposición previa de sus agentes. Aún más: el mercurio filosófico, por sí mismo, única sustancia del Magisterio, jamás puede dar nada si muere, y no fermenta y entra en putrefacción al final del primer estadio de la Obra. Finalmente, trátese de la obtención del azufre, del elixir o de la medicina, no se logrará transformar unos u otros, en potencia o en cantidad, mientras no se les haya devuelto a su estado mercurial, próximo al *rebis* original y, como tales, dirigidos hacia la corrupción. Pues es una ley fundamental en hermética lo que expresa el viejo adagio: *Corruptio unius es generatio alterius*. Huginus à Barma nos dice en el capítulo de las *Positions hermétiques*[1] que «quienquiera ignore el medio de destruir los cuerpos, ignora asimismo el medio de producirlos». En otro lugar, el mismo autor enseña que «si el mercurio no se tiñe, no teñirá». Pues bien; el mercurio filosófico empieza con el negro, signo de su mortificación, la serie cromática del espectro filosofal. Tal es su primera tintura, y tal es, también, la primera indicación favorable de la técnica, la señal precursora del éxito, que consagra la maestría del artesano. «Ciertamente -escribe Nicolas Flamel en el *Libro de las figuras jeroglíficas*-, quien no ve esa negrura al comienzo de sus operaciones, durante los días de la piedra, aunque vea otro color cualquiera, falta por entero al Magisterio y con ese caos no puede ya realizarlo. Pues no trabaja bien, puesto que no se produce putrefacción. Y si no hay putrefacción, no se corrompe, ni se engendra y, por consecuencia, la piedra no puede alcanzar vida vegetativa para crecer y multiplicarse.» Más adelante, el gran adepto afirma que la solución del compuesto y su licuefacción bajo la influencia del fuego provocan la disgregación de las partes juntas, cuyo color negro constituye la. prueba cierta. «Pues -dice- esta negrura y color enseñan claramente que, en este comienzo, la materia y compuesto comienza a pudrirse y a disolverse en polvo más menudo que los átomos del Sol, los cuales se cambian luego en agua permanente. Y esta disolución es llamada por los filósofos *codiciosos muerte, destrucción y perdición*, porque las naturalezas cambian de forma. De ahí han surgido tantas alegorías sobre los muertos, las tumbas y los sepulcros. Los otros la han *llamado calcinación, denudación, separación, trituración y asación*, porque las confecciones se ven cambiadas y reducidas a pequeñísimas piezas y partes. Los otros, *reducción* a primera materia, *ablandamiento, extracción, conmixción, licuefacción, conversión de elementos, sutilización, división, humación, impastación y destilación*, porque las confecciones resultan licuadas, reducidas a semilla, reblandecidas y circulan por el matraz. Los otros, *xir, putrefacción, corrupción, sombras cimerias, gruta, infierno, dragones, generación, ingresión, sumersión, complexión, conjunción e impregnación*, porque la materia es negra y

[1] Huginus à Barma, *Le Règne de Saturne changé en Siècle d'or*. S.M.I.S.P. *ou le Magistère des Sages*. París, Pierre Derieu, 1780.

acuosa, y las naturalezas se mezclan perfectamente y retienen unas de otras.» Cierto número de autores -Filaleteo, en particular- demostraron la necesidad y la. utilidad de la muerte y la putrefacción minerales con ayuda de una similitud extraída del grano de trigo. Sin duda, tomaron la idea de la parábola evangélica recogida por san Juan (cap. XII, v. 24). El apóstol transcribe estas palabras de Cristo: «En verdad, en verdad os digo que, si el grano de trigo no cae en la tierra y muere, quedará solo; pero si muere, llevará mucho fruto.»

Pensamos haber desarrollado bastante el sentido secreto del epígrafe *Nascendo quotidie morimur*, y haber demostrado cómo este axioma clásico, hábilmente empleado por Louis d'Estissac, arroja una luz nueva sobre la obra lapidaria del sabio hermetista.

VI

De la chimenea simbólica, sólo nos falta hablar de la cornisa. Está dividida en seis artesones oblongos, adornados de motivos simétricos repetidos dos a dos, y resume los principales puntos de la práctica.

Dos égidas reniformes ocupan sus extremos y tienen su borde cóncavo prolongado en forma de concha. Su campo ofrece la imagen de una cabeza de medusa, con su cabellera de serpientes, de donde surgen dos rayos. Se trata de los emblemas de las materias íniciales; la una, ardiente e ígnea, representada por la máscara de Gorgona y sus rayos, y la otra, acuosa y fría, sustancia pasiva representada bajo el aspecto de una concha marina que los filósofos llaman *mérelle*, de las palabras griegas mhthr y elh, *madre de la luz*. La reacción mutua de estos elementos primarios, agua y fuego, proporciona el mercurio común, de calidad mixta, que es esta *agua ígnea* o este *fuego acuoso* que nos sirve de disolvente para la preparación del *mercurio filosófico*.

Sucediendo a las égidas, los bucráneos indican las dos mortificaciones que aparecen al comienzo de los trabajos preliminares: la primera realiza el *mercurio común*, y la segunda da nacimiento al *rebis hermético*. Estas testas descarnadas de buey solar ocupan el lugar de los cráneos humanos, de los fémures cruzados, de las osamentas esparcidas o de los esqueletos enteros de la iconografía alquímica. Son, como ellos, llamados *cabezas de cuervo*. Es el epíteto ordinario aplicado a las materias en vías de descomposición y corrupción, las cuales vienen caracterizadas en el trabajo filosofal por el aspecto aceitoso y graso, el olor fuerte y nauseabundo, la calidad viscosa y adherente, la consistencia mercurial, la coloración azul, violeta o negra. Nótese que los cordoncillos que atan los cuernos de estos bucráneos están cruzados en forma de X, atributo divino y primera manifestación de la luz, antes difusa en las tinieblas de la tierra mineral.

En cuanto al mercurio filosófico, cuya elaboración jamás es revelada, ni siquiera tras el velo del jeroglífico, hallamos, no obstante, sus efectos en uno de los escudos decorativos que se hallan junto al acanto mediano. Aparecen dos estrellas grabadas encima del creciente lunar, imagen del *mercurio doble* o *rebis*, que la cocción transforma primero en azufre blanco, medio fijo y fusible. Bajo la acción del fuego elemental, la operación proseguida y continuada conduce a las grandes realizaciones finales representadas, en el escudo opuesto, por dos *rosas*. Éstas, como se sabe, marcan el resultado de los dos Magisterios, el pequeño y el grande, medicina blanca y piedra roja, de las que la flor de lis, que se ve debajo de ellas, consagra su verdad absoluta. Es el signo del conocimiento perfecto, el emblema de la Sabiduría, la corona del filósofo, el sello de la Ciencia y de la Fe unidas al poder, espiritual y temporal, de la Caballería.

EL HOMBRE DE LOS BOSQUES

EL HOMBRE DE LOS BOSQUES, HERALDO MÍSTICO DE THIERS

Pintoresca subprefectura del Puy-de-Dôme, Thiers posee un notable y elegantísimo espécimen de arquitectura civil del siglo XV. Se trata de la casa llamada del *Homme des Bois*, construcción de bovedilla reducida hoy a sólo el primer piso, pero cuya conservación sorprendente convierte en preciosa a los ojos de los aficionados al arte, como a los amantes de la Edad Media francesa (lámina XX).

Se abren a la fachada cuatro vanos de arcos en ajimez con nervaduras fileteadas y en rediente. Están separados entre sí por columnillas adosadas con capiteles compuestos por máscaras grotescas tocadas con gorro de orejas largas, y soportan otras tantas figurillas resguardadas bajo ligeros doseletes, delicados y calados. A los vanos superiores corresponden, como basamento, paneles ornados con pergaminos, pero los pilares achaflanados que los bordean como prolongación de las columnillas muestran fauces devoradoras de dragones a guisa de capiteles.

El tema principal, que sirve de enseña a la vieja mansión, es un personaje análogo al que hemos visto, manejando un tronco de árbol, en el poste de serbal de la casa de Lisieux. Esculpido en el mismo lugar y casi con los mismos gestos, parece entroncarse con la misma tradición. Nada se sabe de él, sino que cumple su quinto centenario y que generaciones de habitantes de Thiers lo han visto siempre, desde su edificación, adosado al panel de su vieja vivienda. Este bajo relieve en madera, de talla amplia, pero bastante rudimentaria, de dibujo ingenuo, del que la edad y las intemperies acusan su carácter contradictorio, representa a un hombre de elevada estatura, hirsuto, vestido con pieles cosidas transversalmente con el pelo hacia afuera. Con la cabeza desnuda, sonríe enigmático, algo distante, y se apoya en un largo bastón terminado, en su extremidad superior, por un rostro de anciana encapuchada y muy fea. Los pies, desnudos también, se apoyan en una masa formada por sinuosidades rudas cuya grosería de ejecución apenas permite identificarlas. Tal es el *hombre de los bosques*, al que un cronista local llama la *esfinge de Thiers*. «Los bitordos no se inquietan -escribe- por sus orígenes, ni por su gesto ni por su silencio. No saben de él más que una cosa, y es el nombre que lleva en su memoria, el nombre salvaje y sin gracia del que se sirven para hablar de él y que perpetúa su recuerdo a través de las edades. Los extranjeros y los turistas son más simpáticos y más curiosos. Se detienen ante él como un objeto precioso. Detallan a placer los rasgos de su fisonomía y de su anatomía. Intuyen una historia llena de interés local y, acaso, de interés general. Interrogan a sus guías, pero esos guías resultan tan ignorantes y casi tan mudos como los bitordos guardianes de ese solitario. Y éste se venga con la ignorancia de unos y otros y con la estupidez de los demás conservando su secreto.»

Se ha planteado la pregunta de si esta imagen no representa a san Cristóbal, considerando la de un Niño Jesús que habría ocupado el panel opuesto y vacío de la fachada. Pero aparte de que nadie conserva el menor recuerdo sobre el tema que antaño disimulara la chapuza de la derecha -suponiendo que haya llegado a existir-, habría que admitir que el zócalo que soporta a nuestro eremita figura las olas. Nada menos seguro que esta hipótesis. Pues, ¿cómo explicar, en efecto, su milagrosa permanencia sobre las aguas, y sobre unas aguas cuya superficie sería convexa? Por otro lado, la sola ausencia de Jesús a espaldas del coloso justifica la exclusión de un parecido posible con san Cristóbal. Incluso suponiendo que pudiera encarnar a Ofero -primera personalidad del gigante cristiano antes de su conversión-, no sería posible encontrar ninguna razón satisfactoria de la vestidura simiesca que imprime a nuestra estatua su carácter particular. Y si la leyenda asegura que el transportador de Jesús tuvo que arrancar un árbol a fin de luchar contra la violencia de la corriente y la inexplicable pesadez de su divina carga, no señala en absoluto que ese árbol llevara una efigie, una marca distintiva cualquiera. Pero nosotros conocemos demasiado la elevada conciencia y la escrupulosa fidelidad que ponían a contribución los «imagineros» medievales para la traducción de sus temas, para aceptar una suposición de tan escaso fundamento.

El *hombre de los bosques*, resultado de una voluntad clara y reflexiva, expresa necesariamente una idea precisa y fuerte. Se convendrá en que no puede haber sido realizado y colocado allí sin objeto y que, según este espíritu, el afán decorativo parece no intervenir sino a título secundario. Según nuestra opinión, lo que se ha querido afirmar, lo que el bajo relieve de Thiers indica con claridad, es que designa la vivienda de un alquimista desconocido. Sella la antigua morada filosofal y revela su misterio. Su individualidad hermética indiscutible se completa y acentúa aun al contacto de las otras figurillas que la acompañan y que, si carecen de la envergadura y la energía expresiva del tema principal, esos pequeños actores de la Gran Obra no por ello dejan de ser más instructivos. Hasta tal punto, que se tropezaría con la mayor dificultad para resolver el enigma si se omitiera comparar entre ellos a esos personajes simbólicos. En cuanto al sentido propio del *hombre de los bosques*, se concentra, sobre todo, en la cabeza de matrona con que termina su cetro rústico. Rostro de dueña con el cráneo envuelto en un capuchón, tal aparece aquí, en su forma plástica, la versión de nuestra *madre loca*. Así designaba el pueblo -en el tiempo de las parodias alegres de la fiesta del Asno- a los altos dignatarios y maestres de ciertas instituciones secretas. La *Infantería dijonesa* o *Cofradía de la Madre loca* no es otra que la ciencia hermética misma, considerada en toda la extensión de su enseñanza. Y como esta ciencia confiere a quien la abraza y la cultiva la sabiduría integral, resulta de ello que el gran loco esculpido en la fachada de Thiers es, en realidad, un sabio, pues se apoya en la *Sapiencia*, árbol seco y *cetro de la madre loca*. Este hombre simple, de cabellos abundantes y mal peinados, con barba inculta, este *hombre de la naturaleza* al que sus conocimientos tradicionales empujan a menospreciar la vanidosa frivolidad de los pobres locos que se creen sabios, domina desde lo alto a los otros hombres como domina el montón de piedras que pisotea[1]. Él es el iluminado porque ha recibido la luz, la *iluminación espiritual*. Tras una máscara de serenidad indiferente, conserva su mutismo y coloca su secreto al abrigo de las vanas curiosidades, de la actividad estéril de los histriones de la comedia humana. Es él, ese silencioso, quien representa para nosotros el miste antiguo (del griego Musthç, jefe de los iniciados)[2], encarnación griega de la ciencia mística o misteriosa (musthrion, *dogma secreto, esoterismo* (lám. XXI).

Pero al lado de su función esotérica, que nos muestra lo que debe ser el alquimista, sabio de espíritu simple y escrutador atento de la Naturaleza, a la que tratará siempre de imitar como el mono imita al hombre[3], el *hombre de los bosques* revela otra. Y ésta completa aquélla. Pues el loco, emblema humanizado de los hijos de Hermes, evoca aún el *mercurio* mismo, única y propia materia de los sabios. Es ese *artifex in opere* del que habla el *himno de la Iglesia cristiana*, ese artesano escondido en el centro de la obra, capaz de hacerlo todo con la ayuda exterior del alquimista. Es él, pues, el dueño absoluto de la Obra, el trabajador oscuro y jamás ocioso, el agente secreto y el *fiel* o *leal* servidor del filósofo. Y es esta incesante colaboración de la previsión humana y de la actividad natural, esta dualidad del esfuerzo combinado y dirigido hacia una misma meta, lo que expresa el gran símbolo de Thiers. En cuanto al medio por el cual el *mercurio filosófico* se da a conocer y puede ser identificado, vamos ahora a descubrirlo.

En un viejo almanaque que, con las *Claviculas de Salomón* y los *Secretos del Gran Alberto*, constituía antaño lo más obvio de la impedimenta científica de los mercachifles[4], se encuentra, entre las láminas que ilustran el texto, un singular grabado en madera. Representa un esqueleto rodeado de imágenes destinadas a marcar las correspondencias planetarias «con las de las partes del cuerpo que las afectan y dominan». Pues mientras el Sol nos ofrece, con este propósito, su faz radiante, y la Luna, su perfil engastado del creciente, Mercurio aparece bajo el aspecto de un *loco de corte*. Se le ve tocado con un capuz de peregrino con orejas puntiagudas -como los capiteles que hemos señalado en la base de las figurillas- y sosteniendo un caduceo a guisa de cetro de bufón. A fin de que no haya lugar a interpretaciones erróneas, el artista se ha tomado el trabajo de escribir el nombre de cada planeta bajo su propio signo. Se trata, pues, de una verdadera fórmula simbólica utilizada en la Edad Media para la traducción esotérica del Mercurio celeste y del *azogue de los sabios*. Por lo demás, basta con recordar que la palabra francesa *fou* (loco; antes se decía *fol*) procede del latín *follis, soplillo* para el fuego, para evocar la idea del *soplador*, epíteto despectivo dado a los espagiristas medievales. Incluso más tarde, en el siglo XVII, no es raro encontrar, en las caricaturas de los émulos de Jacques Callot, algunos grotescos ejecutados con el espíritu simbólico cuyas manifestaciones filosofales estudiamos nosotros. Conservamos el recuerdo de cierto dibujo que representaba a un bufón sentado con las piernas cruzadas en X y disimulando tras su espalda un fuelle voluminoso. No cabría mostrarse sorprendido, pues, de que las sabandijas de la corte, muchas de las cuales se han hecho célebres, tuvieran un origen hermético. Su atavío abigarrado, sus extraños perifollos -llevaban a la cintura una *vejiga* que llamaban *linterna*-, sus brincos y sus mixtificaciones lo prueban, así como ese raro privilegio, que los emparejaba con los filósofos, de decir, impunemente, atrevidas verdades. Por fin, el *mercurio*, llamado *loco de la Gran Obra* a causa de su inconstancia y volatilidad, ve confirmado su significado en la primera lámina del tarot, llamada el *loco* o el *alquimista*[5].

Por añadidura, el *cetro* de los locos, que es positivamente un sonajero (crotalon)[6], objeto de entretenimiento de niños pequeños y juguete de la primera edad, no difiere del *caduceo*. Los dos atributos ofrecen una evidente analogía entre sí, aunque el cetro del bufón exprese, además, esa simplicidad innata que poseen los niños y que la ciencia exige a los sabios. Uno y otro son imágenes semejantes. Momos y Hermes llevan el mismo instrumento, signo revelador del *mercurio*. Trazad un círculo en el extremo superior de una vertical, añadid al círculo dos cuernos y obtendréis el gráfico secreto utilizado por los alquimistas medievales para designar su materia mercurial[7]. Pues

---

[1] Señalemos, de paso, que se trata de piedras amontonadas o de alguna roca con fisuras, y no de olas, lo que aquí se reproduce. La prueba evidente la encontramos en un tema del siglo XVI situado en la misma región: el bajo relieve de Adán y Eva en Montferrand (Puy-de-Dôme). Se ve a nuestros primeros padres tentados por la serpiente de cabeza humana enrollada en torno al árbol paradisíaco. El suelo de esta bella composición es tratado de la misma manera, y el árbol de la vida desarrolla sus raíces alrededor de un montículo en todos los aspectos semejante a aquel en el que se apoya el *hombre de tos bosques.*

[2] Musthç procede de mnw, *callarse, guardar silencio, celar,* de donde la vieja palabra francesa *musser,* que corresponde al picardo *mucher,* esconder, disimular.

[3] Tal es la razón de su aspecto vestimentario y de su nombre local.

[4] *Le gran Calendrier ou Compost des Bergers, composé par le Berger de la Grand-Montagne, for utile et profitable à gens de tous estats, reformé selon le Calendrier de N. S. Père le Pape Grégoire XIII. A Lyon, chez Louys Odin, 1633.*

[5] Algunos ocultistas sitúan al *loco* o *alquimista* al final de la veintiuna cartas del juego, es decir, a continuación de la que figura el mundo, y a la que se atribuye el más alto valor. Semejante orden no tendría la menor consecuencia -pues el *loco*, desprovisto de número está fuera de serie-, si ignorásemos que el tarot, jeroglífico complemento de la Gran Obra, contiene las veintiuna operaciones o fases por las cuales pasa el mercurio filosófico antes de alcanzar la perfección final del elixir. Pues bien, ya que la obra se ejecuta precisamente por el loco o mercurio preparado, sometido a la voluntad del operador, nos parece lógico nombrar a los artesanos antes que los fenómenos que deben nacer de su colaboración.

[6] En griego, crotalwn, *cascabel,* corresponde a nuestro *crótalo* o serpiente de cascabel y se sabe que, en hermetismo, todas las serpientes son jeroglíficos del mercurio de los sabios.

[7] Hasta el siglo XVI no fue añadida una barra transversal a la vara primitiva, con objeto de figurar la cruz, imagen de muerte y de resurrección.

bien, este esquema, que reproduce bastante fielmente el cetro del bufón y el caduceo, era conocido en la Antigüedad; se ha descubierto grabado en una estela púnica en Lilibeo[1]. En resumidas cuentas, el *cetro de bufón* parece tratarse de un caduceo, de esoterismo más transparente que la vara de las serpientes rematada o no con el pétalo alado. Su nombre en francés, *marotte*, diminutivo de *mérotte*, madrecita, según algunos o de *María*, la madre universal, según otros, subraya la naturaleza femenina y la virtud generadora del mercurio hermético, madre y nodriza de nuestro rey.

Menos evocador es el *caduceo*, que conserva, en lengua griega, el sentido de anunciador. Las palabras chruceion y chrucion, *caduceo*, designan ambas al *heraldo* o pregonero. Por sí sola, su primitiva común, chrux, el *gallo* (porque esta ave anuncia el comienzo del día y de la luz, la *aurora*) expresa una de las cualidades del azogue secreto. Es la razón por la cual *el gallo, heraldo del Sol*, estaba consagrado al dios Mercurio y figura en nuestros campanarios. Si nada, en el bajo relieve de Thiers, recuerda a esa ave, no puede negarse, sin embargo, que esté oculto tras el vocablo del caduceo, que nuestro *heraldo* sostiene con las dos manos. Pues el bastón o cetro que llevaban los oficiales de heráldica se llamaba *caduceo* como la vara de Hermes. Se sabe, además, que entraba en las atribuciones de los heraldos el elevar, en signo de *victoria* o de acontecimiento feliz, especies de monumentos conmemorativos llamados en Francia *Monts-joie*. Se trataba de simples montículos o amontonamientos de piedras, de *monts de joie* (montes de alegría). El hombre de los bosques se nos aparece, pues, a la vez, como el representante del *mercurio*, o loco de naturaleza, y el *heraldo místico*, obrero maravilloso al que su obra maestra eleva sobre el montículo en cuestión, signo revelador de su victoria material. Y si este rey de armas, este triunfador, prefiere a la opulenta dalmática. de los heraldos su túnica de fauno, es con objeto de mostrar a los demás el camino recto que ha tomado él mismo, la prudente simplicidad que ha sabido observar, la indiferencia que manifiesta con respecto a los bienes terrestres y a la gloria mundana.

Junto a un tema de tan gran envergadura, los personajillos que lo acompañan desempeñan un papel muy borroso, pero se cometería un error si se menospreciara su estudio. Ningún detalle es superfluo en iconografía hermética, y estos humildes depositarios de arcanos, modestas imágenes del pensamiento ancestral, merecen ser interrogados y examinados con cuidado. Menos con un fin decorativo que con la caritativa intención de iluminar a quienes le testimoniaran interés, han sido colocados allí. En lo que a nosotros concierne, jamás nos hemos arrepentido de haber consagrado demasiado tiempo y atención al análisis de jeroglíficos de esta clase. A menudo, nos han aportado la solución de problemas abstrusos, y en la aplicación, el éxito que buscábamos en vano obtener sin el concurso de su enseñanza.

Las figurillas, esculpidas bajo su dosel y que soportan las cabezas de los capiteles, son cinco. Cuatro de ellas llevan el manto del filósofo, que apartan para mostrar los diferentes emblemas de su cargo. La más alejada del *hombre de los bosques* se alza en la rinconera formada por el ángulo de una pequeña hornacina moderna de estilo gótico que abriga tras sus vidrios una estatuilla de la Virgen. Se trata de un hombre muy cabelludo y de barba larga, que sostiene en su mano izquierda un libro, y aprieta en la derecha el mango de una jabalina o lanza. Estos atributos, en extremo sugestivos, designan formalmente las dos materias, activa y pasiva, cuya reacción mutua suministra, al final del combate filosófico, la primera sustancia de la Obra. Algunos autores -Nicolas Flamel y Basilio Valentín, en particular- han dado a estos elementos el epíteto convencional de *dragones*. El *dragón celeste*, al que representan alado, caracteriza el cuerpo volátil, mientras que el *dragón terrestre*, áptero, designa el cuerpo fijo. «De estos dos *dragones o principios metálicos* -escribe Flamel[2]-, he dicho en el *Sumario* antes citado que el enemigo inflamaria por su ardor el fuego de su enemigo, y que entonces, si se prestaba atención, se vería por el aire una humareda venenosa y maloliente, mucho peor en llama y en veneno que la cabeza emponzoñada de una serpiente y dragón babilonio.» Generalmente, y cuando no hablan más que del dragón, los filósofos se refieren al volátil. A éste recomiendan darle muerte atravesándolo de un lanzazo, y esta operación es el tema, entre ellos, de numerosas fábulas y alegorías variadas. El agente está velado tras diversos nombres de valor esotérico semejante: Marte, Marthe, Marcelo, Miguel, Jorge, etc., y estos caballeros del arte sagrado, tras una ardorosa lucha de la que salen siempre victoriosos, abren, en el costado de la serpiente mítica, una ancha herida de la que brota una *sangre negra, espesa y viscosa*[3]. Tal es la secreta verdad que proclama, desde lo alto de su cátedra de madera, el heraldo secular, inerte y mudo, atornillado al cuerpo de su vieja mansión.

El segundo personaje se muestra más discreto y reservado. Apenas levanta el pliegue de su manto, pero este gesto permite distinguir un grueso *libro cerrado* que tiene apretado contra su cintura. Pronto volveremos a hablar de él.

A éste le sucede un caballero de actitud enérgica que agarra el puño de su estoque. Arma necesaria que utilizará para arrebatar la vida al *león terréstre y volador* o *grifo*, jeroglífico mercurial que hemos estudiado en la casa de Lisieux. Volvemos a hallar aquí la exposición emblemática de una operación esencial, la de la fijación del mercurio

---

[1] Philippe Berger, *Revue archéologique*, abril de 1884.

[2] El libro de las figuras jeroglíficas, op. cit.

[3] El mito del dragón y del caballero que lo ataca desempeña un papel importante en las leyendas heroicas o populares, así como en las mitologías de todos los pueblos. Las narraciones escandinavas, lo mismo que las asiáticas, nos describen tales hazañas. En la Edad Media, el caballero Gozon, el caballero Belzunce, san Román, etc., combaten con el dragón y lo matan. La fábula china se aproxima más a la realidad. Nos cuenta que el célebre alquimista Hujumsin, elevado a la divinidad por haber descubierto la piedra filosofal había dado muerte a un terrible dragón que asolaba el país, y clavó el despojo del monstruo en el fuste de una columna «que se ve aún hoy», dice la leyenda. Después de lo cual, se elevó al cielo.

y de su mutación parcial en azufre fijo. «La sangre fija del león rojo -dice a este propósito Basilio Valentín[1]- está hecha de la sangre volátil del león verde, porque ambos son de una misma naturaleza.» Señalemos que existen pocas versiones diferentes en las parábolas de que se sirven los autores para describir este trabajo. La mayoría, en efecto, se limita a representar el combate del caballero y del león, como puede comprobarse en el castillo de Coucy (tímpano de la puerta del torreón) y en uno de los bajo relieves del *Carroir doré*[2], de Romorantin (lám. XXII).

No seríamos capaces de dar una interpretación exacta de la figurilla que sigue. Por desgracia, está mutilada e ignoramos qué emblemas presentaba con sus manos hoy rotas. La única del cortejo simbólico del *hombre de los bosques*, esta joven de vestidura ampliamente abierta, aureolada y meditativa, toma un carácter claramente religioso, y podría, verosímilmente, representar una virgen. En este caso, veríamos en ella el jeroglífico humanizado de nuestro primer tema. Pero esto no es más que una hipótesis, y nada nos permite desarrollar el argumento. Pasaremos de largo, pues, sobre este gracioso motivo lamentando que esté incompleto, para estudiar el último de los figurantes, el *peregrino*.

Nuestro viajero, sin duda alguna, ha caminado largo tiempo. Sin embargo, su sonrisa es bastante elocuente de hasta qué punto está feliz y satisfecho de haber cumplido su voto. Pues el zurrón vacío y el bordón sin calabaza indican que este digno hijo de la Auvernia ya no tiene que preocuparse de comer y beber. Por añadidura, la concha fijada al sombrero, insignia especial de los peregrinos de Santiago, demuestra que procede directamente de Compostela. Lleva consigo el infatigable peatón el *libro abierto* -ese libro adornado con las bellas imágenes que Flamel no sabía explicar- que una revelación misteriosa le permite ahora traducir y poner en ejecución. Este libro, aunque sea muy corriente, aunque todo el mundo puede adquirirlo con facilidad, no puede, sin embargo, ser *abierto*, es decir, comprendido, sin revelación previa. Sólo Dios, por intercesión del «señor Santiago», concede, a quienes juzga dignos de ello, el rayo de luz indispensable. Es el *libro del Apocalipsis*, de páginas cerradas con siete sellos, el libro iniciático que nos presenta los personajes encargados de exponer las elevadas verdades de la ciencia. Santiago, discípulo del Salvador, no lo abandona. Con la calabaza , el bordón bendito y la concha, posee los atributos necesarios para la enseñanza escondida de los peregrinos de la Gran Obra. Y ése es el primer secreto, el que los filósofos no revelan y que reservan bajo la expresión enigmática del *camino de Santiago* [3].

Todos los alquimistas están obligados a emprender este peregrinaje. Al menos, en sentido figurado, pues se trata de un viaje *simbólico*, y quien desea obtener provecho de él no puede, ni por un solo instante, abandonar el laboratorio. Le es preciso vigilar sin tregua el recipiente, la materia y el fuego. Debe, día y noche, permanecer en la brecha. Compostela, ciudad emblemática, no está en absoluto situada en tierra española, sino en la tierra misma del sujeto filosófico. Camino rudo, penoso, lleno de imprevistos y de peligro. ¡Ruta larga y fatigosa por la cual el potencial se actualiza y lo oculto se manifiesta! Y esta preparación delicada de la materia prima, o *mercurio* común, es lo que los sabios han velado tras la alegoría de la peregrinación a Compostela.

Creemos haber dicho que nuestro mercurio es ese peregrino, ese *peregrino* al que Miguel Maier consagró uno de sus mejores tratados[4]. Pues bien; utilizando la *vía* seca, representada por el *camino terrestre* que sigue, al partir, nuestro peregrino, se consigue exaltar poco a poco la virtud difusa y latente, transformando en actividad lo que no era sino potencia. La operación está terminada cuando aparece en la superficie una *estrella brillante*, formada por rayos que emanan de un centro único, prototipo de las grandes *rosas* (rosetones) de nuestras catedrales góticas. Ése es el signo cierto de que el peregrino ha llegado felizmente al término de su primer viaje. Ha recibido la bendición mística de Santiago, confirmada por la huella luminosa que irradiaba, se dice, por encima de la tumba del apóstol. La humilde y común concha que llevaba en el sombrero se ha transformado en astro brillante, en aureola de luz. Materia pura cuya perfección consagra la estrella hermética: es ahora nuestro compuesto, el agua bendita de Compostela (lat. *compos*, que ha recibido, que posee; *stella*, estrella) y el *alabastro* de los sabios (*albastrum*, contracción de *alabastrum*, albo astro). También es el *vaso* de los perfumes, *el vaso de alabastro* (gr. **alaqastron**, lat. *alabastrus*) y la yema naciente de la *flor* de sapiencia, *rosa hermetica*.

De Compostela, el regreso puede efectuarse bien por la misma vía, siguiendo un itinerario diferente, bien por la vía húmeda o marítima, la única que los autores indican en sus obras. En este caso, el peregrino, escogiendo la ruta marítima, se embarca conducido por un *piloto* experto, *mediador* experimentado, capaz de asegurar la salvaguarda

---

[1] *Les Douze Clefs de Philosophie. Op. cit.* lib. II, p. 140; Ed. de Minuit, 1956, p. 231.

[2] El *Carroir doré*, edificio de madera del siglo XV comprende una planta baja de la que ya no queda más que la estructura y un desván apiñonado añadido posteriormente. Las casas, como los libros y los hombres, en ocasiones tienen un extraño destino. La mala suerte quiso que esta linda casa perdiera sus torrecillas de los ángulos. Edificada en efecto, en la intersección de dos calles, forma un ángulo cortado y sabido es el partido que los constructores medievales sabían obtener de tal disposición achaflanando y redondeando los salientes laterales de las partes voladas mediante torrecillas, almenados o atalayas. Es de suponer que el *Carroir doré*, a juzgar por la forma ancha de los postes de serbal colocados sin apoyo, debía de presentar ese aspecto armonioso y original de que gustaba la estética medieval. Por desgracia, no subsisten hoy más que los modillones esculpidos, desgastados, medio carcomidos, miserables expansiones óseas, rótulas descarnadas de un esqueleto de madera.

[3] Por eso se llama aún la *vía láctea*. Los mitólogos griegos nos dicen que los dioses tomaban esta vía para dirigirse al palacio de Zeus, y que los héroes la seguían igualmente para entrar en el Olimpo. El camino de Santiago es la *ruta estrellada*, accesible a los elegidos, a los mortales valerosos, sabios y perseverantes.

[4] *Viatorium: Hoc est de Montibus Planetarum septem seu metallorum.* Ruán, Jean Berthelin, 1651.

del navío durante toda la travesía. Tal es el papel ingrato que asume el *piloto de la onda viva*[1], pues la mar está sembrada de escollos y las tempestades son en ella frecuentes.

Estas sugestiones ayudan a comprender el error en el que gran cantidad de ocultistas han caído, tomando el sentido literal de narraciones puramente alegóricas, escritas con la intención de enseñar a los unos lo que es preciso esconder a los otros. Albert Poisson mismo se dejó atrapar en la estratagema. Creyó que Nicolas Flamel, abandonando a dama Pernelle, su mujer, su escuela y sus iluminaciones, había realizado de veras, a pie y por la ruta ibérica, el voto formulado ante el altar de Saint-Jacques-la-Boucherie, su parroquia. Pues bien, nosotros certificamos -y puede confiarse en nuestra sinceridad- que jamás Flamel salió de la bodega donde ardían sus hornos. Quien sabe lo que es el bordón, la calabaza y la *mérelle* del sombrero de Santiago, sabe también que decimos la verdad. Sustituyendo por los materiales y tomando modelo del agente interno, el gran adepto observaba las reglas de la disciplina filosófica y seguía el ejemplo de sus predecesores. Raimundo Lulio nos dice que realizó, en 1267, inmediatamente después de su conversión y a la edad de treinta y dos años, el peregrinaje a Santiago de Compostela. Todos los maestros, pues, han empleado la alegoría, y esos relatos imaginarios que los profanos tomarían por realidades o cuentos ridículos, según el sentido de las versiones, son precisamente aquellos en que la verdad se afirma con la mayor claridad. Basilio Valentín termina su primer libro, que sirve de introducción a las *Doce claves*, con una escapada al Olimpo. Hace hablar a los dioses, y cada uno de ellos, empezando por Saturno, da su opinión, prodiga sus consejos y explica su influencia propia acerca de la marcha de la gran labor. Bernardo Trevisano dice, en cuarenta páginas, muy poca cosa, pero el interés de su *Libro de la filosofía natural de los metales* procede de las escasas páginas que componen su célebre *Parábola*. Wenceslao Lavinio de Moravia da el secreto de la Obra en una quincena de líneas, en el *Enigma del mercurio filosofal* que se encuentra en el *Tratado del cielo terrestre*. Uno de los manuales alquímicos más reputados de la Edad Media, el *Código de verdad*, llamado también *Turba Philosophorum*, contiene una alegoría en la que muchos artistas, en una escena patética que anima el espíritu de Pitágoras, interpretan el drama químico de la Gran Obra. Una obra anónima clásica, que se atribuye generalmente al Trevisano, el *Sueño verde*, expone la práctica bajo la fórmula tradicional del artesano transportado, durante su sueño, a una tierra celestial poblada de habitantes desconocidos que viven en medio de una flora maravillosa. Cada autor escoge el tema que le agrada, y lo desarrolla según su fantasía. El Cosmopolita toma de nuevo los diálogos familiares de la época medieval y se inspira en Jehan de Meung. Más moderno, Cyliani esconde la preparación del mercurio tras la ficción de una ninfa que le guía y le dirige en esta labor. En cuanto a Nicolas Flamel, se aparta de los senderos trillados y de las fábulas consagradas. Más original si no más claro, prefiere disfrazarse bajo los rasgos del *tema de los sabios* y dejar comprender a quien sepa esta autobiografía, reveladora pero supuesta.

Todas las efigies de Flamel lo representaban como *peregrino*. Así figuraba en el pórtico de la iglesia de Saint-Jacques.la.Boucherie y en el de Sainte-Geneviève-des-Ardents. Con el mismo atavío se hizo pintar en el arco del cementerio de los Inocentes. El *Dictionnaire historique* de Louis Moreri cita un retrato pintado por Nicolas Flamel que se veía expuesto en tiempos de Borel -o sea hacia 1650- en casa de Monsieur des Ardres, médico. También en este caso el adepto se había revestido con el atavío por el que sentía particular afecto. Detalle singular, «su gorro era de tres colores: negro, blanco y rojo», coloraciones de las tres fases principales de la Obra. Imponiendo a los escultores y pintores esta fórmula simbólica, Flamel el alquimista disimulaba la personalidad bruguesa de Flamel el escritor tras la de Santiago el Mayor, jeroglífico del mercurio secreto. Estas imágenes no existen ya hoy, pero podemos tener de ellas una idea bastante exacta gracias a las estatuas del apóstol ejecutadas en la misma época. Una obra magistral del siglo XIV perteneciente a la abadía de Westminster nos muestra a Santiago revestido con el manto, la muceta a un lado, tocado con el ancho sombrero ornado con la concha. Sostiene con su mano izquierda el *libro cerrado*, envuelto en un zurrón a guisa de estuche. Tan sólo el bordón, sobre el que se apoyaba con la mano derecha, ha desaparecido (lám. XXIII).

Este *libro cerrado*, símbolo claro del tema del que se sirven los alquimistas y que se llevan al partir, es el que sostiene con tanto fervor el segundo personaje del *hombre de los bosques*. El libro con figuras trazadas que permiten reconocerlo y apreciar su virtud y su objeto. El famoso manuscrito de Abraham el Judío, del que Flamel toma una copia de sus imágenes, es una obra del mismo orden y de calidad semejante. Así, la ficción, sustituyendo la realidad, toma cuerpo y se afirma en la caminata hacia Compostela. Sabido es hasta qué punto se muestra avaro el adepto con relación a informaciones sobre su viaje que efectúa de una sola tirada. «Pues de esta misma manera[2] -se limita a escribir- me puse en camino y tanto hice que llegué a *Montjoye* y luego, a Santiago donde, con gran devoción, cumplí mi voto.» He aquí, ciertamente, una descripción reducida a su más simple expresión. Ningún itinerario, ningún incidente, la menor indicación sobre la duración del trayecto. Los ingleses ocupaban entonces todo el territorio, pero nada de ello dice Flamel. Un solo término cabalístico, el de *Mont-joie*, que es evidente que el adepto emplea a propósito. Es el indicio de la etapa bendita, largo tiempo esperada en que el libro se abre al fin, el *monte alegre* en cuya cima brilla el astro hermético[3]. La materia ha sufrido una primera preparación, y el vulgar azogue se

---

[1] Es el título de una obra alquímica de Mathurin Eyquem, señor du Martineau, aparecida en casa de Jean d'Houry. Paris, 1678 (*Pilote de L'onde vive*).

[2] Es decir, bajo el hábito de peregrino con el que se hizo representar más tarde en el cementerio de los Inocentes.

[3] La leyenda de Santiago, narrada por Albert Poisson, contiene la misma verdad simbólica. «En 835, Teodomiro, obispo de Iria fue informado por un montañés de que, en una *colina cubierta de bosque*, a alguna distancia al oeste del monte Pedroso, le advertía por la noche una luz suave, ligeramente azulada y cuando el cielo no tenía nubes, veíase una *estrella* de un brillo maravilloso *por encima de ese mismo lugar*. Teodomiro se dirigió a la colina con todo su clero. Se realizaron excavaciones en el

ha convertido en hidrargirio filosófico, pero no explicamos nada más, pues la ruta seguida es sabiamente mantenida en secreto.

La llegada a Compostela implica la adquisición de la estrella. Pero el sujeto filosofal es aún demasiado impuro para experimentar la maduración. Nuestro mercurio debe elevarse progresivamente al supremo grado de pureza requerida, por una serie de sublimaciones que necesitan la ayuda de una sustancia especial, antes de ser parcialxnente coagulado en *azufre vivo*. Para iniciar a su lector en estas operaciones, Flamel cuenta que un mercader de Boulogne[1] -que identificamos con el mediador indispensable- lo puso en relaciones con un rabino judío, el maestro *Canches*, «hombre muy sabio en las ciencias sublimes». Nuestros tres personajes tienen así sus papeles respectivos perfectamente establecidos. Flamel, como hemos dicho, representa el *mercurio filosófico*. Su mismo nombre habla como un seudónimo escogido a propósito. Nicolas, en griego Νικολαος, significa *vencedor de la piedra* (de Νιχ, *victoria*, y λαος, *piedra*, roca). Flamel se acerca al latín *Flamma*, llama o fuego, que expresa la virtud ígnea y coagulante que posee la materia preparada, virtud que le permite luchar contra el ardor del fuego, nutrirse de él y triunfar sobre él. El *mercader* hace las veces de intermediario[2] en la sublimación, la cual reclama un fuego violento. En este caso, εμποροç, *mercader*, sustituye a εμπυροç, *que se trabaja por medio del fuego*. Es nuestro *fuego secreto* llamado *Vulcano lunático* por el autor de la *Antigua guerra de los caballeros*. El maestro Canches, que Flamel nos presenta como su iniciador, expresa el *azufre blanco*, principio de coagulación y de sequedad. Este nombre viene del griego καγκανοç, *seco, árido*, de καγκαινω, *calentar, desecar*, vocablos cuyo sentido expresa la cualidad estíptica que los antiguos atribuyen al azufre de los filósofos. El esoterismo se completa con la palabra latina *Candens*, que indica *lo que está blanco*, de un blanco puro, brillante, obtenido por el fuego, lo que es *ardiente y abrasado*. No podría caracterizarse mejor con una palabra el azufre en el plano psicoquímico, y el *iniciado* o *cátaro*, en el ámbito filosófico.

Flamel y el maestro Canches, aliados por una indefectible amistad, van ahora a viajar de concierto. El mercurio, sublimado, manifiesta su parte fija, y esta base sulfurosa marca el primer estadio de la coagulación. El intermediario es abandonado o desaparece , y ya no intervendrá más. Los tres se hallan reducidos a dos -azufre y mercurio-, los cuales realizan lo que se ha convenido en llamar la *amalgama filosófica*, simple combinación química aún no radical. Aquí interviene la cocción, operación encargada de asegurar al *compuesto* nuevamente formado la unión indisoluble e irreductible de sus elementos, y su transformación completa en azufre rojo fijo, *medicina de primer orden* según Jabir.

Los dos amigos se ponen de acuerdo para operar su regreso por mar en lugar de tomar la *vía terrestre*. Flamel no nos dice las causas de esta resolución, que se contenta con someter a la apreciación de los investigadores. Sea como fuere, la segunda parte del periplo es larga, peligrosa, «incierta y vana -dice un autor aónimo- si se desliza el menor error». Ciertamente, según nuestra opinión, la vía seca sería preferible, pero no nos queda elección. Cyliani advierte a su lector que no describe la vía húmeda, llena de dificultades e imprevistos, sino *por deber*. Nuestro adepto juzga lo mismo, y debemos respetar su voluntad. Es notorio que gran número de navegantes poco experimentados naufragaron en su primera travesía. Debe velarse siempre por la *orientación* del navío, maniobrar con prudencia, temer los saltos del viento, prever la tempestad, estar alerta, evitar la cueva de Caribdis y el escollo de Escila, luchar sin pausa, día y noche, contra la violencia de las olas. No es empresa fácil dirigir la nave hermética., y el maestro Canches, que suponemos ha servido de piloto y conductor a Flamel argonauta, debía ser muy hábil en la materia...

Es, por otro lado, el caso del azufre, que resiste enérgicamente a los asaltos, a la influencia detersiva de la humedad mercurial, pero acaba por ser vencido y por morir bajo sus golpes. Gracias a su compañero, Flamel pudo desembarcar sano y salvo en *Orleáns* (or-léans, *l'or est lá*, el oro está ahí), donde el viaje marítimo debía, natural y simbólicamente acabarse. Por desgracia, apenas en tierra firme, el maestro Canches, el buen *guía, muere*, víctima de los grandes vómitos que había sufrido en el agua. Su amigo, desolado, lo manda inhumar en la iglesia de la Santa Cruz[3] y regresa a su casa solo, pero instruido y satisfecho de haber alcanzada la meta de sus deseos.

Estos *vómitos* del azufre son los mejores indicios de su disolución y mortificación. Alcanzada esta fase, la Obra toma, en la superficie, el aspecto de un «pisto graso y salpimentado» -*brodium saginatum piperatum*, dicen los textos-. Desde este momento, el mercurio se ennegrece cada día más, y su consistencia se hace como de jarabe, y, luego, pastosa. Cuando el negro alcanza su máxima intensidad, la putrefacción de los elementos se consuma y su unión se realiza. Todo aparece firme en el vaso hasta que la masa sólida se resquebraja, se agrieta, se agota y cae, por fin, en polvo amorfo, negro como el carbón. «Verás entonces -escribe Filaleteo[4]- un color negro notable, y toda la tierra será desecada. La muerte del compuesto ha llegado. Los vientos cesan, y todas las cosas entran en el reposo. Es el gran eclipse del Sol y de la Luna. Ninguna luminaria luce ya sobre la tierra, y el mar desaparece.»

---

lugar y se halló, en un sarcófago de mármol un cuerpo perfectamente conservado que indicios ciertos revelaron como el del apóstol Santiago.» La catedral actual, destinada a sustituir la iglesia primitiva, destruida por los árabes en 997, fue construida en 1082.

[1] Boulogne presenta alguna analogía con Βουλαιοç, *que preside en tos consejos*. Diana recibía el sobrenombre de Βουλαια, *diosa del buen consejo*.

[2] Intermediario, en griego, se dice μεσιθç, de μεσοç, *que está en medio, que se mantiene entre dos extremos*. Es nuestro Mesías, que desempeña en la Obra la función mediadora de Cristo entre el Creador y su criatura, entre Dios y el hombre.

[3] Semejante a la de Cristo, la pasión del azufre, que muere a fin de rescatar a sus hermanos metálicos, termina en la cruz redentora.

[4] *Introitus apertus ad occlusum Regis palatium. Op. cit.*, cap. XX, 6.

Comprendemos así por qué Flamel relata la *muerte* de su amigo, y por qué éste, habiendo sufrido la dislocación de sus partes por una especie de *crucifixión*, tuvo su sepultura puesta bajo la advocación y el signo de la santa Cruz. Lo que comprendemos menos es el elogio fúnebre, bastante paradójico, que pronuncia nuestro adepto en honor del rabino: «Que Dios acoja su alma -exclama-, pues murió como *buen cristiano.*» Sin duda, no pensaba sino en el suplicio ficticio padecido por su compañero filosófico.

Tales son, estudiadas en el orden mismo de la narración, las relaciones -demasiado elocuentes para ser tachadas de simples coincidencias- que han contribuido a formar nuestra convicción. Estas concordancias singulares y precisas demuestran que el *peregrinaje de Flamel es una pura alegoría*, una ficción muy hábil e ingeniosa de la labor alquímica a la que se entregó aquel hombre caritativo y sabio. Nos falta ahora hablar de la obra misteriosa, de ese *Liber* que fue la causa inicial del periplo imaginario, y decir qué verdades esotéricas está encargado de revelar.

Pese a la opinión de ciertos bibliófilos, confesamos que siempre nos ha resultado imposible creer en la realidad del *Libro de Abraham el Judío*, ni en lo que sobre él cuenta su feliz poseedor en sus *Figuras jeroglíficas*. Según nuestra opinión, este famoso manuscrito, tan desconocido como inhallable, parece que no es sino otra invención del gran adepto, destinada, como la precedente, a instruir a los discípulos de Hermes. Se trata de un compendio de los caracteres que distinguen la materia prima de la Obra, así como de las propiedades que adquiere por su preparación. Entraremos, a este propósito, en algunos detalles propios para justificar nuestra tesis y suministrar útiles indicaciones a los amantes del arte sagrado. Fiel a la regla que nos hemos impuesto, limitaremos nuestra explicación a los puntos importantes de la práctica, evitando con cuidado sustituir con nuevas figuras aquellas que hayamos desvelado. Son cosas ciertas, positivas y verdaderas lo que enseñamos; cosas vistas por nuestros ojos, mil veces tocadas con nuestras manos, descritas sinceramente a fin de devolver al camino simple y natural a los errantes y a los engañados.

La obra legendaria de Abraham sólo nos es conocida por la descripción que Nicolas Flamel nos ha dejado en su célebre tratado[1]. A esta única relación, que incluye una pretendida copia del título, se limita nuestra documentación bibliográfica.

Según testimonio de Albert Poisson[2], el cardenal De Richelieu lo habría poseído. Basa su hipótesis en los papeles de un tal Dubois, ahorcado tras haber sido torturado, y que pasaba, con razón o sin ella, por ser el último descendiente de Flamel[3]. Sin embargo, nada prueba que Dubois hubiera heredado el singular manuscrito, y menos aún que Richelieu se hubiera apoderado de él, ya que ese libro jamás ha sido señalado en parte alguna desde la muerte de Flamel. En ocasiones se ve, es cierto, de tarde en tarde, pasar por el comercio supuestas copias del *Libro de Abraham*. Éstas, en pequeñísimo, no presentan ninguna relación entre sí, y se hallan repartidas en algunas bibliotecas privadas. Las que conocemos sólo son intentos de reconstitución basados en Flamel. En todas se encuentra el título, en francés, muy exactamente reproducido y conforme a la traducción de las *Figuras jeroglíficas*, pero sirve de enseña a versiones tan diversas, tan alejadas, sobre todo, de los principios herméticos, que revelan *ipso facto* su origen apócrifo. Pues Flamel exalta precisamente la claridad del texto, «escrito en hermoso y muy inteligible latín», hasta el punto de que se niega a transmitir el menor extracto a la posteridad. En consecuencia, no puede existir correlación, ni causa, entre el pretendido original y las copias apócrifas que señalamos. En cuanto a las imágenes que habrían ilustrado la obra en cuestión, también han sido realizadas a partir de la descripción de Flamel. Dibujadas y pintadas en el siglo XVII, forman parte, en la actualidad, del fondo alquímico francés de la biblioteca del Arsenal[4].

En resumen, tanto por el texto como por las figuras, tan sólo se han contentado con respetar, en esas tentativas de reconstitución, lo poco que Flamel ha dejado. Todo el resto es pura invención. Finalmente, como jamás ningún bibliógrafo ha podido descubrir el original, y nos encontramos en la imposibilidad material de confrontar la relación del adepto, nos vemos forzados a concluir que se trata, con seguridad, de una obra inexistente y supuesta.

El análisis del texto de Nicolas Flamel nos reserva, por otra parte, nuevas sorpresas. He aquí, en primer lugar, el pasaje de las *Figuras jeroglíficas* que contribuyó a extender, entre los alquimistas y los bibliófilos, la casi certidumbre de la realidad del libro llamado de Abraham el Judío: «Así, pues, yo, Nicolas Flamel, escribano, cuando tras el fallecimiento de mis padres me ganaba la vida con nuestro arte de escritura, haciendo inventarios, llevando las cuentas y restando los gastos de los tutores y de los menores, cayó en mis manos, por la suma de dos florines, un libro dorado muy viejo y ancho. No era en absoluto de papel o pergamino, como los otros, sino que estaba hecho, simplemente, de cortezas delgadas (me pareció) de tiernos arbolitos. Su cubierta era de cobre bien fino, toda grabada con letras o figuras extrañas. En cuanto a mí, creo que podían muy bien ser caracteres griegos o de otra lengua antigua parecida. Yo no sabía leerlas, y sé seguro que no eran notas, ni letras latinas o galas, pues entendemos un

---

[1] *Le Livre des Figures Hieroglifiques* de Nicolas Flamel, escrivain..., traduit du latin en françois par P. Arnauld, en *Trois Traitez de la Philosophie naturelle*, París, Guillaume Marette, 1622.

[2] Albert Poisson, *L'Alchimie au XIV siècle. Nicolas Flamel*. París, Chacornac, 1893.

[3] Flamel murió el 22 de marzo de 1418, día de fiesta de los alquimistas tradicionales. El equinoccio de primavera, en efecto, inaugura la era de los trabajos de la Gran Obra.

[4] Recueil de Sept Figures peintes. Bibl. del Arsenal, n.º 3047 (153, S.A.F.), o m 365x o m 225. En el reverso del folio A se halla una nota del secretario del Monsieur de Paulmy, a quien pertenecía la colección, nota corregida de puño y letra de Paulmy, donde se dice que «Las siete figuras iluminadas de este volumen son las famosas *Figuras que Nicolas Flamel encontró en un libro cuyo autor era Abraham el judío.*»

poco. En cuanto al interior, sus hojas de corteza estaban grabadas, y escritas con gran habilidad con una punta de hierro en hermosas y muy claras letras latinas coloreadas. Contenía tres veces siete hojas...»
¿Es necesario que señalemos ya lo extraño de una obra constituida por semejantes elementos? Su originalidad raya en la rareza, casi en la extravagancia. El volumen, muy ancho, se parece, por lo mismo, a los álbumes de forma italiana que contienen reproducciones de paisajes, arquitecturas, etc., estampas ordinariamente presentadas en anchura. Es, se nos dice, dorado, aunque su cubierta sea de cobre. Prosigamos. Las hojas son de corteza de arbolito. Sin duda, Flamel quiere decir de papiro, lo que daría al libro una respetable antigüedad, pero esas cortezas en lugar de estar escritas o pintadas directamente están grabadas con un punzón de hierro antes de su coloración. No lo comprendemos. ¿Cómo sabe el narrador que el estilete del que se habría servido Abraham era de hierro y no de madera o de marfil? Para nosotros constituye un enigma tan indescifrable como este otro: el legendario rabino escribió en latín un tratado dedicado a sus correligionarios, judíos como él. ¿Por qué ha hecho uso del latín, lengua científica corriente en la Edad Media? Podía haber prescindido, utilizando la lengua hebrea, menos extendida entonces, de lanzar el anatema y exclamar *Marantha* sobre aquellos que intentaran estudiar el volumen. Por fin, y pese a lo que asegura Flamel, éste no querer revelar su secreto más que para acudir en ayuda de los hijos de Israel, perseguidos en la misma época en que el futuro adepto se desvelaba sobre su texto: *A la gente de los judíos, por la ira de Dios dispersa en las Galias, salud,* exclama el *levita, príncipe, sacerdote y astrólogo* hebreo al comienzo de su grimorio.
Así, el gran maestro Abraham, doctor y luminaria de Israel, se revela, si lo tomamos al pie de la letra, como un mixtificador emérito, y su obra, fraudulentamente arcaica, se muestra desprovista de autenticidad, incapaz de resistir la crítica. Pero si consideramos que el libro y el autor jamás han tenido otra existencia que en la imaginación fértil de Nicolas Flamel, debemos pensar que todas estas cosas, tan diversas y singulares, encierran un sentido misterioso que importa descubrir.
Comencemos el análisis por el supuesto autor del grimorio ficticio. ¿Quién es Abraham? El patriarca por excelencia. En griego, **patriarchç** es el *primer autor de la familia,* de las raíces **pathr**, *padre,* y **arch**, *comienzo, principio, origen, fuente, fundamento.* El nombre latino *Abraham* que la Biblia da al venerable antepasado de los hebreos significa padre de una multitud. Es, pues, el primer autor de las cosas creadas, la fuente de todo cuanto vive aquí abajo, la única sustancia primordial cuyas diferentes especificaciones pueblan los tres reinos de la Naturaleza. El *Libro de Abraham* es, por consecuencia, el *Libro del principio,* y como este libro está consagrado, según Flamel, a la alquimia, parte de la ciencia que estudia la evolución de los cuerpos minerales, nos enteramos de que trata de la materia metálica original, base y fundamento del arte sagrado.
Flamel adquiere este libro por la suma de dos florines, lo que significa que el precio global de los materiales y del combustible necesarios para la obra se evaluaba en dos florines en el siglo XIV. La materia prima sola, en cantidad suficiente, valía entonces diez sueldos. Filaleteo, que escribía su tratado del *Introito* en 1645, eleva a tres florines el gasto total. «Así -dice-, verás que la Obra, en sus materiales esenciales, no excede el precio de los ducados o tres florines de oro. El gasto de fabricación del agua sobrepasa apenas dos coronas por libra[1].»
El volumen, *dorado, muy viejo y ancho* no se parece en nada a los libros ordinarios; sin duda, porque está hecho y compuesto de otra materia. El *dorado* que lo recubre le da el *aspecto metálico.* Y si el adepto asegura que es *viejo,* es sólo para determinar la elevada antigüedad del tema hermético. «Diría, pues, afirma un autor anónimo[2], que la materia de que se hace la piedra de los filósofos fue hecha a la vez que el hombre, y se llama *tierra filosofal...* Pero nadie la conoce aparte los verdaderos filósofos, que son los hijos del Arte.» Aunque este *libro,* no reconocido, sea muy común, encierra *muchas cosas* y contiene grandes verdades escondidas. Flamel, pues, tiene razón al decir que es *ancho.* En efecto, en latín *largus* significa *abundante, rico, copioso,* palabra derivada del griego **la**, *mucho,* y **ergon**, *cosa.* Además, el griego **platuç**, *ancho,* tiene igualmente el sentido de *utilizado, de muy extendido, de expuesto a todos los ojos.* No cabe definir mejor la universalidad del *tema de los sabios.*
Continuando con su descripción, nuestro escritor piensa que el libro de Abraham *estaba hecho de cortezas delgadas de tiernos arbolitos,* o, al menos, así lo parecía. Flamel no se muestra muy concluyente, y con razón, pues sabe muy bien que, salvo excepciones casi rarísimas, el pergamino medieval ha sustituido, desde hace tres siglos, al papiro de Egipto[3]. Y aunque no podamos parafrasear esta expresión lacónica, debemos reconocer que, sin embargo, es ahí donde el autor habla con más claridad. Un arbolito es un árbol pequeño, al igual que un mineral es un metal amarillo. La corteza o ganga, que sirve de envoltura a ese mineral, permite al hombre identificarlo con certidumbre, gracias a los caracteres exteriores de que reviste. Ya hemos insistido sobre el nombre que los antiguos daban a su materia, a la que llamaban *liber,* el libro. Pues bien, este mineral presenta una configuración particular. Las láminas cristalinas que forman su textura están, como en la mica, superpuestas a la manera de las páginas de un libro. Su apariencia exterior le ha valido el epíteto de *leproso* y de *dragón cubierto de escamas,* porque su ganga es escamosa, desagradable y ruda al tacto. Un simple consejo a este propósito: escoged con preferencia las muestras cuyas escamas son las anchas y más acusadas.
«... Su cubierta era de cobre bien delgado, toda grabada con letras o figuras extrañas.»

---

[1] *Introitus apertus ad occlusum Regis palatium. Op. cit.,* cap. XVII, 3.

[2] *Discours d'Autheur incertain sur la Pierre des Philosophes.* Manuscrito de la Biblioteca nacional de París fechado en 1590, n.º 19957 (antiguo Saint-Germain francés). Una copia manuscrita del mismo tratado, fechada en 1.º de abril de 1696, pertenece a la biblioteca del Arsenal, n.º 3031 (180, S.A.F.).

[3] El uso del papiro fue abandonado por completo a finales del siglo XI o comienzos del XII.

La mina afecta a menudo una coloración pálida como el latón, y, en ocasiones, rojiza como el cobre. En todos los casos, sus escamas aparecen cubiertas de alineaciones que se enredan y que tienen el aspecto de signos o caracteres extraños, variados y mal definidos. Hemos señalado más arriba el contrasentido evidente que existe entre el libro dorado y su encuadernación de cobre, pues no puede tratarse aquí de su estructura interna.

Es probable que el adepto desee atraer la atención, por una parte, hacia la *especificación metálica* de la sustancia figurada por su libro y, por otro lado, hacia la facultad que este mineral posee de trasmutarse parcialmente en oro. Esta curiosa propiedad viene indicada por Filaleteo en su *Comentario sobre la epístola de Ripley dirigida al rey Eduardo IV*: «Sin emplear el elixir trasmutatorio -dice el autor hablando de nuestro tema-, sé fácilmente extraer de él el oro y la plata que encierra, lo que puede ser certificado por quienes lo han visto tan bien como yo.» Esta operación no es aconsejable, pues quita todo valor a la Obra, pero podemos asegurar que la materia filosofal contiene en verdad el *oro de los sabios*, oro imperfecto, blanco y crudo, vil respecto del metal precioso, pero muy superior al oro mismo si no tomamos en consideración más que la labor hermética. Pese a su humilde cubierta de cobre con escamas grabadas, es, pues, a todas luces un *libro dorado*, un libro de oro como el de Abraham el Judío, y el *famoso librito de oro fino* de que habla Bernardo el Trevisano en su *Parábola*. Por añadidura, parecería que Nicolas Flamel hubiera comprendido qué confusión podía resultar, en el espíritu del lector, de esta dualidad de sentido, cuando escribe en el mismo tratado: «Que nadie, pues, me censure si no me comprende con facilidad, pues él será más censurable que yo, porque no siendo en absoluto un iniciado en estas sagradas y secretas *interpretaciones del primer agente* (que es la llave que abre las puertas de todas las ciencias), sin embargo, pretende comprender los conceptos más sutiles de los filósofos muy celosos, que no se escriben más que para quienes ya saben *esos principios*, los cuales no se encuentran jamás en ningún libro.»

En fin, el autor de las *Figuras jeroglíficas* termina su descripción diciendo: «En cuanto al interior, sus hojas de corteza estaban grabadas, y con gran habilidad escritas con una punta de hierro.»

Aquí no se trata ya del aspecto físico, sino de la preparación misma del sujeto. Revelar un secreto de este orden e importancia significaría franquear los límites que nos están impuestos. Tampoco intentaremos, como hemos hecho hasta ahora, comentar en lenguaje claro la frase equívoca y muy alegórica de Flamel. Nos contentaremos con atraer la atención sobre esta *punta de hierro* cuya secreta propiedad cambia la naturaleza íntima de nuestra *magnesia*, separa, ordena, purifica, y reúne los elementos del *caos mineral*. Para triunfar en esta operación es necesario conocer bien las simpatías de las cosas, poseer gran habilidad y dar prueba de «gran industria», tal como el adepto nos lo da a entender. Mas, a fin de aportar alguna ayuda al artista en la resolución de esta dificultad, le haremos advertir que, en la lengua primitiva que es el griego arcaico, todas las palabras que contienen la raíz hr deben tomarse en consideración. Hr, ha quedado en la cábala fonética como la expresión sonora consagrada a la *luz activa, al espíritu encarnado, al fuego corporal* manifiesto o escondido. Hr, contracción de ear es el nacimiento de la luz, la primavera y la mañana, el comienzo, el hacerse de día, la aurora. El aire -en griego ahr- es el soporte y vehículo de la luz. Por la vibración del aire atmosférico, las ondas oscuras, emanadas del Sol, se hacen luminosas. El éter o el cielo (aiİhr) es el lugar de elección, el domicilio de la pura claridad. Entre los cuerpos metálicos, el que encierra la mayor proporción de *fuego* o *luz latente* es el hierro (sidhroç). Se sabe con cuánta facilidad puede desencadenarse, por choque o fricción, el fuego interno de ese metal, en forma de chispas brillantes. Este fuego activo es lo que importa comunicar al sujeto pasivo. Él solo tiene poder para modificar su complexión fría y estéril, volviéndola ardiente y prolífica. Los sabios le llaman *león verde*, león salvaje y feroz -cabalísticamente lewn fhr-, lo que resulta bastante sugestivo y nos exime de insistir sobre ello.

En una obra anterior, señalamos la lucha implacable a que se entregan los cuerpos puestos en contacto, a propósito de un bajo relieve del basamento de Notre-Dame de París[1]. Otra traducción del combate hermético existe en la fachada de una casa de madera, edificada en el siglo XV, en la Ferté-Bernard (Sarthe). Se encuentra en ella al *loco*, al *hombre*, el *tronco de árbol* y al *peregrino*, imágenes familiares y que parecen entrar en una fórmula aplicada hacia el final de la Edad Media en la decoración de las viviendas modestas de alquimistas sin pretensiones. Se ve, además, al adepto en oración, así como a la sirena, emblema de las naturalezas unidas pacificadas, cuyo sentido se comenta en otro lugar. Pero lo que nos interesa sobre todo -porque el tema se relaciona directamente con nuestro análisis- son dos monigotes malhumorados, contrahechos y gesticulantes esculpidos en los modillones extremos de la cornisa, en la segunda planta (lám. XXIV). Demasiado alejados entre sí para llegar a las manos, intentan satisfacer su aversión innata arrojándose piedras. Estos seres grotescos tienen el mismo significado hermético que los niños del pórtico de Notre-Dame. Se atacan con frenesí y tratan de lapidarse. Pero mientras que en la catedral de París la indicación de tendencias opuestas nos la da el distinto sexo de los jóvenes púgiles, lo que se manifiesta en la morada de Sarthe es sólo el carácter agresivo de los personajes. Dos hombres de aspecto y vestimenta iguales expresan, uno, el cuepo mineral, y el otro, el cuerpo metálico. Esta similitud exterior aproxima más la ficción a la realidad física, pero se aparta resueltamente del esoterismo operatorio.

Si el lector ha comprendido lo que deseábamos mostrar, hallará sin dificultades en estas diversas expresiones simbólicas del *combate de las dos naturalezas* los materiales secretos cuya recíproca destrucción abre la primera puerta de la Obra. Estos cuerpos son *los dos dragones* de Nicolas Flamel, *el águila y el león* de Basilio Valentín y el *imán y el acero* de Filaleteo y del Cosmopolita.

---

[1] (1) Cf. *El misterio de las catedrales*, Plaza & Janés.

En cuanto a la operación por la cual el artista inserta en el sujeto filosofal el agente ígneo del que es animador, los antiguos la han descrito bajo la alegoría del *combate del águila y del león* o de las dos naturalezas, la una, volátil y la otra, fija. La Iglesia la ha velado en el dogma, del todo espiritual y rigurosamente verdadero, de la Visitación. A la salida de este artificio, el libro, *abierto*, muestra sus hojas de corteza grabadas. Aparece entonces, para maravilla de los ojos y gozo del alma, revestido de los signos admirables que manifiestan su cambio de constitución... ¡Prosternaos, magos de Oriente, y vosotros, doctores de ley; inclinad la frente, príncipes soberanos de los persas, de los árabes y de los indios! Contemplad, adorad y callaos, pues no podríais comprender. Se trata de la Obra divina, sobrenatural, inefable, cuyo misterio jamás penetrará ningún mortal. En el firmamento nocturno, silencioso y profundo, brilla una sola estrella, astro inmenso y resplandeciente compuesto por todas las estrellas celestes, vuestra guía luminosa y la antorcha de la universal Sabiduría. Ved cómo la Virgen y Jesús reposan, calmados y serenos, bajo la palmera de Egipto. Un nuevo sol irradia en el centro de la cuna de mimbre, cesta mística que otrora llevaran los cistóforos de Baco y las sacerdotisas de Isis; nuevo sol que es también el *Ichthys* de las catacumbas cristianas. La antigua profecía, por fin, se ha realizado. ¡Oh, milagro! Dios, señor del Universo, se encarna para la salvación del mundo y nace, en la tierra de los hombres, bajo la forma delicada de un niñito.

EL MARAVILLOSO GRIMORIO DEL CASTILLO DE DAMPIERRE

I

En la región santona a la que pertenece Coulonges-sur-l'Autize -capital de cantón donde otrora se levantó la hermosa mansión de Louis d'Estissac-, el viajero avisado puede descubrir otro castillo cuya conservación y la importancia de cuya decoración singular lo hacen aún más interesante: el de Dampierre-sur-Boutonne (Charente inferior). Construido a finales del siglo XV bajo François de Clermont[1], el castillo de Dampierre es actualmente propiedad del doctor Texier, de Saint-Jean-d'Angély[2]. Por la abundancia y variedad de los símbolos que ofrece, como otros tantos enigmas, a la sagacidad del investigador, merece ser mejor conocido, y nos sentimos felices de señalarlo particularmente a la atención de los discípulos de Hermes.

Exteriormente, su arquitectura, aunque elegante y de buen gusto, aparece muy sencilla y no posee nada notable, pero con los edificios sucede como con los hombres: su aspecto discreto y la modestia de su apariencia a menudo sólo sirven para velar en ellos lo que tienen de superior.

Entre torres redondas rematadas por tejados cónicos y provistos de barbacanas, se extiende un cuerpo de edificio del Renacimiento cuya fachada se abre, hacia fuera, en diez arcadas abocinadas. Cinco de ellas forman columnata en la planta baja, mientras que las otras cinco, directamente superpuestas a las precedentes, dan a la primera planta. Estas aberturas iluminan galerías de acceso a las salas interiores, y el conjunto ofrece así el aspecto de una amplia *loggia* que corona un deambulatorio de claustro. Tal es la humilde cubierta del magnífico álbum cuyas hojas de piedra adornan las techumbres de la galería alta (lámina XXV).

Pero si se conoce hoy quién fue el constructor de los edificios nuevos destinados a sustituir el viejo burgo feudal de Château-Gaillard[3], ignoramos todavía de qué misterioso desconocido son deudores los filósofos herméticos por las piezas simbólicas que abrigan aquéllos.

Es casi cierto, y nosotros compartimos en este punto la opinión de Léon Palustre, que el techo artesonado de la galería alta, en el que reside todo el interés de Dampierre, fue ejecutado de 1545 ó 1546 a 1550. Menos segura, en cambio, es la atribución que se ha hecho de esta obra a unos personajes, notorios sin duda, pero que le son completamente extraños. Ciertos autores, en efecto, han pretendido que los motivos emblemáticos procedían de Claude de Clermont, barón de Dampierre, gobernador de Ardres, coronel de grisones y gentilhombre de cámara del rey. Pero en su *Vie des Dames illustres*, Brantôme nos dice que, durante la guerra entre los reyes de Inglaterra y Francia, Claude de Clermont cayó en una emboscada tendida por el enemigo, en la que murió en 1545. No podía, pues, intervenir, por poco que fuera, en los trabajos ejecutados tras su muerte. Su esposa, Jeanne de Vivonne, hija de André de Vivonne, señor de la Châteigneraye, de Esnandes, de Ardelay, consejero y chambelán del rey, senescal del Poitou, etc., y de Louise de Daillon du Lude, había nacido en 1520. Quedó viuda a los veinticinco años. Su ingenio, su distinción y sus elevadas virtudes le procuraron una reputación tal que, a ejemplo de Brantôme alabando la vastedad de su erudición, Léon Palustre[4] le hace el honor de considerarla la patrocinadora de los bajo relieves de Dampierre: «Allí -dice-, Jeanne de Vivonne se ha entretenido en hacer ejecutar, por escultores de un mérito ordinario, toda una serie de composiciones de sentido más o menos claro.» Finalmente, una tercera atribución ni siquiera merece la pena de ser consignada. El abate Noguès[5], mencionando el nombre de Claude-Catherine de Clermont, hija de Claude y de Jeanne de Vivonne, emite una opinión absolutamente inaceptable, según lo que dice Palustre: «Esta futura castellana de Dampierre, nacida en 1543, era una criatura en el momento en que se acabaron los trabajos.»

Así, a fin de no caer en anacronismos, nos vemos obligados a conceder tan sólo a Jeanne de Vivonne la paternidad de la decoración simbólica de la galería alta. Y, sin embargo, por verosímil que pueda parecer esta hipótesis, nos

---

[1] *Recueil de ta Commission des Arts et Monuments historiques de ta Charente-Inférieure*, t. XIV, Saintes, 1884.

[2] El doctor Jean Texier falleció el 22 de mayo de 1953. Su hijo, Jacques Texier, en la actualidad propietario, nos dice en particular en su carta del 15 de enero de 1965: «Me consta que en esa época (1928) intercambió usted muchas cartas con mi padre, por lo que me he sentido feliz de dar a su editor la autorización de tomar fotografías del castillo.»
Agradecemos muy sinceramente a Monsieur Jacques Texier, a quien los amantes de la alquimia y del pasado, y entre ellos nosotros mismos, le estarán aún más reconocidos por haber llevado a buen término la pesada tarea de delicadas restauraciones, comenzada por el doctor. En efecto, el lindo edificio, depositario del largo y maravilloso mensaje, había sufrido graves y profundos daños en el curso de los años 1940 a 1944.

[3] «No hace mucho se veía, sobre la puerta de entrada de la casa Richard, reconstruida hará cosa de quince años, una piedra de dimensiones bastante considerables en la que se leía esta palabra griega, grabada en grandes caracteres: ANALOTOS, es decir, *inexpugnable*. Al parecer, procedía del viejo castillo. Esta piedra ha servido, luego, para la construcción de un pilar de cobertizo.» *Recueil de la Commission des Arts et Monuments historiques de la Charente-Inférieure*, nota de Monsieur Serton padre, comunicada por Monsieur Fragnaud, antiguo alcalde de Dampierre.

[4] Léon Palustre, *La Renaissance en France; Aunis et Saintonge*, p. 293.

[5] Abate Noguès, *Dampierre-sur-Boutonne. Monographie historique et archéologique*. Saintes. 1883, p. 53.

resulta imposible suscribirla. Rechazamos enérgicamente reconocer a una mujer de veinticinco años como beneficiaria de una ciencia que exige más del doble de esfuerzos sostenidos y de estudios perseverantes. Suponiendo, incluso, que en su primera juventud hubiera podido, y con desprecio de toda regla filosófica, recibir la iniciación oral de algún artista desconocido, no por ello hubiera podido prescindir de controlar, mediante una labor tenaz y personal, la verdad de aquella enseñanza. Pues nada es más penoso e irritante que proseguir durante largos años una serie de experiencias, ensayos y tentativas que reclamen una asiduidad constante, el abandono de todo negocio, de toda relación y de toda preocupación exterior. La reclusión voluntaria y la renuncia al mundo son indispensables si se desea obtener, con los conocimientos prácticos, las nociones de esta ciencia simbólica, más secreta aún, que los recubre y los oculta al vulgo. Jeanne de Vivonne no pudo someterse a las exigencias de una amante admirable, pródiga en infinitos tesoros, pero intransigente y despótica, que desea ser amada por sí misma e impone a sus adoradores una obediencia ciega y una fidelidad a toda prueba. Nada encontramos en Jeanne que pueda justificar semejante dedicación. Al contrario, su vida es tan sólo mundana. Admitida en la corte -escribe Brantôme- «desde los ocho años de edad, había sido nutrida por ella y no había olvidado nada. Y era agradable oírla hablar, y yo he visto a nuestro rey y a nuestras reinas experimentar un singular placer en escucharla, pues ella lo sabía todo de su tiempo y del pasado, hasta el punto de que se la tenía como un oráculo. También el rey Enrique III y último la hizo dama de honor de la reina, su esposa». Viviendo en la corte, vio sucesivamente a cinco monarcas sucederse en el trono: Francisco I, Enrique II, Francisco II, Carlos IX y Enrique III. Su virtud es reconocida y reputada hasta el punto de ser respetada por el irreverente Tallemant des Réaux. En cuanto a su saber, es exclusivamente histórico. Hechos, anécdotas, crónicas y biografías constituyen su único bagaje. Era, en definitiva, una mujer dotada de excelente memoria que había escuchado mucho y retenido mucho, hasta el punto de que Brantôme, su sobrino e historiógrafo, al hablar de Madame de Dampierre dice que «era un verdadero registro de la corte». La imagen es elocuente. Jeanne de Vivonne fue un registro agradable e instructivo de consultar, no lo dudamos, pero no fue otra cosa. Habiendo entrado tan joven en la intimidad de los soberanos de Francia, ¿había residido, luego, de vez en cuando en el castillo de Dampierre? Tal era la pregunta que nos formulábamos mientras hojeábamos la recopilación de Jules Robuchon[1], cuando una noticia de Monsieur Georges Musset, antiguo alumno de la Ecole des Chartes y miembro de la Société des Antiquaires de l'Ouest, vino a punto para darle respuesta y apoyar nuestra convicción. «Pero -escribe G. Musset- he aquí que unos documentos inéditos vienen a complicar la cuestión y parecen dar lugar a situaciones imposibles. Una declaración de Dampierre es enviada al rey, a propósito de su castillo de Niort, el 9 de agosto de 1547, con motivo del advenimiento de Enrique II. Los declarantes son Jacques de Clermont, usufructuario de la tierra, y François de Clermont, su hijo emancipado, por la propiedad estricta. La deuda consiste en un arco de tejo. De esta acta parece resultar: 1.º, que no es Jeanne de Vivonne quien disfruta de Dampierre, ni su hija Catherine quien lo posee; 2.º, que Claude de Clermont tenía un hermano más joven, François, menor emancipado en 1547. No hay lugar, en efecto, para suponer que Claude y François fueran una misma persona, ya que Claude murió durante la campaña de Boulogne, que acabó, como sabemos, por el tratado entre Francisco I y Enrique VIII el 7 de junio de 1546. Pero, entonces, ¿qué sucedió con François, que no lo cita Anselme? ¿Qué sucedió, respecto a aquella tierra, de 1547 a 1558? ¿Cómo de una asociación semejante de incapacitados para la posesión, usufructuarios o menores, pudo salir una vivienda tan lujosa? Ésos son misterios que nosotros no podemos esclarecer. Ya es mucho, creemos, entrever sus dificultades.»

Así se ve confirmada la opinión de que el filósofo a quien debemos todos los embellecimientos del castillo - pinturas y esculturas- nos es desconocido y nos lo será, quizá, para siempre.

II

En una sala espaciosa de la primera planta, se advierte de manera muy especial una grande y bellísima chimenea dorada y recubierta de pinturas. Por desgracia, la superficie principal de la campana ha perdido, bajo un horrible revoque rojizo, los temas que la decoraban. Tan sólo algunas letras aisladas permanecen visibles en su parte inferior. Por otra parte, los dos lados han conservado su decoración y hacen lamentar la pérdida de la composición mayor. Sobre cada uno de estos lados, el motivo es semejante. Se ve aparecer, en lo alto, un antebrazo cuya mano sostiene una espada levantada y una balanza. Hacia la mitad de la espada se enrolla la parte central de una filacteria flotante con la inscripción:

DAT JVSTVS FRENA SVPERBIS[2]

Dos cadenas de oro atadas en lo alto de la balanza vienen a adaptarse, más abajo, una al collar de un moloso, y la otra a la argolla con que se sujeta un dragón cuya lengua asoma por sus fauces abiertas.
Ambos animales levantan la cabeza y dirigen sus miradas hacia la mano. Los dos platillos de la balanza sostienen cilindros formados por piezas de oro. Uno de esos cilindros aparece marcado con la letra L rematada por una corona.

---

[1] *Paysages et monuments du Poitou* fotografiados por Jules Robuchon. T. IX: *Dampierre-sur-Boutonne*, por Georges Musset. París, 1893, p. 9.
[2] *El justo pone freno a los orgullosos*

En otro hay una mano que sostiene una pequeña balanza que presenta, abajo, la imagen de un dragón de aspecto amenazador.

Encima de estos grandes motivos, es decir, en la extremidad superior de las caras laterales, hay pintados dos medallones. El primero muestra una cruz de Malta flanqueada, en los ángulos, por flores de lis. El segundo lleva la efigie de una graciosa figurilla.

En su conjunto, esta composición se presenta como un paradigma de la ciencia hermética. Dogo y dragón significan en ella los dos principios materiales juntos y retenidos por el oro de los sabios, según la proporción requerida y el equilibrio natural, tal como nos lo enseña la imagen de la balanza. La mano es la del artesano; firme para manejar la espada –jeroglífico del fuego que penetra, mortifica y cambia las propiedades de las cosas- y prudente en la repartición de las materias según las reglas de los pesos y las medidas filosóficos. En cuanto a los cilindros de piezas de oro, indican con claridad la naturaleza del resultado final y uno de los objetivos de la Obra. La marca formada por una L coronada ha sido siempre el signo convencional encargado, en la notación gráfica, de designar el oro de proyección, es decir alquímicamente fabricado.

Igualmente expresivos son los pequeños medallones, uno de los cuales representa la Naturaleza, que sin cesar debe servir de guía y de mentor al artista, mientras que el otro proclama la cualidad de rosacruz que había adquirido el sabio autor de estos variados símbolos. La *flor de lis* heráldica corresponde, en efecto, a la rosa hermética. Junto con la cruz, sirve, como la rosa, de enseña y blasón para el caballero practicante que, por la gracia divina, ha realizado la piedra filosofal. Pero si este emblema nos aporta la prueba del saber que poseía el adepto desconocido de Dampierre, sirve, asimismo, para convencernos de la vanidad y de la inutilidad de las tentativas que podríamos hacer en la búsqueda de su verdadera personalidad. Sabido es por qué los rosacruces se calificaban a sí mismos de invisibles. Es, pues, probable que, en vida, el nuestro se rodeara de las precauciones indispensables y tomara todas las medidas apropiadas para disimular su identidad. Quiso que el hombre se borrara ante la ciencia y que su obra lapidaria no contuviera otra firma que el título elevado, pero anónimo, del rosacrucismo y del adepto.

En el techo de la misma sala donde se levanta la gran chimenea que señalamos, se hallaba antaño una viga adornada con esta curiosa inscripción latina:

Factorum claritas fortis animus secundus famae sine villa fine cursus modicae opes bene partae innocenter amplificatae semper habita numera Dei sunt extra invidiae injurias positae aeternum ornamentum et exemplo apud suos futura.

«Ilustres acciones, un corazón magnánimo y una gloriosa nombradía que no acabó en la vergüenza; una modesta fortuna bien adquirida, decorosamente acrecentada y considerada siempre como un presente de Dios, he aquí lo que no pueden lograr la injusticia y la envidia y que debe ser eternamente una gloria y un ejemplo para la familia.»

A propósito de este texto, desaparecido hace ya largo tiempo, el doctor Texier ha tenido la amabilidad de comunicarnos algunas precisiones: «La inscripción de la que me habla usted -nos escribe- existía sobre una viga de una sala de la primera planta que, porque se caía de vieja, tuvo que ser cambiada hace sesenta u ochenta años. La inscripción fue reproducida exactamente, pero el fragmento de viga en el que se hallaba pintada con letras doradas se ha perdido. Mi suegro, a quien pertenecía el castillo, recuerda muy bien haberla visto[1].»

Esta pieza, que constituye una paráfrasis de Salomón en el Eclesiastés, donde se dice (cap. III, v. 13) que «todos deben comer y beber y gozar del producto de su trabajo, pues es un *don de Dios*», determina de modo positivo y basta para explicar cuál era la ocupación misteriosa a la que se entregaba, a escondidas, el enigmático castellano de Dampierre. La inscripción revela, en todo caso, en su autor, una sabiduría poco común. Ninguna labor, cualquiera que sea, puede procurar una comodidad mejor adquirida, pues el obrero recibe de la Naturaleza misma el salario íntegro al que tiene derecho, y éste le es descontado proporcionalmente a su habilidad, a sus esfuerzos y a su perseverancia. Y como la ciencia práctica siempre ha sido reconocida como un verdadero *don de Dios* por todos los poseedores del Magisterio, el hecho de que esta profesión de fe considere la fortuna adquirida como un *presente de Dios* basta para deducir su origen alquímico. Su acrecentamiento regular y decoroso no podría, en tales condiciones, sorprender a nadie.

Otras dos inscripciones que proceden de la misma mansión merecen ser citadas aquí. La primera, pintada en la campana de una chimenea, incluye una. sextilla que domina un tema compuesto por la letra H, con dos D entrelazadas y ornadas de figuras humanas, vistas de perfil, una de anciano y la otra de hombre joven. Esta piececita, alegremente escrita, exalta la existencia dichosa, impregnada de calma y serenidad y de benévola hospitalidad que llevaba nuestro filósofo en su seductora vivienda:

DOVLCE.EST.LA.VIE.A.LA.BIEN.SVYVRE.
EMMY.SOYET.PRINTANS.SOYET.HYVERS.
SOVBS.BLANCHE.NEIGE.OV.RAMEAVX.VERTS.
QVAND.VRAYS.AMIS.NOVS.LA.FONT.VIVRE.
AINS.LEVR.PLACE.A.TOVS.EST.ICI.
COMME.AVX.VIEVLS.AVX.JEVNES.AVSSI.[2]

---

[1] Se ha encontrado más tarde la tabla con la inscripción que reproducimos, en medio de otras tablas que formaban, en un corral de ovejas, un tabique de separación.

[2] Dulce es la vida si se la sigue bien / ya sea en primavera o en invierno, / bajo blanca nieve o ramas verdes / cuando verdaderos amigos nos hacen vivir. / Así, aquí todos tienen aquí su sitio, / tanto los viejos como también los jóvenes.

La segunda, que adorna una chimenea mayor, revestida de ornamentos de color rojo, gris y oro, es una simple máxima de hermoso carácter moral, pero que la humanidad superficial y presuntuosa de nuestra época abomina de practicar:

SE.COGNESTRE.ESTRE.ET.NON.PARESTRE.[1]

Nuestro adepto tiene razón. El conocimiento de sí mismo permite adquirir la ciencia, meta y razón de ser de la vida, base de todo valor real. Y este poder, elevando al hombre laborioso que puede adquirirlo, lo incita a permanecer en una modesta y noble simplicidad, eminente virtud de los espíritus superiores. Era un axioma que los maestros repetían a sus discípulos, y por el cual les indicaban el único medio de alcanzar el supremo saber: «Si deseáis conocer la sabiduría -les decían-, conoceos bien y la conoceréis.»

III

La galería alta, cuyo techo está tan curiosamente adornado, ocupa toda la longitud del edificio elevado entre las torres. Como hemos dicho, se abre al exterior por cinco aberturas que separan columnas gruesas provistas, en el interior, de soportes adosados que reciben los empujes de los arcos. Dos ventanas de montantes derechos y dinteles rectilíneos se abren en los extremos de esta galería. Nervaduras transversales toman la forma abocinada de los vanos y son cortadas por dos nervaduras longitudinales, paralelas, con lo que se determina el encuadramiento de los artesones que constituyen el objeto de nuestro estudio (lám. XXVI). Éstos fueron descritos, mucho antes que por nosotros, por Louis Audiat[2]. Pero el autor, ignorándolo todo de la ciencia a la que se refieren, y la razón esencial que liga entre sí tantas imágenes extrañas, ha dotado su libro del carácter de incoherencia que las mismas figuras afectan para el profano. Leyendo la *Epigraphie Santone*, diríase que el capricho, la fantasía y la extravagancia hubieran presidido su ejecución. Asimismo, lo menos que puede decirse de esta obra es que parece poco seria, desprovista de fondo, barroca, sin más interés que una excesiva singularidad. Algunos errores inexplicables aumentan aún la impresión desfavorable que se recibe. Así, por ejemplo, el autor toma una piedra cúbica, tallada y colocada encima del agua (serie I, artesón 5) por «un navío agitado por las olas». En otro lugar (serie IV, artesón 7), una mujer agachada que planta semillas junto a un árbol se convierte, para él, en «un viajero que camina penosamente a través de un desierto». En el primer artesón de la quinta serie -que nuestras lectoras le perdonen esta involuntaria comparación-, ve a una mujer en lugar del diablo en persona, velludo, alado, cornudo y perfectamente claro y visible... Semejantes negligencias denotan una ligereza inexcusable en un epigrafista consciente de su responsabilidad y de la exactitud que reclama su profesión.

Según el doctor Texier, a cuya amabilidad debemos esta información, las figuras de Dampierre jamás habrían sido publicadas en su totalidad. Sin embargo, existe una reproducción de las mismas dibujadas a partir del original y conservada en el museo de Saintes. A este dibujo, y por ciertos motivos imprecisos, hemos recurrido a fin de hacer nuestra descripción lo más completa posible.

Casi todas las composiciones emblemáticas presentan, aparte un tema esculpido en bajo relieve, una inscripción grabada en una filacteria. Pero mientras que la imagen se relaciona directamente con el aspecto práctico de la ciencia, el epígrafe ofrece, sobre todo, un sentido moral o filosófico. Se dirige al obrero más que a la obra, y empleando unas veces el apotegma y otras la parábola, define una cualidad, una virtud que el artista debe poseer, un punto de doctrina que no puede por menos de conocer. Pues bien; por la misma razón que están provistas de *filacterias*, estas figuras revelan su alcance secreto, su vínculo con alguna ciencia secreta. En efecto, el griego **fulaxthrion**, formado de **fulassein**, *guardar, preservar*, y **dethrein**, *conservar*, indica la función de este ornamento, encargado de conservar y preservar el sentido oculto y misterioso disimulado tras la expresión natural de las composiciones a las que acompaña. Es el signo, el sello de esta *Sabiduría que se mantiene en guardia contra los malvados*, como dice Platón: **Sofia h peri touç ponhrouç fulactich**. Portadora o no de epígrafe, basta encontrar la filacteria en cualquier tema para tener la seguridad de que la imagen encierra un sentido oculto, un significado secreto propuesto al investigador y marcado por su simple presencia.Y la verdad de este sentido, la realidad de esta significación se hallan siempre en la ciencia hermética, calificada entre los maestros antiguos de *sabiduría eterna*. No cabría sorprenderse, pues, de encontrar banderolas y pergaminos, abundantemente representados entre los atributos de las escenas religiosas o de las composiciones profanas de nuestras grandes catedrales, así como en el ámbito menos severo de la arquitectura civil.

Dispuestos en tres filas perpendiculares al eje, los artesones de la galería alta son 93. De éstos, 61 se refieren a la ciencia, veinticuatro ofrecen monogramas destinados a separarlos por series, cuatro no presentan más que adornos geométricos de ejecución posterior, y los cuatro últimos muestran su fondo vacío y liso. Los artesones simbólicos, sobre los que se concentra el interés de la techumbre de Dampierre, constituyen un conjunto de figuras repartidas en siete series. Cada serie está aislada de la siguiente por tres artesones dispuestos en línea transversal, decorados

---

[1] Conocerse, ser y no parecer.

[2] Louis Audiat, *Epigraphie Santone et Aunisienne*. París, J. B. Dumoulin, y Niort, L. Clouzot, 1870.

alternativamente con el monograma de Enrique II y con los crecientes entrelazados de Diana de Poitiers o de Catalina de Médicis, cifras que se advierten en muchos edificios de la misma época.. Ahora bien; hemos realizado la comprobación, bastante sorprendente, de que la mayoría de palacios o castillos que presentan la doble D enlazada con la letra H y el triple creciente tienen una decoración de carácter alquímico indiscutible. Pero, ¿por qué esas mismas mansiones son calificadas con el título de «castillos de Diana de Poitiers» por los autores de monografías, tomando como única referencia la existencia de la cifra en cuestión? Sin embargo, ni la mansión de Louis d'Estissac, en Coulonges-sur-l'Autize, ni la de los Clermont, puestas ambas bajo la égida de la en exceso famosa favorita, jamás le han pertenecido. ¿qué razón podría atribuirse al monograma y a los crecientes que pudiera justificar su presencia en medio de emblemas herméticos? ¿A qué pensamiento o a qué tradición habrían obedecido los iniciados de la nobleza cuando colocaron bajo la protección ficticia de un monarca y de su presencia en medio de emblemas herméticos? «Enrique II -escribe el abate de Montgaillard[1]- era un príncipe estúpido, brutal y de una perfecta indiferencia por el bien de su pueblo. Este mal rey estuvo constantemente dominado por su esposa y por su antigua amante, a las que abandonó las riendas del Estado, no retrocediendo ante ninguna de las crueldades ejercidas contra los protestantes. Puede decirse de él que continuó el reinado de Francisco I en cuanto a despotismo político e intolerancia religiosa.» Es, pues, imposible admitir que unos filósofos instruidos, personas de estudios y de elevada moralidad, hubieran concebido la idea de ofrecer el homenaje de sus trabajos a la pareja real a la que la corrupción debía hacer vergonzosamente célebre.

La verdad es distinta, pues al creciente no pertenece ni a Diana de Poitiers ni a Catalina de Médicis. Se trata de un símbolo de la más remota antigüedad, conocido por los egipcios y los griegos y utilizado por los árabes y los sarracenos mucho antes de su introducción en nuestra Edad Media occidental. Es el atributo de Isis, de Artemis o Diana, de Selene, de Febe o la Luna; el emblema espagírico de la plata y el sello del color blanco. Su significación es triple: alquímico, mágico y cabalístico, y esta triple jerarquía de sentidos, sintetizada en la imagen de las medias lunas entrelazadas, abraza la extensión del antiguo y tradicional conocimiento. Con esto, resultará menos sorprendente ver figurar la tríada simbólica junto a signos oscuros, ya que les sirve de soporte y permite orientar al investigador hacia la ciencia a la que aquéllos pertenecen.

En cuanto al monograma, es fácilmente explicable y evidencia, una vez más, cómo los filósofos han utilizado emblemas de significado conocido dotándolos de un sentido especial generalmente ignorado. Es el medio más seguro de que han dispuesto para enmascarar al profano una ciencia expuesta figurativamente a todas las miradas, procedimiento renovado de los egipcios cuya enseñanza, traducida en jeroglíficos en el exterior de los templos, resultaba letra muerta para quien no tenía la clave. El monograma histórico está formado por dos D entrelazadas y reunidas por la letra H, inicial de Enrique (Henri) II. Tal es, por lo menos, la expresión ordinaria de la cifra que vela, bajo su imagen, una cosa por completo distinta.

Se sabe que la alquimia se funda en las metamorfosis psíquicas operadas por el *espíritu*, denominación otorgada al dinamismo universal emanado de la divinidad, el cual mantiene la vida y el movimiento, provoca su detención o su muerte, hace evolucionar la sustancia y se afirma como el único animador de cuanto es. Pues bien, en la notación alquímica, el signo del *espíritu* no difiere de la letra H de los latinos y de la eta de los griegos. Más adelante, al estudiar uno de los artesones en el que este carácter se representa coronado (serie VII, 2), consignaremos algunas de sus aplicaciones simbólicas. Por el momento, basta con saber que el *espíritu*, agente universal, constituye, en la realización de la Obra, la principal incógnita cuya determinación asegura el éxito pleno. Pero aquélla, por sobrepasar los límites del entendimiento humano, no puede despejarse más que por revelación divina. «Dios -repiten los maestros- otorga la sabiduría a quien le place y la transmite por el Espíritu Santo, luz del mundo. Por eso la ciencia se considera un *Don de Dios* otrora reservado a sus ministros, de donde el nombre de *Arte sacerdotal* que llevaba en su origen.» Añadamos que en la Edad Media el Don de Dios aplicábase al *Secretum secretorum*, lo que conduce precisamente al secreto por excelencia, el del espíritu universal.

Así, el *Donum Dei*, conocimiento revelado de la ciencia de la Gran Obra, clave de las materializaciones del espíritu y de la luz (**Hlioç**), aparece indiscutiblemente bajo el monograma de la doble D (*Donum Dei*) unido al signo del espíritu (H), inicial griega del sol, padre de la luz, **Hlioç**. No cabría indicar mejor el carácter alquímico de las figuras de Dampierre, cuyo estudio vamos a emprender a continuación.

IV

Primera serie (lám. XXVII).

Artesón 1. - Dos árboles de las mismas dimensiones y grosor parecido figuran uno junto al otro en el mismo terreno. Uno es verde y vigoroso[2] y el otro, inerte y reseco. La banderola que parece unirlos lleva estas palabras:

.SOR.NON.OMNIBVS.AEQVE.

---

[1] Abate de Montgaillard, *Histoire de la France*, t. I, p. 186. Paris, Moutardier, 1827.

[2] Al pie de este árbol cubierto de follaje, la tierra está escavada en forma de cubeta a fin de que sea mejor retenida el agua vertida por su rocío. Igualmente, el metal, muerto por la reducción, recobrará la existencia en inhibiciones frecuentes.

La suerte no es igual para todos. Esta verdad, limitada al período de la existencia humana, nos parece tanto más relativa cuanto que el destino, triste o sonriente, tranquilo o revuelto, nos encamina a todos, sin distinción ni privilegio, hacia la muerte. Pero si la trasponemos al ámbito hermético, adquiere entonces un sentido positivo netamente acusado y que ha debido asegurarle la preferencia de nuestro adepto.

Según la doctrina alquímica, los metales usuales, arrancados de su yacimiento para satisfacer las necesidades de la industria, obligados a plegarse a las exigencias del hombre, aparecen así como las víctimas de una flagrante mala suerte. Mientras que en estado mineral vivían al fondo de la roca, evolucionando lentamente hacia la perfección del oro nativo, están condenados a morir en seguida tras su extracción, y perecen bajo la nefasta acción del fuego reductor. La fundición, al separarlos de los elementos nutritivos, asociados a los mineralizadores encargados de mantener su actividad, los mata al fijar la forma temporal y transitoria que habían adquirido. Tal es el significado de los dos árboles simbólicos, uno de los cuales expresa la vitalidad mineral y el otro, la inercia metálica.

De esta simple imagen, el investigador inteligente y suficientemente instruido sobre los principios de arte podrá extraer una consecuencia útil y provechosa. No se trata aquí del oro corruptor, sino ,del episodio mitohermético que encierra la fábula de Júpiter y Danae. Si recuerda que los antiguos maestros recomiendan *empezar la obra en el punto en que ta Naturaleza acaba el suyo, si sabe matar al vivo a fin de resucitar al muerto,* descubrirá, ciertamente, qué metal debe tomar y qué mineral debe elegir para empezar su primera labor. Luego, reflexionando sobre las operaciones de la Naturaleza, aprenderá de ella la manera de unir el cuerpo vivificado con otro cuerpo vivo -pues la vida desea la vida- y, si nos ha comprendido, verá con sus ojos y tocará con sus manos el testimonio material de una gran verdad...

Son éstas palabras en exceso sucintas, sin duda, y lo lamentamos, pero nuestra sumisión a las reglas de la disciplina tradicional no nos permite precisarlas ni desarrollarlas más.

Artesón 2. - Una torre de fortaleza elevada sobre una explanada, coronada de almenas y barbacanas, provista de aspilleras y rematada por un cimborrio, presenta una estrecha ventana enrejada y una puerta sólidamente atrancada. Este edificio, de aspecto poderoso y hosco, recibe de las nubes un chaparrón que la inscripción designa como una lluvia de oro:

.AVRO.CLAVSA.PATENT.

El oro abre las puertas cerradas. Todo el mundo lo sabe. Pero este proverbio, cuya aplicación se encuentra en la base del privilegio, del favoritismo y de todos los atropellos, no podría tener, en el espíritu del filósofo, el sentido figurado que le conocemos. No se trata aquí del oro corruptor, sino ,del episodio mitohermético que encierra la fábula de Júpiter y Danae. Los poetas cuentan que esta princesa, hija del rey de Argos, Acrisio,fue encerrada en una torre porque un oráculo había anunciado a su padre que sería muerto por su nieto. Pero los muros de una prisión, por espesos que sean, no pueden constituir un obstáculo serio para la voluntad de un dios. Zeus, gran amante de aventuras y metamorfosis, siempre preocupado de burlar la vigilancia de Hera y de extender su progenie, reparó en Danae. Poco escrupuloso en cuanto a escoger el medio, se introdujo junto a ella en forma de lluvia de oro y, al expirar el plazo requerido, la prisionera puso en el mundo un hijo que recibió el nombre de Perseo. Acrisio, muy descontento de esta noticia, mandó encerrar a la madre y al niño en un cofre que se arrojó al mar. Arrastrado por las corrientes hasta la isla de Serifea, unos pescadores recogieron la singular embarcación, la abrieron y presentaron el contenido al rey Polidecto, el cual recibió con generosa hospitalidad a Danae y a Perseo.

Bajo esta mirífica historia se esconde un importante secreto: el de la preparación del sujeto hermético o materia prima de la Obra, y el de la obtención del azufre, *primum ens* de la piedra.

Danae representa nuestro mineral bruto, tal como se extrae de la mina. Se trata de la *tierra de los sabios,* que contiene en sí el espíritu activo y escondido, el único capaz, dice Hermes, de realizar «por estas cosas los milagros de una sola cosa». Danae procede, en efecto, del dorio Dan, *tierra,* y de ah, *soplo, espíritu.* Los filósofos enseñan que su materia prima es una parcela del *caos* original, y eso es lo que afirma el nombre griego *Acrisio,* rey de *Argos* y padre de Danae: Acrisia significa *confusión, desorden,* y Argoç quiere decir *bruto, inculto, inacabado.* Zeus, por su parte, señala el *cielo,* el *aire* y el *agua,* hasta tal punto que los griegos, para expresar la acción de llover, decían: Gei o Zeuç, *Júpiter envía lluvia* o, más simplemente, *llueve.* Este dios aparece, pues, como la personificación del agua, de un agua capaz de penetrar los cuerpos, de un agua metálica puesto que es de oro o, al menos, dorada. Es exactamente el caso del disolvente hermético el cual, tras fermentación en un barril de encina, toma, en la decantación, el aspecto del oro líquido. El autor anónimo de un manuscrito inédito del siglo XVIII[1] escribe sobre este particular: «Si dejáis discurrir esta agua, veréis con vuestros propios ojos el oro brillando en su primer ser, con todos los colores del arco iris.» La unión misma de Zeus y Danae indica cómo debe ser aplicado el disolvente. El cuerpo, reducido a fino polvo y puesto en digestión con una pequeña cantidad de agua, es, a continuación, *humedecido* e *irrigado* poco a poco, a medida que se va absorbiendo, técnica ésta que los sabios llaman *imbibición.* Se obtiene así una pasta cada vez más blanda que se vuelve siruposa, oleosa y, por fin, fluida y limpia. Sometida entonces, en ciertas condiciones, a la acción del fuego, parte de ese licor se coagula en una masa que cae al fondo y que se recoge con cuidado. Ese es nuestro precioso azufre, el niño recién nacido, el *reyecito* y

---

[1] *La Clef du Cabinet Hermétique,* «manuscrit copié d'après l'original appartenant à M. Dessaint, médecin, rue Hiacinthe à Paris».

nuestro *delfín*, pez simbólico llamado por otro nombre *echeneis*, *rémora* o *piloto*[1], *Perseo* o *pez del mar Rojo* (en griego περσεuç), etc.

Artesón 3. - Cuatro flores abiertas y erectas sobre su tallo están en contacto con el filo de un sable desnudo. Este pequeño motivo tiene por divisa:

.NVTRI.ETIAM.RESPONSA.FERVNTVR.

Desentraña también los oráculos anunciados. Se trata de un consejo dado al artista, a fin de que éste, poniéndolo en práctica, pueda estar seguro de dirigir como es debido la cocción o segunda operación del Magisterio. *Nutri etiam responsa feruntur*, le confía el espíritu de nuestro filósofo, por intermedio de los caracteres petrificados de su obra.

Estos oráculos, en número de cuatro, corresponden a las cuatro *flores o colores* que se manifiestan durante la evolución del *rebis* y revelan exteriormente al alquimista las fases sucesivas del trabajo interno. Estas fases, diversamente coloreadas, llevan el nombre de *regímenes* o *reinos*. De ordinario, se cuentan siete. A cada régimen, los filósofos han atribuido una de las divinidades superiores del Olimpo y también uno de los planetas celestes cuya influencia se ejerce de manera paralela a la suya, en el tiempo mismo de su dominio. De acuerdo con la idea generalmente extendida, planetas y divinidades desarrollan su poder simultáneo según una jerarquía invariable. Al reino de Mercurio (Eremç, *base, fundamento*), primer estadio de la Obra, sucede el de *Saturno* (Kronoç, *el anciano, el loco*). A continuación, gobierna *Júpiter* (Zeuç, *unión, matrimonio*) y, luego, *Diana* (Artemiç, *entero, completo*) o la *Luna*, cuya vestidura brillante tan pronto está tejida con cabellos blancos como hecha de cristales de nieve. *Venus*, inclinada al verde (Afrodite, *belleza, gracia*), hereda entonces el trono, pero pronto la arroja *Marte* (Arhç, *adaptado, fijo*), y este príncipe belicoso de atavío teñido en sangre coagulada es, a su vez, derrotado por *Apolo* (Apollwn, *el triunfador*), el *Sol* del Magisterio, emperador vestido de brillante escarlata, que establece definitivamente su soberanía y su poder sobre las ruinas de sus predecesores[2].

Algunos autores, asimilando las fases coloreadas de la cocción a los siete días de la Creación, han designado la labor entera con la expresión *Hebdomas hebdomadum*, la Semana de las semanas, o, simplemente, la *Gran Semana*, porque el alquimista debe seguir lo más cerca posible en su realización microcósmica todas las circunstancias que acompañaron la Gran Obra del Creador.

Pero estos regímenes diversos son más o menos francos y varían mucho, tanto por la duración como por la intensidad. También los maestros se han limitado a señalar sólo *cuatro colores* esenciales y preponderantes, porque ofrecen más limpidez y permanencia que los otros, a saber: el negro, el blanco, el amarillo o cetrino y el rojo. Estas cuatro flores del jardín hermético deben ser cortadas sucesivamente, según el orden y al final de su floración, lo que explica la presencia del arma en nuestro bajo relieve. Por tanto, hay que temer apresurarse demasiado, con la vana esperanza de acortar el tiempo, a veces muy largo, sobrepasando la intensidad de fuego requerida para el régimen del momento. Los autores antiguos aconsejan prudencia y ponen en guardia a los aprendices contra toda impaciencia perjudicial: *praecipitatio a diabolo*, les dicen, pues tratando de alcanzar demasiado pronto la meta, no conseguirán más que *quemar las flores del compuesto* y provocarían la pérdida irremediable de la obra. Es, pues, preferible, como lo enseña el adepto de Dampierre, desentrañar los oráculos, que son las predicciones de la operación regular, con paciencia y perseverancia, tanto tiempo como la naturaleza pueda exigir.

Artesón 4. - Una vieja torre desmantelada cuya puerta, arrancada de sus goznes, permite la entrada libre: así es como el artista ha representado la prisión abierta. En el interior, se ve todavía en su sitio una traba así como *tres piedras* indicadas en la parte superior. Otras dos trabas extraídas de la mazmorra se advierten a los lados de la ruina. Esta composición señala la terminación de las *tres piedras* o *medicinas* de Jabir, sucesivamente obtenidas, las cuales son designadas por los filósofos con los nombres *de azufre filosófico*, la primera; *elixir* u *oro potable*, la segunda; y *piedra filosofal, absoluto* o *medicina universal*, la última. Cada una de esas piedras ha tenido que sufrir la cocción en el atanor, prisión de la Gran Obra, y es la razón por la que una última traba se encuentra aún sellada. Las dos precedentes, habiendo cumplido su tiempo de «mortificación y de penitencia» han abandonado sus hierros, visibles en el exterior.

El pequeño bajo relieve tiene por divisa la frase del apóstol *Pedro* (piedra) (Hechos, cap. XII, v. 2), que fue milagrosamente liberado de su prisión por un ángel:

.NV(N)C.SCIO.VERE.

¡Ahora sé en verdad! Palabra de gozo vivo, arranque de íntima satisfacción, grito de alegría que profiere el adepto ante la certidumbre del prodigio. Hasta ese momento, la duda podía aún asaltarle, pero en presencia de la realización

---

[1] La rémora es famosa por las leyendas de que ha sido objeto. Entre otras fábulas ridículas, Plinio certifica que si se conserva ese pez en sal, su simple proximidad basta para extraer del pozo más profundo el oro que pudiera haber caído en él.
[2] Nos limitamos a enumerar aquí los estadios sucesivos de la segunda Obra sin dedicarle un análisis especial. Grandes adeptos, y en particular Filateteo, en su *Introitus*, han profundizado muchísimo su estudio. Sus descripciones reflejan tal conciencia que nos resultaría imposible decir más ni decirlo mejor.

perfecta y tangible, ya no teme errar. Ha descubierto el camino, ha reconocido la verdad, ha heredado el *Donum Dei*. A partir de ahora, nada del gran secreto es ignorado por él... Mas, ¡ay! ¡Cuántos, entre la muchedumbre de los que buscan, pueden gloriarse de llegar a la meta y de ver, con sus ojos, abrirse la prisión, cerrada para siempre para la mayoría!

La prisión sirve también de emblema del cuerpo imperfecto, tema inicial de la Obra, en el que el alma acuosa y metálica se encuentra fuertemente apegada y retenida. «Esta agua prisionera -dice Nicolas Valois[1]- grita sin cesar: Ayúdame y te ayudaré, es decir, libérame de mi prisión, y si puedes hacerme salir una vez, te convertiré en el dueño de la fortaleza donde me encuentro. El agua, pues, que se halla en este cuerpo encerrado es de la misma naturaleza de agua que la que le damos a beber y que se llama Mercurio Trismegisto, del que habla Parménides cuando dice: Naturaleza se regocija en Naturaleza, Naturaleza supera a Naturaleza y Naturaleza contiene a Naturaleza. Pues esta agua encerrada se refocila con su compañero que acude a liberarla de sus hierros, se mezcla con él y, por fin, convirtiendo dicha prisión en suya y rechazando lo que les es contrario, que es la preparación, se convierten en agua mercurial y permanente... Legítimamente, pues, nuestra *agua divina* es llamada la *llave, luz, Diana* que aclara la oscuridad de la noche. Pues es la entrada de toda la Obra y la que ilumina a todo hombre.»

Artesón 5. - Por haberlo comprobado experimentalmente, los filósofos certifican que su piedra no es otra cosa que una *coagulación completa del agua mercurial*. Esto es lo que traduce nuestro bajo relieve, en el que se ve la *piedra cúbica* de los antiguos masones flotando sobre las ondas marinas. Aunque semejante operación parezca imposible, no deja, sin embargo, de ser natural, porque nuestro mercurio lleva en sí el principio sulfuroso solubilizado, al que debe su coagulación ulterior. No obstante, es lamentable que la extremada lentitud de acción de este agente potencial no permita al observador registrar la menor señal de una reacción cualquiera durante los primeros tiempos de la obra. Tal es la causa del fracaso de muchos artistas los cuales, pronto desanimados, abandonan un trabajo penoso que juzgan vano, aunque hayan seguido el buen camino y operado con los materiales debidos, canónicamente preparados. A ellos va

dirigida la sentencia de Jesús a Pedro cuando caminaba sobre las aguas, y que recoge san Mateo (cap. XIV, 31):

.MODICE.FIDEI.QVARE.DVBITASTI.

¿Por qué has dudado, hombre de poca fé?

En verdad, nada podemos conocer sin el concurso de la fe, y quien no la posea en absoluto nada puede emprender. Jamás hemos visto que el escepticismo y la duda hayan edificado algo estable, noble y duradero. A menudo, hay que recordar el adagio latino *Mens agitat molem*, pues la convicción profunda de esta verdad conducirá al sabio obrero al feliz término de su labor. De ella, de esta fe robusta, extraerá las virtudes indispensables para la resolución de ese gran misterio. El término no es exagerado, pues nos encontramos, en efecto, ante un misterio real tanto por su desarrollo contrario a las leyes químicas como por su mecanismo oscuro, misterio que el sabio más instruido y el adepto más experto no serían capaces de explicar. Bien es cierto que la Naturaleza, en su simplicidad, parece complacerse en proponernos enigmas ante los que nuestra lógica retrocede, nuestra razón se turba y nuestro juicio se extravía.

Pues bien; esta piedra cúbica que la industriosa Naturaleza engendra sólo del agua -materia universal del peripatetismo- y de la que el arte debe tallar las seis caras según las reglas de la geometría oculta, aparece en vías de formación en un curioso bajo relieve del siglo XVII que decora la fuente de Vertbois, en París (lám. XXVIII).

Como ambos temas presentan entre sí una extrema correspondencia, estudiaremos aquí el emblema parisiense, más extendido, esperando así arrojar alguna claridad en la expresión simbólica en exceso concisa de la imagen de Dampierre.

Construida en 1633 por los benedictinos de Saint-Martin-des-Champs, esta fuente fue primitivamente elevada en el interior del priorato y adosada a la muralla. En 1712, los religiosos la ofrecieron, para uso público, a la ciudad de París, con el solar necesario para su reedificación, con la condición de «que el caño se estableciera en una de las antiguas torres de su convento, y que se abriría una puerta exterior»[2]. La fuente fue, pues, situada contra la torre llamada de Vertbois, ubicada en la rue Saint-Martin, y tomó el nombre de San Martín, que conservó durante más de un siglo.

El pequeño edificio, restaurado por cuenta del Estado en 1832, incluye «una hornacina rectangular poco profunda encuadrada por dos pilastras dóricas con almohadillados vermiculados que sostienen una cornisa arquitrabada. Sobre la cornisa reposa una especie de almete que corona una tarja con alas. Una concha marina remata esa tarja. La parte superior de la hornacina está ocupada por un cuadro en cuyo centro aparece esculpido un barco»[3]. Este bajo relieve, en piedra, mide 0,80 m de alto por 1,05 de ancho. Su autor es desconocido.

Así, todas las descripciones relativas a la fuente de Vertbois, copiadas verosímilmente unas de otras, se limitan a señalar, sin precisar más, un *navío* como motivo principal. El dibujo de Moisy, encargado de ilustrar la noticia de Amaury Duval, no nos enseña nada más sobre el tema. Su navío, de pura fantasía, representado de perfil, no lleva

[1] Nicolas Valois, *Les Cinq Livres*, libro I: *De la Clef du Secret des Secrets*. Ms. cit.
[2] *Fontaines de Paris*, dibujadas por Moisy. Noticias por Amaury Duval. París, 1812.
[3] *Inventaire général des Richesses d'Art de la France. Paris. Monuments civils*. Paris, Plon, 1879, t. I.

ninguna señal de su singular carga, y en vano se buscaría entre los caracoleos de las volutas marinas el hermoso y gran delfín que lo acompaña. Por otra parte, muchas gentes poco cuidadosas del detalle ven en ese tema la nave heráldica de París, sin dudar que propone a los curiosos el enigma de una verdad muy distinta y de orden menos vulgar.

Podría ponerse en duda la exactitud de nuestra observación, y allá donde reconocemos una *piedra* enorme, adosada al edificio con el que forma cuerpo, no advertir sino un fardo ordinario de cualquiera mercancía. Pero, en este caso, resultaría en extremo embarazoso explicar la razón de la vela izada, incompletamente cargada sobre la verga del palo mayor, particularidad que pone en evidencia el único y voluminoso cargamento, *desvelado* así adrede. La intención del creador de la obra es, pues, manifiesta: se trata de un cargamento oculto, normalmente escondido a las miradas indiscretas y no de un fardo situado en el puente.

Además, el barco, visto por detrás, parece alejarse del espectador y muestra que su avance viene asegurado por la *vela de artimón* con exclusión de las otras. Ella sola recibe el esfuerzo del viento que sopla en popa, y ella sola transmite la energía al navío que se desliza por las olas. Pues bien; los cabalistas escriben *artimón* y pronuncian *antemón* o *antimón,* vocablo tras el cual esconden el nombre del tema de los sabios. Ανδεμον, en griego, significa *flor,* y se sabe que la materia prima es llamada *flor de todos los metales;* la flor de las flores (*flos florum*). El origen de esta palabra, ανδος, expresa también la *juventud,* la *gloria,* la *belleza,* la parte más noble de las cosas, todo cuanto posee resplandor *y brilla a la manera del fuego.* Después de esto, no cabrá sorprenderse de que Basilio Valentín, en su *Carro triunfal del antimonio* haya dado a la primera sustancia de la obra particular que describe ahí la denominación de *piedra de fuego.*

En tanto que permanece fija a la nave hermética, esta piedra, tal como hemos dicho, debe ser considerada en vías de elaboración. Es preciso, pues, con toda precisión, ayudarla a proseguir su travesía a fin de que ni las tempestades, ni los escollos ni los mil incidentes de la ruta retrasen su arribada a la bendita ensenada hacia la cual, poco a poco, la Naturaleza la encamina. Facilitar su viaje, prever y evitar las causas posibles de naufragio y mantener la nave cargada con la preciosa carga en su línea recta, tal es la tarea del artesano.

Esta formación progresiva y lenta explica por qué la piedra aparece aquí figurada bajo el aspecto de un bloque en bruto, llamado a ser objeto de la talla definitiva que lo convertirá en nuestra *piedra cúbica.* Los cables que la sujetan al barco son bastante indicativos, por su *entrecruzamiento* sobre sus caras visibles, del estado transitorio de su evolución. Se sabe que la *cruz,* en el orden especulativo, es la figuración del *espíritu,* principio dinámico, mientras que, en el ámbito práctico, sirve de signo gráfico del *crisol.* En él, en este *barco,* se opera la concentración del agua mercurial por la aproximación de sus moléculas constitutivas, bajo la voluntad del *espíritu* metálico y gracias al concurso permanente del fuego. Pues el espíritu es la única fuerza capaz de mover en masas compactas nuevas los cuerpos disueltos, al igual que obliga a los cristales producto de soluciones madres a tomar la forma específica e invariable, por la cual los podemos identificar. Por ello los filósofos han asimilado la agregación molecular del sólido mercurial, bajo la acción secreta del espíritu, a la de un saco fuertemente comprimido por ligaduras entrecruzadas. La piedra parece atada como una *secchina* (del griego σηχαξω, *encerrar, tapar*) y esta corporeización se hace sensible por la cruz, imagen de la Pasión, es decir, a raíz del trabajo en el crisol, cada vez que el calor se aplica prudentemente en el grado requerido y según el ritmo debido. Así, conviene precisar el sentido particular del cable, que los griegos llamaban χαλψζ, homónimo del adverbio χαλψζ que significa *de manera debida y eficaz.*

La fase más delicada del trabajo es cuando la primera coagulación de la piedra, untuosa y ligera, aparece en la superficie y flota sobre las aguas. Es preciso entonces redoblar la precaución y la prudencia en la aplicación del fuego, si no se quiere enrojecerla antes de tiempo y precipitarla. Al comienzo, se manifiesta bajo el aspecto de una película delgada que muy pronto se rompe, cuyos fragmentos desprendidos de los bordes se apartan y, luego, se sueldan, se espesan y adquieren la forma de un islote llano -la isla del Cosmopolita y la tierra mítica de Delos- animado de movimientos giratorios y sometido a continuas traslaciones. Esta isla no es más que otra figura del *pez hermético* nacido del mar de los Sabios -nuestro mercurio que Hermes llama *mare patens*-, el *piloto* de la Obra, primer estado sólido de la piedra embrionaria. Unos lo han llamado *echeneis* y otros delfín con idéntica razón, porque si el echeneis pasa, en la leyenda, por *detener y fijar* los navíos más fuertes, el delfín, cuya cabeza se ve emerger en nuestro bajo relieve, posee un significado también positivo. Su nombre griego, δελφιζ, designa la *matriz,* y nadie ignora que el mercurio es llamado por los filósofos el receptáculo y la matriz de la piedra.

Pero con el fin de que nadie se llame a engaño, repitamos otra vez que no puede tratarse aquí del mercurio vulgar, aunque su cualidad líquida pueda dar el cambio y permita la asimilación *al agua secreta, húmedo radical metálico.* El poderoso iniciado que fue Rabelais[1] suministra, en algunas palabras, las verdaderas características del mercurio filosofal. En su descripción del templo subterráneo de *la Dive bouteille* (*Pantagruel,* libro V, cap. XLII), habla de una *fuente circular* que ocupa su centro y la parte más profunda. Alrededor de esta fuente se levantan siete columnas «que son piedras -dice el autor- atribuidas por los antiguos caldeos y magos a los siete planetas del cielo. Para lo cual, por oír más a la ruda Minerva, sobre la primera, de zafiro, está elevada encima del remate, en la misma y

---

[1] Sus obras están firmadas con el seudónimo Alcofribas Nasier, anagrama de François Rabelais, seguido del título de *abstracteur de quintessence,* que servía, en la Edad Media, para designar en el habla popular a los alquimistas de la época. El célebre médico y filósofo se declara así, sin discusión, adepto y rosacruz, y coloca sus escritos bajo la égida del Arte sagrado. Por otra parte, en el prólogo del *Gargantúa,* Rabelais deja ver con bastante claridad que su obra pertenece a la categoría de los libros cerrados, herméticos o acroamáticos, para cuya comprensión son absolutamente indispensables vastos conocimientos simbólicos.

central línea perpendicular, de plomo precioso, la imagen de Saturno sosteniendo su hoz, con una grulla de oro a sus pies esmaltada artificialmente según la competencia de los colores ingenuamente debidos al ave saturnina. Sobre la segunda, de jacinto, volviendo hacia la izquierda, se halla un Júpiter de estaño, jovial, en cuyo pecho se ve un águila de oro esmaltada según el natural. En la tercera, Febo, de oro, tiene en su mano derecha un gallo blanco. En la cuarta, de bronce corintio[1], Marte, y a sus pies un león. Sobre la quinta, Venus, de cobre, de materia semejante a aquella con la que Aristónides labró la estatua de Atamas..., una paloma a sus pies. En la sexta, *Mercurio en hidrargirio fijo, maleable e inmóvil* con una *cigüeña* a sus pies...» El texto es formal y no puede prestarse a confusión. El mercurio de los sabios -todos los autores lo certifican- se presenta como un cuerpo de aspecto metálico, de consistencia sólida y, en consecuencia, inmóvil con respecto al azogue, de volatilidad mediocre al fuego y susceptible, por fin, de fijarse él mismo por simple cocción en vasija cerrada. En cuanto a la *cigüeña*, que Rabelais atribuye al mercurio, toma su significado de la palabra griega pelargoç, *cigüeña*, formada por peloç, *oscuro, lívido o negro*, y argoç, *blanco*, que son los dos colores del ave y los del mercurio filosófico. Pelargoç designa también un *recipiente hecho* de *tierra blanca y negra*, emblema de la *vasija hermética*, es decir, del mercurio, cuya agua, viva y blanca, pierde su luz y su brillo, se mortifica y se vuelve negra, abandonando su alma al embrión de la piedra, que nace de su descomposición y se nutre de sus cenizas.

A fin de rendir testimonio de que la fuente del Vertbois estuvo originariamente consagrada al agua filosofal, madre de todos los metales y base del Arte sagrado, los benedictinos de Saint-Martin-des-Champs mandaron esculpir, en la cornisa que sirve de soporte al bajo relieve, diversos atributos relativos a este licor fundamental. Dos remos y un caduceo entrecruzados llevan el pétaso de Hermes figurado bajo el aspecto moderno de un almete alado sobre el cual vela un perrito. Algunos cordajes que salen de la visera despliegan sus espiras sobre los remos y la vara alada del dios de la Obra.

La palabra griega plath, por la que se designaba el *remo*[2], ofrece simultáneamente el sentido de *barco* y el de *aviento*. Este último es una especie de concha de mimbre atribuida al mercurio y que los cabalistas escriben viento. Por eso, la *Tabla de Esmeralda* dice alegóricamente al hablar de la piedra que «el viento la ha llevado en su vientre». Ese *aviento* no es sino la matriz, el *barco* portador de la piedra, emblema del mercurio y tema principal de nuestro bajo relieve. En cuanto al caduceo, es cosa sabida que pertenece como algo propio al mensajero de los dioses, con el pétaso alado y las alas de los talones. Diremos tan sólo que el vocablo griego chruceion, *caduceo*, recuerda por su etimología al *gallo,* chrux, consagrado a Mercurio como *anunciador de la luz*. Todos estos símbolos convergen, como se ve, hacia un único y mismo objetivo, igualmente indicado por el perrillo situado en lo alto del almete, cuyo sentido especial (cranoç, *cabeza, cumbre*) señala la parte importante, en este caso, el punto culminante del arte, la clave de la Gran Obra. Noël, en su *Dictionnaire de la Fable*, escribe que «el perro estaba consagrado a Mercurio, considerado como el más vigilante y astuto de todos los dioses». Según Plinio, la carne de los cachorros se consideraba tan pura que se la ofrecía a los dioses en sacrificio, y era servida en las comidas preparadas para ellos. La imagen del perro colocado sobre el casco protector de la cabeza constituye, por añadidura, un verdadero jeroglífico también aplicable al mercurio. Es una traducción figurada del *cinocéfalo* (cunocefaloç, *que tiene cabeza de perro*), forma mística muy venerada por los egipcios, que la atribuyeron a algunas divinidades superiores y, en particular, al dios Tot, el cual se convirtió en el *Hermes* de los griegos, el *Trismegisto* de los filósofos y el *Mercurio* de los latinos.

Artesón 6. - Un dado aparece colocado sobre una mesita de jardín. En primer plano, vegetan tres plantas herbáceas. Por toda enseña, este bajo relieve lleva el adverbio latino

.VTCVMQVE.

De alguna manera, es decir, de una forma análoga, lo que permitiría creer que el descubrimiento de la piedra se debería al azar, y que así el conocimiento del Magisterio sería tributario de un afortunado lanzamiento del dado. Pero sabemos de modo pertinente que la ciencia, verdadero presente de Dios, luz espiritual obtenida por revelación, no podría estar sujeta a tales eventualidades. No es que no pueda encontrarse fortuitamente, aquí como en todas partes, la habilidad que exige una operación rebelde. Sin embargo, si la alquimia se limitara a la adquisición de una técnica especial, de algún artificio de laboratorio, se reduciría a muy poca cosa y no excedería el valor de una simple fórmula. Pero la ciencia sobrepasa con mucho la fabricación sintética de los metales preciosos, y la piedra filosofal misma no es más que el primer peldaño positivo que permite al adepto elevarse hasta los más sublimes conocimientos. Limitándonos incluso al ámbito físico, que es el de las manifestaciones materiales y las certidumbres

---

[1] La atribución del bronce a Marte demuestra que Rabelais conocía perfectamente la correspondencia alquímica de los planetas y los metales. En griego, la palabra calcoç, que designa el cobre o el bronce, era empleada por los antiguos poetas helénicos para definir no el cobre o uno de sus compuestos sino el hierro. El autor, pues, tiene razón de atribuirlo al planeta Marte. En cuanto al bronce de Corinto, Plinio asegura que se presentaba bajo tres aspectos. Tan pronto tenía el brillo de la plata como el del oro, y podía ser el resultado de una aleación en proporciones casi equivalentes de oro, plata y cobre. Este último bronce se creía que se había producido fortuitamente por la fusión de metales preciosos y de cobre a raíz del incendio de Corinto por Mumio (146 antes de Jesucristo).
[2] En cábala fonética, en francés, *rame*, equivalente de *aviron* (ambos términos significan *remo* en español), designa también el agua filosofal. Rama en lugar de rasma significa *aspersión, riego*, de rew, *fluir*.

fundamentales, podemos asegurar que la Obra no está, en absoluto, sometida a lo imprevisto. Tiene sus leyes, sus principios, sus condiciones y sus agentes secretos, y resulta de demasiadas acciones combinadas e influencias diversas para obedecer al empirismo. Es preciso descubrirla, comprender su proceso, conocer bien sus causas y accidentes antes de pasar a su ejecución. Y quien la pueda ver «en espíritu» pierde su tiempo y su aceite queriéndola encontrar por la práctica. «El sabio tiene los ojos en la cabeza -dice el *Eclesiastés* (cap. II, 14)-, y el insensato camina en las tinieblas.»

El dado tiene, pues, otra significación esotérica. Su figura, la del cubo (cuboç, *dado, cubo*), designa la piedra cúbica o tallada, nuestra piedra filosofal y la piedra angular de la Iglesia. Pero, para estar regularmente erigida, esta piedra requiere tres repeticiones sucesivas de una misma serie de siete operaciones, lo que totaliza veintiuno. Este número corresponde con exactitud a la suma de los puntos marcados en las seis caras del dado, pues adicionando los seis primeros números se obtiene veintiuno. Y las tres series de siete volverán a hallarse totalizando los mismos números de puntos en bustrofedón:

$$1 \quad 2 \quad 3$$
$$6 \quad 5 \quad 4$$

Colocadas en la intersección de los lados de un hexágono inscrito, estas cifras traducirán el movimiento circular propio para la interpretación de otra figura, emblemática de la Gran Obra, la de la serpiente *Ouroboros, aut serpens qui caudam devoravit*. En todo caso, esta particularidad aritmética, en perfecta concordancia con el trabajo, consagra la atribución del cubo o del dado a la expresión simbólica de nuestra quintaesencia mineral. Es la tabla isíaca realizada por el trono cúbico de la gran diosa.

Basta, pues, analógicamente, con lanzar tres veces el dado sobre la mesa -lo que equivale, en la práctica, a redisolver tres veces la piedra- para obtenerla con todas sus cualidades. El artista ha representado aquí estas tres fases vegetativas por tres vegetales. Finalmente, las reiteraciones indispensables para la perfección de la labor hermética dan la razón del libro jeroglífico de Abraham el Judío, compuesto, nos dice Flamel, por tres veces siete hojas. Del mismo modo, un espléndido manuscrito iluminado, ejecutado a comienzos del siglo XVIII[1], encierra veintiuna figuras pintadas adaptadas cada una a las veintiuna operaciones de la Obra.

V

Segunda serie (lám. XXIX).

Artesón 1. - Espesas nubes interceptan la luz del sol y cubren de sombra una flor agreste que acompaña la divisa

.REVERTERE.ET.REVERTAR.

Vuelve y volveré. Esta planta herbácea, por completo fabulosa, era llamada por los antiguos *Baraas*. Se la encontraba, se dice, en las vertientes del monte Líbano, por encima del camino que conduce a Damasco (es decir, cabalísticamente, al mercurio principio femenino: Damar, *mujer, esposa*). No se la veía aparecer más que en el mes de mayo, cuando la primavera aparta de la tierra su lienzo de nieve. En cuanto llega la noche, nos dice Noël, «esta planta comienza a inflamarse y a despedir claridad como una nequeña antorcha. Pero en cuanto se hace el día, esta luz desaparece y la hierba se vuelve invisible; las mismas hojas que se han envuelto en pañuelos ya no se encuentran, lo que autoriza la opinión de quienes dicen que esta planta está endemoniada, porque, según ellos, tiene también una propiedad oculta para romper los encantamientos y los sortilegios. Otros aseguran que es capaz de trasmutar los metales en oro, y por esta razón los árabes la llaman la *hierba del oro*, pero no osarían cogerla ni tan siquiera acercarse a ella, por haber experimentado muchas veces, dicen, que esta planta mata súbitamente a quien la arranca del suelo sin tomar las precauciones necesarias, y como ignoran cuáles son esas precauciones, la dejan sin tocarla».

De este pequeño tema se desprende esotéricamente el artificio de la solución del azufre por el mercurio, la planta que expresa la virtud vegetativa de éste y el Sol, la naturaleza ígnea de aquél. La operación es tanto más importante cuanto que conduce a la obtención del mercurio filosófico, sustancia viva, animada, salida del azufre puro radicalmente unido al agua primitiva y celeste. Hemos dicho antes que el carácter exterior, que permite la identificación segura de esta agua, es una figura estrellada e irradiante que la coagulación hacía aparecer en su superficie. Añadamos que la *signatura astral* del mercurio, como se acostumbra nombrar la huella en cuestión, se afirma con tanta mayor nitidez y vigor cuanto más progresa la animación y se revela más completa.

Pues bien, las dos vías de la Obra necesitan dos maneras diferentes de operar la animación del mercurio inicial. La primera pertenece a la vía corta e implica una sola técnica por la cual se humedece poco a poco el fijo -pues *toda materia seca bebe con avidez su húmedo*-, hasta que la afusión reiterada del volátil sobre el cuerpo haga hinchar el compuesto y lo convierta en una masa pastosa o de aspecto de jarabe, según el caso. El segundo método consiste en

---

[1] *La Génération et Opération du Grand Oeuvre*, ms. de la Bibl. del Palais des Arts, Lyon, n.º 88 (Delandine, 899), folio.

digerir la totalidad del azufre en tres o cuatro veces su peso de agua, decantar a continuación la solución y, luego, desecar el residuo y tomarlo de nuevo con una cantidad proporcional de nuevo mercurio. Cuando la disolución está terminada, se separan las heces, si las hay, y los licores, mezclados, se someten a una lenta destilación al baño. La humedad superflua se halla así desprendida, dejando el mercurio en la consistencia requerida sin ninguna pérdida de sus cualidades y dispuesto a sufrir la cocción hermética.

Esta segunda práctica la expresa simbólicamente nuestro bajo relieve.

Se comprende sin dificultad que la estrella -manifestación exterior del Sol interno- se represente cada vez que una nueva porción de mercurio viene a bañar el azufre no disuelto, y que en seguida éste deja de ser visible para reaparecer en la decantación, es decir, en el punto de partida de la materia astral. «Vuelve -dice el fijo- y volveré.» En siete ocasiones sucesivas, las nubes ocultan a las miradas tan pronto la estrella como la flor, según las fases de la operación, de manera que el artista no puede jamás, en el curso del trabajo, advertir simultáneamente los dos elementos del compuesto. Y esta verdad se ve confirmada hasta el final de la Obra, pues la cocción del mercurio filosófico -llamado de otro modo *astro* o *estrella de los sabios*- lo transforma en azufre fijo, fruto de nuestro vegetal emblemático, cuya semilla se encuentra así multiplicada en calidad, en cantidad y en virtud.

Artesón 2. - En el centro de este artesón, un fruto, que se suele tomar por una pera, pero que con la misma verosimilitud puede ser una manzana o una granada, toma su significado de la leyenda bajo la que figura:

.DIGNA.MERCES.LABORE.

Trabajo dignamente recompensado. Este fruto simbólico no es otro que la gema hermética, piedra filosofal de la Gran Obra o Medicina de los antiguos sabios llamada también *absoluto, carboncillo* o *carbunclo* precioso (*carbunculus*), el Sol brillante de nuestro microcosmos y el astro de la eterna sapiencia.

Este fruto es doble, pues se recolecta a la vez del Arbol de la Vida, reservándolo especialmente para los usos terapéuticos, y del Árbol de la Ciencia, si se prefiere emplearlo para la trasmutación metálica. Estas dos facultades corresponden a dos estados de un mismo producto, el primero de los cuales caracteriza la *piedra roja*, translúcida y diáfana, destinada a la Medicina en calidad de *oro potable*, y el segundo, la *piedra amarilla*, a la que su orientación metálica y su *fermentación* por el oro natural han vuelto opaca. Por esta razón, De Cyrano Bergerac[1] atribuye dos colores al fruto del Magisterio en su descripción del árbol emblemático al pie del cual reposa. «Era -escribe- una llana campiña tan abierta que mi vista, alcanzando el máximo, no hallaba en ella ni un solo matorral. Y, sin embargo, al despertarme, me encontré bajo un árbol a cuyo lado los más elevados cedros parecerían hierba. Su tronco era de oro macizo, sus ramas, de plata y sus hojas, de esmeraldas que sobre el brillante verdor de su preciosa superficie representaban, como en un espejo, las imágenes de la fruta que colgaba alrededor. Mas ¡juzgad si el fruto tendría que envidiar a las hojas! El escarlata inflamado de un grueso carbunclo componía la mitad de cada uno, y el otro variaba entre una crisolita o un fragmento de ámbar dorado. Las flores abiertas eran rosas de diamante muy anchas, y las yemas, gruesas perlas en forma de pera.»

Según la habilidad, el cuidado y la prudencia del artesano, el fruto filosófico del *arbor scientiae* testimonia una virtud más o menos extensa. Pues es indiscutible que la piedra filosofal, empleada para la trasmutación de los metales, jamás ha estado dotada del mismo poder. Las proyecciones históricas nos suministran una prueba cierta de ello. En la operación realizada por J.-B. Van Helmont en su laboratorio de Vilvorde, cerca de Bruselas, en 1618, la piedra transformó en oro 18,740 veces su peso de mercurio líquido. Richtausen, con ayuda del producto que le fue remitido por Labujardière, obtuvo un resultado equivalente a 22,334 veces la unidad. La proyección que realizó Sethon en 1603, en casa del mercader Coch, de Frankfurt del Meno, se efectuó según una proporción igual a 1,155 veces. Según Dippel, el polvo que Láscaris dio a Dierbach trasmutaba alrededor de 600 veces su peso de mercurio. Sin embargo, otro fragmento suministrado por Láscaris se mostró más eficaz. En la operación ejecutada en Viena en 1716, en presencia del consejero Pantzer de Hesse, del conde Carlos Ernesto de Rappach, del conde José de Würben y de Freudenthal, y de los hermanos conde y barón de Metternich, el coeficiente alcanzó una potencia próxima a 10.000. Tampoco es inútil, además, saber que el máximo de producción se realiza por el empleo del mercurio, y que una misma cualidad de piedra proporciona resultados variables según la naturaleza de los metales que sirven de base a la proyección. El autor de las *Cartas del Cosmopolita* afirma que si una parte del elixir convierte en oro perfecto mil partes de mercurio ordinario, transformará sólo veinte partes de plomo, treinta de estaño, cincuenta de cobre y cien de plata. En cuanto a la *piedra al blanco* sería incapaz, en el mismo grado de multiplicación, de actuar sobre más de la mitad, aproximadamente, de esas cantidades.

Pero si los filósofos han hablado poco del rendimiento variable de la crisopeya, por el contrario se han mostrado muy prolijos acerca de las propiedades médicas del elixir, así como sobre los efectos sorprendentes que permite obtener en el reino vegetal.

---

[1] De Cyrano Bergerac, *L'Autre Monde. Histoire comique des Etats et Empires du Soleil.* París, Bauche, 1910, p. 42. Conf., asimismo, la excelente edición de Jean-Jacques Pauvert (1962), p. 184. Prefacio de Claude Mettra. Biografía de Cyrano, nómina de personajes y cuadro cronológico de Claude Mettra y Jean Suyeux.

«El elixir blanco -dice Batsdorff[1]- actúa de maravilla en las enfermedades de todos los animales, y en particular en las de las mujeres..., pues se trata de la verdadera *Luna potable* de los antiguos.» El autor anónimo de la *Clef du Grand Oeuvre*[2], continuando el texto de Batsdorff, asegura que «esta medicina posee otras virtudes increíbles. Cuando está en el elixir al blanco, tiene tanta simpatía hacia las damas que puede renovar y volver su cuerpo tan robusto y vigoroso como lo era en su juventud... Para este efecto, se prepara en primer lugar un baño con muchas hierbas odoríferas con las que deben frotarse bien a fin de desengrasarse. A continuación, entran en un segundo baño sin hierbas, pero en el cual se han disuelto, en una medida de alcohol, tres granos del elixir al blanco, que, acto seguido, se echan al agua. Las damas permanecen un cuarto de hora en ese baño, después del cual, y sin secarse, se hace preparar un gran fuego para hacer secar aquel precioso licor. Se sienten entonces tan fuertes y su cuerpo se vuelve tan blanco, que no podrían imaginarlo de no experimentarlo. Nuestro buen padre Hermes se muestra de acuerdo en esta operación, pero desea que, además de los baños, se tome al mismo tiempo durante siete días seguidos, por vía interna, este elixir. Y añade: Si una dama hace lo mismo todos los años, vivirá exenta de todas las enfermedades a las que están sujetas las demás damas, sin experimentar ninguna incomodidad».

Huginus à Barma certifica que «la piedra fermentada con oro puede ser empleada en Medicina de esta manera: se tomará un escrúpulo, o veinticuatro granos, que se disolverá, según el arte, en dos onzas de alcohol, y luego se echarán dos, tres y hasta cuatro gotas según la exigencia de la enfermedad en un poco de vino o en algún otro vehículo apropiado[3].» Al decir de los viejos autores, todas las afecciones que dataran de un mes serían radicalmente curadas en un día; en doce días, si duraban de un año atrás; y en un mes, si su origen se remontara a más de un año.

Pero en esto, como en muchas otras cosas, hay que saber precaverse contra los excesos de la imaginación. En exceso entusiasta, el autor de la *Clef du Grand Oeuvre* ve maravillas hasta en la disolución espirituosa de la piedra: «Deben salir de ella -pretende el escritor- ardientes chispas doradas, y aparecer en la vasija una infinidad de colores.» Eso es ir un poco lejos en la descripción de fenómenos que ningún filósofo señala. Por otra parte, no reconoce límites a las virtudes del elixir: «la lepra, la gota, la parálisis, la piedra, el mal caduco, la hidropesía... no serían capaces de resistir a la virtud de esta medicina». Y como la curación de estos males tenidos por incurables no le parece suficiente, se empeña en añadir propiedades más admirables aún. «Esta medicina hace oír a los sordos, ver a los ciegos, hablar a los mudos y andar a los cojos. Puede renovar al hombre por completo haciéndole cambiar de piel, haciéndole caer los dientes viejos, las uñas y las canas, en cuyo lugar hace crecer otros nuevos *según el color que se desea*.» Caemos, de este modo, en el humor y en la bufonería.

De creer a la mayoría de los sabios, la piedra puede dar excelentes resultados en el reino vegetal, en particular para los árboles frutales. En primavera se riega el suelo cerca de las raíces con una solución de elixir en una gran proporción de agua de lluvia, y se convierte a esos árboles en más resistentes a todas las causas de debilidad y de esterilidad. Producen más y dan frutos sanos y sabrosos. Batsdorff llega, incluso, a decir que sería posible, utilizando este procedimiento, cultivar vegetales exóticos en nuestras latitudes. «Las plantas delicadas --escribe-, que con dificultad se aclimatan en condiciones contrarias a las que les son naturales, al ser regadas se vuelven tan vigorosas como si estuvieran en su terreno y suelo propio y ordenado por la Naturaleza.»

Entre las demás propiedades maravillosas atribuidas a la piedra filosofal, autores muy antiguos citan gran cantidad de ejemplos de transformación del cristal en rubí y del cuarzo en diamante, con ayuda de una especie de temple progresivo. Apuntan, incluso, la posibilidad de volver el cristal dúctil y maleable, lo cual, pese a la afirmación de Cyliani[4], nos guardaremos bien de certificar, pues la manera de actuar propia del elixir -contracción y endurecimiento- parece contraria a la obtención de semejante efecto. Sea como fuere, Christophe Merret cita esta opinión y se ocupa de ello en el prefacio de su tratado[5]: «Por lo que se refiere a la maleabilidad del vidrio -dice-, sobre la cual los alquimistas fundan la posibilidad de su elixir, parece apoyarse, aunque con poca solidez, en el siguiente pasaje de Plinio, libro XXXVI, capítulo XXVI: "Se asegura que en los tiempos de Tiberio se dio con un medio de volver el vidrio flexible, y que todo el taller del obrero que fue su inventor fue destruido, por miedo de que este descubrimiento no restara precio al oro, a la plata y al cobre. Pero este rumor, aunque bastante extendido, no por ello es más cierto."

»Otros autores han narrado el mismo hecho después de Plinio, pero con algunas circunstancias distintas. Dion Casio, libro LVII, dice: "En el tiempo en que el gran Pórtico se inclinó, un arquitecto cuyo nombre se ignora (porque los celos del emperador impidieron que se consignara en los registros) volvió a levantarlo y reforzó sus cimientos. Tiberio, tras haberle pagado, le expulsó de Roma. Este obrero regresó con el pretexto de solicitar gracia al emperador, y dejó caer en su presencia un vidrio que deformó y que él, allí mismo y con sus propias manos, volvió a su forma, esperando obtener de este modo lo que pedía, pero fue condenado a muerte." Isidoro confirma lo mismo, y añade tan sólo que el emperador, indignado, arrojó el vidrio al suelo, pero que habiendo sacado el obrero un martillo y habiéndole devuelto su forma, Tiberio le preguntó si había alguien más que supiera este secreto, y

---

[1] Batsdorff, *Le Filet d'Ariadne, pour entrer avec sureté dans le Labirinthe de la Philosophie Hermetique*. París, Laurent d'Houry, 1695, p. 136.

[2] *La Clef du Grand Oeuvre, ou Lettres du Sancelrien Tourangeau*. París, Cailleau, 1777 p. 54.

[3] Huginus à Barma, *Le Régne de Saturne changé en Siècle d'Or*. París, Pierre Derieu, 1780, p. 190.

[4] «No describiré aquí operaciones muy curiosas que he realizado, con gran sorpresa por mi parte, en los reinos vegetal y animal, así como el medio de volver maleable el vidrio y convertirlo en perlas y piedras preciosas más bellas que las de la Naturaleza... no deseando ser perjuro y que parezca que sobrepaso aquí los límites del espíritu humano.» Cyliani, *Hermès dévoilé*.

[5] Neri, Merret y Kunckel, *L'art de la Verrerie*. París, Durand et Pissot, 1752.

habiéndole jurado el obrero que nadie más que él lo poseía, el emperador mandó que le cortaran la cabeza, por temor de que, si el hecho se divulgaba, hiciera caer el oro en el desprecio, y despojara a los metales de su valor.»

Reconociendo que tendrán su parte la exageración y las aportaciones legendarias, no es menos cierto que el fruto hermético lleva consigo la más alta recompensa que Dios, por intermedio de la Naturaleza, puede conceder aquí abajo a los hombres de buena voluntad.

Artesón 3. - La efigie de la serpiente Ouroboros se levanta en el capitel de una elegante columna. Este curioso bajo relieve se distingue por el axioma:

.NOSCE.TE.IPSVM.

Traducción latina de la inscripción griega que figuraba en el frontón del célebre templo de Delfos:

GNWQI SEAUTON

Conócete a ti mismo. Ya hemos encontrado, en algunos manuscritos antiguos, una paráfrasis de esta màxima concebida así: «Vosotros que deseáis conocer la piedra, conoceos bien y la conoceréis.» Tal es la afirmación de la ley analógica que da, en efecto, la clave del misterio. Pues bien, lo que caracteriza precisamente nuestra figura es que la columna encargada de soportar la serpiente emblemática se halla caída con relación al sentido de la inscripción. Disposición deseada, reflexionada y premeditada que da al conjuto la apariencia de una llave y la del signo gráfico con cuya ayuda los antiguos tenían costumbre de anotar su mercurio. *Clave y columna de la Obra* son, por otra parte, epítetos aplicados al mercurio, pues en él, los elementos se juntan en su proporción debida y en su cualidad natural. De él proviene todo porque sólo él tiene el poder de disolver, mortificar y destruir los cuerpos, de disociarlos, de separar las porciones puras, de unirlos a los espíritus y generar así nuevos seres metálicos diferentes de sus progenitores. Los autores tienen, pues, razón al afirmar que todo cuanto buscan los sabios puede encontrarse sólo en el mercurio, y es lo que debe llevar al alquimista a dirigir sus esfuerzos hacia la adquisición de este cuerpo indispensable.

Pero a fin de conseguirla, le aconsejamos actuar con método, estudiando, de manera simple y racional, cómo opera la Naturaleza entre los seres vivos para transformar los alimentos absorbidos, aligerados por la digestión de las sustancias inútiles, en sangre negra y, luego, en sangre roja, generadora de tejidos orgánicos y de energía vital. *Nosce te ipsum.* Reconocerá así que los productores minerales del mercurio, que son igualmente los artesanos de su nutrición, de su crecimiento y de su vida deben, en primer lugar, ser escogidos con discernimiento y trabajados con cuidado. Pues aunque, teóricamente, todos pueden servir para esta composición, aunque algunos están demasiado alejados de la naturaleza metálica activa para sernos de veras útiles, ya sea a causa de sus impurezas o porque su maduración fue detenida o llevada más allá del plazo requerido. Las rocas, las piedras y los metaloides pertenecen a la primera categoría. El oro y la plata se incluyen en la segunda. En los metaloides, el agente que reclamamos está falto de vigor, y su debilidad no podría servirnos de ninguna utilidad. En el oro y la plata, por el contrario, se lo buscaría en vano, pues la Naturaleza lo ha separado de los cuerpos perfectos a raíz de su aparición en el plano físico.

Al enunciar esta verdad, no queremos decir que haya que proscribir en absoluto el oro y la plata, ni pretender que estos metales estén excluidos de la Obra por los maestros de la ciencia. Pero prevenimos fraternalmente al discípulo de que no entra oro ni plata, ni tan siquiera modificados, en la composición del mercurio. Y si se descubriera en los autores clásicos algún aserto en sentido contrario, debería creerse que el adepto entiende, como Filaleteo, Basilio Valentín, Nicolas Flamel y el Trevisano, que se trata de oro o plata *filosóficos*, y no de los metales preciosos con los que nada en común tienen ni presentan.

Artesón 4. - Colocada en el fondo de un celemín boca abajo, arde una bujía. Este motivo rústico tiene por epígrafe:

.SIC.LVCEAT.LVX.VESTRA.

Que vuestra luz brille así. La llama nos indica el espíritu metálico, que es la más pura y más clara de las partes del cuerpo, su alma y su luz propias, aunque esa parte esencial sea la menor, habida cuenta de la cantidad. Hemos dicho a menudo que la cualidad del espíritu, siendo aérea y volátil, le obliga siempre a elevarse, y que su naturaleza lo hace brillar a partir del momento en que se encuentra separado de la opacidad grosera y corporal que lo arropa. Se ha escrito que no se alumbra una candela para meterla bajo el celemín, sino en el candelero, a fin de que pueda iluminar cuanto la rodea[1]. Igualmente, vemos, en la Obra, la necesidad de hacer manifiesto ese fuego interno, esa luz o esa alma, invisible bajo la dura corteza de la materia grave. La operación que sirvió a los viejos filósofos para realizar este designio fue llamada por ellos *sublimación*, aunque no ofrezca sino una relación lejana con la sublimación ordinaria de los espagiristas. Pues el espíritu, pronto a desprenderse en cuanto se le suministran los medios para ello, no puede, sin embargo, abandonar por completo el cuerpo, pero se hace una vestidura más próxima a su naturaleza y más flexible a su voluntad con las partículas limpias y mondas que puede recoger a su alrededor, a fin de servirse de ellas como vehículo nuevo. Alcanza, entonces, la superficie externa de la sustancia

---

[1] Mateo, cap. V, 15; Marcos, cap. IV, 21; Lucas, cap. VIII, 16.

agitada y continúa *moviéndose sobre las aguas*, como se dice en el Génesis (cap. I, 2) hasta que la luz aparece. Entonces, toma, al coagularse, un color blanco brillante, y su separación de la masa resulta muy fácil, pues la luz se ha colocado por sí misma sobre el celemín, dejando al artista el cuidado de recogerla.

Digamos todavía, para que el estudiante no pueda ignorar nada sobre la práctica, que esta separación o sublimación del cuerpo y manifestación del espíritu debe hacerse progresivamente, y es preciso reiterarla tantas veces como se juzgue oportuno. Cada una de esas reiteraciones toma el nombre de *águila*, y Filaleteo nos afirma que la quinta águila resuelve la Luna, pero que es necesario trabajar de siete a nueve para alcanzar el esplendor característico del Sol. La palabra griega aiglh, de la que los sabios han extraído su término de *águila*, significa *brillo, claridad viva, luz, antorcha. Hacer volar el águila*, según la expresión hermética, es hacer brillar la luz descubriéndola de su envoltorio oscuro y llevándola a la superficie. Mas añadiremos que, contrariamente a la sublimación química, hallándose el espíritu en pequeña proporción con respecto al cuerpo, nuestra operación suministra poco del principio vivificante y organizador del que tenemos necesidad. Así, según el consejo del filósofo de Dampierre, el artista prudente deberá esforzarse en volver lo oculto manifiesto, y en hacer que «lo que está abajo esté arriba», si desea ver la luz metálica interna irradiar al exterior.

Artesón 5. - Una banderola tremolante revelaba aquí el sentido simbólico de un dibujo hoy desaparecido. Si hemos de creer la *Epigraphie Santone*, figuraba «una mano sosteniendo una pica». No queda en la actualidad más que la filacteria y su inscripción, cuyas dos últimas letras están amputadas:

.NON.SON.TALES.NVS.AMOR(ES).

No son tales nuestros amores. Pero esta frase española, solitaria, de sentido vago, apenas permite un comentario serio. Antes que propagar una versión errónea, preferimos guardar silencio acerca de este motivo incompleto.

Artesón 6.- Las razones de imposibilidad invocadas para el precedente bajo relieve son, asimismo, válidas para éste. Un pequeño cuadrúpedo, que el estado carcomido de la calcárea no permite indentificar, parece encerrado en una jaula de pájaro. Este motivo está muy deteriorado. De su divisa, apenas se leen dos palabras:

LIBERTA.VER

que pertenece a esta frase conservada por algunos autores:

.AMPANSA.LIBERTA.VERA.CAPI.INTVS.

He aquí a dónde conduce el abuso de la libertad. Se trata verosímilmente en este tema del espíritu, primero libre y luego aprisionado en el interior del cuerpo como en una jaula muy fuerte. Mas parece evidente también que el animal, al ocupar el sitio ordinario de un pájaro, aportaba, por su nombre o por su especie, un significado especial, preciso, fácil de situar en el trabajo. Estos elementos, indispensables para la interpretación exacta, nos faltan, por lo que nos vemos obligados a pasar al artesón siguiente.

Artesón 7. - Yacente en el suelo, una linterna descolgada cuyo portillo se entreabre muestra su bujía apagada. La filacteria que rubrica este tema contiene una advertencia para uso del artista impaciente y versátil:

.SIC.PERIT.INCO(N)STANS.

Así perece el inconstante. Como la linterna sin luz, su fe cesa de brillar. Fácilmente vencido, incapaz de reaccionar, cae y busca en vano en las tinieblas que lo rodean aquella claridad que tan sólo podría hallar en sí mismo.

Pero si la inscripción no se presta al equívoco, la imagen, en contrapartida, resulta mucho menos transparente. Ello se debe a que su interpretación puede darse de dos maneras, según el método empleado y la vía seguida. Descubrimos, en primer lugar, una alusión al *fuego de rueda* que, so pena de detenerse implicando la pérdida consecutiva de las materias, sería incapaz de cesar un solo instante en su acción. Ya en la vía larga, una disminución de su energía o el descenso de la temperatura son accidentes perjudiciales para la marcha regular de la operación, pues si nada se pierde, el tiempo, ya considerable, se ve todavía aumentado. Un exceso de fuego lo estropea todo, pero si la amalgama filosófica simplemente ha enrojecido, mas no se ha calcinado, es posible regenerarla disolviéndola de nuevo, según el consejo del Cosmopolita, y reemprender la cocción con mayor prudencia. Pero la extinción completa del hogar causa irremediablemente la ruina del contenido, aunque éste, al análisis, no parezca haber sufrido modificación. También durante el curso entero del trabajo, se debe recordar el axioma hermético consignado por Linthaut, que enseña que *el oro, una vez resuelto en espíritu, si siente el frío se pierde con toda la Obra*. No activéis, pues, demasiado la llama en el interior de vuestra linterna y velad para no dejarla apagarse, pues ello significaría que salís de Caribdis para caer en Escila.

Aplicado a la vía corta, el símbolo de la linterna nos suministra otra explicación de uno de los puntos esenciales de la Gran Obra. Ya no es el fuego elemental sino el potencial -llama secreta de la materia misma- lo que los autores esconden al profano bajo esta imagen familiar. ¿Cuál es, pues, este fuego misterioso, natural y desconocido que el artista debe saber introducir en su sujeto? He aquí una pregunta que ningún filósofo ha querido resolver ni tan siquiera recurriendo a la alegoría. Artefio y Pontano hablan del asunto tan oscuramente que esta cuestión tan importante permanece incomprensible o pasa inadvertida. Limojon de Saint-Didier asegura que este fuego es de la naturaleza de la cal. Basilio Valentín, de ordinario más prolijo, se contenta con escribir: «Enciende tu lámpara y busca la dracma perdida.» Trismosin no se muestra mucho más claro: «Haz un fuego -dice- en tu vaso o en la tierra que lo mantiene encerrado.» La mayor parte de los autores designan esta luz interna, escondida en las tinieblas de la sustancia, con el epíteto de *fuego de lámpara*. Batsdorff describe la lámpara filosófica diciendo que debe estar siempre abundantemente provista de aceite, y su llama debe alimentarse por medio de una mecha de *asbesto*. Pues bien, el griego asbestoç significa *inextinguible, de duración ilimitada, infatigable, inagotable*, cualidades atribuidas a nuestro *fuego secreto* que no quema y no es quemado». En cuanto a la lámpara, volvemos a hallarla en la palabra griega lampthr, *linterna, tea, antorcha*, que designaba la *vasija de fuego* donde se quemaba la madera para alumbrarse. Tal es, con seguridad, nuestra vasija, dispensadora del *fuego de los sabios*, es decir, nuestra materia y su espíritu o, para decirlo de una vez, la *linterna* hermética. Finalmente, un término próximo a lampaç, *lámpara*, el vocablo lamph, expresa todo cuanto asciende y acude a la superficie, *espuma, escoria*, etc. Y esto indica, para quien posee algún barniz de ciencia, la naturaleza del cuerpo o, si se prefiere, de la envuelta mineral que contiene ese *fuego de lámpara* que no tiene necesidad más que de ser excitado por el fuego ordinario para operar las más sorprendentes metamorfosis.

Una palabra más dirigida a nuestros hermanos. Hermes, en su *Tabla de esmeralda*, pronuncia estas palabras graves, verdaderas y consecuentes: «Separarás la tierra del fuego, lo sutil de lo espeso, suavemente y con gran industria. Asciende de la tierra al cielo y desciende del cielo a la tierra y recibe así la virtud de las cosas superiores y las de las cosas inferiores.» Advertid, pues, que el filósofo recomienda separar y dividir, no destruir ni sacrificar uno para conservar el otro. Pues si tuviera que ser así, os preguntamos de qué cuerpo se elevaría el espíritu y a qué tierra descendería el fuego.

Pontano afirma que todas las superfluidades de la piedra se convierten, bajo la acción del fuego, en una esencia única y que, en consecuencia, quien pretende separar la menor cosa no comprende nada de nuestra filosofía.

Artesón 8. - Dos vasijas, una en forma de aguamanil repujado y cincelado y la otra un vulgar recipiente de barro, aparecen figurados en un mismo encuadre que ocupa esta sentencia de san Pablo:

.ALIVD.VAS.IN.HONOREM.
.ALIVD.IN.CONTVMELIAM.

Una vasija para usos honorables y otra para los empleos viles. «En una casa grande no hay sólo vasos de oro y de plata, sino también de madera y de barro; y los unos para usos de honra, los otros para usos viles[1].»

Nuestras dos vasijas aparecen, pues, bien definidas, claramente distinguidas, y en concordancia absoluta con los preceptos de la teoría hermética. Una es el *vaso de la naturaleza*, hecho de la misma arcilla roja que sirvió a Dios para formar el cuerpo de Adán; la otra es el *vaso del arte*, toda cuya materia está compuesta de oro puro, claro, rojo, incombustible, fijo, diáfano y de brillo incomparable. Y éstas son nuestras dos *vasijas*, las cuales no representan en verdad más que dos cuerpos distintos que contienen los espíritus metálicos, únicos agentes de los que necesitamos.

Si el lector está familiarizado con la manera de escribir de los filósofos -manera tradicional que trataremos de imitar lo mejor posible, a fin de que se pueda explicar a los antiguos por nosotros, y controlarnos a nosotros por ellos-, le resultará fácil comprender lo que los hermetistas entienden por sus vasos, pues éstos no sólo representan dos materias -o, mejor, una misma materia en dos estados de su evolución-, sino que simbolizan, además, nuestras dos vías, basadas en el empleo de esos cuerpos diferentes.

La primera de estas vías, que utiliza el *vaso del arte*, es larga, laboriosa, ingrata, accesible a las personas afortunadas, pero de gran honor pese al esfuerzo que necesita, porque ella es la que los autores describen de preferencia. Sirve de soporte a su razonamiento, como el desarrollo teórico de la Obra exige un trabajo ininterrumpido de doce a dieciocho meses y parte del oro natural preparado, disuelto en el mercurio filosófico, el cual se cuece a continuación en matraz de cristal. Tal es el vaso honorable, reservado al noble uso de estas sustancias preciosas que son el oro exaltado y el mercurio de los sabios.

La segunda vía no reclama, desde el comienzo al fin, más que el concurso de una tierra vil, abundantemente extendida, de tan bajo precio que en nuestra época una cantidad insignificante basta para adquirir una cantidad superior a las necesidades. Es la tierra y la vía de los pobres, de los simples y de los modestos, de aquellos a quienes la Naturaleza maravilla hasta en sus más humildes manifestaciones. De una facilidad extrema, no reclama más que la presencia del artista, pues la misteriosa labor se realiza por sí misma y se termina en siete o nueve días, todo lo más. Esta vía, ignorada por la mayoría de los alquimistas practicantes, se elabora por entero en un solo crisol de tierra refractaria. Los grandes maestros la llaman *trabajo de mujer y juego de niño*, y le aplican el viejo axioma hermético: *una re, una via, una dispositione*. Una sola materia, una sola vasija, un solo horno. Tal es nuestro vaso de barro, menospreciado, vulgar y de empleo común, «que todo el mundo tiene ante los ojos, que no cuesta nada y que se encuentra en las casas de todas las gentes, pero que nadie, sin embargo, puede conocer sin revelación».

---

[1] Segunda Epístola de san Pablo a Timoteo, cap. II, 20.

Artesón 9. - Una serpiente cortada por la mitad, pese al carácter mortal de su herida, cree poder vivir largo tiempo en semejante estado. Se le hace decir:

.DVM.SPIRO.SPERABO.

Mientras respiro, espero.

La serpiente, imagen del mercurio, expresa, a través de sus dos fragmentos, las dos partes del metal disueltas, que se fijará más tarde una por la otra, y de cuya agregación tomará su nueva naturaleza, su individualidad física y su eficacia.

El azufre y el mercurio de los metales, extraídos y aislados bajo la energía disgregadora de nuestro primer agente o disolvente secreto, se reducen por sí mismos, por simple contacto, en forma de aceite viscoso, untuosidad grasa y coagulable que los antiguos llamaron *aceite radical metálico* y mercurio de los sabios. De ello se desprende que este licor, pese a su aparente homogeneidad, está compuesto, en realidad, por los dos elementos fundamentales de todos los cuerpos metálicos, y que puede ser considerado, lógicamente, como representante de un metal licuado y *reincrudado*, es decir, artificialmente devuelto a un estado próximo a su forma original. Pero puesto que estos elementos se encuentran simplemente asociados y no radicalmente unidos, parece razonable que nuestro simbolista haya imaginado figurar el mercurio bajo el aspecto de un reptil seccionado cuyas dos partes conservan, cada una, su actividad y sus virtudes recíprocas. Y esto es lo que justifica la exclamación de confianza fijada en el emblema lapidario: *mientras respiro, espero*. En este estado de simple mezcla, el mercurio filosófico conserva el equilibrio, la estabilidad y la energía de sus constituyentes, aunque éstos se vean empujados a la mortificación y a la descomposición que preparan y realizan su interpenetración mutua y perfecta. Asimismo, mientras el mercurio no ha experimentado el abrazo del mediador ígneo, es posible conservarlo indefinidamente, con tal de que se tenga cuidado de sustraerlo a la acción combinada del aire y de la luz. Esto es lo que ciertos autores dan a entender cuando aseguran que «el mercurio filosófico conserva siempre sus excelentes cualidades si se guarda en un frasco bien cerrado», y sabido es que, en lenguaje alquímico, todo recipiente se dice tapado, cubierto, obturado o cerrado cuando se mantiene en una oscuridad completa.

VI

Tercera serie (lám. XXX).

Artesón 1. - Situada en su armazón, medio oculta en el mollejón, una muela de arenisca sólo aguarda al afilador para ponerse en acción. Sin embargo, el epígrafe de este tema, que debería subrayar su significado, parece, por el contrario, no presentar ninguna relación con él. Con cierta sorpresa, leemos esta inscripción singular:

.DISCIPVLVS.POTIOR.MAGISTRO.

¿Es superior el discípulo al maestro?

Se convendrá sin esfuerzo en que no es necesario apenas un aprendizaje serio para hacer girar una muela, y jamás hemos oído decir que el afilador más hábil, con su ingenio rudimentario, hubiera adquirido derechos a la celebridad. Por útil y digno que sea, el oficio de vaciador no requiere en absoluto el concurso de dones innatos, de conocimientos especiales, de técnica rara ni del menor título de maestría. Es cierto, entonces, que la inscripción y la imagen tienen otro sentido, claramente esotérico, cuya interpretación vamos a dar[1].

Considerada en sus diversos empleos, la *muela* es uno de los emblemas filosóficos encargados de expresar el disolvente hermético o ese primer mercurio sin el cual es del todo inútil emprender ni esperar nada provechoso. Él es nuestra única materia capaz de reforzar, animar y vivificar los metales usuales, porque éstos se resuelven fácilmente en ella, se dividen y se adaptan bajo los efectos de una misteriosa afinidad. Y aunque este primitivo sujeto no presente las cualidades ni la potencia del mercurio filosófico, posee, sin embargo, todo cuanto es preciso para convertirse en él, y se convierte, en efecto, con tal de que se le añada sólo la semilla metálica que le falta. De este modo, el arte acude en ayuda de la Naturaleza, permitiendo a esta hábil y maravillosa obrera realizar lo que, por falta de medios, de materiales o de circunstancias favorables, había tenido que dejar inacabado. Pues bien, este mercurio inicial, sujeto del arte y nuestro verdadero disolvente, es precisamente la sustancia que los filósofos llaman la única matriz, la madre de la Obra; sin ella, nos sería imposible realizar la descomposición previa de los metales

---

[1] Nunca abominaremos bastante de aquellos que, escondidos y todopoderosos, decidieron, en París, la inexplicable destrucción de la viejísima rue des Nonnains-d'Hyères, la cual en nada se oponía a la salubridad y ofrecía la notable armonía de sus fachadas del siglo XVIII. Este vandalismo, perpetrado en gran escala, ha determinado la pérdida de la curiosa enseña que ornaba, a la altura del primer piso, el inmueble sito en el número 5, en el ángulo de la estrecha rue de l'Hôtel-de-Ville, otrora de la Mortellerie. Destacada de la piedra, en bulto redondo, el motivo, de grandes dimensiones, que había conservado sus colores originales, mostraba a un *afilador* con el traje de la época: tricornio *negro*, levita *roja* y medias *blancas*. El hombre se afanaba en *aguzar el hierro* ante su carretilla, poniendo en actividad los dos elementos mayores, es decir, el *fuego escondido* en su *muela* y el *agua rara* que un gran *zueco* parecía dispensar en un hilillo delgado.

ni, en consecuencia, obtener el *húmedo radical* o mercurio de los sabios, que es, en verdad, la *piedra de los filósofos*. De manera que están en lo cierto quienes pretenden hacer el mercurio o la piedra con todos los metales, y también lo están aquellos que sostienen la unidad de la materia prima y la mencionan como la única cosa necesaria.

Los hermetistas no han escogido la *muela* al azar como signo jeroglífico del sujeto, y nuestro adepto, ciertamente, ha obedecido a las mismas tradiciones otorgándole un lugar en los artesones de Dampierre. Se sabe que las muelas tienen una forma circular, y que el círculo es el signo convencional de nuestro disolvente, así como, por otra parte, de todos los cuerpos susceptibles de evolucionar por *rotación* ígnea. Volvemos a hallar el mercurio, indicado de esta manera, en tres láminas del Art du Potier[1], es decir, bajo el aspecto de una *muela* de molino unas veces movida por un *mulo* -imagen cabalística de la palabra griega mulh, *muela*- como por un esclavo o un personaje de condición vestido a la manera de un príncipe. Estos grabados traducen el doble poder del disolvente natural, el cual actúa sobre los metales como la muela sobre el grano o la arenisca sobre el acero: los divide, los *aguza*. Hasta tal punto, que, después de haberlos disociado y digerido parcialmente, se encuentra acidificado, toma una virtud cáustica y se vuelve más penetrante de lo que era antes.

Los alquimistas de la Edad Media se servían del verbo *acuar* para expresar la operación que da al disolvente sus propiedades incisivas. Pues bien, *acuar* proviene del latín *acuo*, aguzar, afilar, convertir en cortante y penetrante, lo que corresponde no sólo a la nueva naturaleza del sujeto, sino que concuerda igualmente con la función de la muela de aguzar.

¿Quién es el protagonista de esta obra? Evidentemente, el que aguza y hace girar la muela -ese afilador ausente del bajo relieve-, es decir, el azufre activo del metal disuelto. En cuanto al discípulo, representa el primer mercurio, de cualidad fría y pasiva que algunos denominan *fiel y leal servidor* y otros, debido a su volatilidad, *servus fugitivus*, el esclavo fugitivo.. Se puede responder, pues, a la pregunta del filósofo, que, dada la diferencia misma de sus condiciones, jamás el alumno podrá elevarse por encima del maestro, pero, por otra parte, cabe asegurar que, con el tiempo, el discípulo, llegado a su vez a maestro, se convertirá en el *alter ego* de su preceptor. Pues si el maestro desciende hasta el nivel de su inferior en la disolución, lo elevará consigo en la coagulación, y la fijación los convertirá semejantes uno a otro, iguales en virtud, en valor y en poder.

Artesón 2. - La cabeza de Medusa, colocada en un pedestal, muestra su expresión severa y su cabellera entrelazada de serpientes. Está adornada con esta inscripción latina:

.CVSTOS.RERVM.PRVDENTIA.

La prudencia es la guardiana de las cosas. Pero la palabra *prudentia* tiene un significado más extenso que *prudencia* o *previsión*. Designa también la ciencia, la sabiduría, la experiencia y el conocimiento. Epigrama y figura concuerdan en representar, en este bajo relieve, la ciencia secreta disimulada bajo los jeroglíficos múltiples y variados de los artesones de Dampierre.

En efecto, la palabra griega Mhdousa, *Medusa*, procede de mhdoç y expresa el pensamiento del que uno se ocupa, el estudio favorito; mhdoç ha formado mhdosunh, cuyo sentido evoca la *prudencia* y la sabiduría. Por otra parte, los mitólogos nos enseñan que Medusa era conocida por los griegos bajo el nombre de Gorgw, es decir, la *Gorgona*, que servía también para calificar a Minerva o Pallas, diosa de la sabiduría. Acaso se descubriera en esta aproximación la razón secreta de la *égida*, escudo de Minerva recubierto con la piel de Amaltea, cabra nodriza de Júpiter, y decorada con la máscara de Medusa Ophiotrix. Además de la proximidad que puede establecerse entre la cabra y el carnero -éste portador del *vellocino de oro* y aquélla provista del *cuerno de la abundancia*-, sabemos que el atributo de Atenea tenía *poder petrificante*. Se dice que Medusa convertía en piedra a aquellos cuya mirada se cruzaba con la suya. Finalmente, los mismos nombres de las hermanas de Medusa, Euriale y Esteno, aportan también su parte de revelación. Euriale, en griego Eurualoç significa aquello cuya extensión *es amplia, vasta, espaciosa*. Esteno procede de Sìenoç, *fuerza, poder, energía*. Asi, las tres Gorgonas expresan simbólicamente la idea de poder y de extensión propia de la filosofía natural.

Estas relaciones convergentes que nos está prohibido exponer con mayor claridad permiten concluir que, fuera del hecho esotérico preciso mas apenas aflorado, nuestro motivo tiene por misión indicar la sabiduría como fuente y guardiana de todos nuestros conocimientos, la guía segura del trabajador a quien descubre los secretos escondidos en la Naturaleza.

Artesón 3. - Colocado en el altar del sacrificio, un antebrazo es consumido por el fuego. La enseña de este emblema ígneo consiste en dos palabras:

.FELIX.INFORTVNIVM.

Feliz infortunio. Aunque el tema parezca, *a priori*, muy oscuro y sin equivalente en la literatura y la iconografía herméticas, cede, sin embargo, al análisis y concuerda a la perfección con la técnica de la Obra.

---

[1] Cyprian Piccolpassi, *Les Trois Libres de l'Art du Potier*, translatés de l'italien en langue françoyse par Maistre Claudius Popelyn, Parisien. París, Librairie Internationale, 1861

El antebrazo humano, que los griegos llamaban simplemente el *brazo*, (Braciwn, sirve de jeroglífico para la vía corta y resumida. En efecto, el adepto, jugando con las palabras como cabalista instruido, disimula bajo el sustantivo braciwn, *brazo*, un comparativo de bracuç que se escribe y se pronuncia del mismo modo. Éste significa *corto, breve, de poca duración*, y forma muchos compuestos, uno de ellos bracuthç, *brevedad*. Así, el comparativo braciwn, *breve*, homónimo de braciwn, *brazo*, adquiere el sentido particular de técnica breve, *ars brevis*.

Pero los griegos se servían aún de otra expresión para calificar el brazo. Cuando evocaban la *mano*, ceir, aplicaban, por extensión, la idea al miembro superior entero, y le daban el valor figurado de una producción artística, hábil, de un procedimiento especial, de una manera personal de trabajo; en resumen, de un truco adquirido o revelado. Todas estas acepciones caracterizan exactamente las finezas de la Gran Obra en su realización pronta, simple y directa, ya que sólo necesita la *aplicación* de un fuego muy enérgico a la que se reduce el *truco* en cuestión. Pues bien; este fuego no sólo es figurado en nuestro bajo relieve por las llamas, sino también por el miembro mismo, cuya mano indica ser un brazo derecho, y es bastante sabido que la locución proverbial «ser el brazo derecho» se aplica siempre al *agente* encargado de ejecutar la voluntad de un superior, en el caso presente, el *fuego*.

Junto a estas razones -necesariamente abstractas porque están veladas bajo la forma lapidaria de una imagen concisa- hay otra, concreta, que viene a sostener y confirmar, en el ámbito práctico, la filiación esotérica de las primeras. La enunciaremos diciendo que quienquiera que ignorando el *truco* de la operación se arriesgue a emprenderla, debe temerlo todo del fuego. Corre un peligro real, y con dificultad puede escapar a las consecuencias de un acto irreflexivo y temerario. ¿Por qué, entonces, se nos dirá no divulgar ese procedimiento? Responderemos a esto que revelar una manipulación de este orden sería entregar el secreto de la vía corta, y no hemos recibido en absoluto de Dios ni de nuestros hermanos la autorización para descubrir semejante misterio. Ya es mucho que llevemos la solicitud y la caridad hasta prevenir al principiante al que su buena estrella condujera al umbral del antro, de tomar precauciones y redoblar la prudencia. Una advertencia semejante apenas se encuentra en los libros, en extremo sucintos, acerca de todo cuanto se refiere a la Obra breve, pero que el adepto de Dampierre conocía tan perfectamente como Ripley, Basilio Valentín, Filaleteo, Alberto el Grande, Huginus à Barma, Cyliani o Naxágoras. Sin embargo, y porque juzgamos útil prevenir al neófito, cometería un error si concluyera que tratamos de desalentarlo. Si desea arriesgarse en la aventura, que sea para él la *prueba del fuego* a la que debían someterse los futuros iniciados de Tebas y de Hermópolis, antes de recibir las sublimes enseñanzas. El brazo en llamas sobre el altar, ¿acaso no es un símbolo expresivo del sacrificio y de la renuncia que exige la ciencia? Todo se paga aquí abajo no con oro, sino con la dificultad y el sufrimiento, dejándose a menudo parte de uno mismo, y nunca podría pagarse demasiado cara la posesión del más pequeño secreto, de la verdad más ínfima. Si el aspirante, pues, se considera dotado de la fe y armado del coraje necesarios, le desearemos fraternalmente que salga sano y salvo de esta dura experiencia, la cual termina, lo más a menudo, con la explosión del crisol y la proyección del horno. Entonces, se podrá exclamar, como nuestro filósofo: ¡Feliz infortunio! Pues el accidente, obligando al aspirante a reflexionar sobre la equivocación cometida, le llevará a descubrir, sin duda, el medio de poder evitarla, así como el truco de la operación regular.

Artesón 4.- Fijada en un tronco de árbol cubierto de hojas y cargado de frutos, una banderola desenrollada contiene la inscripción:

.MELIVS.SPE.LICEBAT.

Podía esperarse algo mejor. Aquí tenemos una imagen del *árbol solar* que señala el Cosmopolita en su alegoría de la *selva verde*, que nos dice pertenecer a la ninfa Venus. A propósito de este árbol metálico, el autor, relatando la manera como el viejo Saturno trabaja en presencia del soplador perdido, dice que tomó fruta del árbol solar, la metió en diez partes de cierta agua -muy rara y difícil de procurarse-, y efectuó fácilmente la disolución.

Nuestro adepto oye así hablar del primer azufre, que es el *oro de los sabios*, fruto verde, no maduro, del *arbor scientiae*. Si la frase latina evidencia cierta decepción de un resultado normal, y muchos artistas se mostrarían gozosos de obtenerlo, es porque mediante este azufre aún no puede esperarse la trasmutación. El oro filosófico, en efecto, no es la piedra. Filaleteo se cuida de prevenir al estudiante de que sólo se trata de la primera materia. Y como este azufre principio, según. el mismo autor, requiere una labor ininterrumpida de alrededor de ciento cincuenta días, es lógico, y sobre todo humano, pensar que un resultado tan mediocre en apariencia no pueda satisfacer al artista, el cual creía por descontado obtener de una tirada el elixir, como se consigue en la vía corta.

Llegado a este punto, el aprendiz debe reconocer la imposibilidad de continuar su trabajo prosiguiendo la operación que le ha procurado el primer azufre. Si quiere ir más lejos, es preciso que vuelva sobre sus pasos, emprenda un segundo ciclo de nuevas pruebas y trabaje un año y, a veces, más, antes de dar con la piedra de primer orden. Pero si la desmoralización no le alcanza, que siga el ejemplo de Saturno y redisuelva en el mercurio, según las proporciones indicadas, este fruto verde que la bondad divina le ha permitido recoger, y acto seguido verá con sus propios ojos sucederse todas las apariencias de una maduración progresiva y perfecta. No nos cansaremos de recordarle, sin embargo, que se encuentra metido en un camino largo y penoso, sembrado de zarzas y cortado por barrancos; que en arte, teniendo en ello más parte que la Natulaleza, las ocasiones de errar y las escuelas son también más numerosas. Que dirija, con preferencia, su atención sobre el mercurio que los filósofos unas veces han llamado *doble*, no sin causa, y otras, *ardiente* o *aguzado* y *acuado con su propia sal*. Debe saber, antes de efectuar. la solución del azufre, que su primera agua -la que le ha dado el oro filosófico- es demasiado simple y débil para servir de alimento a esta simiente solar. Y a fin de vencer la dificultad, que se esfuerce en comprender la alegoría de la *matanza de los inocentes* de Nicolas Flamel, así como la explicación que de ella da Limojon[1], tan claramente como puede hacerlo un maestro del arte. A partir del momento en que sepa lo que son, metálicamente, esos espíritus de los cuerpos designados por la sangre de los inocentes degollados; en cuanto sepa de qué manera el alquimista opera la diferenciación de los dos mercurios, habrá franqueado el último obstáculo y nada, por consiguiente, sino su impaciencia, podrá frustrar el resultado esperado.

Artesón 5. - Dos peregrinos, provistos cada uno de un rosario, se encuentran próximos a un edificio   -iglesia o capilla- que se advierte en segundo plano. De estos hombres de muy avanzada edad, calvos, con la barba larga y el mismo vestido, uno se ayuda en su marcha con ayuda de un bastón; el otro, que tiene el cráneo protegido por un gran capuz, parece manifestar una viva sorpresa ante el suceso y exclama:

.TROPT.TART.COGNEV.TROPT.TOST.LAISSE.

Demasiado tarde conocido; demasiado pronto dejado. Palabras de soplador decepcionado, feliz de encontrar, al fin, al término de su largo camino, ese *húmedo radical* tan ardientemente deseado, pero desolado por haber perdido en trabajos vanos el vigor físico indispensable para la realización de la Obra con ese mejor compañero. Pues, con seguridad, es nuestro *fiel servidor*, el mercurio, lo que aquí se figura bajo el aspecto del primer *anciano*. Un ligero detalle lo señala a la atención del observador sagaz: el rosario que sostiene forma, con el bordón, la imagen del *caduceo*, atributo simbólico de Hermes. Por esta parte, hemos dicho con frecuencia que la materia disolvente es comúnmente reconocida, entre todos los filósofos, por ser el *anciano*, el *peregrino* y el *viajero* del gran Arte, así como lo enseñan Miguel Maier, Estolcio y otros muchos maestros.
En cuanto al viejo alquimista, tan gozoso por este descubrimiento, si hasta el momento no ha sabido dónde encontrar el mercurio, demuestra bastante, sin embargo, hasta qué punto su materia le resulta familiar, pues su propio rosario, jeroglífico parlante, representa el círculo coronado por la cruz, símbolo del globo terrestre y signatura de nuestro *pequeño mundo*. Se comprende entonces por qué el desdichado artista lamenta este conocimiento demasiado tardío, y su ignorancia de una sustancia común que tenía a su alcance, sin pensar jamás que pudiera procurarle el agua misteriosa, buscada en vano en otra parte...

Artesón 6. - En este bajo relieve se representan tres árboles próximos y de tamaño semejante. Dos de ellos muestran su tronco y sus ramas resecos, mientras que el último, que ha permanecido sano y vigoroso, parece ser, a la vez, la causa y el resultado de la muerte de los otros. Este motivo está ornado con la divisa:

.SI.IN.VIRIDI.ARIDO.QVID.

Si esto ocurre con las cosas verdes, ¿qué sucederá con las secas?
Nuestro filósofo plantea así el principio del método analógico, único medio y solo recurso de que dispone el hermetista para la resolución de los secretos naturales. Se puede responder, pues, a partir de este principio, que lo que sucede en el reino vegetal debe hallar su equivalencia en el reino mineral. En consecuencia, si los árboles secos y muertos ceden su parte de alimento y de vitalidad al superviviente plantado a su lado, es lógico considerar a este último como su heredero, aquel al que, al morir, han legado el disfrute total del fondo del que obtenían su subsistencia. Bajo este ángulo y desde este punto de vista, se nos aparece como su hijo o su descendiente. Los tres árboles constituyen así un emblema transparente de la manera como nace la piedra de los filósofos, primer ser o sujeto de la piedra filosofal.
El autor del *Triomphe Hermétique*[2], rectificando el aserto erróneo de su predecesor, Pierre-Jean Fabre, dice sin ambages que «nuestra piedra nace de la destrucción de dos cuerpos». Precisaremos que de estos cuerpos uno es metálico y el otro, mineral, y crecen ambos en la misma tierra. La oposición tiránica de su temperamento contrario les impide conformarse el uno al otro para siempre, salvo cuando la voluntad del artista los obliga a ello, sometiendo a la acción violenta del fuego a estos antagonistas resueltos. Tras un largo y duro combate, perecen agotados. De su descomposición se engendra un tercer cuerpo, heredero de la energía vital y de las cualidades mezcladas de sus progenitores difuntos.
Tal es el origen de nuestra piedra, provista desde su nacimiento de la doble disposición metálica, la cual es seca e ígnea, y de la doble virtud mineral, cuya esencia consiste en ser fría y húmeda. Así realiza, en su estado de equilibrio perfecto, la unión de los cuatro elementos naturales que se encuentra en la base de nuestra filosofía experimental. El calor del fuego se halla temperado por la frigidez del aire, y la sequedad de la tierra, neutralizada por la humedad del agua.

[1] Limojon de Saint-Didier, *Lettre aux vrays Disciples d'Hermès*, en *Le Triomphe Hermétique*. Amsterdam, Henry Wetstein, 1699.
[2] Limojon de Saint-Didier, Le Triomphe Hermétique. Amsterdam, Desbordes, 1710, página A4.

Artesón 7. - La figura geométrica que hallamos aquí ornaba con frecuencia los frontispicios de los manuscritos alquímicos de la Edad Media. Se la llamaba comúnmente *laberinto de Salomón*, y hemos señalado en otro lugar que se encontraba reproducida en las losas de nuestras grandes iglesias ojivales. Esta figura lleva por divisa:

.FATA.VIAM.INVENIENT.

Los destinos hallarán su vía. Nuestro bajo relieve, que caracteriza únicamente la vía larga, revela la intención formal, expresada por la pluralidad de los motivos de Dampierre, de enseñar, sobre todo, la *Obra del rico*. Pues este laberinto no nos ofrece más que una sola entrada, mientras que las representaciones del mismo tema muestran por lo general tres entradas que corresponden, por otra parte, a los tres pórticos de las catedrales góticas puestas bajo la advocación de la Virgen madre. Una de las entradas, del todo directa, conduce en derechura a la cámara media - donde Teseo da muerte al Minotauro- sin hallar el menor obstáculo: traduce la vía corta, simple, cómoda de la *Obra del pobre*. La segunda, que conduce igualmente al centro, no desemboca en él sino tras una serie de vueltas, revueltas y circunvoluciones: es el jeroglífico de la vía larga, y hemos dicho que se refiere al esoterismo preferido por nuestro adepto. Finalmente, una tercera galería, cuya abertura es paralela a las anteriores, termina con brusquedad en un callejón sin salida a poca distancia del umbral y no conduce a ninguna parte. Causa la desesperación y la ruina de los errantes, de los presuntuosos, de quienes sin estudios serios ni principios sólidos se lanzan, sin embargo, al camino y corren el riesgo de la aventura.

Cualquiera sea su forma y la complicación de su trazado, los laberintos son símbolos elocuentes de la Gran Obra considerada desde el aspecto de su realización material. También los vemos encargados de expresar las dos grandes dificultades que implica la obra: 1.° acceder a la cámara interior, 2.° tener la posibilidad de salir de ella. De estos dos puntos, el primero concierne al conocimiento de la materia -que asegura la entrada- y el de su preparación -que el artista consuma en el centro del dédalo-. El segundo concierne a la mutación, con el concurso del fuego, de la materia preparada. El alquimista reproduce, pues, en sentido inverso, pero con prudencia, lentitud y perseverancia, el recorrido efectuado rápidamente al comienzo de su labor. A fin de no extraviarse, los filósofos le aconsejan que deje puntos de referencia en su camino al partir -para las operaciones que pudiéramos denominar analíticas-, empleando este *hilo de Ariadna* sin el cual correría el gran riesgo de no poder volver atrás -es decir de extraviarse en el trabajo de unificación sintética-. A esta segunda fase o período de la Obra se aplica la enseña latina del laberinto. En efecto, a partir del momento en que el *compuesto*, formado por cuerpos vitalizados, comienza su evolución, el misterio más impenetrable cubre con su velo el orden, la medida, el ritmo, la armonía y el progreso de esta admirable metamorfosis que el hombre no tiene en absoluto la facultad de comprender ni de explicar. Abandonada a su propia suerte y sometida a los rigores del fuego en las tinieblas de su estrecha prisión, la materia regenerada sigue la vía secreta trazada por los destinos.

Artesón 8.- Dibujo borrado, escultura en relieve desaparecida. Tan sólo la inscripción subsiste, y la nitidez de su labra rompe la uniformidad desnuda de la calcárea que la rodea. Se lee en ella:

.MICHI.CELVM.

¡A mí el cielo! Exclamación de ardiente entusiasmo, de gozo exuberante, grito de orgullo, se dirá, de adepto en posesión del Magisterio. Tal vez. Pero, ¿es eso lo que quiere dar a entender el pensamiento del autor? Nos permitimos dudarlo, pues basándonos en tantos motivos serios y positivos y en epígrafes de sentido ponderado, preferimos ver ahí la expresión de una esperanza radiante dirigida hacia el conocimiento de las cosas celestes, más bien que la idea presuntuosa y barroca de una ilusoria conquista del empíreo.

Es evidente que el filósofo, habiendo alcanzado el resultado tangible de la labor hermética, no ignora ya cuál es el poder, la preponderancia del *espíritu* ni la acción en verdad prodigiosa que ejerce sobre la sustancia inerte. Fuerza, voluntad e incluso ciencia pertenecen al espíritu. La vida es la consecuencia de su actividad. El movimiento, la evolución y el progreso son sus resultados. Y puesto que todo procede de él y que todo se engendra y se descubre por él, es razonable creer que, en definitiva, todo debe regresar a él necesariamente. Basta, pues, observar bien sus manifestaciones en la materia grave, estudiar las leyes a las que parece obedecer y conocer sus directrices para adquirir alguna noción de las cosas y de las leyes primeras del Universo. También puede conservarse la esperanza de obtener, por el simple examen de la labor espiritual en la obra hermética, los elementos de una concepción menos vaga de la Gran Obra divina, del Creador y de las cosas creadas. Lo que está abajo es como lo que está arriba, ha dicho Hermes, y por el estudio perseverante de todo cuanto nos es accesible podemos elevar nuestra inteligencia hasta la comprensión de lo inaccesible. Tal es la idea naciente, en el ideal del filósofo, de la fusión del espíritu humano y del espíritu divino, del regreso de la criatura al Creador, al hogar ardiente, único y puro del que, por orden de Dios, debió escapar la chispa mártir, laboriosa e inmortal, para asociarse a la materia vil, hasta la completa consumación de su periplo terrestre.

Artesón 9. - Nuestros predecesores no han reconocido en este pequeño tema más que el símbolo atribuido al rey de Francia Enrique II. Se compone de un simple creciente lunar al que acompaña esta divisa:

.DONEC.TOTVM.IMPLEAT.ORBEM.

124

Hasta que colme toda la Tierra. No creemos que la interpretación de este emblema, al que Diana de Poitiers permanece por completo extraña, pueda prestarse al menor equívoco. El más joven de los «hijos de ciencia» no ignora en absoluto que la *luna*, jeroglífico espagírico de la plata, marca la meta final de la *Obra al blanco* y el período de transición de la *Obra al rojo*. El color característico de la plata se parece al *reino de la Luna*, es decir, el blanco. Artefio, Nicolas Flamel, Filaleteo y muchos otros maestros enseñan que, en esta fase de la cocción, el rebis ofrece el aspecto de hilos finos y sedosos, de *cabellos* extendidos en la superficie y que progresan de la periferia al centro. De ahí el nombre de *blancura capilar* que sirve para designar esta coloración. La *Luna*, dicen los textos, está entonces en su *primer cuarto*. Bajo la influencia del fuego, la blancura gana en profundidad, alcanza toda la masa y, en la superficie, cambia al amarillo limón. Es la *luna llena*. El creciente se ha ampliado hasta formar el *disco lunar* perfecto: *ha llenado por completo el orbe*. La materia está provista de cierto grado de fijeza y sequedad, signos seguros de consumación del pequeño Magisterio. Si el artista desea no ir más lejos o no puede conducir la Obra hasta el rojo, no le quedará otra solución que multiplicar esta piedra, volviendo a empezar las mismas operaciones para aumentar su potencia y su virtud. Y estas reiteraciones podrán renovarse tantas veces como lo permita la materia, es decir, mientras esté saturada de su espíritu y éste «colme toda la tierra». Más allá del punto de saturación, sus propiedades cambian. Demasiado sutil, ya no se puede coagular. Se queda así en aceite espeso, luminoso en la oscuridad y, en lo sucesivo, sin acción sobre los seres vivos tanto como sobre los cuerpos metálicos.

Lo que es cierto para la *Obra al blanco* lo es también para el gran Magisterio. En este último, basta sólo con aumentar la temperatura a partir del momento en que se ha obtenido la blancura cetrina, sin tocar, no obstante, ni abrir la vasija, y a condición de que se haya sustituido, al comienzo, el fermento rojo por azufre blanco. Esto es, por lo menos, lo que recomienda Filaleteo, pero no Flamel, aunque su desacuerdo aparente se explique con facilidad si se conocen bien las directrices de las vías y de las operaciones. Sea como fuere, prosiguiendo la acción del cuarto grado del fuego, el *compuesto* se disolverá por sí mismo y se sucederán nuevos colores hasta que un rojo débil calificado de *flor de melocotonero*, que se vuelve poco a poco más intenso a medida que se extiende la sequedad, anuncia el éxito y la perfección de la obra. Enfriada, la materia ofrece una textura cristalina hecha, al parecer, de pequeños rubíes aglomerados, raras veces libres, siempre de elevada densidad y de fuerte brillo, con frecuencia arropados en una masa amorfa, opaca y roja llamada por los antiguos *la tierra condenada de la piedra*. Este residuo, fácil de separar, no es de ninguna utilidad y debe ser desechado.

VII

Cuarta serie (lám. XXXI).

Artesón 1. - Este bajo relieve nos presenta una roca a la que el mar, furioso, amenaza con tragar, pero dos querubines soplan sobre las olas y apaciguan la tempestad. La filacteria que acompaña esta figura exalta la *constancia en los peligros*:

.IN.PERICVLIS.CONSTANTIA.

virtud filosófica que el artista debe saber conservar durante el curso de la cocción y, sobre todo, al comienzo de ésta, cuando los elementos desencadenados se embisten y se repelen con violencia. Más tarde, pese a la duración de esta fase ingrata, el yugo es menos penoso de soportar, pues la efervescencia se calma y la paz nace, al fin, del triunfo de los elementos espirituales -aire y fuego-, simbolizados por los angelotes, agentes de nuestra misteriosa *conversión elemental*. Pero, a propósito de esta conversión, acaso no sea superfluo aportar aquí algunas precisiones sobre la manera de producirse el fenómeno, a propósito del cual los antiguos han dado muestras, según nuestra opinión, de una reserva excesiva.

Todo alquimista sabe que la piedra está compuesta de los cuatro elementos unidos, mediante una poderosa cohesión, en un estado de equilibrio natural y perfecto. Lo que es menos conocido es la manera como esos cuatro elementos se resuelven en tres principios físicos que el artista prepara y junta según las reglas del arte, teniendo en cuenta las condiciones requeridas. Pues bien; esos elementos primarios, representados en nuestro artesón por el mar (*agua*), la roca (*tierra*), el cielo (*aire*) y los querubines (*luz, espíritu, fuego*) se reducen a *sal, azufre y mercurio*, principios materiales y tangibles de nuestra piedra. De estos principios, dos se consideran simples, el azufre y el mercurio, porque se encuentran combinados naturalmente en el cuerpo de los metales. Uno solo, la sal, aparece constituido en parte por sustancia fija y en parte de materia volátil. Sabido es que, en química, las sales, formadas por un ácido y una base, revelan, por su descomposición, la volatilidad de uno lo mismo que la fijeza de la otra. Como la sal participa, a la vez, del principio mercurial por su humedad fría y volátil (aire), y del principio mercurial por su sequedad ígnea (fuego), sirve, pues, de *mediador* entre los componentes azufre y mercurio de nuestro embrión. Gracias a su cualidad doble, la sal permite realizar la conjunción, que sería imposible sin ella, entre ambos antagonistas, progenitores efectivos del *reyezuelo* hermético. Así, los cuatro elementos primeros se hallan juntos dos a dos en la piedra en formación, porque la sal posee en sí el fuego y el aire necesarios para la unión del azufre-tierra y del mercurio-agua.

Sin embargo, y aunque los compuestos salinos estén próximos a las naturalezas sulfurosa y mercurial (porque el fuego busca siempre un alimento terrestre y el aire se mezcla de buena gana con el agua), no tienen una afinidad suficiente respecto a los principios materiales y ponderables de la Obra, azufre y mercurio, como para que su sola presencia, su catálisis, sea capaz de evitar todo desacuerdo en este matrimonio filosófico. Al contrario, sólo después de largos debates y de múltiples choques el aire y el fuego, rompiendo su asociación salina, actúan de consuno para restablecer la concordia entre dos seres a los que una simple diferencia de evolución ha separado.

De ello debemos concluir, en la explicación teórica de la *conversión de los elementos* y de su unión indisoluble al estado de elixir, que la sal es el único instrumento de una armonía duradera, la instigadora de una paz estable y fecunda en resultados felices. Y este mediador pacífico, no contento con intervenir sin cesar durante la elaboración lenta, tumultuosa y caótica de nuestra mixtura, aún contribuye, con su propia sustancia, a nutrir y fortificar el cuerpo nuevamente formado. Imagen del Buen Pastor, que da su vida por sus ovejas, la sal filosófica una vez ha terminado su cometido, muere a fin de que nuestro joven monarca pueda vivir, crecer y extender su voluntad soberana sobre toda la naturaleza metálica.

Artesón 2. - La humedad ha roído la placa de fondo y la ha privado del relieve que tenía antaño. Las rugosidades imprecisas y rudas que subsisten aún podrían pertenecer a algunos vegetales. La inscripción ha sufrido mucho. Algunas letras tan sólo han podido resistir los malos tratos del tiempo:

..M.RI...V.RV..

Con tan pocos elementos es imposible reconstruir la frase. Sin embargo, según la obra *Paysages et Monuments du Poitou* que ya hemos citado, los vegetales serían espigas de trigo y la inscripción debería leerse

.MIHI.MORI.LVCRVM.

La muerte es lucro para mí. Se trata de una alusión a la necesidad de la mortificación y de la descomposición de nuestra simiente mineral. Pues del mismo modo que el grano de trigo no podría germinar, producir y multiplicarse si la putrefacción no lo hubiera licuado previamente en la tierra, también es indispensable provocar la disgregación del *rebis* filosofal a fin de que esté incluida la semilla para generar un nuevo ser de naturaleza parecida, pero susceptible de aumentar por sí mismo, tanto en peso y volumen como en poder y virtud. En el centro del compuesto, el espíritu encerrado, vivo, inmortal y siempre presto a manifestar su acción, no aguarda más que la descomposición del cuerpo y la dislocación de sus partes para trabajar en la depuración y, después, en la refección de la sustancia modificada y clarificada con la ayuda del fuego.

Es, pues, la materia, grosera aún, del mercurio filosófico, la que habla en el epígrafe *Mihi mori lucrum*. No sólo la muerte le asegura el beneficio físico de una envoltura corporal mucho más noble que la primera, sino que, por añadidura, le procura una energía vital que no poseía, y la facultad generadora de la que una mala constitución la había privado hasta entonces.

Tal es la razón por la que nuestro adepto, a fin de dar una imagen sensible de la regeneración hermética por la muerte del compuesto, ha hecho esculpir espigas bajo la divisa parabólica de este pequeño tema.

Artesón 3. - Surgiendo de nubes espesas, una mano cuyo antebrazo aparece ulcerado sostiene una rama de olivo. Este blasón, de carácter mórbido, tiene por enseña:

.PRVDENTI.LINITVR.DOLOR.

El sabio sabe calmar su dolor. La rama de olivo, símbolo de paz y concordia, señala la unión perfecta de los elementos generadores de la piedra filosofal. Y esta piedra, por los conocimientos ciertos que aporta y por las verdades que revela al filósofo, le permite dominar los sufrimientos morales que afectan a los otros hombres, y vencer los dolores físicos suprimiendo la causa y los efectos de gran número de enfermedades.

La elaboración misma del elixir le demuestra que la muerte, transformación necesaria, pero no aniquilación real, no debe afligirlo. Muy al contrario, el alma, liberada de la carga corporal, goza, en plena expansión, de una maravillosa independencia, toda bañada de esta luz inefable, accesible sólo a los espíritus puros. Sabe que las fases de vitalidad material y de existencia espiritual se suceden unas y otras según las leyes que rigen su ritmo y sus períodos. El alma sólo abandona su cuerpo terrestre para animar otro nuevo. El anciano de ayer es el niño de mañana. Los desaparecidos se vuelven a hallar, los extraviados se aproximan y los muertos renacen. Y la atracción misteriosa que liga entre sí a los seres y las cosas de evolución semejante, reúne, sin que lo sepan, a los que todavía viven y a los que ya no están. Para el iniciado no existe en absoluto separación verdadera y total, y la simple ausencia no puede producirle angustia. A los objetos de sus afectos los reconocerá con facilidad, aunque revestidos de una envoltura distinta, porque el espíritu, de esencia inmortal y dotado de memoria eterna, sabrá hacérselos discernir...

Estas certidumbres, materialmente controladas a lo largo del trabajo de la Obra, le aseguran una serenidad moral indefectible, la calma en mitad de las agitaciones humanas, el menosprecio de los goces mundanos, un estoicismo resuelto y, sobre todo, ese poderoso consuelo que le otorga el conocimiento secreto de sus orígenes y de su destino.

En el plano físico, las propiedades medicinales del elixir colocan a su feliz poseedor al abrigo de las taras y las miserias fisiológicas. Gracias a él, el sabio sabe apaciguar su dolor. Batsdorff[1] asegura que cura todas las enfermedades externas del cuerpo, como úlceras, escrófulas, lobanillos, parálisis, heridas y otras muchas afecciones, disuelto en un licor a propósito y aplicado en el mal mediante un lienzo empapado del licor. Por su parte, el autor de un manuscrito alquímico miniado[2] ensalza igualmente las elevadas virtudes de la medicina de los sabios. «El elixir - escribe- es una ceniza divina, más milagrosa que otra cualquiera, y se reparte como se quiere, según la necesidad que presenta, y no rechaza a nadie, tanto para la salud del cuerpo humano y el alimento de esta vida caduca y transitoria, como para la resurrección de los cuerpos metálicos imperfectos... En verdad, sobrepasa a todas las tríacas y medicinas más excelentes que los hombres hayan podido hacer, por sutiles que sean. Convierte al hombre que lo posee en feliz, serio, próspero, notable, audaz, robusto y magnánimo.» Finalmente, Jacques Tesson[3] da a los recién convertidos consejos sabios acerca del empleo del *bálsamo universal.* «Hemos hablado -dice el autor dirigiéndose al objeto del arte- del fruto de bendición salido de ti. Ahora, diremos cómo es preciso aplicarte. Eres para socorrer a los pobres y no para las pompas mundanas; para curar a los enfermos necesitados y no para los grandes y poderosos de la Tierra. Pues debemos prevenirnos de a quién damos y saber a quién debemos aliviar en las calamidades y enfermedades que afligen a la especie humana. No administres este poderoso medio sino por una inspiración de Dios que lo ve todo, lo conoce todo y lo ordena todo.»

Artesón 4. - He aquí, ahora, uno de los símbolos mayores de la Gran Obra: la figura del círculo gnóstico formado por el cuerpo de la serpiente que se devora la cola, y que tiene por divisa la palabra latina:

.AMICITIA.

La amistad. La imagen circular es, en efecto, la expresión geométrica de la unidad, de la afinidad, del equilibrio y de la armonía. Todos los puntos de la circunferencia son equidistantes del centro y están en estrecho contacto los unos con los otros, y realizan un orbe continuo y cerrado que no tiene comienzo y no puede tener fin, lo mismo que Dios en la metafísica, el infinito en el espacio y la eternidad en el tiempo.

Los griegos llamaban a esta serpiente *Ouroboros,* de las palabras oura, *cola,* y boroç, *devorador.* En la Edad Media se la asimilaba al dragón y se le imponía una actitud y un valor esotéricos semejantes a los de la serpiente helénica. Tal es la razón de las asociaciones de reptiles, naturales o rabiosos, que se encuentran casi siempre en los viejos autores. *Draco aut serpens qui caudam devoravit; serpens aut lacerta viridis quae propriam caudam devoravit,* etc., escriben con frecuencia. En los monumentos, por otra parte, el dragón, que permite más movimiento y pintoresquismo en la composición decorativa, parece agradar más a los artistas, y a él lo representan de preferencia. Puede vérsele en la portada norte de la iglesia de Saint-Armel, en Ploermel (Morbiham), donde muchos dragones adosados a los planos inclinados de los gabletes forman rueda mordiéndose la cola. La célebre sillería del coro de Amiens ofrece también una curiosa figura de dragón con cabeza de caballo y cuerpo alado terminado por una cola decorativa cuya extremidad devora el monstruo.

Dada la importancia de este emblema -es, con el *sello de Salomón,* el signo distintivo de la Gran Obra-, su significado sigue siendo susceptible de interpretaciones varias. Jeroglífico de unión absoluta, de indisolubilidad de los cuatro elementos y de los dos principios devueltos a la unidad en la piedra filosofal, esta universalidad permite su uso y atribución a las diversas fases de la Obra, puesto que todas se encaminan a la misma meta y están orientadas a la unión, la homogeneidad de las naturalezas primarias y la mutación de su antipatía nativa en amistad sólida y estable. Por regla general, la cabeza del dragón o del *Ouroboros* señala la parte fija, y su cola, la parte volátil del compuesto. Así lo entiende el comentarista de Marc Fra Antonio[4]: «Esta tierra -dice al hablar del azufre-, por su sequedad ígnea y congénita, atrae hacia sí su propia humedad y la consume, y a causa de esto es comparada al dragón que devora su cola. Por lo demás, no atrae ni asimila a sí su humedad sino porque es de su misma naturaleza.» Otros filósofos le destinan para una aplicación distinta, de la que es testigo Linthaut[5], que lo relaciona con los períodos coloreados: «Hay -escribe- tres colores principales que se deben mostrar en la Obra: el negro, el blanco y el rojo. La negrura, primer color, es llamada por los antiguos dragón venenoso cuando dicen: el dragón devorará su propia cola.» El esoterismo es equivalente en el *Muy precioso don de Dios,* de Jorge Aurach. David de Planis Campy, más alejado de la doctrina, no ve en ello más que una versión de las cohobaciones espagíricas.

En cuanto a nosotros, siempre hemos entendido el *Ouroboros* como un símbolo completo de la obra alquímica y de su resultado. Pero cualquiera que sea la opinión de los sabios de nuestra época acerca de esa figura, puede estarse seguro, cuando menos, de que todos los atributos de Dampierre, colocados bajo la égida de la serpiente que se muerde la cola se refieren exclusivamente a la Gran Obra y presentan un carácter particular, conforme a las enseñanzas secretas de la ciencia hermética.

---

[1] *Le Filet d'Ariadne, Op. cit.,* p. 140.

[2] *La Génération et Opération du Grand-Oeuvre,* Bibl. de Lyon. Ms. citado.

[3] Jacques Tesson, *Le Grand et Excellent Oeuvre des Sages, contenant trois traités ou dialogues. Dialogues du Lyon verd, du Grand Thériaque et du Régime.* Ms. del siglo XVII. Bibl. de Lyon, n.° 971 (900).

[4] *La Lumière sortant par soy-mesme des Ténèbres, ou Véritable Théorie de la Pierre des Philosophes écrite en vers italiens...* París, L. d'Houry, 1687, p. 271.

[5] Henri de Linthaut, *Commentaire sur le Trésor des Trésors de Christophe de Gamon.* París, Claude Morillon, 1610, p. 133.

Artesón 5.- Otro tema desaparecido y del que nada puede descifrarse. Algunas letras incoherentes aparecen tan sólo en la calcárea disgregada:

...CO.PIA...

Artesón 6.- Una gran estrella de seis rayos resplandece sobre las ondas de un mar en movimiento. Por encima de ella, la banderola lleva grabada esta divisa latina cuya primera palabra se halla escrita en español:

.LVZ.IN.TENEBRIS.LVCET.

La luz brilla en las tinieblas. Sin duda causará sorpresa que tomemos por olas lo que otros piensan que son nubes. Pero estudiando la manera como el escultor representa en otros lugares el agua y las nubes, pronto se tendrá la convicción de que no hay por nuestra parte error, desidia o mala fe. Con esta estrella de mar, sin embargo, el autor de la imagen no pretende figurar la asteria común, que no posee más que cinco brazos radiales mientras que la nuestra está provista de seis ramas distintas. Debemos ver aquí, pues, la indicación de un *agua estrellada* que no es otra cosa que nuestro mercurio preparado, nuestra Virgen madre y su símbolo, *Stella maris*, mercurio obtenido en forma de agua metálica blanca y brillante que los filósofos denominan *astro* (del griego asthe, *brillante, reluciente*). Así, el trabajo del arte hace manifiesto y exterior lo que antes se encontraba difuso en la masa tenebrosa, grosera y vil del sujeto primario. Del caos oscuro hace surgir la luz tras haberla reunido, y esta luz brilla desde ahora en las tinieblas como una estrella en el cielo nocturno. Todos los químicos han conocido y conocen este sujeto, aunque muy pocos saben extraerle la quintaesencia radiante, tan fuertemente hendida en la terrestreidad y opacidad del cuerpo. Por ello, Filaleteo[1] recomienda al estudiante que no menosprecie *la signatura astral*, reveladora del mercurio preparado. «Ten cuidado -le dice- de regular tu camino según la *estrella del Norte* que nuestro imán hará aparecer ante ti. Entonces, el sabio se regocijará, pero el alocado, en cambio, considerará el hecho como de poca monta. No aprenderá la sabiduría, e incluso mirará sin comprender su valor ese polo central hecho de líneas entrecruzadas, marca maravillosa del Todopoderoso.»

En extremo intrigado por esta estrella, cuya importancia y significado no alcanzaba a explicarse, Hoefer[2] se dirigió a la cábala hebraica. «Iesod (יסוד) -escribe- significa a la vez *fundamento* y *mercurio*, porque el mercurio es el fundamento del arte trasmutatorio. La naturaleza del mercurio viene indicada por los nombres אלהח(Dios vivo), cuyas letras dan como resultado, por adición entre sí de sus valores numéricos, 49, que es el mismo que resulta de las letras כוכב (cocaf), estrella. Pero, ¿qué sentido cabe atribuir a la palabra כרכב? Escuchemos a la cábala: «El carácter del verdadero mercurio consiste en cubrirse, por la acción del calor, con una película que se aproxima más o menos al color del oro, y esto puede hacerse "incluso en el espacio de una sola noche": Tal es el misterio que indica la palabra כרכב, estrella.» Esta exégesis no nos satisface. Una película, del color que sea, en nada se parece a las irradiaciones estrelladas, y nuestros propios trabajos nos garantizan una signatura efectiva que presenta todos los caracteres geométricos y regulares de un astro perfectamente dibujado. También preferimos el lenguaje, menos químico, pero más verdadero, de los maestros antiguos a esta descripción cabalística del óxido rojo de hidrargirio. «Tiene la propiedad de la luz -dice- el autor de una obra célebre[3]- de no poder aparecer a nuestros ojos sin estar revestida de algún cuerpo, y es preciso que ese cuerpo sea también apropiado para recibir la luz. Allá, pues, donde está la luz, debe estar necesariamente el vehículo de esa luz. He aquí el medio más fácil para no errar. Busca, pues, con la luz de tu espíritu la luz que está envuelta en tinieblas, y aprende de ello que el sujeto más. vil de todos según los ignorantes es el más noble según los sabios.» En una narración alegórica concerniente a la preparación del mercurio, Trismosin[4] es más categórico aún; afirma, como nosotros, la realidad visual del *sello hermético*. «Al romper el día -dice nuestro autor-, se vio salir por encima de la persona del rey *una estrella muy resplandeciente, y la luz del día iluminó las tinieblas*.» En cuanto a la naturaleza mercurial del soporte de la estrella (que es el *cielo de los filósofos*), Nicolas Valois[5] nos da a entender con claridad en el pasaje siguiente: «Los sabios –dice– llaman su *mar* a la Obra entera, y a partir del momento en que el cuerpo es reducido a agua, de la que se compuso primariamente, aquélla es llamada *agua de mar* porque se trata en verdad de un mar al que muchos sabios navegantes han naufragado por no tener ese *astro* como guía, que no faltará jamás a quienes lo han conocido una vez. Esta estrella conducía a los sabios al nacimiento del Hijo de Dios, y ella misma nos hace asistir al nacimiento de este joven rey.» Finalmente, en su *Cathécisme ou Instruction pour le grade d'Adepte*, anexo a su obra titulada *L'Etoile flamboyante*, el barón Tschoudy nos informa de que el astro de los filósofos se llamaba así entre los masones. «La naturaleza -dice- no es en absoluto visible aunque actúe visiblemente, pues no es más que un espíritu volátil que hace su oficio en los cuerpos y que está animado por el espíritu universal que conocemos, en masonería vulgar, bajo el respetable emblema de la estrella *flameante*.»

---

[1] Filaleteo, *Introitus apertus, op. cit.*, cap. IV, 3.

[2] Ferdinand Hoefer, *Histoire de la Chimie*. Paris Firmin Didot, 1866, p. 248.

[3] *La Lumière sortant par soy-mesme des Ténèbres, op, cit,*

[4] Salomon Trismosin, *La Toyson d'Or*. Paris, Ch. Sevestre, 1612.

[5] *Les Cinq Livres de Nicolas Valois*, Ms. Citado.

Artesón 7. - Al pie de un árbol cargado de frutos, una mujer planta en la tierra muchos carozos. En la filacteria, una de cuyas extremidades arranca del tronco y la otra se desarrolla del personaje, se lee esta frase latina:

.TV.NE.CEDE.MALIS.

No cedas a los errores. Se trata de un estímulo para perseverar en la vía seguida y en el método empleado que da nuestro filósofo al buen artista, el cual se complace en imitar ingenuamente a la simple naturaleza más bien que a perseguir vanas quimeras.

Los antiguos designaban a menudo la alquimia con el nombre de *agricultura celeste*, porque ofrece, en sus leyes, en sus circunstancias y en sus condiciones la más estrecha relación con la agricultura terrestre.

Apenas hay autor clásico que no tome sus ejemplos y establezca sus demostraciones sobre los trabajos campestres. La analogía hermética aparece así fundada en el arte del cultivador. Al igual que es preciso un grano para obtener una espiga -*nisi granum frumenti*-, es indispensable tener en primer lugar la semilla metálica, a fin de multiplicar el metal. Pues bien; cada fruto lleva en sí su semilla, y todo cuerpo, cualquiera que sea, posee la suya. El punto delicado, que Filaleteo llama el eje del arte, consiste en saber extraer del metal o del mineral esta semilla primera. Es la razón por la cual el artista debe, al comienzo de su obra, descomponer por entero lo que ha sido reunido por la Naturaleza, pues «quienquiera ignore el medio de destruir los metales, ignora, asimismo, el de perfeccionarlos». Habiendo obtenido las cenizas del cuerpo, éstas serán sometidas a la calcinación, que quemará las partes heterogéneas, adustibles, y dejará la *sal central*, semilla incombustible y pura que la llama no puede vencer. Los sabios le han aplicado los nombres de *azufre, primer agente* u *oro filosófico*.

Pero todo grano capaz de germinar, de crecer y de fructificar reclama una tierra propicia. El alquimista tiene necesidad, a su vez, de un terreno apropiado para la especie y la naturaleza de su semilla. También aquí deberá recurrir tan sólo al reino mineral. Ciertamente, este segundo trabajo le costará más fatiga y tiempo que el primero. Y ello también concuerda con el arte del cultivador. ¿Acaso no vemos todos los cuidados de este último dirigidos hacia una exacta y perfecta preparación del suelo? Mientras que las siembras se efectúan con rapidez y sin gran esfuerzo, la tierra, por el contrario, exige muchas labores, una justa proporción de abono, etc., trabajos éstos penosos y de gran esfuerzo cuya analogía se encuentra en la Gran Obra filosofal.

Que los verdaderos discípulos de Hermes estudien, pues, los medios simples y eficaces capaces de aislar el mercurio metálico, madre y nodriza de esta semilla de la que nacerá nuestro embrión; que se apliquen a purificar este mercurio y a exaltar sus facultades, a semejanza del campesino que aumenta la fecundidad del *humus* aireándolo con frecuencia e incorporándole los productos orgánicos necesarios. Sobre todo, que desconfíen de los procedimientos sofísticos, fórmulas caprichosas para uso de los ignorantes o los ávidos. Que interroguen la Naturaleza, observen la forma en que opera, sepan discernir cuáles son sus medios y se ingenien para imitarla de cerca. Si no se dejan desanimar y no ceden lo más mínimo a los errores, extendidos profusamente incluso en los mejores libros, sin duda acabarán por ver el éxito coronar sus esfuerzos. Todo el arte se resume en descubrir la *semilla, azufre* o *núcleo metálico*, arrojarla en una tierra específica o *mercurio*, y, luego, en someter estos elementos al fuego, según un régimen de cuatro temperaturas crecientes que constituyen las cuatro estaciones de la Obra. Pera el gran secreto es el del mercurio, y en vano se buscará su operación en las obras de los más célebres autores. También es preferible ir de lo conocido a lo desconocido por el método analógico, si se desea aproximarse a la verdad sobre una materia que ha constituido la desesperación y ha causado la ruina de tantos investigadores más entusiastas que profundos.

Artesón 8. - Este bajo relieve lleva tan sólo la imagen de un escudo circular y la exclamación histórica de la madre espartana:

.AVT.HVNC.AVT.SVPER.HVNC.

O con él o sobre él. La Naturaleza se dirige aquí al hijo de la ciencia que se dispone a emprender la primera operación. Hemos dicho ya que esta manipulación, en extremo delicada, implica un peligro real, pues el artista debe provocar al viejo dragón, guardián del vergel de las Hespérides, obligarlo a combatir y, luego, matarlo sin piedad, si no quiere convertirse en su víctima. Vencer o morir, tal es el sentido velado de la inscripción. Nuestro campeón, pese a su valor, deberá actuar con la mayor prudencia, pues el porvenir de la Obra y su propio destino dependen de este primer éxito.

La figura del escudo -en griego ασπίς, *abrigo, protección, defensa*- le indica la necesidad de un arma defensiva. En cuanto al arma de ataque, deberá emplear la lanza –λογχ, *suerte, destino*- o el estoque -διαλhyiç, *separación*-. A menos que prefiera recurrir al medio del que se sirvió Belerofonte, que cabalgó sobre Pegaso para dar muerte a la Quimera. Los poetas imaginan que hundió profundamente en la garganta del monstruo una jabalina de madera endurecida al fuego y reforzada de plomo. La Quimera, irritada, vomitaba llamas, y entonces el plomo se fundió y fluyó hasta las entrañas de la bestia, y este simple artificio pronto dio cuenta de ella.

Llamamos principalmente la atención del principiante sobre la lanza y el escudo, que son las mejores armas que puede utilizar el caballero experto y seguro de sí, y que figurarán, si sale victorioso del combate, en su escudo simbólico, asegurándole la posesión de nuestra *corona*.

Así, de *labrador* se convierte en *heraldo* (chrux, de donde procede, en griego, chrucioforoç, *el que lleva el caduceo*). Otros del mismo coraje y de fe ardiente, más confiados en la misericordia divina que seguros de sus propias fuerzas, abandonaron la espada, la. lanza y el sable por la *cruz*. Éstos venciéron aún mejor, pues el dragón, material y demoníaco, jamás resistió a la efigie espiritual y todopoderosa del Salvador, al signo inefable del Espíritu y de la Luz encarnados: *In hoc signo vinces*.

Al sabio, se dice, le bastan pocas palabras, y nosotros estimamos haber hablado lo suficiente para quienes deseen tomarse la molestia de comprendernos.

Artesón 9. - Una flor campestre que tiene aspecto de amapola recibe la luz del sol que brilla encima de ella. Este bajo relieve ha sufrido a causa de condiciones atmosféricas desfavorables o, tal vez, de la mala calidad de la piedra. La inscripción que adornaba una. banderola cuya huella aún se ve está por completo borrada. Como hemos analizado con anterioridad un tema semejante (serie II, artesón 1), y dado que este motivo es susceptible de muchas y muy diferentes interpretaciones, guardaremos silencio por temor a un posible error, dada la ausencia de su divisa particular.

VIII

Quinta serie (lám. XXXII).

Artesón 1. - Un vampiro cornudo, velludo, provisto de alas membranosas, nervudas y provistas de garras, y con los pies y manos en forma también de garras, aparece representado en cuclillas. La inscripción pone en boca de este personaje de pesadilla los siguientes versos en español:

.MAS.PENADO.MAS.PERDIDO.
.Y.MENOS.AREPANTIDO.

Este diablo, imagen de la tosquedad material opuesta a la espiritualidad, es el jeroglífico de la primera sustancia mineral, tal como se encuentra en los yacimientos metalíferos a donde los mineros van a arrancarla. Se la veía en otro tiempo representada, bajo la figura de Satán, en Notre-Dame de París, y los fieles, en testimonio de menosprecio y aversión, iban a apagar sus cirios introduciéndoselos en la boca, que mantenía abierta. Para el pueblo era *maistre Pierre du Coignet, la maîtresse pierre du coin* (la piedra maestra del rincón), es decir, nuestra piedra angular y el bloque primitivo sobre el que está edificada toda la Obra.

Hay que convenir en que para ser simbolizado con apariencias deformes y monstruosas -dragón, serpiente, vampiro, diablo, tarasca, etc.-, este desdichado sujeto debe haber sido muy poco favorecido por la Naturaleza. En realidad, su aspecto nada tiene de seductor. Negro, cubierto de láminas escamosas a menudo revestidas de puntos rojos o de envoltura amarilla, friable y deslucida, de olor fuerte y nauseabundo que los filósofos definen *toxicum e venenum*, mancha los dedos cuando se toca y parece reunir todo cuanto puede desagradar. Sin embargo, se trata de esa primitiva *materia de los sabios*, vil y despreciada por los ignorantes, que es la única dispensadora del *agua celeste*, nuestro primer mercurio y el gran *alkaest*[1]. Es el *leal servidor* y la *sal de la tierra* que Madame Hillel-Erlanger llama *Gilly* y que hace triunfar a su dueño del dominio de *Vera*[2]. También se ha llamado *disolvente universal* no porque sea capaz de resolver todos los cuerpos de la Naturaleza -lo cual han creído algunos equivocadamente-, sino porque lo puede todo en ese pequeño universo que es la Gran Obra. En el siglo XVII, época de discusiones apasionadas entre químicos y alquimistas acerca de los principios de la antigua ciencia, el disolvente universal fue objeto de ardientes controversias. J.-H. Pott[3], que se aplicó a reconstituir las numerosas fórmulas de menstruos y se esforzó por dar de ellas un análisis razonado, nos aporta, sobre todo, la prueba de que ninguno de sus inventores comprendió lo que los adeptos entienden por su disolvente. Aunque éstos afirman que nuestro mercurio es metálico y homogéneo a los metales, la mayor parte de los investigadores se han obstinado en extraerlo de materias más o menos alejadas del reino animal. Algunos creían prepararlo saturando de espíritu volátil orinoso (amoníaco) un ácido cualquiera, y hacían circular a continuación esa mezcla. Otros exponían al aire orina espesada, con objeto de introducir en ella el espíritu aéreo, etc. Becker (*Physica subterranea, Francofurti*, 1669) y *Bohn (Epístola acerca de la insuficiencia del ácido y del álcali)* piensan que «el alkaest es el principio mercurial más puro que se retira del mercurio o de la sal marina por procedimientos particulares». Zobel (*Margarita medicinalis*) y el autor del *Lullius redivivus* preparan su disolvente saturando sal amoniacal (ácido clorhídrico) con espíritu de tártaro

---

[1] El término *alkaest*, atribuido unas veces a Van Helmont y otras a Paracelso, seria el equivalente del latín *alcali est* y daría la razón por la cual gran cantidad de artistas han trabajado para obtenerlo a partir de los alcalinos. Para nosotros, *alkaest* deriva de las palabras griegas alca, vocablo dórico empleado en lugar de alch, *fuerza, vigor,* y de eiç, *el lugar,* o también estia, *hogar,* el lugar o el hogar de la energía.

[2] Irène Hillel-Erlanger, *Voyages en kaleidoscope*. París, Georges Crès, 1919.

[3] J.-H. Pott, *Dissertations chymiques* T. I: *Dissertation sur les Soufres des Métaux*, sostenida en Hall en 1716. París, Th. Hérissant, 1759.

(tartrato de potasio) y tártaro crudo (carbonato potásico impuro). Hoffman[1] y Poterius volatilizan la sal de tártaro disolviéndola primero en agua, exponiendo el licor a la putrefacción en una vasija de madera de encina, y, luego, sometiendo a la sublimación la tierra que se ha precipitado. «Un disolvente que deja muy atrás a los otros -asegura Pott- es el precipitado que resulta de la mezcla del sublimado corrosivo y de la sal amoniacal. Quienquiera que sepa emplearlo como es debido, podrá considerarlo como un verdadero *alkaest*.» Le Fèvre, Agricola, Robert Fludd, de Nuysement, Le Breton, Etmuller y otros más prefieren el espíritu de rocío, así como los extractos análogos preparados «con las lluvias de tempestad o con la película grasa que sobrenada las aguas minerales.» Finalmente, según Lenglet-Dufresnoy[2], Olaüs *Borrichius (De Origine Chemiae et in conspectu Chemicorum celebriorum, num. XIV)* «señala que el capitán Thomas Parry, inglés, ha visto practicar en 1662 ésta misma ciencia (la alquimia) en Fez, en Berbería, y que el gran *alcahest*, primera materia de todos los filósofos, es conocido desde hace largo tiempo en África por los más hábiles artistas mahometanos».

En resumen, todas las recetas del alkaest propuestas por los autores y que se refieren, sobre todo, a la forma líquida atribuida al *disolvente universal* son inútiles si no falsas, y buenas sólo para la espagiria. Nuestra materia prima es sólida, y el mercurio que proporciona se presenta siempre bajo el aspecto salino y con una consistencia dura. Y esta sal metálica, como muy justamente dice Bernardo Trevisano, se extrae de la *magnesia* «por reiterada destrucción de ésta, resolviendo y sublimando». A cada operación, el cuerpo se fragmenta, se disgrega poco a poco, sin reacción aparente, abandonando gran cantidad de impurezas. El extracto, purificado por sublimaciones, pierde igualmente partes heterogéneas, de tal suerte que su virtud se halla condensada al fin en una débil masa, de volumen y peso inferiores a las del sujeto mineral primitivo. Ello es lo que justifica muy exactamente el axioma español, pues cuanto más numerosas son las reiteraciones, más se perjudica al cuerpo roto y disociado, y menos ocasión de arrepentirse tiene la quintaesencia que proviene de aquél; por el contrario, aumenta en fuerza, en pureza y en actividad. Por ello mismo, nuestro vampiro adquiere el poder de penetrar los cuerpos metálicos, de atraer su azufre o su verdadera sangre, y permite al filósofo asimilarlo al vampiro nocturno de las leyendas orientales.

Artesón 2.-Una corona hecha de hojas y frutos: manzanas, peras, membrillos, etc., está atada con cintas cuyos nudos aprietan igualmente cuatro ramitas de laurel. El epígrafe que lo encuadra nos enseña que *nadie lo obtendrá si no cumple las leyes del combate:*

.NEMO.ACCIPIT.
.QVI.NON.LEGITIME.CERTAVERIT.

Monsieur Lóuis Audiat ve en este tema una corona de laurel, lo cual no debería sorprendernos: su observación es a menudo imperfecta y el estudio del detalle apenas le preocupa. En realidad, no se trata ni de la hiedra con la que se coronaba a los poetas antiguos, ni del laurel dulce en la frente de los vencedores, ni de la palma, cara a los mártires cristianos, ni del mirto, la viña o el olivo de los dioses; se trata, simplemente, de la corona fructífera del sabio. Sus frutos señalan la abundancia de los bienes terrestres, adquirida por la práctica hábil de la *agricultura celeste*, para provecho y utilidad. Hay algunas ramitas de laurel, de relieve tan poco acusado que apenas se las distingue, y son en honor del laborioso. Y, sin embargo, esta guirnalda rústica. que la sabiduría propone a los investigadores sabios y virtuosos no se deja conquistar fácilmente. Nuestro filósofo nos lo dice sin ambages: rudo es el combate que el artista debe librar a los elementos si quieren triunfar de la gran prueba. Como el caballero errante, le es preciso orientar su marcha hacia el misterioso jardín de las Hespérides y provocar al horrible monstruo que impide la entrada en él. Tal es, para permanecer en la tradición, el lenguaje alegórico por el cual los sabios entienden revelar la primera y más importante de las operaciones de la Obra. En verdad, no es el alquimista en persona quien desafía y combate al dragón hermético, sino otra bestia igualmente robusta, encargada de representarlo y a la que el artista, haciendo el papel de espectador prudente, sin cesar dispuesto a intervenir, debe animar, ayudar y proteger. Él es el maestro de armas de este duelo extraño y sin piedad.

Pocos autores han hablado de este primer encuentro y del peligro que implica. Que nosotros sepamos, Cyliani es, ciertamente, el adepto que ha llevado más lejos la descripción metafórica que da del asunto. Sin embargo, en ninguna parte hemos descubierto una narración tan detallada, tan exacta en sus imágenes, tan cercana a la verdad y de la realidad como la del gran filósofo hermético de los tiempos modernos: De Cyrano Bergerac. No es bastante conocido este hombre genial cuya obra, mutilada adrede, debía, sin duda, abarcar toda la extensión de la ciencia. En cuanto a nosotros, apenas precisamos del testimonio de Monsieur de Sercy[3], que afirma que De Cyrano «recibió del Autor de la Luz y de ese Maestro de las Ciencias (Apolo) luces que nada puede oscurecer, conocimientos a los que nadie puede llegar», para reconocer en él a un verdadero y poderoso iniciado.

De Cyrano Bergerac pone en escena a dos seres fantásticos que figuran los principios *Azufre* y *Mercurio* nacidos de los cuatro elementos primarios: la *Salamandra* sulfurosa, que se complace en medio de las llamas, simboliza el aire y el fuego del cual el azufre posee la sequedad y el ardor ígneo, y la *Rémora*, campeón mercurial, heredero de la tierra y del agua por sus cualidades frías y húmedas. Estos nombres están escogidos a propósito y nada deben al

---

[1] Hoffmann, notas sobre Poterius en Opera omnia, 16 vols., Ginebra, 1748 a 1754.

[2] *Histoire de la Philosophie hermétique.* París, Coustelier, 1742, t. I, p. 442.

[3] Dedicatoria de la *Histoire comique des Etats et Empires du Soleil* dirigida por Monsieur de Sercy a Monsieur de Cyrano Mauvières, hermano del autor. parts, Bauche, 1910.

capricho ni a la fantasía. **Salamandra**, en griego, aparece formado por **sal**, anagrama de **alç**, sal, y de **mandra**, *establo*. Es la *sal de establo*, la *sal de orina* de los nitrales artificiales, el *salitre* de los viejos espagiristas -*sal petri*, sal de piedra- que también designaban con el epíteto de *Dragón*. Rémora, en griego **Ecenhiç**, es el famoso pez que pasaba por detener (según algunos) o dirigir (según otros) los navíos que navegaban por los mares boreales, sometidos a la influencia de la *Estrella del Norte*. Es el *echeneis* del que habla el Cosmopolita, el *delfín* real que los personajes del *Mutus Liber* se esfuerzan por capturar, el que representa la estufa alquímica de P.-F. Pfau del museo de Winterthur (cantón de Zurich, Suiza), el mismo que acompaña y pilota, en el bajo relieve de la fuente del Vertbois, el navío cargado con una enorme piedra tallada. El *echeneis* es *el piloto de la onda viva*, nuestro mercurio, el amigo fiel del alquimista, el que debe absorber el *fuego secreto*, la energía ígnea de la *salamandra* y, en fin, mantenerse estable, permanente, siempre victorioso bajo la salvaguardia y la protección de su maestro. Estos principios, de naturaleza y tendencias contrarias, de complexión opuesta, manifiestan entre sí una antipatía y una aversión irreductibles. En presencia uno del otro, se atacan furiosamente, se defienden con aspereza, y el combate, sin tregua ni cuartel, no cesa sino por la muerte de uno de los antagonistas. Tal es el duelo esotérico, espantoso pero real, que el ilustre De Cyrano[1] nos narra en estos términos:

«Caminé aproximadamente el espacio de cuatrocientos estadios, al final de los cuales advertí, en mitad de una campiña muy grande, cómo dos bolas que, tras haber girado una en torno a la otra durante mucho tiempo ruidosamente, se acercaban y, luego, retrocedían. Y observé que cuando se producía el encuentro se oían aquellos grandes golpes, pero a fuerza de caminar más adelante reconocí que lo que de lejos me habían parecido dos bolas eran dos animales, uno de los cuales, aunque redondo por debajo, formaba un triángulo por en medio, y su cabeza, muy elevada, con su roja cabellera que flotaba hacia atrás, se agudizaba en forma de pirámide, su cuerpo aparecía agujereado como una criba, y a través de esos orificios menudos que le servían de poros, veíanse deslizarse llamitas que parecían cubrirlo con un plumaje de fuego.

»Paseándome por los alrededores, me encontré con un anciano muy venerable que contemplaba este famoso combate con tanta curiosidad como yo. Me hizo signo de acercarme, obedecí y nos sentamos el uno junto al otro...

»He aquí cómo me habló: "En este globo donde estamos se verían los bosques muy claros a causa del gran número de *bestias de fuego* que los desolan, sin los animales *carámbanos*, que todos los días, a ruegos de sus amigas las selvas, acuden a curar a los árboles enfermos. Digo curar porque apenas con su boca helada han soplado sobre los carbones de esta peste, la extinguen.

»"En el mundo de la Tierra, de donde vos y yo somos, la *bestia de fuego* se llama *salamandra*, y el animal *carámbano* es conocido por el nombre de *rémora*. Pues sabréis que las rémoras habitan hacia la extremidad del polo, en lo más profundo del mar Glacial, y que la frialdad evaporada de esos peces, a través de sus escamas, es lo que hace helar en esos parajes el agua de mar aunque sea salada...

»"Esta agua estigia, con la cual se envenenó al gran Alejandro, y cuya frialdad petrificó sus entrañas, era orines de uno de estos animales... Esto, por lo que se refiere a los animales *carámbanos*.

»"Pero en cuanto a las *bestias de fuego*, habitan en la tierra, bajo montañas de betún encendido, como el Etna, el Vesubio y el Cabo Rojo. Estas prominencias que veis en la garganta de éste, que proceden de la inflamación de su hígado son..."

»Después de esto, permanecimos sin hablar para prestar atención a ese famoso duelo. La salamandra atacaba con mucho ardor, pero la rémora se sostenía impenetrablemente. Cada acometida que se propinaban engendraba un trueno, como sucede en los Mundos de aquí alrededor, donde el encuentro de una nube cálida con una fría excita el mismo ruido. De los ojos de la salamandra surgía, a cada mirada de cólera que dirigía a su enemigo, una luz roja a causa de la cual el aire parecía inflamado. Al volar, sudaba aceite hirviendo y orinaba ácido nítrico. La rémora, por su parte, corpulenta, pesada y cuadrada, mostraba un cuerpo completamente escamoso de carámbanos. Sus anchos ojos parecían dos platillos de cristal, y sus miradas tenían una luminosidad que pasmaba de frío, hasta el punto de que sentía temblar el invierno en cada miembro de mi cuerpo hacia el que se dirigía. Si se me ocurría colocar la mano delante, se me entumecía; el mismo aire, a su alrededor, contagiado de su rigor, espesábase en nieve; la tierra se endurecía bajo sus pasos, y yo podía contar las huellas de la bestia por el número de sabañones que me salieron cuando caminaba por encima de aquéllas.

»Al comienzo del combate, la salamandra, a causa de la vigorosa contención de su primer ardor, había hecho sudar a la rémora, pero a la larga, este sudor se enfrió y esmaltó toda la llanura de una costra de hielo tan resbaladiza, que la salamandra no podía acercarse a la rémora sin caerse. El filósofo y yo nos dimos cuenta de que a fuerza de caerse y levantarse tantas veces, se había fatigado, pues los estallidos de trueno, antes tan espantosos, a que daba lugar el choque con que embestía a su enemiga, ya no eran más que el ruido sordo de estos golpecitos que marcan el fin de una tempestad, y este ruido sordo, amortiguado poco a poco, degeneró en un bufido semejante al de un hierro al rojo que se sumerge en agua fría. Cuando la rémora comprendió que el combate tocaba a su fin por el debilitamiento del choque a causa del cual ella se sentía apenas quebrantada, se levantó sobre un ángulo de su cubo y se dejó caer con todo su peso encima del estómago de la salamandra, con tal éxito que el corazón de la pobre salamandra, donde había concentrado todo el resto de su ardor, se quebró y dio un estallido tan espantoso que no sé nada en la Naturaleza que se le pueda comparar. Así murió la *bestia de fuego*, bajo la perezosa resistencia del animal *carámbano*.

---

[1] De Cyrano Bergerac, *Histoire des Oiseaux en l'Autre Monde. Histoire comique des Etats et Empires du Soleil*. París, Bauche, 1910, p. 79. Conf. la edición de Jean-Jacques Pauvert, p. 240, cit. supra.

»Algún tiempo después de que la rémora se hubiese retirado, nos acercamos al campo de batalla, y el anciano, habiéndose untado las manos con la tierra sobre la cual aquélla había caminado, a manera de preservativo contra las quemaduras, agarró el cadáver de la salamandra. "Con el cuerpo de este animal   -me dijo- ya no tengo que encender fuego en mi cocina, pues con tal de que este cuerpo esté colgado de mis llares, hará hervir y asar todo cuanto yo coloque en el fogón. En cuanto a los ojos, los guardo cuidadosamente; si estuvieran limpios de las sombras de la muerte, los tomaríais por dos pequeños soles. Los ancianos de nuestro Mundo sabían bien cómo prepararlos; es lo que llamaban *lámparas ardientes*[1], y sólo se las colgaba en las sepulturas pomposas de las personas ilustres. Nuestros contemporáneos las han encontrado al excavar algunas de esas famosas tumbas, pero su ignorante curiosidad las ha estropeado, pues ellos pensaban encontrar, tras las membranas rotas, ese fuego que veían relucir."»

Artesón 3. - Una pieza de artillería del siglo XVI aparece representada en el momento del disparo. Está rodeada de una filacteria que lleva esta frase latina:

.SI.NON.PERCVSSERO.TERREBO.

Si no alcanzo a alguien, al menos, aterrorizaré.
Es evidente que el creador de esta entendía hablar en sentido figurado. Comprendemos que se dirija directamente a los profanos, a los investigadores desprovistos de ciencia, incapaces, por consecuencia, de comprender estas composiciones, pero que se sorprenderán por su número tanto como por su singularidad e incoherencia. Los modernos sabios tomarán este trabajo antiguo por una obra demencial. Y al igual que el cañón mal regulado sorprende sólo por su alboroto, nuestro filósofo piensa con razón que si no puede ser comprendido por todos, todos se sorprenderán del carácter enigmático, extraño y discordante que afectan tantos símbolos y escenas inexplicables.
También creemos que el aspecto curioso y pintoresco de estas figuras retiene sobre todo la atención del espectador, aunque sin esclarecerlo. Esto es lo que ha seducido a Louis Audiat y a todos los autores que se han ocupado de Dampierre. Sus descripciones no son, en el fondo, sino un rumor de palabras confusas, vanas y sin alcance. Pero aunque nulas para la instrucción del curioso, sin embargo nos aportan el testimonio de que ningún observador, según nuestra opinión, ha sabido descubrir la idea general escondida detrás de estos motivos, ni el elevado alcance de la misteriosa enseñanza que se desprende.

Artesón 4. - Narciso se esfuerza en agarrar, en la charca donde se ha contemplado, su propia imagen, causa de su metamorfosis en flor, *a fin de que pueda revivir gracias a sus aguas que le han ocasionado la muerte:*

.VT.PER.QVAS.PERIIT.VIVERE.POSSIT.AQVAS.

Los narcisos son vegetales con flores blancas o amarillas, y estas flores los han hecho distinguir por los mitólogos y simbolistas. Ofrecen, en efecto, las coloraciones respectivas de los dos azufres encargados de orientar los dos Magisterios. Todos los alquimistas saben que es preciso servirse exclusivamente del *azufre blanco* para la Obra con plata, y del *azufre amarillo* para la Obra solar, evitando con cuidado mezclarlos, según el excelente consejo de Nicolas Flamel, pues resultaría una generación monstruosa, sin porvenir y sin virtud.
Narciso es aquí el emblema del metal disuelto. Su nombre griego, Narcissoç, proviene de Narch o Narca, *entorpecimiento, sopor.* Pues bien, los metales reducidos, cuya vida está latente, concentrada, somnolienta, parecen por ello mantenerse en un estado de inercia análogo al de los animales en hibernación o de los enfermos sometidos a la influencia de un *narcótico* (narcwticoç, de narch). También los llamados *muertos*, por comparación con los metales alquímicos que el arte ha reforzado y vitalizado. En cuanto al azufre extraído por el disolvente -el agua mercurial de la charca-, constituye el único representante de Narciso, es decir, del metal disociado y destruido. Pero al igual que la imagen reflejada por el espejo de las aguas incluye todos los caracteres aparentes del objeto real, asimismo el azufre conserva las propiedades específicas y la naturaleza metálica del cuerpo descompuesto. De manera que este azufre principio, verdadera semilla del metal, encontrando en el mercurio elementos nutritivos vivos y vivificantes, puede generar a continuación un ser nuevo, semejante a él, de esencia superior, sin embargo, y capaz de obedecer a la voluntad del dinamismo evolutivo.

---

[1] Las *lámparas ardientes*, llamadas también *perpetuas* o *inextinguibles*, constituyen una de las más sorprendentes realizaciones de la ciencia hermética. Están hechas con el elixir líquido puesto en estado radiante y mantenido en un vacío lo más completo posible. En su *Dictionnaire des Arts et des Sciences*, París, 1731, Thomas de Corneille dice que en 1401 «un campesino desenterró cerca del Tíber, a alguna distancia de Roma, una lámpara de Palas que había ardido más de dos mil años, como se vio por la inscripción, sin que nada hubiera podido apagarla. La llama se extinguió en cuanto se practicó un pequeño orificio en la tierra». Igualmente se descubrió, bajo el pontificado de Pablo III (1534-1549), en la tumba de Tulia, hija de Cicerón, una lámpara perpetua que ardía aún y daba una luz viva, aunque aquella tumba no hubiera sido abierta desde hacia mil quinientos cincuenta años. El reverendo S. Mateer, de las Misiones de Londres, señala una lámpara del templo de Trevaudrum, reino de Travancore (India meridional). Esta lámpara, de oro, brilla «en una cavidad recubierta con una piedra» desde hace más de ciento veinte años, y todavía sigue ardiendo en la hora actual.

Con razón, pues, Narciso, metal transformado en flor o azufre -pues el azufre, según dicen los filósofos, es la flor de todos los metales- espera volver a hallar la existencia gracias a la virtud particular de las aguas que han provocado su muerte. Si no puede extraer su imagen de la onda que la aprisiona, al menos aquélla le permitirá materializarla en un «doble» en el que hallará conservadas sus características esenciales.

Así, lo que causa la muerte de uno de los principios da la vida al otro, puesto que el mercurio inicial, agua metálica viva, muere para suministrar al azufre del metal disuelto los elementos de su resurrección. Por eso los antiguos han afirmado siempre que era preciso *matar al vivo para resucitar al muerto*. La puesta en práctica de este axioma asegura al sabio la posesión del azufre vivo, agente principal de la piedra y de las transformaciones que pueden esperarse de ella. Le permite también realizar el segundo axioma de la Obra: *unir la vida a la vida* uniendo el mercurio *primero nacido de la Naturaleza* a ese azufre activo para obtener el *mercurio de los filósofos*, sustancia pura, sutil, sensible y viva. Tal es la operación que los sabios han reservado bajo la expresión de las *bodas químicas*, del *matrimonio místico del hermano y la hermana* -pues ambos son de la misma sangre y tienen el mismo origen-, de *Gabricio* y de *Beya*, del *Sol* y de la *Luna*, de *Apolo* y de *Diana*. Este último vocablo ha suministrado a los cabalistas la famosa enseña de *Apolonio de Tiana*, bajo la cual se ha creído reconocer a un pretendido filósofo, aunque los milagros de este personaje ficticio, de carácter indiscutiblemente hermético, estuvieran, para los iniciados, revestidos con el sello simbólico y consagrados al esoterismo alquímico.

Artesón 5. - El arca de Noé flota sobre las aguas del Diluvio, mientras que, cerca de ella, una barca amenaza con zozobrar. En el cielo de esta representación se leen las palabras

.VERITAS.VINCIT.

La verdad vence. Creemos haber dicho ya que el arca representa. la totalidad de los materiales preparados y unidos bajo los nombres diversos de *compuesto, rebis, amalgama*, etc., los cuales constituyen propiamente el *principio de la vida (arché)*, materia ígnea, base de la piedra filosofal. El griego arch significa *comienzo, principio, fuente, origen.* Bajo la acción del fuego exterior que excita el fuego interno del *arché*, el *compuesto* entero se licua y reviste el aspecto del agua, y esta sustancia líquida, que la fermentación agita e hincha, toma, según los autores, el carácter de la inundación diluvial. Al principio amarillenta y fangosa, se le da el nombre de *latón*, que no es otro que el de la madre de Diana y Apolo, *Latona*. Los griegos la llamaban Lhtw, de lhtoç en lugar de lhitoç, con el sentido jónico de *bien común*, de *casa común* (to lhiton), significativa de la envoltura protectora común al doble embrión[1]. Señalemos, de pasada, que los cabalitas, por uno de esos juegos de palabras que acostumbran hacer, han enseñado que la fermentación debía hacerse con ayuda de una vasija de madera o, mejor, en un *tonel* cortado en dos, al que aplicaron el epíteto de *recipiente de encina*. Latona, princesa mitológica, se convierte, en el lenguaje de los adeptos, en *la tonelada* o *el tonel*, lo que explica por qué los principiantes llegan a identificar con tanta dificultad la vasija secreta donde fermentan nuestras materias.

Al cabo del tiempo requerido, se ve ascender a la superficie, flotar y trasladarse sin cesar bajo los efectos de la ebullición una delgadísima película en forma de menisco que los sabios han llamado la *isla filosófica*[2], manifestación primera del espesamiento y de la coagulación. Es la isla famosa de *Delos*, en griego Dhloç, es decir *aparente, claro, cierto*, la cual asegura un refugio inesperado a Latona huyendo de la persecución de Juno, y llena el corazón del artista de un gozo sin mezcla. Esta isla flotante que Poseidón, de un golpe con un tridente hizo surgir del fondo del mar, es también el *arca* salvadora de Noé sobre las aguas del Diluvio. *Cum viderem quod aqua sensim crassior* -nos dice Hermes-, *duriorque fieri inciperet, gaudebam; certo enim sciebam, ut invenirem quod querebam*[3]. Progresivamente, y bajo la acción continua del fuego interno, la película se desarrolla, se espesa, gana en extensión hasta recubrir toda la superficie de la masa fundida. La isla moviente queda entonces *fijada*, y este espectáculo da al alquimista la seguridad de que el tiempo del parto de Latona ha llegado. En este momento, el misterio vuelve. Una nube pesada, oscura, lívida, asciende y se exhala de la isla caliente y estabilizada, cubre de tinieblas esta tierra parturienta, envuelve y disimula todas las cosas con su opacidad, llena el cielo filosófico de *sombras cimerias* (cimbeicon, *vestido de luto*), y en el gran *eclipse del Sol y la Luna* oculta a los ojos del nacimiento sobrenatural de los gemelos herméticos, futuros progenitores de la piedra.

La tradición mosaica narra que Dios, hacia el final del Diluvio, hace soplar sobre las aguas un viento cálido que las evapora y las hace descender de nivel. Las cúspides de las montañas emergen del inmenso manto líquido, y el arca va entonces a posarse en el monte Ararat, en Armenia. Noé abre la ventana de la nave y suelta el cuervo, que es, para el alquimista, y en su minúsculo Génesis, la réplica de las sombras cimerias y de esas nubes tenebrosas que acompañan la elaboración oculta de seres nuevos y de cuerpos regenerados.

Mediante estas concordancias y el testimonio material de la labor en sí misma, la verdad se afirma victoriosa, a despecho de los negadores, de los escépticos, de los hombres de poca fe siempre dispuestos a rechazar, en el ámbito

---

[1] Los lingüistas pretenden, por otra parte, que Lhtw se relaciona con Ladein, infinitivo aoristo segundo de Landanein, que significa *mantenerse escondido, escapar a todos los ojos, estar escondido o ser desconocido*, de acuerdo, para nosotros, con la frase tenebrosa de la que nos ocuparemos pronto.

[2] En particular el Cosmopolita (*Tratado de la Sal*) y el autor del *Sueño verde*.

[3] «Cuando vi que esta agua se hacía más y más espesa y que comenzaba a endurecerse, entonces me regocijé, pues sabía con certeza que encontraría lo que buscaba.»

de la ilusión y de lo maravilloso, la realidad positiva que no serían capaces de comprender porque no es en absoluto conocida y, menos aún, enseñada.

Artesón 6. - Una mujer aparece arrodillada al pie de una tumba en la que se lee esta palabra extraña:

TAIACIS

La mujer afecta la desesperación más profunda. La banderola que adorna esta figura lleva la inscripción

.VICTA.JACET.VIRTVS.

La virtud yace vencida. Divisa de André Chénier, nos dice Louis Audiat a guisa de explicación, y sin tener en cuenta el tiempo transcurrido entre el Renacimiento y la Revolución. No se trata aquí del poeta, sino de la virtud del azufre o del oro de los sabios, que reposa bajo la piedra en espera de la descomposición completa de su cuerpo perecedero. Pues la tierra sulfurosa, disuelta en el agua mercurial, prepara, por la muerte del compuesto, la liberación de esta virtud que es propiamente el alma o el fuego del azufre. Y esta virtud, momentáneamente prisionera del envoltorio corporal, o *este espíritu inmortal flotará sobre las aguas caóticas* hasta la formación del cuerpo nuevo, como nos lo enseña Moisés en el Génesis (cap. I, v. 2).

Se trata, pues, del jeroglífico de la mortificación el que tenemos ante los ojos, y se repite también en los grabados de la *Pretiosa Margarita novella* con la que Pedro Bon de Lombardía ha ilustrado su drama de la Gran Obra. Gran cantidad de filósofos han adoptado este modo de expresión y han velado, bajo temas fúnebres o macabros, la putrefacción especialmente aplicada a la segunda Obra, es decir a la operación encargada de descomponer y licuar el azufre filosófico salido de la primera labor, para convertirlo en elixir perfecto. Basilio Valentín nos muestra un esqueleto en pie sobre su propio ataúd en una de sus *Doce claves*, y nos pinta una escena de inhumación en otra. Flamel no sólo coloca los símbolos humanizados de la *Ars Magna* en el cementerio de los Inocentes, sino que decora su placa tumular, que se ve expuesta en la capilla del museo de Cluny, con un cadáver comido por los gusanos y con esta inscripción:

De, terre suis et en terre retourne.

Senior Zadith encierra, en el interior de una esfera transparente, a un agonizante descarnado. Henri de Linthaut dibuja en una hoja del manuscrito de la *Aurore* el cuerpo inanimado de un rey coronado, echado en la losa mortuoria, mientras que su espíritu, en la figura de un ángel, se eleva hacia una linterna perdida en las nubes. Y nosotros mismos, después de estos grandes maestros, hemos utilizado el mismo tema en el frontispicio de *El misterio de las catedrales.*

En cuanto a la mujer que, en la tumba de nuestro artesón, traduce sus lamentaciones en gestos desordenados, representa la madre metálica del azufre, y a ella corresponde el vocablo singular grabado en la piedra que cubre a su hijo: *Taiacis*. Este término barroco, nacido sin duda de un capricho de nuestro adepto, no es, en realidad, más que una frase latina de palabras juntadas y escritas al revés, de manera que se lea comenzando por el final: *Sic ai at*, «Ay, (si) así al menos... (pudiera renacer). Suprema esperanza en el fondo del dolor supremo. El mismo Jesús tuvo que sufrir en su carne, tuvo que morir y permanecer tres días en el sepulcro, a fin de redimir a los hombres, y resucitar a continuación en la gloria de su encarnación humana y en la consumación de su misión divina.

Artesón 7. - Representada en pleno vuelo, una paloma sostiene en su pico una rama de olivo. Este tema se adorna con la inscripción:

.SI.TE.FATA.VOCANT.

Si los destinos te llaman. El emblema de la paloma con la rama verde nos viene dado por Moisés en su descripción del Diluvio universal. Se dice, en efecto (*Génesis*, cap. VIII, v. 11), que habiendo dado Noé libertad a la paloma, ésta regresó hacia la noche llevando una rama verde de olivo. Tal es el signo por excelencia de la verdadera vía y de la marcha regular de las operaciones. Pues por ser el trabajo de la Obra un resumen y una reducción de la Creación, todas las circunstancias del trabajo divino deben hallarse en pequeño en el del alquimista. En consecuencia, cuando el patriarca hace salir del arca al *cuervo*, debemos entender que se trata, para nuestra Obra, del primer color duradero, es decir del negro, porque consumada la muerte del compuesto, las materias se pudren y adquieren *una coloración azul muy oscura* cuyos reflejos metálicos permiten comparar con las *plumas del cuervo.* Por otra parte, la narración bíblica precisa que este pájaro, *retenido por los cadáveres*, no regresa al arca. Sin embargo, la razón analógica que hace atribuir al color negro el término de cuervo no se funda tan sólo en una identidad de aspecto. Los filósofos también han dado al *compuesto* que ha alcanzado la descomposición el nombre expresivo de *cuerpo azul*, y los cabalistas el de *cuerpo hermoso* no porque sea agradable de ver, sino porque aporta el primer testimonio de actividad de los materiales filosóficos. Sin embargo, pese al signo de feliz presagio que los autores coinciden en reconocer en la aparición del color negro, recomendamos que no se acojan estas demostraciones sino con reserva, no atribuyéndoles más valor del que tienen. Sabemos cuán fácil resulta obtenerlo, incluso en el seno de sustancias extrañas, con tal de que éstas sean tratadas según las reglas del arte. Este criterio es, pues, insuficiente, aunque justifica este axioma conocido de que toda materia seca se disuelve y se corrompe en la humedad que le es natural y homogénea. Es la razón por la cual ponemos en guardia al principiante y le aconsejamos, antes de entregarse a los transportes de un gozo sin mañana, aguardar prudentemente la manifestación del *color verde*, síntoma del desecamiento de la tierra, de la absorción de las aguas y de la vegetación del nuevo cuerpo formado.

Así, hermano, si el cielo se digna bendecir tu labor, y, según la palabra del adepto, *si te fata vocant*, obtendrás primero la rama de olivo, símbolo de paz y unión de los elementos, y, luego, la blanca paloma que te la haya traído. Sólo entonces podrás estar seguro de poseer aquella luz admirable, don del Espíritu Santo que Jesús envió al *quincuagésimo día* (Penthcosth) sobre sus apóstoles bienamados. Tal es la consagración material del bautismo iniciático y de la revelación divina. «Y cuando Jesús salia del agua   -nos dice san Marcos (cap. I, v. 10}-, Juan vio de pronto entreabrirse los cielos y descender el Espíritu Santo sobre él en forma de paloma.»

Artesón 8. - Dos antebrazos cuyas manos se unen salen de un cordón de nubes. Tienen por divisa

.ACCIPE.DAQVE.FIDEM.

Recibe mi palabra y dame la tuya. Este motivo no es, en definitiva, más que una traducción del signo utilizado por los alquimistas para expresar el elemento *agua*. Nubes y brazos componen un triángulo con el vértice dirigido hacia abajo, jeroglífico del agua, opuesto al fuego, que simboliza un triángulo semejante, pero invertido.

Es cierto que no podría comprenderse nuestra primera agua mercurial bajo este emblema de unión, ya que ambas manos estrechadas en pacto de fidelidad y adhesión pertenecen a dos individualidades distintas. Hemos dicho, y lo repetimos aquí, que el mercurio inicial es un producto simple y el primer agente encargado de extraer la parte sulfurosa e ígnea de los metales. No obstante, si la separación del azufre por este disolvente le permite retener algunas porciones de mercurio, o le permite a este último absorber cierta cantidad de azufre, aunque estas combi-naciones puedan recibir la denominación de mercurio filosófico, no se debe esperar, sin embargo, realizar la piedra por medio de esta sola mezcla. La experiencia demuestra que el mercurio filosófico, sometido a la destilación, abandona con facilidad su cuerpo fijo, dejando el azufre puro en el fondo de la retorta. Por otra parte, y pese a la seguridad de los autores que conceden al mercurio la preponderancia en la Obra, comprobamos que el azufre se designa a sí mismo como el agente esencial, pues, en definitiva, él es el que permanece, exaltado bajo el nombre de elixir o multiplicado bajo el de piedra filosofal, en el producto final de la obra. Así, el mercurio, cualquiera que sea, permanece sometido al azufre, pues es el servidor y el esclavo, el cual, dejándose absorber, desaparece y se confunde con su dueño. En consecuencia, como la medicina universal es una verdadera generación y toda generación no puede consumarse sin el concurso de dos factores, de especie semejante pero de sexo diferente, debemos reconocer que el mercurio filosófico es impotente para producir la piedra, y esto porque está solo. Él, sin embargo, desempeña en el trabajo el papel de la hembra, pero ésta, dicen d'Espagnet y Filaleteo, debe estar unida a un segundo macho si se desea obtener el compuesto conocido bajo el nombre de *rebis*, materia prima del Magisterio. El misterio de la *palabra escondida* o *verbum dimissum*, que nuestro adepto ha recibido de sus predecesores, nos lo transmite bajo el velo del símbolo. Para su conservación nos pide nuestra propia palabra, es decir, el juramento de no descubrir lo que ha juzgado que debía mantener secreto: *accipe daque fidem.*

Artesón 9. - En un suelo rocoso, dos palomas, desgraciadamente decapitadas, se hallan una frente a la otra. Tienen por epígrafe el adagio latino

.CONCORDIA.NVTRIT.AMOREM.

La concordia nutre el amor. Verdad eterna cuya aplicación hallamos en todas partes aquí abajo, y que la Gran Obra confirma con el ejemplo más curioso que sea posible encontrar en el orden de las cosas minerales. Toda la obra hermética no es, en efecto, más que una armonía perfecta realizada a partir de las tendencias naturales de los cuerpos inorgánicos entre sí, de su afinidad química y, si la palabra no es desorbitada, de su amor recíproco.

Las dos aves que componen el tema de nuestro bajo relieve representan las famosas *palomas de Diana*, objeto de la desesperación de tantos investigadores, y célebre enigma que imaginó Filaleteo para recubrir el artificio del doble mercurio de los sabios. Proponiendo a la sagacidad de los aspirantes esa oscura alegoría, el gran adepto no se ha extendido lo más mínimo acerca del origen de estas aves. Tan sólo enseña, de la manera más breve, que «las palomas de Diana están envueltas inseparablemente en los abrazos eternos de Venus». Pues bien, los alquimistas antiguos colocaban bajo la protección de Diana «la de los cuerpos lunares» este primer mercurio del que tantísimas veces hemos hablado dándole el nombre de disolvente universal. Su blancura y su brillo argentino le valieron también el epíteto de *Luna de los filósofos* y de *Madre de la piedra*. En este sentido lo entiende Hermes cuando dice, hablando de la Obra: «El Sol es su padre y la Luna, su madre.» Limojon de Saint-Didier, para ayudar al investigador a descifrar el enigma, escribe en *Entretien d'Eudoxe et de Pyrophile*: «Considerad, finalmente, por qué medios enseña Jabir a realizar las sublimaciones requeridas para este arte. En cuanto a mí, no puedo hacer sino formular el mismo deseo que otro filósofo: *Sidera Veneris, et corniculatae Dianae tibi propitia sint[1].*»

---

[1] «Que los astros de Venus y de Diana cornuda te sean favorables.»

Se puede, pues, considerar las *palomas de Diana* como dos partes de mercurio disolvente -las dos puntas del creciente lunar-, contra una de Venus, que debe mantener estrechamente abrazadas a sus palomas favoritas. La correspondencia se halla confirmada por la doble cualidad, volátil y aérea, del mercurio inicial cuyo emblema ha sido siempre tomado de entre los pájaros, y por la materia misma de donde proviene el mercurio, tierra rocosa, caótica y estéril sobre la cual las palomas reposan.

Cuando, nos dice la Escritura, la Virgen María hubo cumplido, según la ley de Moisés, los *siete días de la purificación (Éxodo,* XIII, 2) José la acompañó al templo de Jerusalén, a fin de presentar en él al Niño y a ofrendar la víctima, conforme a la ley del Señor (Levítico, XII, 6, 8), a saber: *una pareja de tórtolas o dos polluelos de paloma.* Así aparece, en el texto sagrado, el misterio del *ornitógalo,* la famosa *leche de los pájaros* –Ornίlwn gala-, de la que los griegos hablaban como de una cosa extraordinaria y muy rara. «Ordeñar la leche de los pájaros» (Ornίlwn gala amelgein) era, entre ellos, un proverbio que equivalía a triunfar, a conocer el favor del destino y el éxito en toda empresa. Y debemos convenir en que es preciso ser un elegido de la Providencia para descubrir las palomas de Diana y para poseer el *ornitógalo,* sinónimo hermético de la *leche de la virgen,* símbolo caro a Filaleteo. Orniç, en griego, designa no sólo al ave en general, sino más expresamente al gallo y a la gallina, y tal vez de ahí deriva el

vocablo orniÌwç gala, *leche de gallina* obtenida disolviendo una *yema* de huevo en leche caliente. No insistiremos en estas relaciones, porque desvelarían la operación secreta escondida bajo la expresión de las *palomas de Diana.* Digamos, sin embargo, que las plantas llamadas *ornitógalos* son liliáceas bulbosas, con flores de un hermoso color blanco, y se sabe que el lirio es, por excelencia, la flor emblemática de María.

IX

Sexta serie (lám. XXXIII).

Artesón 1. - Atravesando las nubes, una mano de hombre lanza contra una roca siete bolas que rebotan hacia aquélla. Este bajo relieve está adornado con la inscripción:

.CONCVSSVS.SVRGO.

Al chocar reboto. Imagen de la acción y la reacción, así como del axioma hermético *Solve et coagula,* disuelve y coagula.

Un tema análogo se advierte en uno de los artesones del techo de la capilla Lallemant, en Bourges, pero ahí las bolas son remplazadas por castañas. Pues bien, este fruto, al que su pericarpio espinoso ha valido el nombre vulgar de *erizo* (en griego ecinoç), es una figuración bastante exacta de la piedra filosofal tal como se obtiene por la vía breve. Parece, en efecto, constituida por una especie de núcleo cristalino y translúcido, casi esférico, de color semejante al de balaj, encerrado en una cápsula más o menos espesa, roja, opaca y seca y cubierta de asperezas, que, al final del trabajo, queda a menudo resquebrajada, en ocasiones incluso abierta, como la cáscara de las nueces y las castañas. Se trata, pues, de los frutos de la labor hermética que la mano celeste arroja contra la *roca,* emblema de nuestra sustancia mercurial.

Cada vez que la piedra, fija y perfecta, es afectada por el mercurio a fin de disolverse en él, de nutrirse con él de nuevo y de aumentar en él no sólo en peso y volumen, sino también en energía, vuelve a su estado, a su color y a su aspecto primitivos mediante la cocción. Puede decirse que tras haber tocado el mercurio, la piedra regresa a su punto de partida. Estas fases de caída y ascenso, de disolución y de coagulación caracterizan las *multiplicaciones* sucesivas que dan a cada renacimiento de la piedra una potencia teórica décuple de la precedente. Sin embargo, y aunque muchos autores no vean ningún límite a esta exaltación, pensamos, con otros filósofos, que sería imprudente, al menos en lo que concierne a la. trasmutación y a la Medicina, sobrepasar la séptima reiteración. Ésta es la razón por la cual Jean Lallemant y el adepto de Dampierre no han representado más que siete bolas o castañas en los motivos de los que hablamos.

Ilimitada por los filósofos especulativos, la. *multiplicación* es limitada, sin embargo, en el ámbito práctico. Cuanto más progresa la piedra, más penetrante resulta y más rápida es su elaboración: no exige, para cada grado de aumento, más que la octava parte del tiempo requerido por la operación precedente. Por regla general -y consideramos aquí la vía larga-, es raro que la cuarta reiteración reclame más de dos horas; la quinta se resuelve en un minuto y medio, mientras que doce segundos bastarían para consumar la sexta: lo instantáneo de semejante operación la convertiría en impracticable. Por otra parte, la intervención del peso y del volumen, acrecentados sin cesar, obligaría a reservar una gran parte de la producción a falta de una cantidad proporcional de mercurio, siempre largo y fastidioso de preparar. Finalmente, la piedra multiplicada a los grados quinto y sexto exigiría, dado su poder ígneo, una masa importante de oro puro para orientarla hacia el metal, pues de lo contrario se expondría a perderla por entero. Es preferible, pues, no llevar demasiado lejos la sutileza de un agente dotado ya de una energía considerable, a menos que no se quiera, abandonando el orden de las posibilidades metálicas y médicas, poseer ese mercurio universal, brillante y luminoso en la oscuridad, a fin de construir la lámpara perpetua. Pero el paso del estado sólido al líquido, que debe realizarse en este punto, puesto que es eminentemente peligroso, no puede ser intentado más que por un maestro muy sabio y de consumada habilidad...

De todo cuanto precede, debemos concluir que las imposibilidades materiales señaladas a propósito de la trasmutación tienden a arruinar la tesis de una progresión geométrica creciente e indefinida, basada en el número *diez*, caro a los teóricos puros. Guardémonos del entusiasmo irreflexivo, y no dejemos jamás engatusar nuestro juicio con los argumentos falaces, las teorías brillantes, pero huecas, de los aficionados a lo prodigioso. La ciencia y la Naturaleza nos reservan bastantes maravillas como para satisfacernos sin que experimentemos la necesidad de añadirle, además, las vanas fantasías de la imaginación.

Artesón 2. - Este bajo relieve nos presenta un árbol muerto de ramas cortadas y raíces descarnadas. No lleva ninguna inscripción, sino sólo dos signos de notación alquímica grabados en un cartucho. Uno, figura esquemática del nivel, expresa el *azufre*; el otro, triángulo equilátero con el vértice hacia arriba, designa el *fuego*.

El árbol seco es un símbolo de los metales usuales reducidos de sus minerales y fundidos, a los que las altas temperaturas de los hornos metalúrgicos han hecho perder la actividad que poseían en su yacimiento natural. Por eso, los filósofos los califican de muertos y los reconocen como impropios para el trabajo de la Obra, hasta que estén revivificados o *reincrudados*, según el término consagrado, por ese fuego interno que no los abandona jamás por completo. Pues los metales, fijados bajo la forma industrial con que los conocemos, conservan todavía, más al fondo de su sustancia, el alma que el fuego vulgar ha encerrado y condensado, pero que no ha podido destruir. Y a esta alma los sabios la han llamado *fuego o azufre* porque es, en verdad, el agente de todas las mutaciones, de todos los accidentes observados en la materia metálica, y esta semilla incombustible que nada puede destruir por completo, ni la violencia de los ácidos fuertes ni el ardor del horno. Este gran principio de inmortalidad, encargado por Dios mismo de asegurar y mantener la perpetuidad de la especie y de reformar el cuerpo perecedero subsiste y se encuentra hasta en las cenizas de los metales calcinados, cuando éstos han sufrido la disgregación de sus partes y han visto consumir su envoltura corporal.

Los filósofos juzgaron, pues, no sin razón, que las cualidades refractarias del azufre y su resistencia al fuego no podían pertenecer más que al mismo fuego o a algún espíritu ígneo. Esto les ha conducido a darle el nombre con el que es designado y que algunos artistas creen proviene de su aspecto, aunque no ofrezca ninguna conexión con el azufre común. En griego, *azufre* se dice Ìeion, palabra que procede de Ìeioç, que significa *divino, maravilloso, sobrenatural.* To Ìeion no expresa sólo la *divinidad*, sino también el aspecto mágico y extraordinario de una cosa. Pues bien; el azufre filosófico, considerado como el *dios y el animador* de la Gran Obra, revela por sus acciones una energía formadora comparable a la del Espíritu divino. Así, y aunque sea preciso atribuir la precedencia al mercurio -para continuar en el orden de las adquisiciones sucesivas-, debemos reconocer que al azufre, alma incomprensible de los metales, le debe nuestra práctica su carácter misterioso y, en cierta manera, sobrenatural.

Buscad, pues, el *azufre* en el tronco muerto de los metales vulgares y obtendréis, al mismo tiempo, ese *fuego natural* y metálico que es la clave principal de la labor alquímica. «Ahí reside -dice Limojon de Saint-Didier- el gran misterio del arte, pues todos los demás dependen de la inteligencia de éste. Me sentiría satisfecho -añade el autor-, si me fuera permitido explicaros este secreto sin equívoco, mas no puedo hacer lo que ningún filósofo ha creído que le era permisible. Todo cuanto podéis esperar razonablemente de mí es que os diga que el *fuego natural es un fuego en potencia* que no quema las manos, pero que manifiesta su eficacia por poco que sea excitado por el fuego exterior.»

Artesón 3.- Una pirámide hexagonal, hecha de placas de chapa remachada, lleva adosados a sus paredes diversos emblemas de caballería y de hermetismo, piezas de armadura y piezas honorables: tarjas, almete, manguito, guanteletes, corona y guirnaldas. Su epígrafe está extraído de un verso de Virgilio (*Eneida*, XI, 641):

.SIC.ITVR.AD.ASTRA.

Así se inmortaliza. Esta construcción piramidal, cuya forma recuerda la del jeroglífico adoptado para designar el fuego, no es otra cosa que el *atanor*, palabra con la que los alquimistas señalan *el horno filosófico* indispensable para la maduración de la Obra. Dos puertas aparecen a los lados y se hallan una frente a otra; obturan ventanas acristaladas que permiten la observación de las fases del trabajo. Otra puerta situada en la base, da acceso al hogar. Finalmente, una plaquita cerca de la cúspide sirve de registro y de boca de evacuación a los gases desprendidos de la combustión. En el interior, si nos remitimos a las descripciones muy detalladas de Filaleteo, Le Tesson, Salmon y otros, así como a las reproducciones de Rupescissa, Sgobbis, Pierre Vicot, Huginus à Barma, etc., el *atanor* está construido de tal manera que pueda admitir una escudilla de tierra o de metal llamada *nido* o *arena* porque el huevo está en ella sometido a la incubación en la arena caliente (latín *arena*). En cuanto al combustible utilizado para calentar, parece bastante variable, aunque muchos autores concedan su preferencia a las lámparas termógenas.

Por lo menos, esto es lo que los maestros enseñan a propósito de su horno. Pero el *atanor*, morada del fuego misterioso, reclama una concepción menos vulgar. Por este horno secreto, prisión de una invisible llama, nos parece más conforme al esoterismo hermético entender la sustancia preparada -*amalgama* o *rebis*- que sirve de envoltorio y matriz del núcleo central donde dormitan esas facultades latentes que el fuego común pronto va a hacer activas. La materia sola, siendo como es el vehículo del *fuego natural y secreto*, inmortal agente de todas nuestras realizaciones, es para nosotros el único y verdadero *atanor* (del griego aÌanatooç, *que se renueva y no muere jamás*).

Filaleteo nos dice, a propósito del *fuego secreto*, del que los sabios no sabrían prescindir, porque él provoca todas las metamorfosis en el seno del compuesto, que es de esencia metálica y de origen sulfuroso. Se lo reconoce como mineral porque nace de la sustancia prima mercurial, fuente única de los metales, y sulfuroso porque este fuego ha tomado, en la extracción del azufre metálico, las cualidades específicas del «padre de los metales». Es, pues, *un fuego doble* -el *hombre doble ígneo* de Basilio Valentín- que encierra, a la vez, las virtudes atractivas, aglutinantes y organizativas del mercurio, y las propiedades secativas, coagulantes y fijativas del azufre. Por pocas nociones que se tengan de filosofía, se comprenderá con facilidad que este doble fuego, animador del *rebis*, teniendo sólo necesidad del concurso del calor para pasar de la potencia al acto y hacer su potencia efectiva, no podría pertenecer al horno, aunque represente metafóricamente nuestro *atanor*, es decir, el lugar de la energía y del principio de inmortalidad incluido en el compuesto filosofal. Este doble fuego es el eje del arte y, según la expresión de Filaleteo, «el primer agente que *hace girar la rueda* y mover el eje». También se le da a menudo el nombre de *fuego de rueda*, porque parece desarrollar su acción según un sistema circular cuya finalidad es la conversión del edificio molecular, rotación simbolizada en la rueda de la Fortuna y en el Ouroboros.

Así, una vez destruida la materia, mortificada y luego recompuesta en un nuevo cuerpo gracias al fuego secreto que excita el del horno, se eleva gradualmente con ayuda de las multiplicaciones hasta la perfección del fuego puro, velado bajo la figura del inmortal *Fénix: sic itur ad astra*. Del mismo modo, el obrero, fiel servidor de la Naturaleza, adquiere, con el conocimiento sublime, el elevado título de caballero, la estima de sus iguales, el reconocimiento de sus hermanos y el honor más envidiable de toda la gloria mundana de figurar entre los discípulos de Elías.

Artesón 4. - Cerrado por su estrecha tapadera, con la panza abultada, pero rajada, un vulgar recipiente de barro llena, con su majestad plebeya y agrietada, la superficie de este artesón. Su inscripción afirma que la vasija cuya imagen vemos debe abrirse por sí misma y hacer manifiesta, por su destrucción, la consumación de lo que encierra:

.INTVS.SOLA.FIENT.MANIFESTA.RVINA.

Entre tantas figuras diversas y de emblemas con los que confraterniza, nuestro tema parece tanto más original cuanto que su simbolismo se refiere a la vía seca, llamada también *Obra de Saturno*, tan raramente traducida en iconografía como descrita en los textos. Basada en el empleo de materiales sólidos y cristalizados, la vía breve (*ars brevis*), sólo exige el concurso del crisol y la aplicación de temperaturas elevadas. Henckel[1] había entrevisto esta verdad cuando señala que «el artista Elías, citado por Helvecio, pretende que la preparación de la piedra filosofal comience y acabe en cuatro días, y ha mostrado, en efecto, esta piedra aún adherida a los cascos del crisol. Me parece prosigue el autor- no sería tan absurdo sacar a discusión si lo que los alquimistas llaman grandes meses no serían días -lo que representaría un espacio de tiempo muy limitado- y si no habría un método en el que toda operación consistiría en mantener largo tiempo las materias en el más elevado grado de fluidez, lo que se obtendría por un fuego violento alimentado por la acción de los fuelles, pero este método no puede realizarse en todos los laboratorios, y tal vez, incluso, no todo el mundo lo consideraría. practicable.»

Pero a la inversa de la vía húmeda, en la que los utensilios de vidrio permiten el control fácil y la observación justa, la vía seca no puede esclarecer al operador en un momento dado cualquiera del trabajo. Asimismo, aunque el factor tiempo, reducido al mínimo, constituya una ventaja seria en la práctica del *ars brevis*, como contrapartida, la necesidad de elevadas temperaturas presenta el grave inconveniente de una incertidumbre absoluta en cuanto a la marcha de la operación. Todo acontece en el más profundo misterio en el interior del crisol cuidadosamente cerrado, sumergido en el centro de los carbones incandescentes. Importa, pues, ser muy experimentado y conocer bien el comportamiento y la potencia del fuego, pues, desde el comienzo al fin, no se podría descubrir en él la menor indicación. Todas las reacciones características de la vía húmeda están indicadas en los autores clásicos, por lo que le es posible al artista estudioso adquirir puntos de referencia bastante precisos para autorizarlo a emprender su larga y penosa obra. Aquí, por el contrario, desprovisto de toda guía, el viajero, intrépido hasta la temeridad, se interna en este desierto árido y quemado. No hay ninguna ruta trazada, ningún indicio ni ningún jalón; nada más que la inercia aparente de la tierra, de la roca y de la arena. El brillante calidoscopio de las fases coloreadas no ameniza lo más mínimo su marcha indecisa; prosigue a ciegas su camino, sin otra certidumbre que la de su fe y sin otra esperanza que su confianza en la misericordia divina...

Sin embargo, en la extremidad de su carrera, el investigador advertirá un signo, el único, aquel cuya aparición indica el éxito y confirma la perfección del azufre por la fijación total del mercurio. Este signo consiste en la ruptura espontánea de la vasija. Expirado el tiempo, descubriendo lateralmente una parte de su pared, se observa, cuando la experiencia ha tenido éxito, una o varias líneas de una claridad deslumbradora claramente visibles en el fondo menos brillante de la envoltura. Se trata de las hendiduras reveladoras del feliz nacimiento del joven rey. De la misma manera que al término de la incubación el huevo de gallina se rompe ante el esfuerzo del polluelo, la cáscara de nuestro huevo se rompe en cuanto el azufre está consumado. Entre estos efectos existe una evidente analogía, pese a la diversidad de las causas, pues en la Obra mineral la ruptura del crisol no puede ser atribuida, lógicamente, más que a una acción química, por desgracia imposible de concebir y de explicar. Señalemos, no obstante, que el hecho, muy conocido, se produce con frecuencia bajo el influjo de ciertas combinaciones de menor interés. Así, por

---

[1] J. F. Henckel, *Traité de l'Appropriation, en Pyritologie ou Histoire naturelle de la Pyrite*. París, J. T. Hérissant, 1760, p. 375, S. 416.

ejemplo, si se abandonan crisoles nuevos que hayan servido una sola vez para la fusión de vidrios metálicos, para la producción de *hepar sulphuris* o de antimonio diaforético, y tras haberlos limpiado bien, se encuentran rajados al cabo de algunos días sin que se pueda descubrir la razón oscura de este tardío fenómeno. La deformación considerable de su panza demuestra que la fractura parece producirse por el empuje de una fuerza expansiva que actúa desde el centro hacia la periferia, a temperatura ambiente y mucho tiempo después del uso de los recipientes. Señalemos por fin la notable concordancia que existe entre el motivo de Dampierre y el de Bourges (palacio Lallemant, techo de la capilla). Entre los artesones herméticos de éste se ve, asi mismo, un cacharro de tierra inclinado cuya abertura, dilatada y muy ancha, está obturada con ayuda de una membrana de pergamino atada a los bordes. La panza, agujereada, deja escapar hermosos cristales de diferentes grosores. La indicación de la forma cristalina del azufre obtenido por vía seca es, pues, muy clara y viene a confirmar, precisándolo, el esoterismo de nuestro bajo relieve.

Artesón 5. - Una mano celeste cuyo brazo está bardado de hierro blande la espada y la espátula. En la filacteria se leen estas palabras latinas:

.PERCVTIAM.ET.SANABO.

Heriré y sanaré. Jesús ha dicho lo mismo: «Te daré muerte y te resucitaré.» Pensamiento esotérico de una importancia capital en la ejecución del Magisterio. «Es la primera clave -asegura Limojon de Saint-Didier[1]-, la que abre las prisiones oscuras en las cuales el azufre está encerrado, la que sabe extraer la semilla del cuerpo y forma la piedra de los filósofos por la conjunción del macho con la hembra, del espíritu con el cuerpo, del azufre con el mercurio. Hermes ha demostrado de forma manifiesta la operación de esta primera clave con estas palabras: *De cavernis metallorum occultus est, qui lapis est venerabilis, colore splendidus, mens sublimis et mare patens[2].*

El artificio cabalístico bajo el cual nuestro adepto ha disimulado la técnica que Limojon trata de enseñarnos consiste en la elección del doble instrumento figurado en nuestro artesón. La espada que hiere y la espátula encargada de aplicar el bálsamo sanador no son, en verdad, más que un solo y mismo agente dotado del doble poder de matar y resucitar, de mortificar y regenerar, de destruir y organizar. *Espátula*, en griego, se dice spalh, y esta palabra significa igualmente *sable, espada*, y toma su origen de spaw, *arrancar, extirpar, extraer*. Tenemos, pues, la indicación exacta del sentido hermético suministrado por la espátula y la espada. Desde el momento en que el investigador está en posesión del disolvente, único factor susceptible de actuar sobre los cuerpos, de destruirlos y de extraer su semilla, no tendrá más que buscar el sujeto metálico que le parezca más apropiado para cumplir su designio. Así, el metal disuelto, triturado y «hecho pedazos» le entregará ese grano fijo y puro, espíritu que lleva en sí, gema brillante de magnífico color, primera manifestación de la piedra de los sabios, Febo naciente y padre efectivo del gran elixir. En un diálogo alegórico entre un monstruo replegado en el fondo de una oscura caverna, provisto de «siete cuernos llenos de aguas», y el alquimista errante que acosa a preguntas a esta bondadosa esfinge, Jacques Tesson[3] hace hablar así a este representante fabuloso de los siete metales vulgares: «Es preciso que sepas -le dice- que he descendido de las regiones celestes y he caído aquí abajo, en estas cavernas de la tierra donde me he nutrido durante un espacio de tiempo, pero ya no deseo más que regresar allá, y el medio de conseguirlo es que me mates y, luego, me resucites; con el instrumento con que me des muerte, me resucitarás. Pues, como dice la blanca paloma, el que me ha matado me hará revivir.»

Podríamos hacer una interesante observación a propósito del medio o instrumento expresamente figurado por el brazal de acero de que va provisto el brazo celeste, pues ningún detalle debe desdeñarse en un estudio de esta clase, pero estimamos que no conviene decirlo todo, y preferimos dejar a quien quiera tomarse el trabajo el cuidado de descifrar este jeroglífico complementario. La ciencia alquímica no se enseña. Cada cual debe aprenderla por sí mismo no de manera especulativa, sino con la ayuda de un trabajo perseverante, multiplicando los ensayos y las tentativas, de manera que se sometan siempre las producciones del pensamiento al control de la experiencia. Jamás sabrá nada el que tema el trabajo manual, el calor de los hornos, el polvillo del carbón, el peligro de las reacciones desconocidas y el insomnio de las largas vigilias.

Artesón 6. - Se representa una hiedra enroscada en un tronco de árbol muerto, del que todas ramas han sido cortadas por la mano del hombre. La filacteria que completa este bajo relieve lleva las palabras

.INIMICA.AMICITIA.

La amistad enemiga.

El autor anónimo de la *Ancienne Guerre des Chevaliers*, en un diálogo entre la piedra, el oro y el mercurio, hace decir al oro que la piedra es un gusano hinchado de verano, y la acusa de ser la *enemiga de los hombres y de los metales*. Nada es más cierto, y a tal punto, que otros achacan a nuestro sujeto que contiene un veneno temible cuyo

---

[1] *Le Triomphe hermétique. Lettre aux Vrays Disciples d'Hermès.* Op. cit., p. 127.

[2] «(El azufre) está escondido en lo más profundo da los metales. Él es la piedra venerable de color brillante; un alma elevada y un vasto mar.»

[3] Jacques Tesson, *Le Lyon verd ou l'Oeuvre des Sages.* Primer tratado. Ms. citado.

solo olor, afirman, bastaría para provocar la muerte. Sin embargo, de este mineral tóxico está hecha la medicina universal a la que ninguna enfermedad humana resiste por incurable que pueda estar reconocida. Pero lo que le da todo su valor y lo hace infinitamente precioso a los ojos del sabio es la admirable virtud que posee de reavivar los metales reducidos y fundidos, y de perder sus propiedades venenosas comunicándoles su propia actividad. También aparece como el instrumento de la resurrección y de la redención de los cuerpos metálicos, muertos bajo la violencia del fuego de reducción, razón por la cual lleva en su blasón el signo del Redentor, la cruz.

Por lo que acabamos de decir, el lector habrá comprendido que la piedra, es decir, nuestro sujeto mineral, está representado en el presente motivo por la hiedra, planta *vivaz*, de fuerte olor, nauseabundo, mientras que el metal tiene por representante el árbol inerte y *mutilado*. Pues no se trata de un árbol seco, simplemente desprovisto de follaje y reducido a su esqueleto, lo que aquí se ve, pues en tal caso expresaría para el hermetista el azufre en su sequedad ígnea; se trata de un tronco voluntariamente mutilado al que la sierra ha amputado sus ramas principales. El verbo griego πριω significa igualmente *aserrar, cortar con la sierra* y *estrechar, apretar, atar fuetemente*. Puesto que nuesto árbol aparece a la vez serrado y estrechado, debemos pensar que el creador de estas imágenes ha deseado indicar claramente el metal y la acción disolvente ejercida contra él. La hiedra que abraza el tronco como para ahogarlo traduce bien la disolución por el sujeto preparado, lleno de vigor y vitalidad, pero esta disolución en lugar de ser ardiente, efervescente y rápida, parece lenta, difícil y siempre imperfecta. Y es que el metal, aunque atacado por entero, no está solubilizado más que en parte. Asimismo, se recomienda reiterar con frecuencia la afusión del agua sobre el cuerpo, a fin de extraer de él el azufre o la semilla «que determina toda la energía de nuestra piedra». Y el azufre metálico recibe la vida de su mismo enemigo, en reparación de su enemistad y de su odio. Esta operación que los sabios han llamado *reincrudación* o regreso al estado primitivo tiene por objeto, sobre todo, la adquisición del azufre y su revivificación por el mercurio inicial. No se debería, pues, tomar al pie de la letra esta vuelta a la materia original del metal tratado, pues una gran parte del cuerpo, formada de elementos groseros, heterogéneos, estériles o mortificados, ya no es susceptible de regeneración. Sea como fuere, al artista le basta obtener este azufre principio, separado del metal *abierto* y vivificado gracias al poder incisivo de nuestro primer mercurio. Con este cuerpo nuevo, en el que la amistad y la armonía remplazan a la aversión -pues las virtudes y propiedades respectivas de las dos naturalezas contrarias se confunden en él-, el alquimista podrá esperar conseguir, primero, el mercurio filosófico, por mediación de este agente esencial y, luego, el elixir, objeto de sus deseos secretos.

Artesón 7. - Donde Louis Audiat reconoce la figura de Dios Padre, nosotros vemos, simplemente, la de un centauro que oculta a medias una banderola con las siglas del Senado y del pueblo romanos. El conjunto está decorado con un estandarte cuya asta aparece sólidamente hincada en el suelo.

Se trata, pues, con seguridad de una *enseña romana*, y puede concluirse que el suelo sobre el que flota es también romano. Por otra parte, las letras

.S.P.Q.R.,

abreviaturas de las palabras *Senatus Populusque Romanus*, acompañan de ordinario a las águilas y forman, con la cruz, las armas de la Ciudad eterna.

Esta enseña, colocada a propósito para indicar una *tierra romana*, nos da que pensar que el filósofo de Dampierre no ignoraba en absoluto el simbolismo particular de Basilio Valentín, Senior Zadith, Mynsicht, etc. Pues estos autores llaman *tierra romana* y *vitriolo romano* a la sustancia terrestre que proporciona nuestro disolvente, sin el que sería imposible reducir los metales a *agua mercurial* o, si se prefiere, a *vitriolo filosófico*. Pues bien, según Valmont de Bomare[1], el *vitriolo romano*, llamado también *vitriolo de los adeptos*, «no es la caparrosa verde, sino una sal doble vitriólica de hierro y cobre». Chambon es de la misma opinión y cita como equivalente el vitriolo de Salzburgo, que es, asimismo, un sulfato cuproférrico. Los griegos lo llamaban Σωρυ, y los mineralogistas helenos nos lo describen como una sal de olor fuerte y desagradable que cuando se machacaba se volvía negra y adquiría una consistencia esponjosa y un aspecto graso.

En su *Testamentum*, Basilio Valentín señala las excelentes propiedades y las raras virtudes del *vitriolo*, pero no se reconocerá la veracidad de sus palabras si no se sabe, con antelación, de qué cuerpo está hablando. «El vitriolo - escribe- es un notable e importante mineral al que ningún otro en la Naturaleza podría ser comparado, y ello porque el vitriolo se familiariza con todos los metales más que todas las demás cosas. Se alea muy íntimamente con ellos, pues de todos los metales puede obtenerse un vitriolo o cristal, ya que el vitriolo y el cristal se reconocen como una sola y la misma cosa. Por eso no he querido retrasar perezosamente su mérito, como la razón lo requiere, dado que el vitriolo es preferible a los otros minerales y que debe concedérsele el primer lugar después de los metales. Pues, aunque todos los metales y minerales estén dotados de grandes virtudes, éste, el vitriolo, es el único suficiente para obtener de él y hacer la bendita piedra, lo que ningún otro en el mundo podría conseguir por sí solo a imitación suya.» Más adelante, nuestro adepto vuelve sobre el mismo tema y precisa la naturaleza doble del vitriolo romano: «A este propósito digo que es preciso que imprimas vivamente este argumento en tu espíritu, que dirijas por entero tus pensamientos al vitriolo metálico y que recuerdes que te he confiado este conocimiento de que se puede, de

---

[1] Valmont de Bomare, *Minéralogie ou nouvelle Exposition de Régne minéral*. París, Vincent, 1774.

Marte y Venus, hacer un magnífico vitriolo en el que los tres principios se encuentren y que a menudo sirven para el nacimiento y producción de nuestra piedra.»

Reproduzcamos todavía una observación muy importante de Henckel[1] a propósito del vitriolo. «Entre todos los nombres que han sido dados al vitriolo -dice este autor- no hay uno solo que tenga relación con el hierro. Se le llama siempre *chalcantum, chalcitis, cuperosa* o *cupri rosa*, etc. Y no sólo entre los griegos y los latinos se ha privado al hierro de la parte que le corresponde en el vitriolo, sino que se ha hecho otro tanto en Alemania, donde todavía hoy se da a todos los vitriolos en general, y sobre todo al que contiene más hierro, el nombre de *kupfer Wasser*, agua cuprosa o, lo que es lo mismo, de *caparrosa*.»

Artesón 8. - El tema de este bajo relieve es bastante singular. En él se ve a un joven gladiador, casi un niño, esforzándose en destruir con grandes estocadas una colmena llena de pasteles de miel, y de la cual ha retirado la tapadera. Dos palabras componen la enseña:

.MELITVS.GLADIVS.

La espada melosa. Esta acción extraña de adolescente fogoso y violento que libra batalla a las abejas como don Quijote a sus molinos no es, en el fondo, más que la traducción simbólica de nuestro primer trabajo, variante original del tema, tan conocido y tan a menudo empleado en hermetismo, del golpear la roca. Sabido es que tras su salida de Egipto, los hijos de Israel tuvieron que acampar en Refidim (*Éxodo*, XVII, 1; *Números*, XXXIII, 14), «donde no había agua para que el pueblo bebiera». Por consejo del Eterno (*Éxodo*, XVII, 6), Moisés golpeó por tres veces con su vara la roca de Horeb, y de la piedra árida surgió una fuente de agua viva. La mitología nos ofrece igualmente algunas réplicas del mismo prodigio. Calímaco (*Himno a Júpiter*, 31) dice que la diosa Rea, habiendo golpeado con su cetro la montaña arcadia, ésta se abrió en dos y el agua se escapó de ella en abundancia. Apolonio de Alejandría (*Argonautas*, 1146) relata el milagro del monte Díndimo y asegura que la roca nunca había dado antes nacimiento a la menor fuente. Pausanias atribuye un hecho semejante a Atalanta, la cual, para apagar su sed hizo brotar una fuente golpeando con su jabalina una roca de los alrededores de Cifanto, en la Laconia.

En nuestro bajo relieve, el gladiador ocupa el lugar del alquimista, figurado en otra parte en la figura de Hércules -héroe de los doce trabajos simbólicos- o aún bajo el aspecto de un caballero armado de punta en blanco, como se observa en la portada de Notre-Dame de París. La juventud del personaje expresa esta simplicidad que hay que saber observar a lo largo de toda la obra, imitando y siguiendo de cerca el ejemplo de la Naturaleza. Por otra parte, debemos creer que si el adepto de Dampierre concede la preferencia al gladiador es para significar, sin ninguna duda, que el artista debe trabajar o combatir solo contra la materia. La palabra griega monomacoç, que significa *gladiador*, está compuesta, en efecto, de monoç, *solo*, y de macomai, *combatir*. En cuanto a la *colmena*, debe el privilegio de figurar la piedra a este artificio cabalístico que hace derivar *ruche* (en francés colmena) de *roche* (roca en el mismo idioma) por permutación de vocales. El sujeto filosófico, nuestra primera piedra -en griego petra- se transparenta claramente bajo la imagen de la colmena o roca, pues petra significa, asimismo, *peña, roca*, términos utilizados por los sabios para designar el sujeto hermético.

Por añadidura, nuestro espadachín, al golpear con porfiados mandobles la colmena emblemática y al cortar al azar sus panales, la convierte en una masa informe, heterogénea de cera, de propóleos y de miel, magma incoherente, verdadero revoltijo (francés *méli-melo*), para emplear el lenguaje de los dioses, del que la miel fluye hasta el punto de que impregna la espada, que sustituye a la vara de Moisés. Se trata aquí del segundo *caos*, resultado del combate primitivo que denominamos cabalísticamente *méli-mélo* porque contiene miel (meli) -agua viscosa y glutinosa de los metales-, siempre dispuesta a derramarse (mellw). Los maestros del arte nos afirman que la obra entera es un trabajo de Hércules, y que es preciso comenzar por golpear la piedra, roca o colmena, que es nuestra materia prima, con la espada mágica del fuego secreto, a fin de determinar el derrame de esta agua preciosa que encierra en su seno. Pues el sujeto de los sabios apenas es otra cosa que una agua congelada, y por esta razón se le ha dado el nombre de *Pegaso* (de phgaç, *roca, hielo, agua congelada* o *tierra dura y seca*). Y la fábula nos explica que Pegaso, entre otras acciones, hizo brotar de una coz la fuente de Hipocrene. phgasoç, Pegaso procede de phgh, *fuente*, de tal manera que el corcel alado de los poetas se confunde con la fuente hermética cuyos caracteres esenciales posee: la movilidad de las aguas vivas y la volatilidad de los espíritus.

Como emblema de la materia prima, la colmena se halla a menudo en las decoraciones que toman sus elementos de la ciencia de Hermes. La hemos visto en el techo del palacio Lallemant y entre los paneles de la estufa alquímica de Winterthur. Y ocupa, además, una de las viñetas del *juego de la oca*, laberinto popular del arte sagrado y compendio de los principales jeroglíficos de la Gran Obra.

Artesón 9. - El sol, atravesando las nubes, dispara sus rayos hacia un nido de pitpit[2] que contiene un huevecillo y que está situado sobre un carro cubierto de césped. La filacteria que da su significado al bajo relieve lleva la inscripción:

---

[1] J. F. Henekel, *Pyritologie*, cap. VII, p. 184. *Op. cit.*

[2] El pitpit de los prados (*Anthus pratensis*) es un pajarillo parecido a la alondra. Hace su nido en la hierba. Los griegos lo llamaban Andoç, pero esta palabra tiene otro significado de carácter netamente esotérico. Andoç designa asimismo *la flor* y *la*

.NEC.TE.NEC.SINE.TE.

Ni tú, ni sin ti. Alusión al *Sol, padre de la piedra,* según Hermes y la pluralidad de los filósofos herméticos. El astro simbólico, representado en su esplendor radiante, ocupa el lugar del *Sol metálico* o *azufre* que muchos artistas han creído que era oro natural. Error grave, tanto menos excusable cuanto que todos los demás establecen la diferencia existente entre el *oro de los sabios* y el metal precioso. En efecto, del azufre de los metales hablan los maestros cuando describen la manera de extraer y preparar el primer agente, el cual, por otra parte, no ofrece ninguna semejanza fisicoquímica con el oro vulgar. E igualmente este azufre, junto con el mercurio, colabora a la generación de nuestro *huevo,* dándole la facultad vegetativa. Este *padre* real de la piedra es, pues, independiente de ella, pues la piedra procede de él, de donde la primera parte del axioma: *nec te.* Como es imposible obtener nada sin la ayuda del azufre, la segunda proposición se halla justificada: *nec sine te.* Pues bien, lo que decimos del azufre es verdadero para el mercurio, de manera que el *huevo,* manifestación de la nueva forma metálica emanada del principio mercurial, si debe su sustancia al mercurio o *Luna hermética,* obtiene su vitalidad y su posibilidad de desarrollo del azufre o *Sol de los sabios.*

En resumen, es filosóficamente exacto asegurar que los metales están compuestos de azufre y mercurio, como lo enseña Bernardo Trevisano; que la piedra, aunque formada por los mismos principios, no da en absoluto nacimiento a un metal; que, finalmente, el azufre y el mercurio, considerados en estado aislado, son los únicos progenitores de la piedra, pero no pueden ser confundidos con ella. Nos permitimos atraer la atención del lector sobre este hecho de que la cocción filosofal del *rebis* da como resultado un *azufre* y no una unión irreductible de sus componentes, y que este azufre, por asimilación completa del mercurio, reviste propiedades particulares que tienden a alejarlo de la especie metálica. Y sobre esta constante de efecto está fundada la técnica de *multiplicación* y de acrecentamiento, porque el azufre nuevo permanece siempre susceptible de absorber una cantidad determinada y proporcional del mercurio.

X

Séptima serie (lám. XXXIV).

Artesón 1. - Las tablas de la ley hermética, sobre las cuales se lee una frase francesa, pero tan singularmente presentada que Louis Audiat no ha sabido descubrir su sentido:

.EN.RIEN.GIST.TOVT.

En nada está todo. Divisa primordial que se complacen en repetir los filósofos antiguos, y por la cual entienden significar la ausencia de valor, la vulgaridad y la extrema abundancia de la materia básica de la que extraen todo cuanto les es necesario. «Encontrarás todo en todo lo que no es más que una virtud estíptica o astringente de los metales y los minerales», escribe Basilio Valentín en el libro de las *Doce claves.*

Así, la verdadera sabiduría nos enseña a no juzgar las cosas según su precio, el beneplácito que por ellas se reciba o la belleza de su aspecto. Por el contrario, nos impele a estimar en el hombre el mérito personal, no la apariencia o la condición, y en los cuerpos, la cualidad espiritual que tienen encerrada en sí. A los ojos del sabio, el hierro, ese paria de la industria humana, es incomparablemente más noble que el oro, y el oro, más despreciable que el plomo, pues de esta luz viva, de esta agua ardiente, activa y pura que los metales comunes, los minerales y las piedras han conservado, tan sólo está desprovisto el oro. Este soberano al que tantas gentes rinden homenaje y por el cual tantas conciencias se envilecen con la esperanza de obtener sus favores, no tiene de rico o precioso sino el atavío. Rey suntuosamente adornado, el oro no es, sin embargo, más que un cuerpo inerte pero magnífico; un brillante cadáver con relación al cobre, al hierro o al plomo. Este usurpador, al que una multitud ignorante y ávida eleva al rango de los dioses, ni siquiera puede gloriarse de pertenecer a la vieja y poderosa familia de los metales. Despojado de su manto, revela entonces la bajeza de sus orígenes y se nos aparece como una simple *resina metálica* densa, fija y fusible, triple cualidad que lo hace notoriamente inapropiado para la realización de nuestro designio.

Se ve así cuán vano sería trabajar con el oro, pues el que nada tiene es evidente que nada puede ser. Hay que dirigirse, pues, a la piedra bruta y vil, sin repugnancia por su aspecto miserable, su olor infecto, su coloración negra y sus jirones sórdidos. Precisamente, son estos caracteres poco seductores los que permiten reconocerla, y en todo tiempo se la ha considerado como una sustancia primitiva, surgida del caos original, y que Dios, a raíz de la Creación y de la organización del Universo, habría reservado para sus servidores y sus elegidos. Obtenida de la *Nada,* lleva su impronta y lleva su nombre: *Nada* (francés *Rien*). Pero los filósofos han descubierto que en su naturaleza elemental y desordenada, hecha de tinieblas y de luz, de mal y bien reunidos en la peor confusión, esta *Nada* contenía *Todo* cuanto podían desear.

---

parte más perfecta y más distinguida de una cosa. También es la eflorescencia, la espuma de soluciones cuyas partes ligeras ascienden y van a cristalizar a la superficie. Ello basta para dar una idea clara del nacimiento del pajarillo cuyo único huevo debe engendrar a nuestro Fénix.

Artesón 2. - La letra mayúscula H rematada por una corona, que Louis Audiat presenta como la firma blasonada del rey de Francia Enrique (Henri) II, ya no ofrece hoy más que una inscripción en parte martilleada, pero que en otro tiempo se leía:

.IN.TE.OMNIS.DOMINATA.RECVMBIT.

En ti reside todo poder.

Con anterioridad, hemos tenido la ocasión de decir que la letra H, o al menos el carácter gráfico que se le atribuye, había sido escogido por los filósofos para designar el espíritu, alma universal de las cosas o ese principio activo y todopoderoso que se reconoce, en la Naturaleza, en perpetuo movimiento y en vibración actuante. Tomando como modelo la letra H, los constructores de la Edad Media han edificado las fachadas de las catedrales, templos glorificadores del *espíritu divino*, magníficos intérpretes de las aspiraciones del alma humana en su elevación hacia el Creador. Este carácter corresponde a la eta (H), séptima letra del alfabeto griego, inicial del verbo solar, mansión del espíritu, astro dispensador de la luz: Hlioç, *Sol*. También es la regente del profeta Elías -en griego Hliaç, *solar*-, que las Escrituras dicen arrebatado al cielo, como un espíritu puro, en un carro de luz y fuego. También es el centro y el corazón de uno de los monogramas de Cristo: I H S, abreviatura. de *Iesus Hominum Salvator*, Jesús salvador de los hombres. Igualmente, los masones medievales empleaban este signo para designar las dos columnas del templo de Salomón, al pie de las cuales los obreros recibían su salario: *Jakin y Bohas*, columnas de las que las torres de las iglesias metropolitanas no son más que la traducción libre, pero audaz y poderosa. Finalmente, es la indicación del primer peldaño de la escalera de los sabios, *scala philosophorum*, del conocimiento adquirido del agente hermético, promotor misterioso de las transformaciones de la naturaleza mineral, y de la del secreto reencontrado de la *Palabra perdida*. Este agente era designado otrora, entre los adeptos, con el nombre de *imán* o *atractivo*. El cuerpo encargado de este imán se llamaba él mismo *magnesia*, y este cuerpo servía de intermediario entre el cielo y la tierra, nutriéndose de las influencias astrales o dinamismo celeste que transmitía a la sustancia pasiva, atrayéndolos a la manera de un verdadero imán. De Cyrano Bergerac[1], en una de sus narraciones alegóricas, habla así del *espíritu magnésico*, del que parece estar muy bien informado, tanto en lo que concierne a la preparación como al uso.

«No habéis olvidado, creo -escribe nuestro autor-, que me llamo *Helías*, pues no hace mucho os lo he dicho. Sabréis, pues, que estaba en vuestro mundo y que habitaba con Eliseo, hebreo como yo, en los agradables márgenes del Jordán donde llevaba, entre los libros, una vida lo bastante tranquila como para echarla de menos, por más que transcurriera. Sin embargo, cuanto más crecían las luces de mi espíritu, más crecía también el conocimiento de aquellas de las que carecía. Jamás nuestros sacerdotes me hablaban de Adán sin que el recuerdo de aquella *Filosofía perfecta* que había poseído, no me hiciera suspirar. Desesperaba de poder adquirirla cuando un día, después de haber sacrificado por la expiación de las debilidades de mi ser mortal, me dormí y el ángel del Señor se me apareció en sueños. Tan pronto como fui despertado, me apresuré a trabajar en las cosas que me había prescrito: tomé unos dos pies cuadrados de *imán* y lo metí en un horno; después, cuando estuvo bien purgado, precipitado y disuelto, extraje de él el *atractivo*; calciné todo este elixir y lo reduje al grosor, más o menos, de una bala mediana.

»Tras estas preparaciones, hice construir un carruaje de hierro muy ligero, y al cabo de algunos meses, concluidos todos mis ingenios, monté en mi industriosa carreta. Acaso me preguntéis para qué todos esos pertrechos. Sabed que el ángel me había dicho en sueños que si yo deseaba adquirir una *ciencia perfecta* como deseaba, ascendiera al mundo de la Luna, donde hallaría ante el Paraíso de Adán *el Árbol de la Ciencia* porque en cuanto hubiera probado su fruto, mi alma se vería esclarecida por todas las verdades de que una criatura es capaz. He aquí, pues, el viaje para el que había yo construido mi carruaje. Por fin, monté en él y cuando estuve bien firme y bien apoyado en el sitio, arrojé muy alto en el aire esta bola de *imán*. Pues bien, la máquina de hierro que yo había forjado a propósito más maciza en la mitad que en las extremidades fue rápidamente arrebatada y, en un perfecto equilibrio, a medida que llegaba yo a donde el imán me había atraído, y cuando había saltado hasta allí, mi mano lo lanzaba más lejos... En verdad, era un espectáculo bien sorprendente de ver, pues el acero de aquella casa volante que yo había pulido con mucho cuidado reflejaba por todos sus lados la luz del sol tan viva y brillante que creía que yo mismo era llevado en *una carreta de fuego*... Cuando, luego, he reflexionado acerca de este despegue milagroso, he imaginado que no hubiera podido vencer, por las *virtudes ocultas de un simple cuerpo natural*, la vigilancia del serafín que Dios ha ordenado para la custodia de este paraíso. Mas porque gusta de servirse de causas segundas, creí que me había inspirado este medio para penetrar en él, como quiso servirse de la costilla de Adán para hacerle una mujer, aunque hubiera podido formarla de tierra igual que a él.»

En cuanto a la corona que completa el signo importante que estudiamos, no se trata en absoluto de la del rey de Francia Enrique II, sino de la corona real de los *elegidos*. Es la que se ve ornar la frente del Redentor en los crucifijos de los siglos XI, XII y XIII, en particular en Amiens (Cristo bizantino llamado Saint-Sauve) y en nuestra Señora de Tréveris (en lo alto de la portada). El caballero del Apocalipsis (cap. VI, v. 12), montado en un caballo blanco, emblema de pureza, recibe como atributos distintivos de sus elevadas virtudes un arco y una *corona*, dones del Espíritu Santo. Pues bien, nuestra corona -los iniciados saben de lo que hablamos- es precisamente el domicilio

---

[1] De Cyrano Bergerac, *L'Autre Monde ou Histoire comique des Etats et Empires de la Lune*. París, Bauche, 1910, p. 38. Véase edición de Jean-Jacques Pauvert, p. 32, cit. supra.

de elección del *espíritu*. Es una miserable sustancia, como hemos dicho, apenas materializada, pero que lo encierra en abundancia. Y eso es lo que los filósofos antiguos fijaron en su *corona radiata*, decorada con rayos salientes, la cual se atribuía sólo a los dioses o a los héroes deificados. Así, nos explicaremos que esta materia, vehículo de la *luz* mineral, se revela, gracias a la signatura radiante del *espíritu*, como la tierra prometida reservada a los elegidos de la Sapiencia.

Artesón 3. - Se trata de un símbolo antiguo y a menudo explotado este que encontramos aquí: el delfín enroscado en el brazo de una áncora marina. El epígrafe latino que le sirve de enseña explica la imagen:

.SIC.TRISTIS.AVRA.RESEDIT.

Así se apacigua esta terrible tempestad. Hemos tenido muchas veces la ocasión de señalar el papel importante que desempeña el pez en el teatro alquímico. Con el nombre de *delfín, echeneis* o *rémora*, caracteriza el principio húmedo y frío de la Obra, que es nuestro mercurio, el cual se coagula poco a poco en contacto y por efecto del azufre, agente de desecación y de fijeza. Este último es aquí figurado por el ancla marina, órgano estabilizador de los navíos, a los que asegura un punto de apoyo y de resistencia al esfuerzo de las ondas. La larga operación que permite realizar el empaste progresivo y la fijación final del mercurio ofrece una gran analogía con las travesías marítimas y las tempestades que las acogen. La ebullición constante y regular del compuesto hermético representa, en pequeño, una mar agitada y encrespada. Las burbujas se rompen en la superficie y se suceden sin cesar. Pesados vapores cargan la atmósfera del recipiente y las nubes inquietas, opacas y lívidas oscurecen las paredes y se condensan en gotitas que fluyen por la masa efervescente. Todo contribuye a dar la sensación de una tempestad a tamaño reducido. Levantada por todos lados, sacudida por los vientos, el arca flota, sin embargo, bajo la lluvia diluviana. Asteria se dispone a formar Delos, tierra hospitalaria y salvadora de los hijos de Latona. El delfín nada en la superficie de las olas impetuosas, y esta agitación dura hasta que la rémora, huésped invisible de las aguas profundas, detenga al fin, como un ancla poderosa, el navío que va a la deriva. Entonces, renace la calma, el aire se purifica, el agua se borra y los vapores se reabsorben. Una película cubre toda la superficie, y espesándose y afirmándose cada día marca el final del diluvio, el estadio de encallamiento del arca, el nacimiento de Diana y Apolo, el triunfo de la tierra sobre el agua y de lo seco sobre lo húmedo, la época del nuevo Fénix. En la conmoción general y el combate de los elementos se adquiere esta paz permanente, la armonía que resulta del perfecto equilibrio de los principios, simbolizados por el pez fijado en el ancla: *sic tristis aura resedit*.

Este fenómeno de absorción y de coagulación del mercurio por una proporción muy inferior de azufre parece ser la causa primera de la fábula de la *rémora*, pececillo al que la imaginación popular y la tradición hermética atribuían la facultad de detener en su camino los mayores navíos. He aquí, por otra parte, lo que sobre ella dice, en un discurso alegórico, el filósofo René François[1]: «El emperador Calígula se hallaba rabioso un día, de regreso hacia Roma con una poderosa armada naval. Todos los soberbios navíos, tan bien armados y espoloneados, navegaban satisfactoriamente. El viento en popa hinchaba todas las velas, y las olas y el cielo parecían ser aliados de Calígula, pues secundaban sus designios, cuando de repente, he aquí que la galera capitana e imperial se detiene bruscamente, en tanto que las otras volaban. El emperador se enfurece, el piloto redobla su silbido y cuatrocientos cómitres y galeotes al remo, cinco por banco, sudan a fuerza de empujar. El viento arrecia, la mar se enfada ante la afrenta y todo el mundo se sorprende de este milagro, cuando el emperador imagina que algún monstruo marino lo detiene en el lugar. Entonces, muchos nadadores se precipitan al mar y, nadando entre dos aguas, dieron la vuelta a aquel castillo flotante. Hallaron un perverso pececillo, de medio pie de largo, que habiéndose pegado al timón se entretenía en detener la galera que dominaba el Universo. Parecía que quisiera burlarse del emperador del género humano, que tanto se enorgullece de sus muchedumbres de hombres armados y de sus truenos de hierro que lo hacen señor de la tierra. He aquí, dice en su lenguaje de pez, a un nuevo Aníbal a las puertas de Roma, que mantiene en una prisión flotante a Roma y a su emperador: Roma, la princesa, llevará a tierra a los reyes cautivos en su triunfo, *y yo conduciré en triunfo marino, por las sendas del Océano, al príncipe del Universo*. César será rey de los hombres, y *yo seré el César de los Césares*. Todo el poderío de Roma es ahora mi esclavo, y puede hacer los mayores esfuerzos, pues mientras yo quiera, lo mantendré en esta cárcel real. *Adhiriéndome a este galeón* haré más, en un instante, de lo que ellos han conseguido en ochocientos años dando muerte al género humano y despoblando el mundo. ¡Pobre emperador! Cuán lejos estás de tu dignidad, con tus cincuenta millones de ingresos y trescientos millones de hombres que están bajo tu poder: ¡un grosero pececillo te ha convertido en su esclavo! Que la mar se embravezca, que el viento se desate, que todo el mundo se convierta en galeote y todos los árboles en remos, que no darán un paso sin mi visto bueno y mi permiso... He aquí al verdadero Arquímedes de los peces, pues *él solo detiene a todo el mundo*. He aquí al *imán animado* que cautiva todo el hierro y las armas de la primera monarquía del mundo. No sé quién llama a Roma el ancla dorada del género humano, pero este pez es el *áncora de las áncoras*... ¡Oh, maravilla de Dios!, ese pececito avergüenza no sólo a la grandeza romana, sino a Aristóteles, que pierde aquí su crédito, y a la filosofía, que hace bancarrota, pues no hallan *ninguna razón* para este asunto, en el que una boca sin dientes detenga un navío empujado por los cuatro elementos y le haga arribar a puerto en mitad de las más crueles tempestades. Plinio dice que toda la Naturaleza está escondida como en centinela y alojada de guarnición en las más pequeñas criaturas. Lo creo, y en cuanto a mí, pienso que este pececito es el pabellón moviente de la

---

[1] René François, *Essay des Merveilles de Nature et des plus nobles artifices*. Lyon, J. Huguetan, 1642, cap. XV, p. 125.

Naturaleza y de toda su gendarmería. Inmoviliza y detiene estas galeras y enfrena sin otra brida que el hocico de un pececillo lo que no puede enfrenarse... ¡Ay! Abatamos los cuernos de nuestra vana arrogancia con una consideración tan santa, pues si Dios, actuando a través de un *pequeño parásito de mar* y el *pirata de la Naturaleza* detiene y paraliza todos nuestros designios, aunque vuelen a velas desplegadas de un polo al otro, si emplea su omnipotencia, ¿hasta qué punto reducirá nuestros negocios? Si de nada lo hace todo, y con un pez o, más bien, con *una pequeña nada* que nada y hace de pez, aniquila todas nuestras esperanzas, ¿qué será de nosotros, ay, cuando emplee todo su poder y todos los ejércitos de su justicia?»

Artesón 4. - Cerca del árbol de los frutos de oro, un dragón robusto y rechoncho ejerce su vigilancia a la entrada del jardín de las Hespérides. La filacteria particular de este tema lleva grabada esta inscripción:

.AB.INSOMNI.NON.CVSTODITA.DRACONE.

Fuera del dragón insomne, las cosas no están custodiadas. El mito del dragón encargado de la vigilancia del famoso vergel y del legendario Vellocino de Oro es bastante conocido como para evitarnos el esfuerzo de reproducirlo. Basta con indicar que el dragón se elige como representante del jeroglífico de la materia mineral bruta con la cual debe comenzar la Obra. Es tanto como decir cuál es su importancia, el cuidado que es preciso observar en el estudio de los signos exteriores y de las cualidades capaces de permitir su identificación, y de hacer reconocer y distinguir el sujeto hermético entre los múltiples minerales que la Naturaleza pone a nuestra disposición.

Encargado de vigilar el recinto maravilloso en el que los filósofos van en busca de sus tesoros, el dragón pasa por no dormir jamás. Sus ojos ardientes permanecen constantemente abiertos. No conoce ni reposo ni lasitud, y no sería capaz de vencer el insomnio que lo caracteriza y que le asegura su verdadera razón de ser. Esto es, por otra parte, lo que expresa el nombre griego que lleva. Dracwn procede de dercomai, *ver, mirar* y, por extensión, *vivir*, palabra a su vez próxima a derceunhç, *que duerme con los ojos abiertos*. La lengua primitiva nos revela, a través de la envoltura del símbolo, la idea de una actividad intensa, de una vitalidad perpetua y latente encerrada en el cuerpo mineral. Los mitólogos llaman a nuestro dragón *Ladon*, vocablo cuya asonancia se aproxima a *latón* y que se puede asimilar al griego lhĨw, *estar escondido, desconocido, ignorado*, como la materia de los filósofos.

El aspecto general y la fealdad reconocida del *dragón*, su ferocidad y su singular poder vital corresponden exactamente con las particularidades externas y las propiedades y facultades del sujeto. La cristalización especial de éste se encuentra claramente indicada por la epidermis *escamosa* de aquél. Semejantes son sus colores, pues la materia es negra, puntuada de rojo o de amarillo, como el dragón del que es imagen. En cuanto a la cualidad volátil de nuestro mineral, la vemos traducida por las alas membranosas de que el monstruo está provisto. Y porque vomita, según se dice, cuando se le ataca, fuego y humo, y porque su cuerpo acaba en cola de serpiente, los poetas, por estas razones, lo han hecho nacer de Tifón y de Equidna. El griego Tufawn, término poético de Tufwn o Tnfwç - el Tifón egipcio-, significa llenar de *humo, alumbrar, abrazar*. Ecidna no es más que la víbora. De ahí podemos concluir que el dragón obtiene de Tifón su naturaleza cálida, ardiente, sulfurosa, mientras que debe a su madre su complexión fría y húmeda, con la forma característica de los ofidios.

Pues bien; si los filósofos han disimulado siempre el nombre vulgar de su materia bajo una infinidad de epítetos, en contrapartida se han mostrado muy prolijos en lo que concierne a su forma, sus virtudes y, a veces, incluso, su preparación. De común acuerdo, afirman que el artista no debe esperar descubrir ni producir nada fuera del sujeto, porque es el único cuerpo capaz, en toda la Naturaleza, de procurarle los elementos indispensables. Con exclusión de los otros minerales y de los otros metales, conserva los principios necesarios para la elaboración de la Gran Obra. Por su figuración monstruosa, pero expresiva, este primitivo tema se nos aparece claramente como el guardián y único dispensador de los frutos herméticos. Es su depositario y conservador vigilante, y nuestro adepto habla sabiamente cuando enseña que fuera de este ser solitario las cosas filosofales no están guardadas, pues en vano las buscaríamos en otra parte. También a propósito de este primer cuerpo, parcela del caos original y *mercurio común* de los filósofos, Jabir exclama: «¡Alabado sea el Altísimo, que ha creado nuestro mercurio y le ha dado una naturaleza a la que nada resiste, pues sin él los alquimistas tendrían poco que hacer y todo su trabajo resultaría inútil!»

«Pero -se pregunta otro adepto[1]-, ¿dónde está, pues, ese mercurio aurífico que, resuelto en sal y en azufre, se convierte en el. húmedo radical de los metales y en su simiente animada? Está prisionero en una prisión tan fuerte que la misma Naturaleza no sería capaz de liberarlo si el arte industrioso no le facilita los medios.»

Artesón 5. -Un cisne, majestuosamente posado en el agua en calma de un estanque, tiene el cuello atravesado por una flecha. Y su quejido postrero nos lo traduce el epígrafe de este pequeño tema, agradablemente ejecutado:

.PROPRIIS.PEREO.PENNIS.

Muero por mis propias plumas. El ave, en efecto, proporciona una de las materias del arma que servirá para matarla. El empenachado de la flecha, al asegurar su dirección, la hace precisa, y las plumas del cisne destinadas a este

---

[1] *La Lumière sortant par soy-mesme des Ténèbres*, cap. II, canto V, p. 16. *Op. Cit.*

menester contribuyen así a perderlo. Esta hermosa ave, cuyas alas son emblemáticas de la volatilidad, y cuya blancura de nieve es la expresión de la pureza, posee las dos cualidades esenciales del mercurio inicial o de nuestra agua disolvente. Sabemos que debe ser vencido por el azufre -salido de su sustancia, y que él mismo ha engendrado- , a fin de obtener, tras su muerte, ese *mercurio filosófico*, en parte fijo y en parte volátil, que la maduración subsiguiente elevará al grado de perfección del gran elixir. Todos los autores enseñan que es preciso matar al vivo si se desea resucitar al muerto. Por eso el buen artista no dudará en sacrificar el *ave de Hermes* y en provocar la mutación de sus propiedades mercuriales en cualidades sulfurosas, ya que toda transformación permanece sometida a la descomposición previa y no puede realizarse sin ella.

Basilio Valentín asegura que «se debe dar de comer un *cisne blanco* al hombre doble ígneo»; y, añade: «el cisne asado será para la mesa del rey». Ningún filósofo, que sepamos, ha levantado el velo que recubre este misterio, y nos preguntamos si es pertinente comentar tan graves palabras. Sin embargo, recordando los largos años durante los cuales nosotros mismos hemos estado detenidos ante esta puerta, pensamos que sería caritativo ayudar al trabajador que ha llegado hasta aquí a franquear el umbral. Tendámosle, pues, una mano segura y descubramos, en los límites permitidos, lo que los mayores maestros han creído oportuno reservarse.

Es evidente que Basilio Valentín, al emplear la expresión *hombre doble ígneo*, hace referencia a un principio segundo, resultante de una combinación de dos agentes de complexión cálida y ardiente que tienen, por consecuencia, la naturaleza de los azufres metálicos. De ello puede concluirse que bajo la denominación simple de azufre, los adeptos, en un momento dado del trabajo, conciben *dos cuerpos* combinados, de propiedades semejantes pero de especificidad diferente, tomados convencionalmente por uno solo. Planteado esto, ¿cuáles serán las sustancias capaces de ceder estos dos productos? Semejante pregunta jamás ha recibido respuesta. Sin embargo, si se considera que los metales tienen sus representantes emblemáticos figurados por divinidades mitológicas unas veces masculinas y otras femeninas, y que tienen esas aplicaciones particulares de las cualidades sulfurosas reconocidas experimentalmente, el simbolismo y la fábula se hallarán en condiciones de arrojar alguna claridad sobre estas cuestiones oscuras.

Todo el mundo sabe que el hierro y el plomo se colocan bajo la dominación de Ares y de Cronos, y que reciben las influencias planetarias respectivas de Marte y de Saturno. El estaño y el oro, sometidos a Zeus y a Apolo, comparten las vicisitudes de Júpiter y del Sol. Mas ¿por qué Afrodita y Artemisa dominan el cobre y la plata, entidades de Venus y la Luna? ¿Por qué el mercurio debe su complexión al mensajero del Olimpo, el dios Hermes, aunque esté desprovisto de azufre y cumpla las funciones reservadas a las mujeres quimicoherméticas? ¿Debemos aceptar estas relaciones como verdaderas, y no habría acaso en la repartición de las divinidades metálicas y de sus correspondencias astrales una confusión premeditada, deseada? Si se nos interrogara acerca de este punto, responderíamos afirmativamente sin dudar. La experiencia demuestra de manera cierta que el agente posee un azufre magnífico, tan puro y resplandeciente como el del oro, pero sin su fijeza. El plomo da un producto mediocre, de color casi igual, pero poco estable y muy impuro. El azufre del estaño, claro y brillante, es blanco y nos inclinaría más bien a situar ese metal bajo la protección de una diosa antes que bajo la autoridad de un dios. El hierro, por el contrario tiene mucho azufre fijo, de un rojo sombrío, apagado, inmundo y tan defectuoso que, pese a su cualidad refractaria, no sabría uno en verdad para qué utilizarlo. Y, sin embargo, exceptuando el oro, se buscaría en vano en los otros metales un mercurio más luminoso, más penetrante y más manejable. En cuanto al azufre del cobre, Basilio Valentín nos lo describe con gran exactitud en el primer libro de sus *Doce claves*[1]: «La lasciva Venus -dice- está bien coloreada, y todo su cuerpo no es casi más que tintura y color semejante al del Sol, y a causa de su abundancia tira grandemente hacia lo rojo. Pero por el hecho de que su cuerpo está leproso y enfermo, la tintura fija no puede permanecer en él, y al perecer el cuerpo, la tintura perece con él, a menos que no sea acompañada de un cuerpo fijo en el que pueda establecer su sede y morada de manera estable y permanente.»

Si se ha comprendido bien lo que pretende enseñar el célebre adepto y se examinan con cuidado las relaciones existentes entre los azufres metálicos y sus símbolos respectivos, no se experimentará gran dificultad para restablecer el orden esotérico conforme al trabajo. El enigma se dejará descifrar y el problema del azufre doble será resuelto con facilidad.

Artesón 6. - Dos cuernos de la abundancia se entrecruzan sobre el caduceo de Mercurio. Tienen por epígrafe esta máxima latina:

.VIRTVTI.FORTVNA.COMES.

La fortuna acompaña a la virtud. Axioma de excepción, verdad discutible en su aplicación al mérito verdadero -en el que la fortuna recompensa tan raramente a la virtud- que conviene buscar en otro lugar la confirmación y la regla. Pues bien, el autor de estos símbolos hace referencia a la virtud secreta del *mercurio filosófico*, representado por la imagen del caduceo. Los cuernos de la abundancia traducen el conjunto de las riquezas materiales que la posesión del mercurio asegura a los buenos artistas. Por su cruzamiento en X, indican la cualidad espiritual de esta noble y rara sustancia cuya energía brilla como un fuego puro, en el centro del cuerpo exactamente sublimado.

El caduceo, atributo del dios Mercurio, no podría dar lugar al menor equívoco, tanto desde el punto de vista del sentido secreto, como desde el del valor simbólico. Hermes, padre de la ciencia hermética, es considerado, a la vez, como creador y como criatura, señor de la filosofía y materia de los filósofos. Su cetro alado lleva la explicación del enigma que propone, y la revelación del misterio que cubre el *compuesto del compuesto*, obra maestra de la Naturaleza y del arte, bajo el epíteto vulgar *de mercurio de los sabios*.

En su origen, el caduceo no fue más que una simple varita, cetro primitivo de algunos personajes sagrados o fabulosos pertenecientes más a la tradición que a la Historia. Moisés, Atalanta, Cibeles y Hermes emplean este instrumento, dotado de una especie de poder mágico, en condiciones semejantes y generatrices de resultados equivalentes. El rabdoç griego es, en efecto, una vara, un bastón, un mango de jabalina, un dardo y el cetro de Hermes. Esta palabra se deriva de rassw, que significa *golpear, compartir* y *destruir*. Moisés golpea con su vara la roca árida que Atalanta, a ejemplo de Cibeles, horada con su jabalina. Mercurio separa y da muerte a las dos serpientes empeñadas en un duelo furioso arrojando sobre ellas el bastón de los pteroforoi, es decir, de los *correos* y *mensajeros*, calificados *portadores de alas* porque tenían por insignia de su cargo alas en su sombrero. El pétaso alado de Hermes justifica, pues, su función de *mensajero* y *mediador* de los dioses. La adición de las serpientes a la varita, completada por el sombrero (pitasoç) y las alas en los talones (tarsoi) dio al caduceo su forma definitiva, con la expresión jeroglífica del mercurio perfecto.

En el artesón de Dampierre, las dos serpientes muestran sus testas caninas, una de perro y otra de perra, versión figurada de los dos principios contrarios, activo y pasivo, fijo y volátil, en contacto con el *mediador* figurado por la varita mágica que es nuestro *fuego secreto*. Artefio llama a estos principios *perro de Corascene* y *perra de Armenia*, y son éstas las mismas serpientes que Hércules niño estrangula en su cuna, los únicos agentes cuya reunión, combate y muerte, realizados por medio del fuego filosófico, dan nacimiento al mercurio hermético vivo y animado. Y como este doble mercurio posee doble volatilidad, las alas del pétaso, opuestas a las taloneras en el caduceo, sirven para expresar estas dos cualidades reunidas de la manera más clara y más elocuente.

Artesón 7. - En este bajo relieve, Cupido, con el arco en una mano y una flecha en la otra, cabalga la Quimera sobre un montón de nubes consteladas. La filacteria que subraya este tema indica que Eros es *aquí el amo eterno:*

.AETERNVS.HIC.DOMINVS.

Nada es verdadero, por otra parte, y otros artesones así nos lo han enseñado. Eros, personificación mítica de la concordia y del amor, es, por excelencia, el señor, el maestro eterno de la Obra. Él solo puede conseguir el acuerdo entre enemigos a los que un odio implacable empuja sin cesar a devorarse entre sí. Cumple el pacífico oficio del sacerdote al que se ve unir -en un grabado de las *Doce claves* de Basilio Valentín- al rey y la reina herméticos. También es él quien dispara, en la misma obra, una flecha hacia una mujer que sostiene un enorme matraz completamente lleno de agua nebulosa...

La mitología nos enseña que la Quimera tenía tres cabezas diferentes colocadas sobre un cuerpo de león terminado en cola de serpiente: una cabeza de *león*, la otra de *cabra* y la tercera de *dragón*. De las partes constitutivas del monstruo, dos son preponderantes, el león y el dragón, porque aportan al conjunto, el uno, la cabeza y el cuerpo, y el otro, la cabeza y la cola. Analizando el símbolo en el orden de las adquisiciones sucesivas, el primer lugar corresponde al dragón, que se confunde siempre con la serpiente. Se sabe que los griegos llamaban dracwn al dragón más que a la serpiente. Tal es nuestra materia inicial, el tema mismo del arte considerado en su primer ser y en el estado en que la Naturaleza nos lo proporciona. El león viene a continuación, y aunque sea el hijo del sujeto de los sabios y de un metal caduco, sobrepasa, con mucho, en vigor, a sus propios progenitores y pronto se hace más robusto que su padre. Hijo indigno de un anciano y de una mujer muy joven, testimonia desde su nacimiento una inconcebible aversión por su madre. Insociable, feroz, agresivo, nada cabría esperar de este heredero violento y cruel si un providencial accidente no le hubiera impuesto más calma y ponderación. Animado por su madre Afrodita, Eros, ya descontento del personaje, le dispara una flecha de bronce y lo hiere de gravedad. Medio paralizado, es enviado a su madre, la cual para devolver la salud a este hijo ingrato le da, sin embargo, su propia sangre, quiere decirse una parte de su carne, y muere después de haberlo salvado. «La madre -dice la *Turba de los filósofos*- es siempre más compasiva con el hijo que el hijo con su madre.» De este contacto estrecho y prolongado del azufre-león y del disolvente-dragón se forma un nuevo ser, regenerado en cierto modo, con cualidades mezcladas de ambos, representado simbólicamente por la *cabra* o, si se prefiere, por la misma Quimera. La palabra griega Cimaira, *Quimera*, significa también *cabra joven* (cáb. Cmhthr) pues bien, esta joven *cabra* que debe su existencia y sus brillantes cualidades a la oportuna intervención de Eros, no es más que el mercurio filosófico, nacido de la alianza del azufre y del mercurio principios, y que posee todas las facultades requeridas para convertirse en el famoso *carnero de vellocino de oro*, nuestro elixir y nuestra piedra. La antigua Quimera descubre toda la ordenación de la labor hermética, y, como dice Filaleteo, es también toda nuestra filosofía.

El lector tendrá a bien excusarnos por haber utilizado la alegoría, a fin de situar mejor los puntos importantes de la práctica, pero no tenemos otro medio y continuamos en esto la vieja tradición literaria. Y si en la narración reservamos la parte esencial que se refiere al pequeño Cupido -maestro de la Obra y señor de lo que hay aquí dentro, es sólo por obediencia a la disciplina de la Orden, y a fin de no caer en perjurio para con nosotros mismos. Por lo demás, el lector perspicaz hallará, diseminadas voluntariamente en las páginas de este libro, indicaciones complementarias sobre el papel del mediador, acerca del que no debíamos hablar más en este lugar.

Artesón 8. - Volvemos a hallar aquí un motivo ya encontrado en otras partes, sobre todo en Bretaña. Se trata de un armiño, figurado en el interior de un pequeño cercado que limita un encañizado circular, símbolo particular de la reina Ana, esposa de Carlos VIII y de Luis XII. Se le ve figurar, junto al puercoespín emblemático de Luis XII, en la campana de la gran chimenea del palacio Lallemant, en Bourges. Su epígrafe encierra el mismo sentido y emplea casi las mismas palabras que la famosa divisa de la orden del Armiño: *Malo mori quam foedari*, prefiero la muerte a una mancha. Esta orden de caballería, fundada primero en 1381 por Juan V, duque de Bretaña, debía desaparecer en el siglo XV. Restituida a continuación por el rey de Nápoles, Fernando I, en el año 1483, la orden del Armiño había perdido todo carácter hermético y no formaba ya más que una asociación poco coherente de caballería patricia.

La inscripción grabada en la filacteria de nuestro artesón reza:

.MORI.POTIVS.QVAM.FEDARI.

Antes la muerte que la mancha. Hermosa y noble máxima de Ana de Bretaña, máxima de pureza aplicada al pequeño carnicero cuya blanca piel constituye, según se dice, el objeto de los atentos cuidados de su elegante y flexible poseedor. Pero en el esoterismo del Arte sagrado, el armiño, imagen del mercurio filosófico, señala la nitidez absoluta de un producto sublimado que la adición del azufre o fuego metálico contribuye a hacer más brillante aún.

En griego, *armiño* se dice ποντικός, palabra derivada de πόντος o ποντίος, *la sima, el abismo, el mar, el océano*, a veces simplemente el *agua de nuestra madre*, es decir, de la materia primitiva y caótica llamada *sujeto de los sabios*. Los maestros nos enseñan que su mercurio segundo, *esta agua póntica* de la que hablamos, es un *agua permanente* la cual, contrariamente a los cuerpos líquidos, «no moja las manos», y su fuente *fluye al mar* hermético. Para obtenerla, dicen, conviene golpear tres veces la roca, a fin de extraer de ella la onda pura mezclada con el agua grosera y solidificada, generalmente representada por bloques rocosos que emergen del océano. El vocablo ποντίος expresa especialmente *todo cuanto habita en el mar*. Despierta al espíritu ese pez escondido que el mercurio ha captado y retiene entre las mallas de su red. Es el pez que la antigua costumbre de la fiesta de Reyes nos ofrece unas veces bajo su forma (lenguado, delfín) y otras con el aspecto de «bañista» o del haba, disimulados entre las *láminas hojaldradas* de la galleta tradicional[1]. El *armiño* puro y blanco aparece así como un emblema expresivo del *mercurio común* unido al azufre-pez en la sustancia del *mercurio filosófico*.

En cuanto a la cerca, nos revela cuáles son esos *signos exteriores* que, al decir de los adeptos, constituyen el mejor criterio del producto secreto y suministran el testimonio de una preparación canónica y conforme a las leyes naturales. La empalizada *trenzada* que sirve de corral al armiño y de envoltorio al mercurio animado, bastaría para explicar el dibujo de los estigmas en cuestión. Mas puesto que nuestra finalidad es definirlos sin equívoco, diremos que la palabra griega καράκωμα, *empalizada*, derivada de χαράσσω, *trazar, grabar, marcar con una señal*, tiene así un origen semejante al del término χαρακτήρ, es decir, *lineamiento grabado, forma distintiva, carácter*. Y el carácter propio del mercurio es, precisamente, el de afectar en su superficie una *red de líneas entrecruzadas*, trenzadas a la manera de los cestos de mimbre (κάλαθος), de los cuévanos, banastas, cestones y cestas. Estas figuras geométricas, tanto más aparentes y mejor grabadas cuanto más pura es la materia, son un efecto de la voluntad todopoderosa del Espíritu o de la Luz. Y esta voluntad imprime a la sustancia una disposición exterior cruciforme (χίασμα) y da al mercurio su *signatura filosófica* efectiva. Ésta es la razón por la cual se compara esta envoltura con las mallas de la red que sirve para pescar el pez simbólico; con el cesto eucarístico que lleva en su espalda el Ἰχθύς de las catacumbas romanas; con el pesebre de Jesús, cuna del Espíritu Santo encarnado en el Salvador de los hombres; con el cisto de Baco, que se decía contenía no se sabe qué objeto misterioso; con la cuna de Hércules niño, que estranguló las dos serpientes enviadas por Juno; y con la cuna de Moisés salvado de las aguas; con el pastel de los reyes, que tiene los mismos caracteres; con la galleta de *Caperucita roja*, la más encantadora creación, acaso, de esas fábulas herméticas que son los *Cuentos de mi madre la oca*; etcétera.

Pero la impronta significativa del mercurio animado, marca superficial del trabajo del espíritu metálico, no se puede obtener sino tras una serie de operaciones o *purificaciones* largas, ingratas y repulsivas. Tampoco debe ahorrarse ningún esfuerzo ni temer el tiempo ni la fatiga si se quiere estar seguro del éxito. Hágase lo que se haga o se desee intentar, el espíritu jamás permanecerá estable en un cuerpo inmundo o insuficientemente purificado. La divisa, del todo espiritual, que acompaña a nuestro armiño, lo proclama: *Antes la muerte que la mancha*. Recuerde el artista uno de los grandes trabajos de Hércules: la limpieza de los establos de Augías: «Hay que hacer pasar sobre nuestra tierra -dicen los sabios- todas las aguas del diluvio.» Éstas son imágenes expresivas de la labor que exige la purificación perfecta, obra simple, fácil, pero tan fastidiosa que ha desanimado a gran cantidad de alquimistas más ávidos que laboriosos y más entusiastas que perseverantes.

Artesón 9. - De cuatro cuernos se escapan llamas. La divisa es

.FRVSTRA.

En vano. Es la traducción lapidaria de los cuatro fuegos de nuestra cocción. Los autores que han hablado de ellos nos los describen como otros tantos grados distintos y proporcionados del fuego elemental que actúa, en el seno del atanor, sobre el *rebis* filosofal. Al menos, tal es el sentido que se sugiere a los principiantes, y que éstos, sin reflexionar demasiado, se apresuran a poner en práctica.

Sin embargo, los filósofos certifican que jamás hablan más oscuramente que cuando parecen expresarse con precisión. Asimismo, su claridad aparente engaña a los que se dejan seducir por el sentido literal, y no se preocupan en absoluto por asegurarse si concuerda o no con la observación, la razón y la *posibilidad de naturaleza.* Por ello, debemos prevenir a los artistas que intenten realizar la Obra según este proceso, es decir, sometiendo la amalgama filosófica a las temperaturas crecientes de los *cuatro regímenes de fuego,* que serán infaliblemente víctimas de su ignorancia y se verán *frustrados* a causa del resultado inesperado. Que traten en primer lugar de descubrir lo que los antiguos entendían por la expresión figurada del *fuego* y por la de los *cuatro grados* sucesivos de su intensidad. Pues no se trata aquí en absoluto del fuego de las cocinas, de nuestras chimeneas o de los hornos altos. «En nuestra Obra - afirma Filaleteo-, el fuego ordinario no sirve más que para alejar el frío y los accidentes que podría causar.» En otro lugar de su tratado, el mismo autor dice positivamente que nuestra cocción es *lineal,* es decir, igual, constante, regular y uniforme de un extremo al otro de la obra. Casi todos los filósofos han tomado como ejemplo del *fuego de cocción* o maduración la incubación del huevo de gallina, no con vistas a la temperatura que se debe adoptar, sino a la uniformidad y a la permanencia. También aconsejamos vivamente considerar antes que cualquiera otra cosa la relación que los sabios han establecido entre el *fuego* y el *azufre,* a fin de obtener esta noción esencial de que los cuatro grados del uno deben corresponder infaliblemente a los cuatro grados del otro, lo que es decir mucho en pocas palabras. Por fin, en su descripción tan minuciosa de la cocción, Filaleteo no omite señalar cuán alejada está la operación real de su análisis metafórico, porque en lugar de ser directa, como se cree por lo general, implica *muchas fases o regímenes,* simples *reiteraciones de una sola y misma técnica.* Según nuestra opinión, estas palabras representan lo más sincero de cuanto se ha dicho acerca de la práctica secreta de los cuatro grados del fuego. Y aunque el orden y el desarrollo de estos trabajos están reservados por los filósofos y se hallen siempre envueltos en silencio, el carácter especial que reviste la cocción comprendida permitirá, no obstante, a los artistas avisados encontrar el medio simple y natural que debe favorecer su ejecución.

Louis Audiat, de quien hemos puesto de manifiesto, en el curso de este estudio, algunas fantasías bastante divertidas, no se ha molestado en solicitar de la ciencia antigua una explicación verosímil de este curioso artesón. «La broma -escribe- se mezcla también en nuestros textos. He aquí una gruesa malicia en una palabra corta: *Frustra.* ¡Y unos cuernos flamígeros! ¡Resulta vano vigilar a la mujer!»

No creemos que el autor, movido a compasión ante este «testimonio» del adepto desdichado, haya querido mostrar la menor irreverencia por la memoria de su compañera... Pero la ignorancia es ciega, y el infortunio, mal consejero. Louis Audiat habría tenido que saberlo y haberse abstenido de generalizar...

XI

La octava y última serie no comprende más que un solo artesón consagrado a la ciencia de Hermes. Representa unas rocas abruptas cuya silueta salvaje se levanta en medio de las olas. Esta representación lapidaria lleva por enseña:

.DONEC.ERVNT.IGNES.

Mientras dure el fuego. Alusión a las posibilidades de acción que el hombre debe al principio ígneo, espíritu, alma o luz de las cosas, único factor de todas las mutaciones materiales. De los cuatro elementos de la filosofía antigua, sólo tres figuran aquí: la *tierra,* representada por las rocas, el *agua,* por la onda marina, y el *aire,* por el cielo del paisaje esculpido. En cuanto al *fuego,* animador y modificador de los otros tres, no parece excluido del tema que para mejor señalar su preponderancia, su poder y su necesidad, así como la imposibilidad de una acción cualquiera sobre la sustancia, sin el concurso de esta fuerza espiritual capaz de penetrarla, de moverla y de volver en acto lo que tiene en potencia.

Mientras dure el fuego la vida irradiará en el Universo. Los cuerpos, sometidos a las leyes de evolución de las que aquél es agente esencial, cumplirán los diferentes ciclos de sus metamorfosis, hasta su transformación final en espíritu, luz o fuego. Mientras dure el fuego, la materia no cesará de proseguir su penoso ascenso hacia la pureza integral, pasando de la forma compacta y sólida (tierra) a la forma líquida (agua), y, luego, del estado gaseoso (aire) al radiante (fuego). Mientras dure el fuego, el hombre podrá ejercer su industriosa actividad sobre las cosas que lo rodean, y gracias al maravilloso instrumento ígneo, someterlas a su voluntad propia y plegarlas y sujetarlas a su utilidad. Mientras dure el fuego, la ciencia se beneficiará de vastas posibilidades en todos los ámbitos del plano físico y verá ensancharse el campo de sus conocimientos y de sus realizaciones. Mientras dure el fuego, el hombre estará en relación directa con Dios, y la criatura conocerá mejor a su Creador...

Ningún tema de meditación aparece más provechoso al filósofo, y nada solicita más el ejercicio de su pensamiento. El fuego nos envuelve y nos baña por todas partes. Viene a nosotros por el aire, por el agua y por la misma tierra, que son sus conservadores y sus diversos vehículos. Lo encontramos en todo cuanto nos es próximo y lo sentimos actuar en nosotros a lo largo de la entera duración de nuestra existencia terrestre. Nuestro nacimiento es el resultado de su encarnación; nuestra vida, el efecto de su dinamismo; y nuestra muerte, la consecuencia de su desaparición. Prometeo roba el fuego del cielo para animar al hombre que, como Dios, había formado con el limo de la tierra. Vulcano crea a Pandora, la primera mujer, a la que Minerva dota de movimiento insuflándole el fuego vital. Un simple mortal, el escultor Pigmalión, deseoso de desposarse con su propia obra, implora a Venus que anime, por el fuego celeste, su estatua de Galatea. Tratar de descubrir la naturaleza y la esencia del fuego es tratar de descubrir a Dios, cuya presencia real siempre se ha revelado bajo la apariencia ígnea. La zarza ardiente (*Éxodo*, III, 2) y el incendio del Sinaí a raíz del otorgamiento del decálogo (*Éxodo*, XIX, 18) son dos manifestaciones por las que Dios apareció a Moisés. Y bajo la figura de un ser de jaspe y sardónice de color de llama, sentado en un trono incandescente y fulgurante, san Juan describe al Dueño del Universo (*Apocalipsis*, IV, 3,5). «Nuestro Dios es un fuego devorador», escribe san Pablo en su *Epístola a los hebreos* (cap. XII, 29). No sin razón, todas las religiones han considerado el fuego como la más clara imagen y el más expresivo emblema de la divinidad. «Un símbolo de los más antiguos -dice Pluche[1]-, puesto que se ha convertido en universal, es el fuego que se alimentaba perpetuamente en el lugar de la asamblea de los pueblos. Nada era más apropiado para darles una idea sensible del poder, de la belleza, de la pureza y de la eternidad del ser al que acudían a adorar. Este símbolo magnífico ha estado en uso en todo el Oriente. Los persas lo consideraban como la más perfecta imagen de la divinidad. Zoroastro no introdujo su uso bajo Darío Histarpes, pero amplió con nuevas visiones una práctica establecida mucho tiempo antes que él. Los pritaneos de los griegos eran un hogar perpetuo. La Vesta de los etruscos, de los sabinos y de los romanos también lo era. Se ha encontrado el mismo uso en el Perú y en otras partes de América. Moisés conservó la práctica del fuego perpetuo en el lugar santo, entre las ceremonias cuya selección fijó y cuyo detalle prescribió a los israelitas. Y el mismo símbolo, tan expresivo, tan noble y tan poco capaz de sumergir al hombre en la ilusión subsiste aún hoy en todos nuestros templos.»

Pretender que el fuego proviene de la combustión es establecer un hecho de observación corriente sin dar explicación. Las lagunas de la ciencia moderna se deben; en su mayor parte, a esta diferencia, querida o no, en relación con un agente tan importante y tan universalmente extendido. ¿Qué pensar de la extraña obstinación que observan ciertos sabios al desconocer el punto de contacto que constituye y el vínculo de unión que realiza entre la ciencia y la religión? Si el calor nace del movimiento, como se pretende, ¿quién, pues -nos preguntaremos-, genera y mantiene el movimiento, productor de fuego, sino el fuego mismo? Círculo vicioso del que materialistas y escépticos jamás podrán escapar. Para nosotros, el fuego no puede ser el resultado o el *efecto* de la combustión, sino su *causa* verdadera. Por su desprendimiento de la materia pesada, que lo tenía encerrado, el fuego se manifiesta y aparece el fenómeno conocido con el nombre de *combustión*. Y ya sea ese desprendimiento espontáneo o provocado, el simple buen sentido nos obliga a admitir y a sostener *que la combustión es el resultado del desprendimiento ígneo* y no la causa primera del fuego.

Imponderable, inasible y siempre en movimiento, el fuego posee todas las cualidades que reconocemos en los *espíritus*. Sin embargo, es material, pues experimentamos su claridad cuando brilla, e incluso a oscuras nuestra sensibilidad nos denuncia su presencia por el calor que irradia. Pues bien, la cualidad espiritual del fuego ¿no nos es revelada acaso en la llama? ¿Por qué ésta tiende sin cesar a elevarse, como un verdadero espíritu, pese a nuestros esfuerzos para obligarla a dirigirse al suelo? ¿No se trata de una manifestación formal de esa voluntad que, liberándela de la influencia material, la aleja de la tierra y la acerca a su patria celeste? ¿Y qué es la llama, sino la forma visible, la *signatura* misma y la efigie propia del fuego?

Pero lo que sobre todo debemos tener en cuenta, otorgándole la prioridad en la ciencia que nos interesa, es la elevada virtud purificadora que posee el fuego. Principio puro por excelencia y manifestación física de la pureza misma, señala así su origen espiritual y descubre su filiación divina. Comprobación ésta bastante singular, la palabra griega pur, que sirve para designar el *fuego*, presenta exactamente la pronunciación del calificativo francés *pur* (puro). Asimismo, los filósofos herméticos, uniendo el nominativo al genitivo, crearon el término pur-puroç, *el fuego del fuego*, o, fonéticamente, *lo puro de lo puro*, y consideraron el *purpura* y el *pourpre* francés (púrpura) como el sello de la perfección absoluta en el propio color de la piedra filosofal.

XII

Nuestro estudio de los artesanos de Dampierre ha terminado. Tan sólo nos queda señalar algunos motivos decorativos que, por lo demás, no presentan ninguna relación con los precedentes. Muestran ornamentos simétricos -motivos vegetales, entrelazos y arabescos acompañados o no de figuras- cuya factura denota una ejecución posterior a la de los temas simbólicos. Todos están desprovistos de filacterias e inscripciones. Finalmente, las losas del fondo de un pequeño número de artesones aguardan aún la mano del escultor.

Es de suponer que el autor del maravilloso grimorio, del que nos hemos empeñado en descifrar las hojas y los signos, ha debido, por circunstancias ignoradas, interrumpir una obra que sus sucesores no podían proseguir ni acabar por falta de comprensión. Sea como fuere, el número, la variedad y la importancia esotéricas de los temas de este superior compendio hacen de la galería alta del castillo de Dampierre una admirable colección, un verdadero

---

[1] Noël Pluche, *Histoire du Ciel*. París, Veuve Estienne, 1739. Tomo I, p. 24.

museo de emblemas alquímicos, y clasifican a nuestro adepto entre los maestros desconocidos mejor instruidos en los misterios del Arte sagrado.

Pero antes de abandonar este magistral conjunto, nos permitiremos aproximarnos a la enseñanza de una curiosa representación de piedra que se ve en el palacio de Jacques Coeur, en Bourges, y que nos parece puede servir de conclusión y de sumario. Este panel esculpido forma el tímpano de una puerta abierta al patio de honor y representa tres árboles exóticos –palmera, higuera y palmera datilera– que crecen en medio de plantas herbáceas. Un encuadramiento de flores, hojas y ramas rodea este bajo relieve (lám. XXXV).

La palmera vulgar y la palmera de dátiles, árboles de la misma familia, eran conocidas por los griegos con el nombre de Qoinix (latín *Phoenix*), que es nuestro Fénix hermético. Representan los dos Magisterios y su resultado, las dos piedras, blanca y roja, que no tienen más que una sola y misma naturaleza comprendida bajo la denominación cabalística de *Fénix*. En cuanto a la higuera que ocupa el centro de la composición, indica la sustancia mineral de la que los filósofos extraen los elementos del renacimiento *milagroso del Fénix*, y el trabajo completo de tal renacimiento constituye lo que se ha convenido en llamar la Gran Obra.

Según los *Evangelios apócrifos*, fue una *higuera* o *sicomoro (higuera de Faraón)* el árbol que tuvo el honor de resguardar a la Sagrada Familia cuando la huida a Egipto, de nutrirla con sus frutos y de apagar su sed gracias al agua límpida y fresca que Jesús niño hizo brotar de entre las raíces[1]. Pues bien, *higuera*, en griego, se dice such, de sucon, *higo*, palabra empleada con frecuencia por cusîoç, de cuw, *llevar en su seno, contener*: es la Virgen madre que lleva al Niño, y el emblema alquímico de la sustancia pasiva, caótica, acuosa y fría, matriz y vehículo del espíritu encarnado. Sozomenes, autor del siglo IV, afirma que el *árbol de Hermópolis*, que se inclinó ante el Niño Jesús, se llama *Persea* (*Hist. Eccl.*, lib. V, cap. XXI). Es el nombre del bálano (*Balanites Aegyptiaca*), arbolillo de Egipto y Arabia, especie de encina llamada por los griegos balanoç, *bellota*, palabra por la cual designaban también el *mirobálano*. Estos diversos elementos se relacionan perfectamente con el *sujeto de los sabios* y con la técnica del *arte breve*, que Jacques Coeur parece haber practicado.

En efecto, cuando el artista, testigo del combate en que se empeñan la *rémora* y la *salamandra*, le quita al monstruo ígneo vencido sus dos ojos, debe aplicarse a continuación a reunirlos en uno solo. Esta operación misteriosa, fácil, sin embargo, para quien sabe utilizar el cadáver de la salamandra, da como resultado una pequeña masa bastante parecida a la *bellota de la encina* y, a veces, a la *castaña*, según aparezca más o menos revestida de la ganga rugosa de la que jamás se muestra libre por entero. Ello nos suministra la explicación de la *bellota* y de la *encina*, que se encuentran casi siempre en la iconografía hermética. Las *castañas* son propias del estilo de Jean Lallemant; el *corazón*, los *higos* y la *higuera*, de Jacques Coeur; el *cascabel* es un accesorio de los cetros de los bufones; las *granadas*, *peras* y *manzanas* son frecuentes en las obras simbólicas de Dampierre y de Coulonges; etc. Por otra parte, si se tiene en cuenta el carácter mágico y casi sobrenatural de esta producción, se comprenderá por qué ciertos autores han designado el fruto hermético con el epíteto de *microbálano*, y por qué, asimismo, este término se ha mantenido en el espíritu popular como sinónimo de cosa maravillosa, sorprendente o rarísima. Los sacerdotes de Egipto, directores de los colegios iniciáticos, tenían la costumbre de plantear al profano que solicitaba el acceso a los conocimientos sublimes esta pregunta en apariencia absurda: «¿Se siembra en vuestro país *grano de halalidge* y de *mirobálano*?» Interrogación que no dejaba de poner en un aprieto al ignorante neófito, pero a la que sabía responder el investigador avisado. El *grano de halalidge* y el *mirobálano* son idénticos al higo, al fruto de la palmera datilera y al *huevo del fénix*, que es *nuestro huevo filosófico*. Él reproduce el águila fabulosa de Hermes, de plumaje teñido de todos los colores de la Obra, pero entre los cuales predomina el rojo, como quiere su nombre griego: foinix, *rojo púrpura*. De Cyrano Bergerac no evita hablar de ello en el curso de una narración alegórica en la que se mezcla ese *lenguaje de los pájaros* que el gran filósofo conocía admirablemente[2]. «Empecé a dormirme a la sombra -dice-, cuando advertí en el aire un pájaro maravilloso que planeaba sobre mi cabeza. Se sustentaba con un movimiento tan ligero e imperceptible, que dudé muchas veces si no se trataba de un pequeño universo balanceado por su propio centro. Descendió, sin embargo, poco a poco, y al fin llegó tan cerca de mí, que mis ojos solazados quedaron por completo llenos de su imagen. Su cola parecía verde; su estómago, de azul esmaltado; sus alas, encarnadas; y su cabeza de púrpura hacía brillar, al agitarse, una corona de oro cuyos rayos brotaban de sus ojos. Voló durante mucho tiempo en la nube, y yo estaba tan atento a cuanto ocurría, que mi alma se había replegado y como encogido, entregada a la sola operación de ver y apenas a la de oír, para hacerme escuchar que el pájaro hablaba mientras cantaba. Así, poco a poco salido de mi éxtasis, distinguí de manera clara las sílabas, las palabras y el discurso que articuló. He aquí, pues, de la mejor manera que recuerdo, los términos con los que tejió su canción:

»"Sois extranjero -silbó el ave muy agradablemente- y nacisteis en un Mundo del que yo soy originario. Pues bien, esta propensión secreta que nos impele a conmovernos ante nuestros compatriotas es el instinto que me empuja a querer que sepáis mi vida...

»"Veo que estáis ansioso de saber quién soy. Entre vosotros soy llamado Fénix. En cada Mundo sólo hay uno a la vez, que habita en él por espacio de cien años, pues, al cabo de un siglo, cuando en alguna montaña de Arabia ha puesto un gran huevo en medio de los carbones de su hoguera, para la que ha elegido ramas de áloe, de canela y de incienso, se eleva y dirige su vuelo al Sol, como la patria a la que su corazón ha aspirado por largo tiempo.

---

[1] Cf. *Evangile de l'Enfance*, cap. XXIII, XXV, en *Apocryphes de Migne*, t. I, p. 995.

[2] De Cyrano Bergerac, *L'Autre Monde. Histoire des Oiseaux*. París, Bauche, 1910. Jean-Jacques Pauvert (1962), p. 197.

Previamente, ha realizado bien todos sus esfuerzos para este viaje, pero la pesadez de su huevo, cuya cáscara es tan espesa que se necesita un siglo para empollarlo, retrasa siempre la empresa.

»"Pienso que tendréis dificultades para concebir esta *milagrosa producción*, y por eso deseo explicárosla. El Fénix es *hermafrodita*, pero entre los hermafroditas hay aún otro Fénir muy extraordinario, pues..."[1].

»Se quedó la mitad de un cuarto de hora sin hablar y luego añadió:

»"Veo que sospecháis que hay falsedad en lo que acabo de deciros, pero si no digo la verdad, que jamás vuelva a vuestro Globo y que un águila caiga sobre mí."»

Otro autor[2] se extiende más acerca del ave mitohermética y señala algunas de sus particularidades que resultaría difícil encontrar en otra parte. « El César de las aves -dice- es el *milagro de la Naturaleza*[3] que ha querido mostrar en él lo que sabe hacer, mostrando un Fénix y formando el Fénix. Pues lo ha enriquecido de manera maravillosa, haciéndole una cabeza coronada por un penacho real y copetillos imperiales, con un mechón de plumas y una cresta tan brillante que parece que lleva el *creciente de plata* o una *estrella dorada* en la testa. La camisa y el plumón es de un cambiante sobredorado que muestra todos los colores del mundo. Las grandes plumas son encarnadas y azules, de oro, de plata y de llama. El cuello es una aljaba de todas las pedrerías, y no un arco iris, sino un *arco del fénix*. La cola es de color celeste con un reflejo de oro que representa las estrellas. Sus plumas de las alas y todo su manto es como una vellorita rica de todos los colores. Tiene dos ojos en la cabeza, brillantes y flamígeros, que parecen dos estrellas, las patas son de oro y las uñas, escarlata. Todo su cuerpo y su porte evidencian que experimenta un sentimiento de gloria y que sabe mantener su rango y hacer valer su majestad imperial. Su alimento mismo tiene no sé qué de real, pues consiste sólo en lágrimas de incienso y crisma de bálsamo. Hallándose en la bóveda celeste, dice Lactancio, destila néctar y ambrosía. *Él es el único testigo de todas las edades del mundo*, y ha visto metamorfosearse las almas doradas del siglo de oro en plata, de plata en bronce, y de bronce en hierro. Él es el único cuya compañía jamás le ha faltado al cielo y al mundo, y *él es el único que juega con la muerte y la convierte en su nodriza y su madre, haciéndole parir la vida*. Tiene el privilegio del tiempo, de la vida y de la muerte, a la vez, pues cuando se siente cargado de años, apesadumbrado por una larga vejez y abatido por tantos años que ha visto transcurrir unos tras otros, se deja arrastrar por un deseo y justa aspiración de renovarse mediante un fallecimiento milagroso. Entonces, hace un montón que no tiene nombre en este mundo, pues no es un nido o una cuna o lugar de nacimiento, pues allí deja la vida. Tampoco es una tumba, un féretro o una urna funesta, pues de él toma la vida. De manera que no es otro *fénix inanimado*, siendo nido y tumba, matriz y sepulcro, el palacio de la vida y de la muerte a la vez que, en favor del Fénix, se ponen de acuerdo para esta ocasión. Pues bien, sea lo que fuere, allá, en los brazos temblorosos de una *palma*[4], reúne un montón de tallos de canela y de incienso. Sobre. el incienso coloca cañafístula y sobre la cañafístula, nardo y, luego, con una lastimera mirada, encomendándose *al Sol, su matador y padre*, se posa o se acuesta en esa pira de bálsamo para despojarse de sus molestos años. El Sol, favoreciendo los justos deseos de este Pájaro, prende la pira, y reduciéndolo todo a ceniza, con un soplo perfumado le devuelve la vida. Entonces, la pobre Naturaleza cae en trance, y con horribles ímpetus, temiendo perder el honor de este gran mundo, manda que todo permanezca quieto en la Tierra. Las nubes no osarían verter en la ceniza ni sobre la tierra una gota de agua; los vientos, por rabiosos que estén, no se atreverían a correr por el campo. Sólo Céfiro es dueño, y *la primavera reina mientras la ceniza está inanimada*, y la Naturaleza se esfuerza para que todo favorezca el regreso de su Fénix. ¡Oh, gran milagro de la divina providencia! Casi al mismo tiempo, como si no queriendo dejar por mucho tiempo la pobre Naturaleza de luto y causarle espanto, no sé cómo, calentada aquélla por la fecundidad de los rayos del Sol, *se convierte en un gusanillo, luego, en un huevo y, finalmente, en un ave diez veces más hermosa que la otra*. Diríais que toda la Naturaleza ha resucitado, pues, de hecho, según escribe Plinio, el cielo comienza de nuevo sus evoluciones y su dulce música, y diríais propiamente que los cuatro Elementos, sin pronunciar palabra, cantan un motete a cuatro con su alegría floreciente, en alabanza de la Naturaleza y para conmemorar la *repetición del milagro de los pájaros y del rnundo*.» (Lám. XXXVI.)

Así como los artesanos de Dampierre, el panel de los tres árboles esculpidos del palacio de Bouges lleva una divisa. En el borde del encuadre decorado con ramas florecidas, el observador atento descubre, en efecto, letras aisladas, muy hábilmente disimuladas. Su reunión compone una de las máximas favoritas del gran artista que fue Jacques Coeur:

DE.MA.JOIE.DIRE.FAIRE.TAIRE.

---

[1] El autor interrumpe así, bruscamente, su revelación.

[2] René François, *Essay des Merveilles de Nature et des plus nobles Artifices*. Lyon, J. Huguetan, 1642, cap. V, p. 69.

[3] Expresión hermética consagrada a la piedra filosofal.

[4] Volvemos a encontrar aquí la palmera simbólica de Delos, contra la cual Latona se había apoyado cuando dio a luz a Apolo, según lo que Calímaco dice en el *Himno a Delos*:

> *Para festejar, ¡oh Delos!, estos momentos afortunados,*
> *un oro puro relucía hasta tus cimientos.*
> *El oro cubría tu palmera con una hoja brillante;*
> *el uro coloreaba tu lago con una onda deslumbradora;*
> *y durante todo un día, de sus cavernas profundas*
> *el Inopo vomitaba oro puro con grandes burbujas.*

De mi alegría, decir, hacer callar. La alegría del adepto reside en su ocupación. El trabajo, que le hace sensible y familiar a esta *maravilla de la naturaleza* -que tantos ignorantes califican de quimérica- constituye su mejor distracción y su más noble gozo. En griego, la palabra cara, *gozo,* deriva de cairw, *gozar, gustar de, complacerse en,* y también significa *amar.* El célebre filósofo alude claramente, pues, a la labor de la Obra, su más querida tarea, de la que tantos símbolos, por otra parte, contribuyen a realzar la brillantez de la suntuosa morada. Más, ¿qué decir, qué confesar de esta alegría única, satisfacción pura y completa, júbilo íntimo del éxito? Lo menos posible, si no se quiere caer en perjurio, azuzar la envidia de unos, la avidez de otros y los celos de todos, y arriesgarse a convertirse en la víctima de los poderosos. ¿Qué hacer, luego, del resultado del que el artista según las reglas de nuestra disciplina, se compromete a utilizar modestamente para sí mismo? Emplearlo sin cesar para el bien y consagrar sus frutos al ejercicio de la caridad, conforme a los preceptos filosóficos y a la moral cristiana. Finalmente, ¿qué callar? Todo cuanto se refiere al secreto alquímico y concierne a su puesta en práctica, pues al constituir la revelación el privilegio exclusivo de Dios, la divulgación de los procedimientos se mantiene prohibida, no comunicable en lenguaje claro, permitida sólo bajo el velo de la parábola, de la alegoría, de la imagen o de la metáfora.

La divisa de Jacques Coeur, pese a su brevedad y sus sobreentendidos, se muestra en concordancia perfecta con las enseñanzas tradicionales de la *eterna sabiduría.* Ningún filósofo verdaderamente digno de este nombre rehusaría suscribir las reglas de conducta que aquélla expresa y que pueden traducirse así

De la Gran Obra, decir poco, hacer mucho y callar siempre.

LOS GUARDIAS DE ESCOLTA DE FRANCISCO II, DUQUE DE BRETAÑA

I

Cuando, hacia el año 1502, Ana, duquesa de Bretaña y dos veces reina de Francia, concibió el proyecto de reunir, en un mausoleo digno de la veneración que ella experimentaba hacia ellos, los cuerpos de sus padres difuntos, confió la ejecución a un artista bretón de gran talento, pero sobre el que poseemos pocas informaciones: Michel Colombe. Ana tenía entonces veinticinco años. Su padre, el duque Francisco II, había fallecido en Couëron catorce años antes, el 9 de setiembre de 1488, no sobreviviendo a su segunda esposa, Margarita de Foix, madre de la reina Ana, más que dieciséis meses. Aquélla había muerto, en efecto, el 15 de mayo de 1487.

Este mausoleo, comenzado en 1502, no fue terminado hasta 1507. El plano es obra de Jean Perréal. En cuanto a las esculturas, que convierten el sepulcro en una de las más puras obras maestras del Renacimiento, se deben a Michel Colombe, que fue ayudado en este trabajo por dos de sus discípulos: Guillaume Regnauld, su sobrino, y Jehan de Chartres, «su discípulo y servidor», aunque la colaboración de este último no sea absolutamente cierta. Una carta escrita el 4 de enero de 1511 por Jean Perréal al secretario de Margarita de Borgoña, con ocasión de los trabajos que esta princesa hacía ejecutar en la capilla de Brou, nos aclara que «Michel Colombe trabajaba por meses y que percibió veinte escudos mensuales por espacio de cinco años». Por su labor escultórica le fueron pagados 1.200 escudos, y la tumba costó, en total, 560 libras[1].

Según el deseo que habían manifestado Margarita de Bretaña y Francisco II de ser inhumados en la iglesia des Carmes de Nantes, Ana mandó edificar allí el mausoleo, que tomó el nombre de *Tombeau des Carmes,* con el que es generalmente conocido y designado. Permaneció en su sitio hasta la Revolución, época en la que, habiendo sido vendida la iglesia des Carmes como bien nacional, el mausoleo fue trasladado y guardado en secreto por un amante del arte deseoso de sustraer la obra maestra al vandalismo revolucionario. Una vez pasada la tormenta, fue reedificado en 1819, en la catedral de San Pedro de Nantes, donde podemos admirarlo hoy. El sepulcro abovedado, construido bajo el mausoleo exterior, contenía, cuando fue abierto por orden del rey por Mellier, alcalde de Nantes, los días 16 y 17 de octubre de 1727, los tres féretros de Francisco II, de Margarita de Bretaña, su primera esposa, muerta en 25 de setiembre de 1449, y de Margarita de Foix, segunda mujer del duque y madre de la reina Ana. Asimismo, se encontraba una caja pequeña que encerraba un relicario «de oro puro y munda»[2] en forma de huevo, rematado por la corona real y cubierto de inscripciones con letras finamente esmaltadas, y que contenía el corazón de Ana de Bretaña, cuyo cuerpo reposa en la basílica de Saint-Denis.

Entre las relaciones descriptivas que diversos autores nos han dejado de la tumba des Carmes, las hay muy minuciosas. Escogeremos con preferencia, para dar una visión de la obra, la del hermano Mathias de Saint-Jean, carmelita de Nantes, que la publicó en el siglo XVII[3].

«Pero lo que me parece más raro y digno de admiración -dice este escritor- es la tumba erigida en el coro de la iglesia de los carmelitas que, según opinión de todo el mundo, es una de las más hermosas y magníficas que puedan verse, lo que me obliga a hacer una descripción particular de ella para la satisfacción de los curiosos.

»La devoción que los antiguos duques de Bretaña habían tenido desde largo tiempo por la Santísima Virgen, Madre de Dios, patrona de la orden y de esta iglesia de los padres carmelitas, y el afecto que sentían por los religiosos de esta casa, les impulsó a elegir en ella el lugar de la sepultura.Y la reina Ana, como único testimonio de su piedad y afecto hacia el lugar, quiso mandar erigir allí este hermoso monumento en memoria de su padre, Francisco II, y de su madre, Margarita de Foix.

»Está construido de baldosa, tiene ocho pies de ancho por catorce de largo y su materia es toda de mármol fino de Italia, blanco y negro, de pórfido y de alabastro. Su cuerpo está elevado con respecto al plano (*el suelo*) de la iglesia seis pies. Los dos lados están ornados con seis hornacinas, cada una de las cuales tiene dos pies de alto; el fondo es de pórfido bien trabajado, ornado alrededor de pilastras de mármol blanco en las justas proporciones y reglas de arquitectura, enriquecidas con arabescos muy delicadamente trabajados. Y las doce hornacinas están llenas con las figuras de los doce apóstoles de mármol blanco, cada cual en una postura distinta, y con los instrumentos de su pasión. Los dos extremos de este cuerpo están ornados con una arquitectura semejante, y cada uno, dividido en dos nichos iguales a los otros. En el lado que mira al altar mayor de la iglesia, aparecen en esos nichos las figuras de San Francisco de Asís y de Santa Margarita, patronos del último duque y de la duquesa, que allí están enterrados. En el otro extremo, se ven, asimismo, en las hornacinas, las figuras de san Carlomagno y de San Luis, rey de Francia.

---

[1] Cf. Abate G. Durville, *Etudes sur le vieux Nantes,* tomo II. Vannes, Lafoyle Frères, 1915.

[2] El canónigo G. Durville, de cuya obra tomamos estos detalles, ha tenido la amabilidad de remitirnos una imagen de esta curiosa pieza, vacía, por desgracia, de su contenido, que forma parte de las colecciones del museo Th. Dobrée, en Nantes, del que el canónigo es conservador, «Le envío -nos escribe- una pequeña fotografía de este precioso relicario. La he colocado un instante en el lugar mismo donde estaba el corazón de la reina Ana, con la idea de que esta circunstancia le haría sentir un interés mayor por este pequeño recuerdo.» Rogamos al canónigo Durville acepte pues, nuestra viva gratitud por su piadosa solicitud y su delicada atención.

[3] *Le Commerce honorable,* etc., compuesto por un habitante de Nantes. Nantes, Guillaume Le Monnier, 1646, p. 308-312.

Debajo de los mencionados dieciséis nichos que rodean el cuerpo de la tumba, hay otras tantas concavidades labradas en redondo, de catorce pulgadas de diámetro, cuyo fondo es de mármol blanco tallado en forma de concha, y todas están llenas de figuras de gimientes con sus atavíos de duelo, todos en posturas diversas; esta talla es considerada por pocas personas, mas es admirada por todos aquellos que la comprenden.

»Este cuerpo está cubierto con una gran losa de mármol negro que excede en unas ocho pulgadas la masa de la tumba. Por alrededor tiene forma de cornisa, a fin de servir de entablamento y adorno a este cuerpo. Sobre esta piedra están, yacentes, dos grandes figuras de mármol blanco, cada una de ocho pies de larga, que representan al duque y a la duquesa con sus atavíos y coronas ducales. Tres figuras de ángeles de mármol blanco, de tres pies cada una, sostienen los almohadones bajo las cabezas de aquellas figuras. La blandura de dichos almohadones parece ceder bajo el peso. Los ángeles parece que lloran. A los pies de la figura del duque, hay una figura de león acostado representado al natural, que lleva sobre su melena el escudo de las armas de Bretaña, y a los pies de la figura de la duquesa se ve la figura de un lebrel que lleva asimismo en el cuello las armas de la casa de Foix, que el arte anima maravillosamente bien.

»Pero lo más maravilloso de esta pieza son las cuatro figuras de las Virtudes cardinales situadas en los cuatro ángulos de esta sepultura, hechas de mármol blanco y con una altura de seis pies. Están tan bien labradas, tan bien colocadas y se hallan tan próximas al natural, que los naturales y los extranjeros confiesan que nada mejor puede verse en las antigüedades de Roma, ni en las realizaciones modernas de Italia, de Francia y de Alemania. La figura de la Justicia está colocada en el ángulo de la derecha según se entra, y lleva una espada levantada en la mano derecha y un libro con una balanza en la izquierda, la corona en la cabeza, y viste de paño y de piel, que son los signos de la ciencia, de la equidad, de la severidad y de la majestad que acompañan a esta virtud.

»En el lado opuesto, en el lado izquierdo, se halla la figura de la Prudencia, que presenta dos rostros opuestos entre sí en una misma cabeza: una, de un anciano de larga barba, y la otra, de un jovencito. En la mano derecha (izquierda) sostiene un espejo convexo que mira fijamente, y con la otra, un compás. A sus pies aparece una serpiente, y estas cosas son símbolos de la consideración y de la sabiduría con la que esta virtud procede en sus acciones.

»En el ángulo derecho del lado superior, está la figura de la Fortaleza, ataviada con una cota de mallas (armadura) y con el yelmo en la cabeza. Con la mano izquierda sostiene una torre, de cuyas hendeduras sale una serpiente (un dragón) a la que estrangula con la mano derecha, lo que señala el vigor del que se vale esta virtud en las adversidades del mundo para impedir la violencia de aquéllas o para soportar su peso.

»En el ángulo opuesto, está la figura de la Templanza, revestida con una larga túnica ceñida por un cordón. Con la mano derecha, sostiene la máquina de un reloj, y con la otra, un freno de brida, jeroglífico de la regulación y la moderación que esta virtud aporta a las pasiones humanas.»

Los elogios que el hermano Mathias de Saint-Jean hace de estos guardias de escolta de Francisco II, representados por las Virtudes cardinales de Michel Colombe[1], nos parecen perfectamente merecidos. «Estas cuatro estatuas -dice De Caumont[2]- son admirables por su gracia y su simplicidad. Los ropajes están reproducidos con rara perfección, y en cada figura se observa una individualidad muy chocante, aunque las cuatro sean por un igual nobles y bellas.»

Vamos a estudiar de modo particular estas estatuas, penetradas del más puro simbolismo y guardianas de la tradición y de la ciencia antiguas.

II

Con excepción de la Justicia, las Virtudes cardinales ya no se representan con los atributos singulares que confieren a las figuras antiguas su carácter enigmático y misterioso. Bajo la presión de concepciones más realistas, el simbolismo se ha transformado. Los artistas, abandonando toda idealización del pensamiento, obedecen con preferencia al naturalismo. Se aproximan más a la expresión de los atributos y facilitan la identificación de los personajes alegóricos, pero al perfeccionar sus procedimientos y acercarse más a las fórmulas modernas, inconscientemente han asestado un golpe mortal a la verdad tradicional. Pues las ciencias antiguas, transmitidas bajo el velo de emblemas diversos, se relacionan con la *diplomática* y se presentan provistas de una *significación doble*, la una, aparente y comprensible para todos (exoterismo); y la otra, escondida, accesible tan sólo a los iniciados (esoterismo). Si se precisa el símbolo, limitado a su función positiva, normal y definida, y si se lo individualiza hasta el punto de excluir toda idea conexa o relativa, se lo despoja de este doble sentido, de la expresión secundaria que constituye precisamente su valor didáctico y le da su alcance esencial. Los antiguos representaban la *Justicia, la Fortuna* y el *Amor* con los ojos vendados. ¿Pretendían expresar únicamente la ceguera de la una y el cegamiento de los otros? ¿No podría descubrirse, en el atributo de la venda ocular, una razón especial de esta oscuridad artificial y, sin duda, necesaria? Bastaría saber que estas figuras, sujetas comúnmente a las vicisitudes humanas, pertenecen también a la tradición científica, para reconocerla con facilidad. Y se advertiría incluso que el sentido oculto se manifiesta con una claridad superior a la que se obtiene por el análisis directo y la lectura superficial. Cuando los poetas cuentan que Saturno, padre de los dioses, devoraba a sus hijos, se cree, con la *Enciclopedia,* que «semejante

---

[1] Michel Colombe, nacido en Saint-Pol-de-Léon en 1460, tenía unos 45 años cuando las ejecutó.

[2] De Caumont, *Cours d'Antiquités monumentales,* 1841; 6.ª parte, p. 445.

metáfora sirve para caracterizar una época, una institución, etc., cuyas circunstancias o resultados se vuelven fatales para aquellos mismos que deberían haber recogido sólo los beneficios». Pero si sustituimos por esta interpretación general la razón positiva y científica que constituye el fondo de las leyendas y de los mitos, la verdad se manifiesta en seguida, luminosa y patente. El hermetismo enseña que Saturno, representante simbólico del primer metal terrestre, generador de los demás, es también su único y natural disolvente. Pues bien, como todo metal disuelto se asimila al disolvente y pierde sus características, es exacto y lógico pretender que el disolvente «se coma» el metal, y que así el anciano fabuloso devore a su progenie.

Podríamos dar gran cantidad de ejemplos de esta dualidad de sentido que expresa el simbolismo tradicional. El citado basta para demostrar que, conjuntamente con la interpretación moral y cristiana de las virtudes cardinales, existe una segunda enseñanza secreta, profana, de ordinario desconocida, que pertenece al ámbito material de las adquisiciones y de los conocimientos ancestrales. Así, encontramos sellada en la forma de los mismos emblemas la armoniosa alianza de la Ciencia y la Religión, tan fecunda en resultados maravillosos, pero que el escepticismo de nuestros días se niega a querer reconocer y conspira para rechazar para siempre.

«El tema de las Virtudes -señala muy acertadamente Paul Vitry[1]- se había constituido en el siglo XIII en el arte gótico. Pero -añade el autor-, mientras que la serie permaneció bastante variable entre nosotros en cuanto a número, orden y atributos, en Italia se había fijado desde buen principio, imitándose bien a las *tres Virtudes teologales, Fe, Esperanza y Caridad,* o bien, aún más frecuentemente tal vez, a las *cuatro Virtudes cardinales: Prudencia, Justicia, Fortaleza y Tem*planza. Además, se aplicó desde el principio a la ornamentación de los monumentos funerarios.

»En cuanto a la manera de caracterizar dichas *Virtudes,* parece casi detenerse con Orcagna y su tabernáculo de Or *San Michele,* a mitad del siglo XIV. La *Justicia* lleva la espada y la balanza y jamás variará. El atributo esencial de la *Prudencia* es la serpiente, a la que, a veces, se añade uno o muchos libros y más tarde un espejo. Igualmente, casi desde el origen, por una idea análoga a la de Dante, que había atribuido tres ojos a su *Prudencia,* los artífices dieron dos rostros a esta virtud. La *Templanza* guarda a veces su espada en la vaina, pero lo más frecuente es que sostenga dos vasijas y parezca mezclar agua y vino: se trata del elemental símbolo de la sobriedad. Por último, la *Fortaleza* presenta los atributos de Sansón. Está armada con escudo y maza; unas veces, tiene la piel del león en la cabeza y un disco que figura el mundo, en las manos, y otras veces, finalmente, y éste será su atributo definitivo, al menos en Italia, lleva la columna entera o rota...

»A falta del resto de los grandes monumentos, los manuscritos, los libros y los grabados se encargaban de difundir el tipo de las Virtudes a la italiana y podían, incluso, darlo a conocer a aquellos que, como Colombe, sin duda no habían viajado a Italia. Una serie de grabados de ese país de fines del siglo XV, que se conoce bajo el nombre de *Juego de cartas de Italia* nos muestra, en medio de representaciones de las diferentes condiciones sociales, Musas, dioses de la Antigüedad, artes liberales, etc., una serie de figuras de Virtudes que son exactamente los atributos que acabamos de describir... Tenemos ahí un espécimen muy curioso de estos documentos que pudieron ser traídos por personas como Perréal, que habían seguido las expediciones, documentos que pudieron circular en los talleres y suministrar temas mientras aguardaban que impusieran un estilo nuevo.

»Este lenguaje simbólico, por lo demás, no tenía dificultades para ser comprendido entre nosotros, pues estaba por completo de conformidad con el espíritu alegórico del siglo XV. Basta pensar, para darse cuenta de ello, en el *Roman de la Rose y* en toda la literatura a que dio origen. Los miniaturistas habían ilustrado abundantemente esas obras y, aparte incluso de estas alegorías de Nature, de Déduit y de Faux Semblant, el arte francés no ignoraba, ciertamente, la serie de las Virtudes, aunque no fuera un tema empleado con tanta frecuencia como en Italia.»

No obstante, sin negar en absoluto, en las espléndidas figuras de la tumba de los Carmelitas, alguna influencia italiana, Paul Vitry destaca el carácter nuevo y esencialmente francés que Michel Colombe iba a dar a los elementos ultramontanos traídos por Jean Perréal. «Admitiendo incluso -prosigue el autor- que hayan copiado la idea básica de las tumbas italianas, Perréal y Colombe no iban a aceptar sin modificación este tema de las Virtudes cardinales.» En efecto, «la *Templanza* llevará en sus manos un reloj y un bocado con su brida, en lugar de las dos vasijas que le habían atribuido corrientemente los italianos. En cuanto a la *Fortaleza,* armada y tocada con casco, en lugar de su columna sostendrá una torre, especie de torreón almenado del que arranca con violencia un dragón que se debate. Ni en Roma, ni en Florencia, ni en Milán, ni en Como (puerta sur de la catedral), conocemos nada parecido».

Pero si puede advertirse con facilidad, en el cenotafio de Nantes, la parte respectiva que pertenece a los maestros Perréal y Colombe, resulta más problemático descubrir hasta dónde pudo extenderse la influencia personal y la voluntad propia de la fundadora. Pues no podemos creer que durante cinco años ella se hubiera desinteresado de una obra por la que sentía particular predilección. La reina Ana, aquella graciosa soberana a la que el pueblo, en su ingenuo afecto, llamaba familiarmente «la buena duquesa con zuecos de madera», ¿conoció el alcance esotérico de las guardianas del mausoleo elevado en memoria de su padres? Con mucho gusto resolveríamos esta cuestión afirmativamente. Sus biógrafos nos aseguran que Ana era muy instruida, dotada de una viva inteligencia y de una clarividencia notables. Su biblioteca parece importante ya para la época. «Según el único documento -nos dice Le Roux de Lincy[2]- que he podido descubrir relativo al conjunto de la biblioteca formada por Ana de Bretaña (*Index des Comptes de Dépenses de 1498*), se encontraban en ella libros manuscritos e impresos en latín, en francés, en italiano, en griego y en hebreo. Mil ciento cuarenta volúmenes tomados en Nápoles por Carlos VIII habían sido

---

[1] Paul Vitry, *Michel Colombe et la sculpture française de son temps.* París, E. Lévy, 1901, p. 395 y sig.
[2] Le Roux de Lincy, *Vie de la Reine* Anne *de Bretagne, femme des Rois de France Charles VIII et Louis XII.* París, L. Curmer, 1860, t. II, p. 34.

donados a la reina... Acaso extrañe ver figurar en la colección de la reina duquesa obras en griego y en hebreo, pero no hay que olvidar que ella había estudiado ambas lenguas sabias, y que el carácter de su espíritu era en extremo serio.» Se nos la pinta buscando la conversación de los diplomáticos, a los que se complacía en responder en su propia lengua, lo que justificaría una educación políglota muy cuidada y, sin duda, también el dominio de la cábala hermética, del *gay saber* o de la *doble* ciencia. ¿Frecuentaría a los sabios reputados de su tiempo y entre ellos, a los alquimistas contemporáneos? Nos faltan indicaciones a este respecto, aunque parece difícil explicar por qué la gran chimenea del salón del palacio Lallemant ostenta el armiño de Ana de Bretaña y el puercoespín de Luis XII, si no quiere verse en ello un testimonio de su presencia en la mansión filosofal de Bourges. Sea como fuere, su fortuna personal era considerable. Las piezas de orfebrería, el oro en lingotes y las gemas preciosas formaban el grueso de un tesoro casi inagotable. La abundancia de semejantes riquezas facilitaba de manera singular el ejercicio de una generosidad que pronto se hizo popular. Los cronistas nos informan de que gustosamente retribuía con un diamante al pobre menestral que la había distraído unos instantes. En cuanto a su escudo, ofrece los colores herméticos escogidos por ella: negro, amarillo y rojo, antes de la muerte de Carlos VIII, y sólo los dos extremos de la Obra, negro y rojo, a partir de esa época. Finalmente, fue la primera reina de Francia que rompiendo con decisión la costumbre establecida hasta entonces, vistió de negro como luto de su primer marido, en tanto que el uso obligaba a las soberanas a observarlo siempre de *blanco.*

III

La primera de las cuatro estatuas que vamos a estudiar es la que nos ofrece los diversos atributos encargados de precisar la expresión alegórica de la *Justicia:* león, balanza y espada. Pero aparte de la significación esotérica, claramente distinta del sentido moral que afecta a estos atributos, la figura de Michel Colombe presenta otros signos reveladores de su personalidad oculta. No hay detalle, por ínfimo que sea, que pueda ser desechado en cualquier análisis de este género sin haber sido previamente examinado con toda seriedad. Pues bien, la sobreveste de armiño que luce la Justicia está bordada de *rosas y perlas.* Nuestra Virtud tiene la frente ceñida por una *corona* ducal, lo que ha permitido creer que reproducía los rasgos de Ana de Bretaña. La espada que sostiene en la diestra tiene su pomo ornado con un *sol radiante.* Finalmente, y esto es lo que la caracteriza ante todo, aparece aquí *desvelada.* El peplo que la recubría por entero ha resbalado a lo largo del cuerpo, y retenido por el saliente del brazo, se dobla en su parte inferior. La misma espada ha abandonado su vaina de brocado que se ve ahora suspendida a la punta de hierro (lámina XXXVII).

Como la esencia misma de la justicia y su razón de ser exigen que nada tenga aquélla de escondido, y que la investigación y la manifestación de la verdad la obliguen a mostrarse a todos en la plena luz de la equidad, el *velo,* retirado a medias, debe revelar necesariamente la individualidad secreta de una segunda figura, disimulada con habilidad bajo la forma y los atributos de la primera. Esta segunda figura no es otra que la *Filosofía.*

En la antigüedad romana se llamaba *peplum* (en griego, **peploç** o **pepla**) a un velo adornado con bordados, con el cual se vestía la estatua de Minerva, hija de Júpiter, la única diosa cuyo nacimiento fue maravilloso. La fábula, en efecto, dice que *salió armada por completo del cerebro* de su padre, al que Vulcano, por orden del dueño del Olimpo, había herido en la cabeza. De ahí su nombre helénico de Atenea, **Aĺhna**, formado por **a**, *privativo,* y **tiĺhnh**, *nodriza, madre,* que significa *nacida sin madre.* Personificación de la sabiduría o conocimiento de las cosas, Minerva debe ser considerada como el pensamiento divino y creador materializado en la Naturaleza, latente en nosotros como en todo cuanto nos rodea. Pero aquí se trata de una prenda femenina, de un *velo de mujer* **(calumma)**, y esta palabra nos suministra otra razón del peplo simbólico. **Kalumma** procede de **caluptw**, *cubrir, envolver, ocultar,* que ha formado **calux,** *capullo de rosa, flor,* y también **caluyw**, nombre griego de la ninfa Calipso, reina de la isla mítica de *Ogigia,* que los helenos llamaban **Ogugioç**, término próximo a **Ogugia**, que tiene el sentido de *antiguo* y grande. Volvemos a encontrar así la *rosa mística,* flor de la Gran Obra, más conocida bajo el vocablo de *piedra filosofal. De* modo que es fácil captar la relación existente entre la expresión del velo y la de las *rosas* y las *perlas* que ornan la sobreveste de piel, ya que esta piedra aún se llama *perla preciosa (Margarita pretiosa).* «Alciat -nos informa F. Noël- representa a la *Justicia* con los rasgos de una virgen cuya *corona es de oro* y la túnica, blanca, recubierta de una amplia vestimenta de *púrpura.* Su mirada es suave y su continente, modesto. Luce en el pecho *una rica joya, símbolo de su precio inestimable,* y apoya el pie izquierdo en una *piedra cúbica.*» No cabría describir mejor la doble naturaleza del Magisterio, sus colores y el alto valor de esta *piedra cúbica* que representa la filosofía entera, enmascarada, para el vulgo, bajo el aspecto de la *Justicia.*

La filosofía confiere a quien se desposa con ella un gran poder de investigación. Permite penetrar la íntima complexión de las cosas, que parte como con la *espada,* descubriendo en ellas la presencia del *spiritus mundi* del que hablan los maestros clásicos, el cual tiene el centro en el *Sol* y obtiene sus virtudes y su movimiento de la irradiación del astro. Da, asimismo, el conocimiento de las leyes generales, de las reglas, del ritmo y de las medidas que la Naturaleza observa en la elaboración, la evolución y la perfección de las cosas creadas (balanza). Establece, finalmente, la posibilidad del dominio de las ciencias sobre la base de la observación, de la meditación, de la fe y de la enseñanza escrita (*libro*). Mediante los mismos atributos, esa imagen de la *filosofía* nos alecciona, en segundo lugar, acerca de los puntos esenciales de la labor de los adeptos, y proclama la necesidad del trabajo *manual* impuesto a los investigadores que deseen adquirir la noción positiva y la prueba indiscutible de su realidad. Sin búsquedas técnicas, sin ensayos frecuentes ni experiencias reiteradas, no cabe sino extraviarse en una ciencia cuyos mejores tratados ocultan con cuidado los principios físicos, su aplicación, los materiales y el tiempo. Aquel, pues, que ose dárselas de filósofo y no quiera *laborar* por temor al carbón, a la fatiga o al gasto, debe ser considerado como el más vanidoso de los ignorantes o el más descarado de los impostores. «Puedo dar este testimonio -ha dicho Augustin Thierry- que, por venir de mí, no será sospechoso: hay en el mundo algo que vale más que los disfrutes materiales, más que la fortuna, más que la salud misma, y es la entrega a la ciencia.» La actividad del sabio no se mide por los resultados de propaganda especulativa, sino que se controla junto al horno, en la soledad y el silencio del laboratorio; no fuera. Se manifiesta sin reclamo ni charlatanería por el estudio atento y la observación precisa y perseverante de las reacciones y de los fenómenos. Quien actúe de otro modo verificará, pronto o tarde, la máxima de Salomón (*Prov.*, XXI, 25) según la cual «el deseo del perezoso lo hará perecer, porque sus manos rehusan trabajar». El verdadero sabio no retrocede ante ningún esfuerzo. No teme el sufrimiento porque sabe que es el tributo de la ciencia, y que sólo aquél le proporciona el medio de «escuchar las sentencias y su interpretación, las palabras de los sabios y sus discursos profundos» (*Prov.*, I, 6).

En lo que concierne al valor práctico de los atributos de la Justicia, los cuales afectan al trabajo hermético, el estudiante encontrará por experiencia que la energía del *espíritu universal* tiene su representación en la *espada*, y que la espada tiene su correspondencia en el *Sol* en tanto que animador y modificador perpetuo de todas las sustancias corporales. Él es el único agente de las metamorfosis sucesivas de la materia original, objeto y fundamento del Magisterio. Por él, el mercurio se cambia en azufre, el azufre en elixir y el elixir en medicina, recibiendo entonces el nombre de *corona del sabio*, porque esta triple mutación confirma la verdad de la enseñanza secreta y consagra la gloria de su feliz artesano. La posesión del azufre ardiente y multiplicado, enmascarado bajo el término de *piedra filosofal*, es para el adepto lo que la tiara para el Papa y la corona, para el monarca: el emblema mayor de la soberanía y la sabiduría.

En repetidas ocasiones, hemos tenido la oportunidad de explicar el sentido del *libro abierto*, caracterizado por la solución radical del cuerpo metálico, el cual, habiendo abandonado sus impurezas y cedido su azufre, se llama entonces *abierto*. Pero aquí se impone una observación. Con el nombre de *liber* y bajo la imagen del *libro*, adoptados para calificar la materia detentora del disolvente, los sabios han pretendido designar el *libro cerrado*, símbolo general de todos los cuerpos brutos, minerales o metales, tales como la Naturaleza nos los proporciona o la industria humana los entrega al comercio. Así, los minerales extraídos del yacimiento y los metales salidos de la fundición se expresan herméticamente por un *libro cerrado* o *sellado*. Igualmente, estos cuerpos sometidos a trabajo alquímico, modificados por aplicación de procedimientos ocultos, se traducen en iconografía con la ayuda del *libro abierto*. Es necesario, pues, en la práctica, extraer el mercurio del libro cerrado que es nuestro objetivo primero, a fin de obtenerlo *vivo* y *abierto* si queremos que, a su vez, pueda *abrir el metal* y convertir en vivo el azufre inerte que encierra. La apertura del primer libro prepara la del segundo. Pues ocultos tras el mismo emblema hay dos libros cerrados (el sujeto bruto y el metal) y dos libros abiertos (el mercurio y el azufre), aunque estos *libros jeroglíficos* no constituyen, en realidad, más que uno solo, ya que el metal proviene de la materia inicial y el azufre tiene su origen en el mercurio.

En cuanto a la *balanza* aplicada contra el libro, bastaría señalar que traduce la necesidad de los pesos y las proporciones para considerarnos dispensados de hablar más extensamente de ello. Pues bien, esta imagen fiel del utensilio que sirve para pesar, y al que los químicos asignan un lugar honorable en sus laboratorios, encierra un arcano de gran importancia. Ésta es la razón que nos obliga a rendir cuenta de él y a indicar brevemente lo que la balanza disimula bajo el aspecto anguloso y simétrico de su forma.

Cuando los filósofos consideran las relaciones ponderales de las materias entre sí, se refieren a una u otra parte de un doble conocimiento esotérico: la del *peso de naturaleza* y la de los *pesos del arte*[1]. Por desgracia, los sabios - dice Salomón- esconden la ciencia. Obligados a mantenerse entre los estrechos límites de su voto, y respetuosos de la disciplina aceptada, se guardan mucho de establecer jamás con claridad en qué difieren estos dos secretos. Trataremos de ir más lejos que ellos y diremos, con toda sinceridad, que los pesos del arte son aplicables exclusivamente a los cuerpos distintos, susceptibles de ser pesados, mientras que el peso de naturaleza se refiere a las proporciones relativas de los componentes de un cuerpo dado. De manera que, describiendo las cantidades recíprocas de materias diversas, con vistas a su mezcla regular y pertinente, los autores hablan de verdad de los *pesos del arte*. Al contrario, si se trata de valores cuantitativos en el seno de una combinación sintética y radical - como la del azufre y del mercurio principios unidos en el mercurio filosófico-, entonces es considerado el *peso de naturaleza*. Y añadiremos, a fin de disipar toda confusión en el espíritu del lector, que si los pesos del arte son conocidos del artista y rigurosamente determinados por él, en contrapartida, el *peso de naturaleza es siempre ignorado*, incluso por los más grandes maestros. Este es un misterio que concierne sólo a Dios, y cuya inteligencia permanece inasequible para el hombre.

La Obra comienza y termina con los pesos del arte. Así, el alquimista, al preparar la vía, incita a la Naturaleza a comenzar y a perfeccionar esta gran labor. Pero entre estos extremos, el artista no tiene que servirse de la balanza, pues el peso de naturaleza interviene solo. Y hasta tal punto, que la fabricación del mercurio común, la del mercurio filosófico, las operaciones conocidas bajo el término de imbibiciones, etc., se realizan sin que sea posible saber -ni tan siquiera aproximadamente- cuáles son las cantidades retenidas o descompuestas, cuál es el coeficiente de

---

[1] *Hasta el momento en que el amante, habiendo renovado los pesos por tercera vez, Atalanta concedió la recompensa a su vencedor.* (Michaelis Maieri Atalanta Fugiens. Oppenheimii, 1618. *Epigramma authoris.*)

asimilación de la base, así como la proporción de los espíritus. Es lo que el Cosmopolita deja entender cuando dice que el mercurio no toma más azufre del que puede absorber y retener. En otros términos, la proporción de materia asimilable, que depende directamente de la energía metálica propia permanece siempre variable y no puede evaluarse. Toda la obra está, pues, sometida a las cualidades, naturales o adquiridas, tanto del agente como del sujeto inicial. Pues bien, suponiendo incluso que el agente obtenido posea un máximo de virtudes -lo que sucede raras veces-, la materia básica, tal como nos la ofrece la Naturaleza, está muy lejos de ser constantemente igual y semejante a ella misma. A este propósito diremos, por haber controlado a menudo los efectos, que el aserto de los autores fundado en ciertas particularidades externas -manchas amarillas, eflorescencias, placas o puntos rojos- no merece apenas ser tomado en consideración. La región minera podría acaso suministrar algunas indicaciones sobre la cualidad buscada, aunque muchas muestras obtenidas en la masa del mismo yacimiento revelan, a veces, notables diferencias entre sí.

Así se explicará, sin recurrir a las influencias abstractas ni a las intervenciones místicas, que la piedra filosofal, a pesar de un trabajo regular conforme a las necesidades naturales, jamás deja entre las manos del trabajador un cuerpo de potencia igual y de energía trasmutatoria en relación directa y constante con la cantidad de las materias que intervienen.

IV

He aquí, según nuestra opinión, la obra maestra de Michel Colombe y la pieza capital de la tumba de los Carmelitas. «Por sí sola -escribe Léon Palustre[1]-, esta estatua de la *Fortaleza* bastaría para dar la gloria a un hombre, y al contemplarla, no puede evitarse una viva y profunda emoción.» La majestad de la actitud, la nobleza de la expresión y la gracia del gesto -que se desearía más vigoroso- son otros tantos caracteres reveladores de una maestría consumada y de una incomparable habilidad de factura.

Con la cabeza cubierta por un morrión plano, decorado con un león, y el busto revestido con la armadura finamente cincelada, la *Fortaleza* sostiene una torre con la mano izquierda, y con la derecha arranca del interior de aquélla no una serpiente, como le atribuye la mayoría de las descripciones, sino un dragón alado al que estrangula apretándole el cuello. Un amplio manto de largas franjas, y cuyos repliegues se apoyan en los antebrazos, forma un rizo por el que pasa una de sus extremidades. Este lienzo, que en el espíritu del escultor debía recubrir a la emblemática virtud, viene a confirmar lo que hemos dicho con anterioridad. Al igual que la *Justicia*, la Fuerza aparece desvelada (lám. XXXVIII).

Hija de Júpiter y de Temis, hermana de la *Justicia* y de la *Templanza*, los antiguos la honraban como a una divinidad, aunque sin adornar sus imágenes con los atributos singulares que le vemos presentar hoy. En la antigüedad griega, las estatuas de Hércules, con la maza de héroe y la piel del león de Nemea, personificaban a la vez la fuerza física y la moral. Los egipcios, por su parte, la representaban como una mujer de complexión poderosa, con dos cuernos de toro en la cabeza y un elefante a su lado. Los modernos la expresan de maneras muy diversas. Botticelli la ve como una mujer robusta, simplemente sentada en un trono. Rubens le añade un escudo con figura de león o hace que la siga ese animal. Gravelot la muestra pisoteando víboras, con una piel de león echada sobre la espalda y la frente ceñida por una rama de laurel, sosteniendo un haz de flechas, mientras que a sus pies hay coronas y cetros. Anguier, en un bajo relieve de la tumba de Henri de Longueville (Louvre), se sirve, para definir la *Fortaleza*, de un león que devora un jabalí. Coysevox (balaustrada del patio de mármol de Versalles) la reviste de una piel de león y la hace llevar una ramita de encina en una mano, y la base de una columna en la otra. Finalmente, entre los bajorrelieves que decoran el peristilo de la iglesia de San Sulpicio de París, la *Fortaleza* es figurada armada con la espada flamígera y el escudo de la Fe.

En todas estas figuras y en gran cantidad de otras cuya enumeración resultaría fastidiosa, no se encuentra ninguna analogía, respecto a los atributos, con las de Michel Colombe y los escultores de su tiempo. La bella estatua de la tumba de los Carmelitas adquiere, por tanto, un valor especial y se convierte para nosotros en la mejor traducción del simbolismo esotérico.

No puede negarse, razonablemente, que la torre, tan importante en la fortificación medieval, encierra un sentido netamente definido, aunque no hayamos podido descubrir en ella ninguna parte de interpretación. En cuanto al dragón, se conoce mejor su doble expresión: desde el punto de vista moral y religioso, es la traducción del espíritu del mal, demonio, diablo o Satán. Para el filósofo y el alquimista, ha servido siempre para representar la materia prima, volátil y disolvente, llamada por otro nombre *mercurio común*. Herméticamente, se puede considerar la torre como el envoltorio, el refugio, el asilo protector -los mineralogistas dirían la ganga o la escoria del dragón mercurial. Por otra parte, es la significación de la palabra griega πυργος, *torre, asilo, refugio*. La interpretación sería aún más completa si se asimilara al artista la mujer que extirpa el monstruo de su cubil, y su gesto mortal, con la meta que debe proponerse en esta penosa y peligrosa operación. Así, al menos, podríamos encontrar una explicación satisfactoria y prácticamente verdadera del tema alegórico que sirve para revelar el aspecto esotérico de la *Fuerza*. Pero nos sería preciso dar por conocida la ciencia a la que se refieren estos atributos. Pues bien, nuestra

---

[1] Léon Palustre, *Les Sculpteurs français de la Renaissance: Michel Colombe. Gazette des Beaux-Arts*, 2.º período, t. XXIX, mayo-junio de 1884.

estatua se encarga por sí misma de informarnos a la vez sobre su alcance simbólico y sobre las ramas conexas de este todo que es la sabiduría, figurada por el conjunto de las Virtudes cardinales. Si se hubiera preguntado al gran iniciado que fue François Rabelais cuál era su opinión, hubiera respondido por la voz de Epistemon[1] que *torre de fortificación o de castillo fuerte* es tanto como decir *esfuerzo*[2], y el esfuerzo reclama «coraje, sabiduría y poder; coraje porque hay peligro, sabiduría porque se requiere el debido conocimiento, y poder porque aquel que nada puede no debe emprender nada». Por otra parte, la cábala fonética, que hace de la palabra francesa *tour* (torre) el equivalente del ático **touroç**, viene a completar la *significación pantagruélica del esfuerzo (tour de force)*[3]. En efecto, **touroç** sustituye a **to oroç**, de **to** *(el cual, el que)* y **oroç**, *(meta, término, objetivo que se propone)*, marcando así la cosa que hay que alcanzar, que constituye la meta propuesta. Nada, como se ve, podría convenir mejor a la expresión figurada de la *piedra de los filósofos*, dragón encerrado en su fortaleza, cuya extracción fue considerada siempre un *esfuerzo*. La imagen, por otra parte, es elocuente, pues si se experimenta alguna dificultad en comprender cómo el dragón, robusto y voluminoso, ha podido resistir la presión ejercida entre las paredes de su estrecha prisión, no se capta mejor por qué milagro pasa entero a través de una simple grieta de la fábrica. Una vez más, se reconoce la versión del prodigio, de lo sobrenatural y de lo maravilloso.

Señalemos por fin que la *Fortaleza* presenta otras improntas del esoterismo que refleja. Las *trenzas* de su cabellera, jeroglíficos de la irradiación solar, indican que la Obra, sometida a la influencia del astro, no puede ejecutarse sin la colaboración dinámica del sol. La *trenza*, llamada en griego **seira**, se adopta para figurar la energía vibratoria, porque entre los antiguos pueblos helénicos, el Sol se llamaba **sier**. Las escamas imbricadas sobre la gorguera de la armadura son las de la serpiente, otro emblema del sujeto mercurial y réplica del *dragón,* también escamoso. Escamas de pescado dispuestas en semicírculo decoran el abdomen y evocan la soldadura al cuerpo humano de una cola de *sirena.* Pues bien, la sirena, monstruo fabuloso y símbolo hermético, sirve para caracterizar la unión del azufre naciente que es nuestro pez, y del mercurio común llamado *virgen,* en el *mercurio filosófico* o *sal de sabiduría.* El mismo sentido nos lo suministra la *galleta de Reyes,* a la que los griegos daban el mismo nombre que a la Luna: **selhnh**. Esta palabra, formada por **selaç**, *brillo,* y **elh**, *luz solar,* había sido escogida por los iniciados para mostrar que el mercurio filosófico obtiene su brillo del azufre, como la Luna recibe su luz del Sol. Una razón análoga hizo atribuir el nombre de **seirhn**, *sirena,* al monstruo mítico resultante de la unión de una mujer y de un pez. **Seirhn**, término contracto que procede de **seir**, *Sol,* y de **mhnh**, *Luna,* indica asimismo la materia mercurial lunar combinada con la sustancia sulfurosa solar. Es, pues, una traducción idéntica a la del pastel de Reyes, revestido del signo de la luz y de la espiritualidad -la cruz-, testimonio de la encarnación real del rayo solar emanado del Padre universal en la materia grave, matriz de todas las cosas, y *terra inanis et vacua* de la Escritura.

V

«Tocada con el gorro de las matronas -así se expresa Dubuisson-Aubenay en su *Itinéraire en Bretagne,* en 1636-, la *Templanza* de Michel Colombe está provista de atributos semejantes a los que le son asignados por Cochin. Según éste, aparece "ataviada con vestidos simples, un bocado con su brida en una mano, y en la otra el péndulo de un reloj o el volante de un reloj de bolsillo". Otras figuras la presentan sosteniendo un freno o una copa. "Con bastante frecuencia -dice Noël-, aparece apoyada en una vasija caída, con un bocado en la mano o mezclando vino y agua. El elefante que pasa por ser el animal más sobrio, es un símbolo. Ripa le atribuye dos emblemas: uno consiste en una mujer con una tortuga en la cabeza, que sostiene un freno y dinero; el otro, en una mujer en el acto de templar, con unas tenazas, un hierro al rojo en una vasija llena de agua."»

Con la mano izquierda, nuestra estatua aguanta la caja trabajada de un relojito de pesos, del modelo usado en el siglo XVI. Se sabe que las esferas de estos aparatos no tenían más que una sola aguja, como testimonia esta hermosa figura de la época. El reloj, que sirve para medir el tiempo, está tomado como el jeroglífico del tiempo mismo, y considerado, como el reloj de arena, como el emblema principal del viejo Saturno (lám. XXXIX).

Algunos observadores un tanto superficiales han creído reconocer una linterna en el *reloj,* fácilmente identificable, sin embargo, de la *Templanza.* El error apenas modificaría la significación profunda del símbolo, ya que el sentido de la *linterna* completa el del *reloj.* En efecto, si la linterna ilumina porque da luz, el reloj aparece como el dispensador de esta luz, la cual no se recibe de un chorro, sino poco a poco, progresivamente, en el curso de los años y *con la ayuda del tiempo.* Experiencia, luz y verdad son sinónimos filosóficos, y nada, fuera de la edad, puede permitir adquirir la experiencia, la luz y la verdad. También figura el *Tiempo,* único maestro de la sabiduría, bajo el

---

[1] La palabra griega **episthmwn** significa *sabio, que está instruido en, hábil para.* Procede de **epistamsi**, *saber, conocer, examinar, pensar.*

[2] «Tour de fortification ou de chateau fort c'est autant dire que tour de force.»
Téngase presente este juego entre *tour* y *tour de force,* de imposible traslación. -N. del T.

[3] La obra capital de Rabelais, titulada *Pantagruel*, está por entero consagrada a la exposición burlesca y cabalística de los secretos alquímicos, cuyo conjunto abraza el *pantagruelismo* y constituye su doctrina científica. *Pantagruel* está formado por la reunión de tres palabras griegas: **panta**, en lugar de **panih**, *completamente, de manera absoluta,* **guh**, *camino*; **elh**, *la luz solar.* El héroe gigantesco de Rabelais expresa, pues, el *conocimiento perfecto del camino solar,* es decir la *vía universal.*

aspecto de un anciano, y los filósofos en la actitud senil y cansada de hombres que han trabajado largo tiempo para obtenerla. Esta necesidad del tiempo o de la experiencia la subraya François Rabelais en su *Adición* al último capítulo del quinto libro de *Pantagruel,* cuando escribe: «Cuando vuestros filósofos, gracias a Dios, acompañándose de alguna clara *linterna,* se entreguen a buscar e investigar cuidadosamente como es natural en los humanos (y de esta calidad son Herodoto y Homero, llamados Alfestes[1], es decir, investigadores e inventores), encontrarán que es verdadera la respuesta dada por el sabio Tales al rey de los egipcios, Amasis, cuando interrogado por éste acerca de en qué cosa hay más prudencia, contestó: En el tiempo, pues por tiempo han sido y por tiempo serán todas las cosas latentes inventadas. Tal es la causa por la que los antiguos han llamado Saturno al Tiempo, padre de Verdad, y Verdad hija del Tiempo. Infaliblemente también encontrarán todo el saber ellos y sus predecesores, pues apenas saben la mínima parte de lo que es.»

Pero el alcance esotérico de la *Templanza* se halla por entero en la brida que sostiene con la mano derecha. Con la brida se dirige el *caballo, y* por medio de esta pieza, el *caballero* impone a su montura la orientación que le place. También puede considerarse la brida como el instrumento indispensable, el mediador situado entre la voluntad del *jinete* y la marcha del *caballo* hacia el objetivo propuesto. Este medio, cuya imagen se ha escogido entre las partes constitutivas del arnés, se designa en hermetismo con el nombre de *cábala.* De suerte que las expresiones especiales de la brida, la del freno y la de la dirección, permiten identificar y reconocer, bajo una sola fórmula simbólica, la *Templanza* y la *ciencia cabalística.*

A propósito de esta ciencia, se impone una observación, y la creemos tanto más fundada cuanto que el estudiante no prevenido asimila de buen grado la *cábala hermética* con el sistema de interpretación alegórico que los judíos pretenden haber recibido por tradición, y que denominan *cábala.* En realidad, nada existe en común entre ambos términos aparte su pronunciación. La *cábala hebraica* no se ocupa más que de la Biblia, así que se ve estrictamente limitada a la exégesis y a la hermenéutica sagradas. La *cábala hermética se* aplica a los libros, textos y documentos de las ciencias esotéricas de la Antigüedad, de la Edad Media y de los tiempos modernos. Mientras que la *cábala hebraica* no es más que un procedimiento basado en la descomposición y la explicación de cada palabra o de cada letra, la *cábala hermética,* por el contrario, es una *verdadera lengua.* Y como la gran mayoría de los tratados didácticos de ciencias antiguas están redactados en cábala, o bien utilizan esta lengua en sus pasajes esenciales, y como el mismo gran Arte, según la propia confesión de Artefio, es enteramente cabalístico, el lector nada puede captar de él si no posee al menos los primeros elementos del idioma secreto. En la *cábala hebraica,* tres sentidos pueden descubrirse en cada palabra sagrada, de donde se deducen tres interpretaciones o cábalas distintas. La primera, llamada *Guematria,* incluye el análisis del valor numérico o aritmético de las letras que componen el vocablo. La segunda, conocida por *Notarikon,* establece el significado de cada letra considerada por separado. La tercera o *Temurá* (es decir *cambio, permutación*) emplea ciertas trasposiciones de letras. Este último sistema, que parece haber sido el más antiguo, data de la época en que florecía la escuela de Alejandría, y fue creada por algunos filósofos judíos deseosos de acomodar las especulaciones de las filosofías griega y oriental con el texto de los libros santos. No nos sorprendería lo más mínimo que la paternidad de este método pudiera atribuirse al judío Filón, cuya reputación fue grande en los comienzos de nuestra Era, porque él es el primer filósofo que se cita que intentó identificar una religión verdadera con la filosofía. Se sabe que trató de conciliar los escritos de Platón y los textos hebreos, interpretando éstos alegóricamente, lo que concuerda perfectamente con la meta perseguida por la cábala hebraica. Sea como fuere, según los trabajos de autores muy serios, no cabría asignar al sistema judío una fecha muy anterior a la Era cristiana, retrocediendo incluso el punto de partida de esta interpretación hasta la versión griega de los Setenta (238 antes de J. C.). Pues bien, la cábala hermética era empleada mucho tiempo antes de esta época por los pitagóricos y los discípulos de Tales de Mileto (640-560), fundador de la escuela jonia: Anaximandro, Ferecides de Siros, Anaxímenes de Mileto, Heráclito de Efeso, Anaxágoras de Clazomene, etc.; en una palabra, por todos los filósofos y los sabios griegos, como lo testimonia el papiro de Leiden.

Lo que generalmente también se ignora es que la cábala contiene y conserva lo esencial de la lengua materna de los pelasgos, lengua deformada, mas no destruida, en el griego primitivo; lengua madre de los idiomas occidentales, y particularmente del francés, cuyo origen pelásgico se evidencia de manera indiscutible; lengua admirable que basta conocer un poco para hallar con facilidad, en los diversos dialectos europeos, su sentido real desviado por el tiempo y las migraciones de los pueblos de lenguaje original.

A la inversa de la cábala judía, creada por entero a fin de velar, sin duda alguna, lo que el texto sagrado tenía de demasiado claro, la cábala hermética es una preciosa llave que permite a quien la posee abrir las puertas de los santuarios, de esos *libros cerrados* que son las obras de ciencia tradicional, de extraer su espíritu y de captar su significado secreto. Conocida por Jesús y sus Apóstoles (desdichadamente, debía provocar la primera negación de san Pedro), la cábala era empleada en la Edad Media por los filósofos, los sabios, los literatos y los diplomáticos. Caballeros de orden y caballeros errantes, trovadores, troveros y menestrales, estudiantes viajeros de la famosa escuela de magia de Salamanca, a los que llamamos *Venusbergs* porque decían proceder de la montaña de Venus, discutían entre ellos en la *lengua de los dioses,* llamada también *gaya ciencia* o *gay saber,* nuestra cábala

---

[1] En griego, **alfhsthr** o **alfhsthç** significa *inventor, industrioso,* de **alfh,** *descubrimiento,* que ha dado el verbo **alfanw,** *imaginar, encontrar buscando.*

hermética[1]. Lleva, por supuesto, el nombre y el espíritu de la *caballería,* cuyo verdadero carácter nos han revelado las obras místicas de Dante. El latín ca*ballus* y el griego caballhç significan *caballo de carga.* Pues bien, nuestra cábala sostiene realmente un peso considerable, la *carga* de los conocimientos antiguos y de la *caballería* medieval, pesado bagaje de verdades esotéricas transmitidas por ella a través de las edades. Era la lengua secreta de los *caballeros.* Iniciados e intelectuales de la Antigüedad poseían todos el conocimiento. Los unos y los otros, a fin de acceder a la plenitud del saber, cabalgaban metafóricamente la *yegua (cavale),* vehículo espiritual cuya imagen típica es el *Pegaso* alado de los poetas helénicos. Sólo él facilitaba a los elegidos el acceso a las regiones desconocidas, y les ofrecía la posibilidad de verlo y comprenderlo todo a través del espacio y el tiempo, el éter y la luz... *Pegaso,* en griego Phgasoç toma su nombre de la palabra phgh, *fuente,* porque, según se dice, hizo brotar de una coz la fuente de Hipocrene, mas la verdad es de otro orden. Por el hecho de que la cábala proporciona la causa, da el principio y revela la causa de las ciencias, su jeroglífico animal ha recibido el nombre especial y característico que lleva. Conocer la cábala es hablar la lengua de *Pegaso,* la *lengua del caballo,* cuyo valor efectivo y potencia esotérica indica expresamente Swift en uno de sus *Viajes* alegóricos.

Lengua misteriosa de los filósofos y discípulos de Hermes, la cábala domina toda la didáctica de la *Ars magna,* del mismo modo que el simbolismo abarca toda su iconografía. Arte y literatura ofrecen así a la ciencia oculta el apoyo de sus propios recursos y de sus facultades de expresión. De hecho, y pese a su carácter particular y su técnica distinta, la cábala y el simbolismo toman vías diferentes para llegar a la misma meta y para confundirse en la misma enseñanza. Son las dos columnas maestras levantadas sobre las piedras angulares de los cimientos filosóficos, que soportan el frontón alquímico del templo de la sabiduría.

Todos los idiomas pueden dar asilo al sentido tradicional de las palabras cabalísticas porque la cábala, desprovista de textura y de sintaxis, se adapta con facilidad a cualquier lengua sin alterar su personalidad peculiar. Aporta a los dialectos constituidos la sustancia de su pensamiento, con el significado original de los nombres y de las cualidades. De suerte que una lengua cualquiera es siempre susceptible de ser transportada, de incorporarla, etc. y, en consecuencia, de convertirse en cabalística por la doble acepción que toma de este modo.

Aparte su papel alquímico puro, la cábala ha servido de intercambio en la elaboración de muchas obras maestras literarias que muchos diletantes saben apreciar sin sospechar, no obstante, qué tesoros disimulan bajo la gracia, el encanto o la nobleza del estilo. Y es porque sus autores -ya llevaran el nombre de Homero, Virgilio, Ovidio, Platón, Dante o Goethe- fueron todos grandes iniciados. Escribieron sus inmortales obras no tanto para dejar imperecederos monumentos del genio humano a la posteridad, como para instruir a éste acerca de los sublimes conocimientos de los que eran depositarios, y que debían transmitirse en su integridad. Así es como debemos juzgar, fuera de los maestros ya citados, a los artesanos maravillosos de los poemas de caballería, cantares de gesta, etc., pertenecientes al ciclo de la *Tabla redonda* y del *Graal;* las obras de François Rabelais y las de Cyrano Bergerac; el *Quijote* de Miguel de Cervantes; los *Viajes de Gulliver* de Swift; el *Sueño de Polifilo* de Francesco Colonna; los *Cuentos de mi madre la oca* de Perrault; los *Cantares del rey de Navarra* de Teobaldo de Champaña; el *Diablo predicador,* curiosa obra española cuyo autor desconocemos, y gran cantidad de otros libros que no por ser menos célebres les son inferiores en interés y en ciencia.

Limitaremos esta exposición de la cábala solar, pues no hemos recibido licencia para escribir un tratado completo ni para enseñar cuáles son sus reglas. Nos basta con haber señalado el lugar importante ocupado por aquélla en el estudio de los «secretos de Naturaleza» y la necesidad para el principiante de volver a dar con su clave. Pero a fin de serle útil en la medida de lo posible, daremos, a título de ejemplo, la versión en lenguaje claro de un texto cabalístico original de Naxágoras[2]. Es nuestro deseo que el *hijo de ciencia* descubra en él la manera de interpretar los libros sellados y sepa obtener partido de una enseñanza tan poco velada. En su alegoría, el adepto se ha esforzado en describir la vía única y simple, la única que seguían antaño los viejos maestros.

Traducción del siglo XVIII del original alemán de Naxágoras	Versión en lenguaje claro del texto cabalístico de Naxágoras
Descripción	Descripción
bien detallada de la Arena de oro que se encuentra cerca de Zwickau, en Misnia, en los alrededores de Niederhohendorf, y en otros lugares vecinos.	bien detallada de la manera de extraer y liberar el Espíritu del Oro encerrado en la materia mineral vil, con objeto de edificar con él el Templo Sagrado de la Luz[3] y de descubrir otros secretos análogos.

---

[1] Estos estudiantes viajeros llevaban alrededor del cuello, en señal de reconocimiento y afiliación, una cinta amarilla de lana o de seda tejida, como dan fe el *Liber Vagabundorum,* aparecido hacia 1510, atribuido a Thomas Murner o a Sebastian Brant, y el *Schimpf und Ernst,* fechado en 1519.

[2] Este opúsculo se halla inserto al final del tratado de Naxágoras titulado *Alchymia denudata.* Hemos realizado la versión a partir de una traducción francesa manuscrita ejecutada sobre la obra original y escrita en lengua alemana.

[3] Así se llama a la piedra filosofal, nuestro microcosmos, en relación con el templo de Jerusalén, figura del Universo o macrocosmos.

por
J.N.V.E.J.E. ac.
5 Pct. ALC.
1715

por
J.N.V.E.J.E.
que comprende cinco puntos de alquimia
1715

Pronto hará dos años que un hombre de estas minas obtuvo, a través de una tercera persona, un pequeño extracto de un manuscrito en cuarto, de una pulgada de grueso y que provenía de otros dos viajeros italianos que se llamaban así.

Pronto hará dos años que un trabajador hábil en el arte metálico obtuvo, gracias a un tercer agente[1], un extracto de los cuatro elementos, conseguido manualmente reuniendo dos mercurios del mismo origen, cuya excelencia les ha valido el calificativo de romanos y que siempre se han llamado así.

I. Un burgo llamado Harts-mann-grün, cerca de Zwickau. Bajo el burgo hay muchos granos buenos. La mina está en vena.

I. Una escoria sobrenada la mezcla formada por el fuego de las partes puras de la materia mineral vil. Bajo la escoria, se encuentra un agua friable granulosa. Es la vena o la matriz metálica.

II. Kohl-Stein, próximo a Zwickau. Hay buena vena de grava y de marcasitas de plomo. Detrás, en Gabel, hay un herrero llamado Morgen-Stern que sabe dónde hay una buena mina, y un conducto subterráneo, y donde han sido practicadas grietas. Dentro hay congelaciones amarillas, y el metal es maleable.

II. Tal es la piedra Kohl[2], concreción de las partes puras del estiércol o materia mineral vil. Vena friable y granulosa, nace del hierro, del estaño y del plomo. Sólo ella lleva la impronta del rayo solar. Ella es el artesano experto en el arte de trabajar el acero. Los sabios la llaman Estrella de la mañana. Ella sabe lo que busca el artista. Es el camino subterráneo que conduce al oro amarillo, maleable y puro. Camino rudo y cortado por las zanjas y los obstáculos.

III. Yendo de Schneeberg el castillo llamado de Wissemburg, hay un poco de agua que fluye hacia la montaña y desemboca en el Mulda. Avanzando por el Mulda frente a este curso de agua, se halla un vivero cerca del río. Hay poca agua donde se encuentra una marcasita que puede compensar bien la dificultad que ha significado el llegar hasta ella.

III. Poseyendo esta piedra llamada montaña de la Tenaza[3], ascended hasta la Fortaleza blanca. Es agua viva, que fluye del cuerpo disgregado en polvo impalpable, bajo el efecto de una trituración natural comparable a la de la muela. Esta agua viva y blanca se aglomera en el centro, en una piedra cristalina de color semejante al hierro estañado, que puede compensar ampliamente la dificultad que exige la operación.

IV. En Kauner-Zehl, en la montaña de Gott, a dos leguas de Schoneck, hay una excelente arena de cobre.

IV. Esta sal luminosa y cristalina, primer ser del Cuerpo divino, se tornará, en un segundo lugar, en vidrio cúprico. Se trata de nuestro cobre o latón, y el león verde.

V. En Grais, en Voitgland, debajo de Schloss-berg, hay un jardín donde se encuentra una rica mina de oro, lo que he advertido desde hace poco. Tomad buena nota.

V. Esta arena, calcinada, dará su tintura a la rama de oro. El joven brote del Sol nacerá en la Tierra del fuego. Es la sustancia quemada de la piedra, roca cerrada del jardín[4] donde maduran nuestros frutos de oro, de lo que me he asegurado hace poco. Tened esto bien en cuenta.

---

[1] El fuego secreto.

[2] Llamada aún *alcohol* o *aguardiente de los sabios*, es la *piedra del fuego* de Basilio Valentín.

[3] A causa de su signatura, *Tenaza* se dice λαβίς en griego, de λαμβανω, *tomar, obtener, recoger* y también *concebir, quedar encinta.*

[4] El jardín de las Hespérides.

VI. Entre Werda y Laugenberndorff existe un vivero llamado Mansteich. Bajo ese vivero se ve una antigua fuente, en la parte baja de la pradera. En esta fuente, se encuentran pepitas de oro que son muy buenas.

VI. Entre este producto y el segundo, más fuerte y mejor, es útil volver al estanque de la Luz muerta[1] por el extracto vuelto a su materia original. Volveréis a encontrar agua viva, dilatada, sin consistencia. Lo que Resultará es la antigua Fuente[2], generatriz de vigor capaz de cambiar en granos de oro los metales viles.

VII. En el bosque de Werda, hay un precipicio que llaman el Langrab. Yendo a lo alto de ese precipicio se encuentra en el mismo una fosa. Avanzad en esta fosa la distancia de un ana hacia la montaña, y encontraréis una veta de oro de la longitud de un palmo.

VII. En el bosque verde se esconde el fuerte, el robusto y el mejor de todos[3]. Allí también se encuentra el estanque del Cangrejo[4]. Proseguid: la sustancia se separará por sí misma.

Dejad el hoyo; su fuente está en el fondo de una gruta donde se desarrolla la piedra encerrada en su mina.

VIII. En Hundes-Hubel se encuentra una zanja donde hay pepitas de oro en cantidad. Esta zanja está en la aldea, cerca de una fuente a la que el pueblo acude en busca de agua para beber.

VIII. En el aumento, al reiterar, veréis la fuente llena de granulaciones brillantes de oro puro. Como escoria o ganga, encierra la fuente de agua seca, generatriz del oro, que el pueblo metálico bebe ávidamente.

IX. Después de haber realizado diferentes viajes a Zwickau, a la pequeña ciudad de Schlott, a Saume y a Crouzoll, nos detuvimos en Brethmullen, donde antaño estaba situado ese lugar. En el camino que antes conducía a Weinburg, que se llama Barenstein, cara o hacia la montaña yendo a Barenstein, o por detrás frente al Poniente, a la fíbula... que había en otro tiempo, hay un viejo pozo al que atraviesa una vena. Es fuerte y muy rica en buen oro de Hungría y, algunas veces, incluso en oro de Arabia. La señal de la vena está sobre cuatro separadores de metales Auff-seigers vier, y al lado está escrito Auff-seigers eins. Es una verdadera cabeza de vena.

IX. Tras diferentes ensayos sobre la materia mineral vil, hasta el color amarillo o fijación del cuerpo, y luego de ahí al Sol coronado, tuvimos que esperar que la materia se hubiera cocido por entero, según el método de antaño. Esta larga cocción, seguida en otro tiempo, conducía al Castillo luminoso o Fortaleza brillante, que es esta piedra pesada, occidente que aguarda, sin sobrepasarla, nuestra propia manera[5].... pues la verdad sale del pozo antiguo de esta tintura poderosa, rica en semilla de oro, tan puro como el oro de Hungría, y, algunas veces, incluso más que el de Arabia. La señal, formada por cuatro rayos, designa y sella el reductor mineral. Es la más grande de todas las tinturas.

Pero con el fin de cerrar con una nota menos austera este estudio del lenguaje secreto designado con el nombre de *cábala hermética o solar*, mostraremos hasta dónde puede llegar la credulidad histórica cuando una ignorancia ciega permite atribuir a ciertos personajes lo que jamás ha pertenecido sino a la alegoría y a la leyenda. Los *hechos históricos* que ofrecemos a la meditación del lector son los de un monarca de la antigüedad romana. Apenas tendremos necesidad de poner de manifiesto sus particularidades absurdas ni de subrayar todas sus relaciones cabalísticas; hasta tal punto se muestran evidentes y expresivas.

El famoso emperador romano Vario Avito Basiano, saludado por los soldados -no se sabe muy bien por qué- con los nombres de *Marco Aurelio Antonino*[6], recibió el nombre -tampoco se sabe la razón- de *Elagábalo* o *Heliogábalo*[7]. «Nacido en 204 -nos dice la *Encyclopédie*- y muerto en Roma en 222, descendía de una familia *siria*[8]

---

[1] Segunda putrefacción, caracterizada por la coloración violeta, índigo o negra.

[2] La fuente de Juvencia, al principio medicina universal y luego polvo de proyección.

[3] Cf. *Cosmopolita. El rey del arte* se halla escondido «en el bosque verde de la ninfa Venus»

[4] Constelación del Zodiaco de los filósofos, signo del aumento del fuego.

[5] Símbolo gráfico del vitriolo filosófico. Los puntos suspensivos figuran en el original.

[6] Cabalísticamente, la unión de la materia prima, del oro olímpico o divino y del mercurio. Este último, en las narraciones alegóricas, lleva siempre el nombre de Antonio, Antonino, Antolín, etcétera, con el epíteto de peregrino, mensajero o viajero.

[7] *El caballo del Sol*, el que lleva la ciencia, la *cábala solar*.

[8] **Suria** o **situra**, *piel grosera revestida con su pelo:* el futuro *vellocino de oro.*

dedicada al culto del sol en Emesa[1]. Él mismo fue, desde muy joven, sumo sacerdote de ese dios, que era adorado bajo la forma de una *piedra negra[2]* y con el nombre de *Elagábalo*. Se le suponía hijo de Caracalla. Su madre, *Saemias[3]*, frecuentaba la corte y estaba por debajo de la calumnia. Sea como fuere, la belleza del joven gran sacerdote sedujo a la legión de Emesa, que lo proclamó Augusto a la edad de catorce años. El emperador *Macrino* marchó contra él, pero fue derrotado y muerto.

»El reinado de Heliogábalo no fue más que el triunfo de las supersticiones y de las orgías orientales. No existe infamia o crueldad que no haya inventado este *singular emperador* de mejillas afeitadas y túnica de cola. Había llevado a Roma su *piedra negra* y forzaba al Senado y a todo el pueblo a rendirle un culto público. Habiéndose apoderado en Cartago de la estatua de *Celeste*, que representaba la *Luna*, celebró con gran pompa sus bodas con su piedra negra, que figuraba el *Sol*. Creó un senado femenino, *se desposó sucesivamente con cuatro mujeres, entre ellas, una vestal*, y, un día, reunió en su palacio a todas las prostitutas de Roma, a las que dirigió un discurso acerca de los deberes de su profesión. Los pretorianos dieron muerte a Heliogábalo y arrojaron su cuerpo al Tíber. Tenía dieciocho años y había reinado cuatro.»

Si esto no es la Historia, al menos es una bonita historia, llena toda ella de «pantagruelismo». Sin faltar a su misión esotérica y contando con la pluma avisada, el estilo cálido y colorista de Rabelais, ganó muchísimo en sabor, en pintoresquismo y en truculencia.

VI

Antes de ser elevada a la dignidad de Virtud cardinal, la *Prudencia* fue por mucho tiempo una divinidad alegórica a la que los antiguos atribuían una cabeza de dos caras, fórmula que nuestra estatua reproduce con exactitud y de la manera más feliz. Su rostro anterior ofrece la fisonomía de un joven de perfil muy puro, y el posterior, la de un anciano cuyo aspecto, lleno de nobleza y gravedad, se prolonga en los rizos sedosos de una barba fluvial. Réplica de Jano, hijo de Apolo y de la ninfa Creusa, esta admirable figura no desmerece de las otras tres en majestad ni en interés.

En pie, está representada con las espaldas cubiertas por el amplio manto del filósofo, que se abre ampliamente sobre el corpiño en forma de compás abierto, estampado al fuego. Una simple pañoleta le protege la nuca. Formando el tocado de la cara senil, va a anudarse por delante, dejando así libre el cuello adornado con un collar de perlas. La falda, de amplios pliegues, está ceñida por un cordón con borla de aspecto pesado, pero de carácter monacal. Su mano izquierda sujeta el pie de un espejo convexo en el que parece experimentar algún placer en contemplar su imagen, mientras que con la derecha mantiene separadas las piernas de un compás de punta seca. Una serpiente, cuyo cuerpo aparece recogido sobre sí mismo, expira a sus pies (lám. XL).

Esta noble figura es para nosotros una emotiva y sugestiva personificación de la Naturaleza, simple, fecunda, múltiple y variada, con apariencia armoniosa y la elegancia y la perfección de formas con que adorna sus más humildes producciones. Su *espejo*, que es el de la *Verdad*, fue siempre considerado por los autores clásicos como el jeroglífico de la materia universal, y particularmente reconocido entre ellos por el signo de la sustancia propia de la Gran Obra. *Objeto de los sabios* y *espejo del arte* son sinónimos herméticos que ocultan al vulgo el verdadero nombre del mineral secreto. En este *espejo*, dicen los maestros, el hombre ve la Naturaleza al descubierto. Gracias a él, puede conocer la antigua verdad en su realismo tradicional, pues la Naturaleza no se muestra jamás por sí misma al investigador, excepto por intermedio de este espejo que conserva su imagen reflejada. Y para mostrar a propósito que se trata de nuestro *microcosmos* y el *pequeño mundo* de sapiencia, el escultor ha cincelado el espejo en forma de lente plana convexa, que posee la propiedad de reducir las formas conservando sus proporciones respectivas. La indicación del objeto hermético, que contiene en su minúsculo volumen todo cuanto encierra el inmenso Universo, aparece, pues, deseada, premeditada, impuesta por una necesidad esotérica imperiosa cuya interpretación no ofrece dudas. De manera que estudiando con paciencia esta única y primitiva sustancia, parcela caótica y reflejo del gran mundo, el artista puede adquirir las nociones elementales de una ciencia desconocida, penetrar en un ámbito inexplorado, fértil de descubrimiento, abundante en revelaciones y pródigo de maravillas, y recibir al fin el inestimable don que Dios reserva a las almas de élite: la luz de la sabiduría.

Aparece así, bajo el velo exterior de la *Prudencia*, la imagen misteriosa de la vieja alquimia, y por los atributos de la primera estamos iniciados en los secretos de la segunda. Por otra parte, el simbolismo práctico de nuestra ciencia participa en la exposición de una fórmula que implica dos de sus términos, dos virtudes esencialmente filosóficas: *la prudencia* y la *simplicidad*. *Prudentia et Simplicitas*, tal es la divisa favorita de los maestros Basilio Valentín y Senior Zadith. Uno de los grabados en madera del tratado del *Azoth* representa, en efecto, a los pies de Atlas, que soporta la esfera cósmica, un busto de Jano -*Prudentia*- y a un niño pequeño deletreando el alfabeto -*Simplicitas*-. Pero mientras que la simplicidad es, sobre todo, propia de la Naturaleza, como el primero y más importante de sus

---

[1] Emesiç, *vómito:* es la *escoria* del texto precedente.
[2] La *piedra de los filósofos,* materia prima, objeto del arte extraído del caos original, de color negro, pero *primum ens* formado por la naturaleza de la *piedra filosofal.*
[3] Algunos historiadores la llaman *Semiamira:* maravillosa a medias. A la vez vil y preciosa, abyecta y buscada, es la prostituta de la Obra. La sabiduría la hace decir de sí misma : *Nigra sum sed formosa* (Soy negra, pero hermosa).

patrimonios, el hombre, por el contrario, parece dotado de las cualidades agrupadas bajo la denominación global de *prudencia:* previsión, circunspección, inteligencia, sagacidad, experiencia, etc. Y aunque todas reclamen, para alcanzar su perfección, el auxilio y el apoyo del tiempo, siendo las unas innatas y las otras adquiridas, sería posible dar en este sentido una razón verosímil de la doble máscara de la *Prudencia.*

La verdad, menos abstracta, parece ligada más bien al positivismo alquímico de los atributos de nuestra Virtud cardinal. Generalmente se recomienda unir «a un anciano sano y vigoroso con una joven y hermosa virgen». De estas *bodas químicas* debe nacer un niño metálico que recibirá el nombre de *andrógino,* porque participa a la vez de la naturaleza del azufre, su padre, y de la del mercurio, su madre. Pero en este lugar yace un secreto que no hemos descubierto entre los mejores y más sinceros autores. La operación así presentada parece simple y muy natural. Sin embargo, nosotros nos hemos encontrado detenidos durante muchos años por la imposibilidad de obtener algo de ella. Es que los filósofos han soldado hábilmente dos obras sucesivas en una sola, con tanto mayor facilidad cuanto que se trata de operaciones semejantes que conducen a resultados paralelos. Cuando los sabios hablan de su *andrógino,* entienden por tal vocablo el compuesto artificialmente formado de azufre y mercurio puestos en contacto estrecho o, según la expresión química consagrada, tan sólo combinados. Ello indica, pues, la posesión previa de un azufre y de un mercurio previamente *aislados o extraídos, y* no de un cuerpo generado directamente por la Naturaleza tras la conjunción del anciano y de la joven virgen. En alquimia práctica, lo que menos se sabe es el comienzo. Asimismo, ésta es la razón por la que aprovechamos todas las ocasiones que se nos ofrecen para hablar del comienzo con preferencia al final de la Obra. Seguimos en esto el consejo autorizado de Basilio Valentín cuando dice que «aquel que tiene la materia encontrará siempre un recipiente para cocerla, y quien tiene harina no debe preocuparse gran cosa por poder hacer pan». Pues bien, la lógica elemental nos conduce a buscar los progenitores del azufre y del mercurio, si deseamos obtener, por su unión, el *andrógino* filosófico, llamado por otro nombre re*bis, compositum de compositis,* mercurio animado, etc., materia propia del elixir. De estos progenitores químicos del azufre y del mercurio primarios, uno permanece siempre el mismo, y es la virgen madre. En cuanto al anciano, debe, una vez concluida su misión, ceder el sitio al más joven que él. Así, estas dos conjunciones engendrarán cada una un vástago de sexo diferente: el azufre, de complexión seca e ígnea, y el mercurio, de temperamento «linfático y melancólico». Es lo que quieren enseñar Filaleteo y d'Espagnet cuando dicen que «nuestra virgen puede estar casada dos veces sin perder en absoluto su virginidad». Otros se expresan de manera más oscura, y se contentan con asegurar que «el Sol y la Luna del cielo no son los astros de los filósofos». Se debe comprender por ello que el artista jamás encontrará a los progenitores de la piedra, directamente preparados en la Naturaleza, y que deberá formar primero el Sol y la Luna herméticos si no quiere verse frustrado por el fruto preciso de su alianza. Creemos haber dicho bastante sobre el asunto. Pocas palabras bastan al sabio, y quienes han trabajado largo tiempo sabrán aprovecharse de nuestras opiniones. Escribimos para todos, pero no todos pueden comprendernos, porque nos está vedado hablar más abiertamente.

Replegada sobre sí misma, con la cabeza vuelta por los espasmos de la agonía, la serpiente que vemos figurar al pie de nuestra estatua pasa por ser uno de los atributos de la *Prudencia.* Se dice que es de natural muy circunspecto. No lo discutimos, pero se convendrá en que este reptil, que se representa moribundo, debe serlo por la necesidad del simbolismo, pues su inercia no le permite en absoluto ejercer tal facultad. Es razonable, pues, pensar que el emblema encierra otro sentido, muy distinto del que se le atribuye. En hermetismo, su significado es análogo al del dragón, que los sabios han adoptado como uno de los representantes del mercurio. Recordemos la serpiente crucificada de Flamel, la de Notre-Dame de París, las de los caduceos, las de los crucifijos de meditación (que salen de un cráneo humano que sirve de base a la cruz divina), la serpiente de Esculapio, el *Ouroboros* griego -*serpens qui caudam devoravit*- encargado de traducir el circuito cerrado del pequeño universo que es la Obra, etc. Pues bien; todos estos reptiles están muertos o moribundos, desde el Ouroboros que se devora a sí mismo, hasta los del caduceo, aniquilados de un golpe de vara, pasando por el tentador de Eva, al que la posteridad de la mujer le aplastará la cabeza (*Génesis,* III, 15). Todos expresan la misma idea, encierran la misma doctrina y obedecen a la misma tradición. Y la serpiente, jeroglífico del principio alquímico primordial, puede justificar el aserto de los sabios, que aseguran que todo cuanto buscan se encuentra contenido en el mercurio. Ella es, en verdad, el motor y la animadora de la gran obra, pues la comienza, la mantiene, la perfecciona y la acaba. Es el círculo místico del que el azufre, embrión del mercurio, marca el punto central a cuyo alrededor efectúa su rotación, trazando así el signo gráfico del Sol, padre de la luz, del espíritu y del oro, dispensador de todos los bienes terrestres.

Pero mientras que el dragón representa el mercurio escamoso y volátil, producto de la purificación superficial del sujeto, la serpiente, desprovista de alas, sigue siendo el jeroglífico del mercurio común, puro y limpio, extraído del cuerpo de la *Magnesia* o materia prima. Esta es la razón por la que ciertas estatuas alegóricas de la *Prud*encia tienen como atributo la serpiente fijada en un espejo, y este espejo, símbolo del mineral bruto suministrado por la Naturaleza, se vuelve luminoso al reflejar la luz, es decir, al manifestar su vitalidad en la serpiente o mercurio, que mantenía oculto bajo su envoltorio grosero. Así, gracias a este primitivo agente vivo y vivificante, resulta posible devolver la vida al azufre de los metales muertos. Al ejecutar la operación, el mercurio, disolviendo el metal, se apodera del azufre, lo anima y muere cediéndole su vitalidad propia. Esto es lo que los maestros quieren explicar cuando ordenan *matar al vivo* para resucitar al muerto, *corporeizar los espíritus y reanimar las corporeizaciones.* Poseyendo este *azufre vivo* y activo calificado de filosófico, a fin de subrayar su regeneración, bastará unirlo en proporción justa al mismo *mercurio vivo* para obtener, por la interpenetración de estos principios vivos, el *mercurio filosófico* o *animado,* materia de la piedra filosofal.

Si se ha comprendido bien lo que nos hemos esforzado en traducir más arriba, y se relaciona con lo que dejamos dicho aquí, quedarán fácilmente abiertas las dos primeras puertas de la Obra.

En resumen, aquel que posea un conocimiento bastante extenso acerca de la práctica observará que el secreto principal de la obra reside en el artificio de la *disolución*. Y como es necesario ejecutar muchas de estas operaciones -diferentes en cuanto a su propósito, pero semejantes en cuanto a su técnica-, existen otros tantos secretos secundarios que, propiamente hablando, no forman en realidad más que uno solo. Todo el arte se reduce, pues, a la disolución; todo depende de ella y de la manera de efectuarla. Tal es el *secretum secretorum*, la clave del Magisterio escondida bajo el axioma enigmático *solve et coagula*: disuelve (el cuerpo) y coagula (el espíritu). Y esto se hace en una sola operación que comprende dos disoluciones, una, violenta, peligrosa y desconocida; y la otra, fácil, cómoda y de uso corriente en el laboratorio.

Habiendo descrito en otra parte la primera de estas disoluciones y habiendo dado, en estilo alegórico poco velado, los detalles indispensables, no volveremos sobre ella[1]. Mas a fin de precisar su carácter, atraeremos la atención del laborioso sobre lo que lo distingue de las operaciones químicas comprendidas en el mismo vocablo. Esta indicación podrá ser de utilidad.

Hemos dicho, y lo repetimos, que el objeto de la *disolución filosófica* es la obtención del azufre que, en el Magisterio, desempeña el papel de formador al coagular el mercurio que le está unido, propiedad que posee por su naturaleza ardiente, ígnea y desecante. «Toda cosa seca bebe ávidamente su húmedo», dice un viejo axioma alquímico. Pero este azufre, a raíz de su primera extracción, jamás es despojado del mercurio metálico con el que constituye el núcleo central del metal, llamado *esencia* o *semilla*. De donde resulta que el azufre, conservando las cualidades específicas del cuerpo disuelto, no es, en realidad, más que la porción más pura y más sutil de ese mismo cuerpo. En consecuencia, podemos considerar, con la mayoría de los maestros, que la disolución filosófica realiza la purificación absoluta de los metales imperfectos. Pues bien; no hay ejemplo espagírico o químico de una operación susceptible de dar semejante resultado. Todas las purificaciones de metales tratados por los métodos modernos no sirven más que para desembarazarlos de las impurezas superficiales menos tenaces. Y éstas, traídas de la mina o acarreadas en la reducción del mineral, son, generalmente, poco importantes. Por el contrario, el procedimiento alquímico, al disociar y destruir la masa de materias heterogéneas fijadas en el núcleo, constituido por azufre y mercurio muy puros, destruye la mayor parte del cuerpo y la hace refractaria a toda reducción ulterior. Así, por ejemplo, un kilogramo de excelente hierro de Suecia o de hierro electrolítico suministra una proporción de metal radical de homogeneidad y pureza perfectas, que varía entre 7,24 y 7,32 gr. Este cuerpo, muy brillante, está dotado de una magnífica coloración violeta -que es el color del hierro puro- análoga, en cuanto a brillo e intensidad, a la de los vapores de yodo. Se advertirá que el azufre del hierro, aislado, rojo encarnado, y su mercurio coloreado de azul claro dan, al combinarse, el violeta, que revela el metal en su integridad. Sometida a la disolución filosófica, la plata abandona pocas impurezas en relación a su volumen, y da un cuerpo de color amarillo casi tan hermoso como el del oro, de cuya elevada densidad carece. Ya la simple disolución química de la plata en el ácido nítrico, como hemos enseñado al comienzo de este libro, desprende del metal una mínima fracción de plata pura, de color de oro, que basta para demostrar la posibilidad de una acción más enérgica y la certidumbre del resultado que puede esperarse de ella.

Nadie podría discutir la importancia y la preponderancia de la disolución, tanto en química como en alquimia. Se sitúa en la primera fila de las operaciones de laboratorio, y puede decirse que la mayoría de los trabajos químicos están bajo su dependencia. En alquimia, la Obra entera no implica sino una serie de diversas soluciones. No cabe, pues, sorprenderse de la respuesta que da «el Espíritu de Mercurio» al «Hermano Alberto» en el diálogo con Basilio Valentín nos incluye en el libro de las *Doce claves*. «¿Cómo podría tener yo este cuerpo?», pregunta Alberto. Y el Espíritu le replica: «Por la disolución.»

Cualquiera que sea la vía empleada, húmeda o seca, la disolución es absolutamente indispensable. ¿Qué es la *fusión* sino una solución del metal en su propia agua? Del mismo modo, la incuartación, así como la obtención de las aleaciones metálicas, son verdaderas soluciones químicas de metales unos por los otros. El mercurio, líquido a la temperatura ordinaria, no es otra cosa que un metal fundido y disuelto. Todas las *destilaciones, extracciones y purificaciones* reclaman una solución previa y no se efectúan sino tras la terminación de dicha solución. ¿Y la *reducción?* ¿Acaso no es el resultado de dos soluciones sucesivas, la del cuerpo y la del reductor? Si en una solución primera de tricloruro de oro se sumerge una lámina de zinc, inmediatamente se produce una segunda solución, la del zinc, y el oro, reducido, se precipita al estado de polvo amorfo. La *copelación* demuestra igualmente la necesidad de una solución primera -la del metal precioso aleado o impuro, por el plomo, mientras que una segunda, la fusión de los óxidos superficiales formados, elimina éstos y perfecciona la operación-. En cuanto a las manipulaciones especiales, netamente alquímicas -*imbibiciones, digestiones, maduraciones, circulaciones, putrefacciones,* etc.-, dependen de una solución anterior y representan otros tantos efectos diferentes de una sola y misma causa.

Pero lo que distingue la solución filosófica de todas las demás, y al menos le asegura una real originalidad, es que el disolvente no se asimila al metal básico que se le ofrece. Tan sólo rechaza sus moléculas, por ruptura de cohesión, y se apodera de los fragmentos de azufre puro que puedan retener, y dejan el residuo, formado por la mayor parte

---

[1] A fin de ilustrar estas indicaciones preciosas del maestro, añadimos, en *Las moradas filosofales,* la hermosa y muy elocuente composición del *Preciosismo don de Dios,* «escript par Georges Aurach et peinct de sa propre main, l'an du Salut de l'Humanité rachetée, 1415». (lám. XLI)

del cuerpo, inerte, disgregado, estéril, y completamente irreductible. No cabría obtener con él, pues, una sal metálica, como se hace con ayuda de los ácidos químicos. Por lo demás, el disolvente filosófico, conocido desde la Antigüedad, no ha sido utilizado jamás sino en alquimia, por manipuladores expertos en la práctica del «truco» especial que exige su empleo. Del disolvente hablan los sabios cuando dicen que *la Obra se hace de una cosa única.* Al contrario de los químicos y espagiristas, que disponen de una colección de ácidos variados, los alquimistas no poseen más que un solo agente que ha recibido gran cantidad de nombres diversos, el último de los cuales cronológicamente es el de *alkaest.* Reconstruir la composición de los licores, simples o complejos, calificados de *alkaests,* nos llevaría demasiado lejos, pues los químicos de los siglos XVII y XVIII han tenido cada cual su fórmula particular. Entre los mejores artistas que han estudiado largamente el misterioso disolvente de Juan Bautista van Helmont y de Paracelso, nos limitaremos a señalar a: Thomson (*Epilogismi chimici,* Leiden, 1673); Welling (*Opera cabalistica,* Hamburgo, 1735); Tackenius (*Hippocrates chimicus,* Venecia, 1666); Digby (*Secreta medica,* Frankfurt, 1676); Starckey (*Pyrotechnia,* Ruán, 1706); Vigani (*Medulla chemiae,* Dantzig, 1862); Christian Langius (*Opera omnia,* Frankfurt, 1688); Langelot (*Salamander, vid. Tillemann,* Hamburgo, 1673); Helbigius (*Introitus ad Physicam inauditam,* Hamburgo, 1680); Federico Hoffmann (*De acido et vis*cido, Frankfurt, 1689); barón Schroeder (*Pharmacopea,* Lyon, 1649); Blanckard (*Theatrum chimicum,* Leipzig, 1700); Quercetanus (*Hermes medicinalis,* París, 1604); Beguin (*Elemens de Chymie,* París, 1615); J. F. Henckel (*Flora Saturnisans,* París, 1760).

Pott, discípulo de Stahl, señala también un disolvente que, a juzgar por sus propiedades, permitiría creer en su realidad *alquímica* si no estuviéramos mejor informados acerca de su verdadera naturaleza.

La manera como nuestro químico lo describe; el cuidado que pone en mantener secreta su composición; la voluntaria generalización de las cualidades que de ordinario se apresura a precisar al máximo; todo ello tendería a probar aquella realidad. «No nos queda sino hablar –dice[1] de un disolvente oleoso y anónimo, del que ningún químico, que yo sepa, ha hecho mención. Se trata de un licor límpido, volátil, puro, oleoso, inflamable como el alcohol y ácido como el buen vinagre, y que pasa en la destilación en forma de copos nebulosos. Este licor, digerido y cohobado sobre los metales, sobre todo después de que han sido calcinados, los disuelve casi todos. Retira del oro una tintura muy roja, y cuando se le quita de encima del oro, queda una materia resinosa, enteramente soluble en alcohol, que adquiere, por este medio, un hermoso color rojo. El residuo es irreductible, y estoy seguro de que podría prepararse de él la sal del oro. Este disolvente se mezcla indiferentemente con los licores acuosos o grasos. Convierte los corales en un licor de un verde marino que parece haber sido su primer estado. Es un licor saturado de sal amoniacal y grasa al mismo tiempo, y para decir lo que yo pienso, es el verdadero *menstruo de Weidenfeld* o el alcohol filosófico, pues de la misma materia se obtienen los vinos blanco y rojo de Raimundo Lulio. Por ello Henry Khunrath da, en su *Anfiteatro,* a su lunar el nombre de su fuego-agua y de su agua-fuego, pues es cierto que Juncken se ha equivocado del todo cuando trata de persuadir que es en el alcohol donde hay que buscar el disolvente anónimo del que hablamos. Este disolvente proporciona un espíritu orinoso de una naturaleza singular que parece, en algunos puntos, diferir por entero de los espíritus orinosos ordinarios. También proporciona una especie de manteca que tiene la consistencia y la blancura de la manteca de antimonio. Es extraordinariamente amarga y de mediana volatilidad. Estos dos productos sirven muy bien para extraer los metales. La preparación de nuestro disolvente, aunque oscura y oculta, es, sin embargo, muy fácil de realizar. Se me dispensará de no decir más sobre esta materia, porque como hace muy poco tiempo que la conozco y que trabajo con ella, me queda aún gran número de experiencias por hacer para asegurarme de todas sus propiedades. Por lo demás, sin hablar del libro *De Secretis Adeptorum* de *Weidenfeld,* Dickenson parece haber descubierto este menstruo en su tratado de *Chrysopeia.*»

Sin discutir la probidad de Pott ni poner en duda la veracidad de su descripción, y menos aún de la que Weidenfeld da bajo términos cabalísticos, es indudable que el disolvente del que habla Pott no es el de los sabios. En efecto, el carácter *químico* de sus reacciones y el estado líquido bajo el que se presenta dan sobrado testimonio. Los que están instruidos acerca de las cualidades del *sujeto* saben que el *disolvente universal es un verdadero mineral,* de aspecto seco y fibroso, de consistencia sólida y dura y de textura cristalina. Es, pues, una *sal* y no un líquido ni un mercurio fluyente, sino una *piedra o sal pétrea,* de donde sus calificativos herméticos de *salitre* (francés *salpêtre,* del latín *sal petri,* sal de piedra), de *sal de sabiduría* o *sal alembroth* -que algunos químicos creen que es el producto de la sublimación simultánea del deutocloruro de mercurio y del cloruro de amonio-. Y esto basta para apartar el disolvente de Pott por estar demasiado alejado de la naturaleza metálica para ser empleado con ventaja en el trabajo de Magisterio. Por otra parte, si nuestro autor hubiera tenido presente el principio fundamental del arte, se hubiera guardado de asimilar al *disolvente universal* su licor particular. Este principio pretende, en efecto, que *en los metales, por los metales, con los metales, los metales pueden ser perfeccionados.* Quienquiera se aparte de esta verdad primera no descubrirá jamás nada útil para la transmutación. En consecuencia, si el metal, según la enseñanza filosófica y la doctrina tradicional, debe en primer lugar ser disuelto, no se deberá hacerlo sino con la ayuda de un *disolvente metálico* que le sea apropiado y muy próximo por su naturaleza. Tan sólo los semejantes actúan sobre sus semejantes. Pues bien, el mejor agente, extraído de nuestra *magnesia o sujeto,* toma el aspecto de cuerpo metálico, cargado de espíritus metálicos, aunque propiamente hablando no sea un metal. Es lo que ha animado a los adeptos, para mejor sustraerlo a la avidez de los ambiciosos, a darle todos los nombres posibles de metales, de minerales, de petrificaciones y de sales. Entre estas denominaciones, la más familiar es la de *Saturno,* considerado como el Adán metálico. Asimismo, no podemos completar mejor nuestra instrucción que dejando la palabra a los filósofos que han tratado de modo especial sobre esta materia. He aquí, pues, la traducción de un

[1] J. H. Pott, *Dissertation sur le Soufre des Métaux,* celebrada en Halle en 1716. París, Th. Hérissant, 1759,   t. I, p. 61.

capítulo muy sugestivo de Daniel Mylius[1], consagrado al estudio de *Saturno*, y que reproduce las enseñanzas de dos célebres adeptos: Isaac el Holandés y Teofrasto Paracelso.

«Ningún filósofo versado en los escritos herméticos ignora cuán importante es *Saturno*, hasta tal punto que debe ser preferido al oro común y natural, y que es llamado *oro verdadero* y la *materia sujeto* de los filósofos. Transcribiremos sobre este punto el testimonio aprobado de los filósofos más notables.

»Isaac el Holandés dice en su *Obra vegetal:* Sabe, hijo mío, que la piedra de los filósofos debe hacerse por medio de *Saturno*, y cuando ha sido obtenida en estado perfecto, hace la proyección tanto en el cuerpo humano -en el interior como en el exterior-, como en los metales. Sabe, también, que en todas las obras vegetales no hay mayor secreto que en *Saturno*, pues no encontramos la putrefacción del oro más que en *Saturno*, donde está oculta. Saturno contiene en su interior el *oro probo*, en lo que convienen todos los filósofos a condición de que se le retiren todas sus superfluidades, es decir, las heces, y entonces queda purgado. El exterior es llevado al interior, el interior manifestado en el exterior, de donde proviene su rojez, y tenemos entonces el *oro probo*.

»*Saturno*, por lo demás, entra fácilmente en solución y se coagula del mismo modo. Se presta de buen grado a dejarse extraer su mercurio. Puede ser sublimado con facilidad, hasta el punto de que se convierte en el mercurio del Sol, pues *Saturno* contiene en su interior el oro que Mercurio necesita, y su mercurio es tan puro como el del oro. Por estas razones digo que *Saturno* es, para nuestra Obra, preferible con mucho al oro, pues si deseas extraer el mercurio del oro, necesitarás más de un año para obtener este cuerpo del Sol, mientras que puedes extraer el mercurio de *Saturno* en veintisiete días. Los dos metales son buenos, pero puedes afirmar con mayor certidumbre todavía que *Saturno es la piedra que los filósofos no quieren nombrar* y cuyo nombre ha sido ocultado hasta hoy. Pues si se conociera su nombre, muchos que corren tras su obtención la hubieran hallado, y este Arte se hubiera convertido en común y vulgar. Este trabajo resultaría breve y sin gran gasto. También, para evitar tales inconvenientes, los filósofos han escondido su nombre con gran cuidado. Algunos lo han envuelto en parábolas maravillosas diciendo que *Saturno es la vasija a la que no es preciso añadir nada extraño*, excepto lo que viene de ella, de tal manera que no hay hombre por pobre que sea que no pueda ocuparse en esta Obra, ya que no necesita grandes gastos y que *son precisos poco trabajo y pocos días* para obtener de él la *Luna* y, poco después, el *Sol*. Hallamos, pues, en *Saturno* todo cuanto necesitamos para la Obra. En él está el mercurio perfecto; en él están todos los colores del mundo que pueden manifestarse; en él está la verdadera negrura, la blancura, la rojez y también el peso.

»Os confío, pues, que después de esto puede comprenderse que *Saturno* sea nuestra piedra filosofal y el *latón* del que pueden ser extraídos el mercurio y nuestra piedra, en poco tiempo y sin grandes dispendios, mediante nuestro *arte breve*. Y la piedra que se obtiene es nuestro *latón*, y el agua aguda que está en ella es nuestra piedra. Y tales son la piedra y el agua sobre las que los filósofos han escrito montañas de libros.

»Teofrasto Paracelso, en el *Canon quinto de Saturno*, dice:

»*Saturno* habla así de su naturaleza: los seis (metales) se han unido a mí e infundieron *su espíritu* en mi cuerpo caduco. Añadieron aquello que no querían en absoluto y me lo atribuyeron. Pero mis hermanos son espirituales y penetran mi cuerpo, que es fuego, de tal manera que soy consumido por el fuego. De modo, que ellos (los metales), excepto dos, el Sol y la Luna, son purgados por mi agua. Mi *espíritu* es el agua que ablanda todos los cuerpos congelados y dormidos de mis hermanos. Pero mi cuerpo conspira con la tierra, al igual que lo que se une a esta tierra se hace semejante a ella y se involucra en su cuerpo. Y no conozco nada en el mundo que pueda producir esto como puedo yo. Los químicos deben, pues, abandonar todo otro procedimiento y limitarse a los recursos que pueden obtenerse de mí.

»La piedra, que en mí está fría, es mi agua, por medio de la cual puede coagularse el espíritu de los siete metales y la esencia del séptimo, del Sol o de la Luna y, con la gracia de Dios, aprovecha tanto que al cabo de tres semanas se puede preparar el *menstruo de Saturno*, que disolverá inmediatamente las perlas. Si los *espíritus de Saturno* son fundidos en solución, se coagulan enseguida en masa y arrancan aceite animado al oro. Entonces, por este medio, todos los metales y las gemas pueden ser disueltos en un instante, lo que el filósofo reservará para sí en tanto lo juzgue conveniente. Pero yo deseo permanecer tan oscuro sobre este punto como claro he sido hasta aquí.»

Para acabar el estudio de la *Prudencia* y de los atributos simbólicos de nuestra ciencia, nos queda hablar del compás que la hermosa estatua de Michel Colombe sostiene en la mano derecha. Lo haremos brevemente. El *espejo* ya nos ha aleccionado sobre el *sujeto* del arte. La doble figura, sobre la alianza necesaria del sujeto con el metal escogido. La serpiente, sobre la muerte fatal y la gloriosa resurrección del cuerpo surgido de esta unión. A su vez, el compás nos suministrará las indicaciones complementarias indispensables, que son las de las *proporciones*. Sin su conocimiento, sería imposible conducir y llevar a buen término la Obra de manera normal, regular y precisa. Es lo que expresa el compás, cuyas piernas sirven no sólo para la medición proporcional de las distancias entre sí, a la vez que para su comparación, sino también para el trazado geométrico perfecto de la circunferencia, imagen del ciclo hermético y de la Obra consumada. Hemos expuesto en otro lugar de esta obra lo que se debe entender por los términos de *proporciones* o *pesos* -secreto velado bajo la forma del compás-, y hemos explicado que encerraban una noción doble: la del *peso de naturaleza* y las de los *pesos del arte*. No volveremos sobre ello y diremos, simplemente, que la armonía que resulta de las *proporciones naturales* y misteriosas para siempre jamás, se traduce por este adagio de Linthaut: *La virtud del azufre sólo se extiende hasta cierta proporción de un término*.

---

[1] Daniel Mylius, *Basilica Philosophica. Francofurti, apud Lucam Jennis*, 1618. Consejo décimo. Teoría de la piedra de los filósofos, tomo III, libro I, p. 67.

Por el contrario, las relaciones entre los pesos del arte, al quedar sometidos a la voluntad del artista, se expresan por el aforismo del Cosmopolita: *El peso del cuerpo es singular, y el del agua, plural.* Pero como los filósofos enseñan que el azufre es susceptible de absorber hasta diez y doce veces su peso de mercurio, se ve nacer enseguida la necesidad de operaciones suplementarias de las que los autores se preocupan apenas: las *imbibiciones* y las *reiteraciones.* Actuaremos en el mismo sentido y someteremos estos detalles de práctica a la mera sagacidad del principiante, porque son de ejecución fácil y de investigación secundaria.

VII

En la catedral de Nantes, el crepúsculo, poco a poco, avanza.

La sombra invade las bóvedas ojivales, colma las naves y baña a la humanidad petrificada del majestuoso edificio. A nuestros lados, las columnas, poderosas y graves, ascienden hacia los arcos trabados, los travesaños y las pechinas que la oscuridad en aumento oculta ahora a nuestros ojos. Una campana suena. Un sacerdote invisible recita a media voz la oración de vísperas, y el tañido de arriba responde a la plegaria de abajo. Tan sólo las llamas tranquilas de los cirios taladran con fulgores de oro las tinieblas del santuario. Luego, terminado el oficio, un silencio sepulcral pesa sobre todas estas cosas inertes y frías, testigos de un pasado lejano preñado de misterio y de enigmas...

Las cuatro guardianas de piedra, en su actitud fija, parecen emerger, imprecisas y suaves, del seno de esta penumbra. Centinelas mudas de la antigua Tradición, estas mujeres simbólicas que vigilan, en los ángulos del mausoleo vacío, las imágenes rígidas y marmóreas de cuerpos dispersos, trasladados no se sabe a dónde, emocionan y dan que pensar. ¡Oh, vanidad de las cosas terrestres! ¡Fragilidad de las riquezas humanas! ¿Qué queda hoy de aquellos cuya gloria debíais conmemorar y cuya grandeza debíais recordar? Un cenotafio. Menos aún: un pretexto del arte, un soporte de ciencia, obra maestra desprovista de utilidad y destino, simple recuerdo histórico, pero cuyo alcance filosófico y cuya enseñanza moral sobrepasan con mucho la trivialidad suntuosa de su primer destino.

Y ante esas nobles figuras de las Virtudes cardinales que velan los cuatro conocimientos de la eterna Sapiencia, las palabras de Salomón (*Prov.,* III, 13 a 19) acuden por sí solas a nuestro espíritu:

«Bienaventurado el que alcanza la sabiduría y adquiere inteligencia;

»Porque es su adquisición mejor que la de la plata y es de más provecho que el oro.

»Es más preciosa que las perlas y no hay tesoro que la iguale;

»Lleva en su diestra la longevidad, y en su siniestra la riqueza y los honores. De su boca brota la justicia y lleva en la lengua la ley y la misericordia.

»Sus caminos son caminos deleitosos y son paz todas sus sendas.

»Es árbol de vida para quien la consigue; quien la abraza es bienaventurado.

»Con la sabiduría fundó Yavé la tierra, con la inteligencia consolidó los cielos.»

EL RELOJ DE SOL DEL PALACIO HOLYROOD DE EDIMBURGO

Se trata de un edificio pequeño en extremo singular. En vano interrogamos a nuestros recuerdos, y no encontramos una imagen análoga a esta obra original y tan característica. Es más un cristal erigido, una gema elevada sobre un soporte, que un verdadero monumento. Y esta muestra gigantesca de las producciones mineras estaría más en su lugar en un museo de mineralogía que en mitad de un parque en el que al público no le está permitido penetrar.

Ejecutado en 1633 bajo la orden de Carlos I por John Milne, su maestro albañil, con la colaboración de John Bartoum, se compone esencialmente de un bloque geométrico tallado en forma de icosaedro regular con las caras ocupadas por hemisferios y cavidades de paredes rectilíneas, el cual está soportado por un pedestal que se levanta sobre una base pentagonal formada por tres plataformas superpuestas. Tan sólo esta base, que ha sufrido a causa de las intemperies, ha tenido que ser restaurada. Tal es el *Sundial* del palacio Holyrood (lám. XLII).

La Antigüedad, a la que puede consultarse siempre con provecho, nos ha dejado cierta cantidad de relojes de sol de formas variadas, encontrados en las ruinas de Castel Nuovo, Pompeya, Túsculo, etc. Otros los conocemos por las descripciones de escritores científicos, en particular Vitrubio y Plinio. Así, el reloj llamado *Hemicyclium*, atribuido a Beroso (hacia 280 antes de J.C.), comprendía una superficie semicircular «sobre la cual un estilo marcaba las horas, los días e incluso los meses». El que se llamaba *Escafo* se componía de un bloque hueco provisto, en el centro, de una aguja cuya sombra proyectábase sobre las paredes. Habría sido fabricado por Aristarco de Samos (siglo III antes de J.C.), al igual que el reloj *Discus*, hecho con una tabla redonda, horizontal, de bordes ligeramente levantados. Entre las formas desconocidas de las que tan sólo nos han llegado los nombres, se citaban los relojes *Arachne*, en el que las horas, se dice, estaban grabadas en el extremo de hilos tenues, lo que le daba el aspecto de una tela de araña (la invención se debería a Eudoxio de Cnido, hacia 330 antes de J.C.); *Plinthium*, disco horizontal trazado sobre una base de columna cuadrada, habría tenido por autor a Escopo de Siracusa; *Pelecinon*, reloj igualmente horizontal de Patroclo; *Conum*, sistema cónico de Dionisidoro de Amiso, etc.

Ninguna de estas formas ni de estas relaciones corresponde al curioso monumento de Edimburgo; ninguna puede servirle de prototipo. Y, sin embargo, su denominación, la que justifica su razón de ser, es doblemente exacta. Es, a la vez, un reloj solar múltiple y un verdadero reloj hermético. Así, este icosaedro extraño representa para nosotros una obra de doble *gnomónica*. La palabra griega gnwmwn que se ha transmitido íntegra al latín y a nuestra lengua (*gnomon*, gnomón), posee otro sentido que el de la aguja encargada de indicar, por la sombra proyectada sobre un plano, el recorrido del sol. Gnwmwn designa, asimismo, a aquel que toma conocimiento, que se instruye; define *al prudente, al sensato, al esclarecido*. Esta palabra deriva de gignwscw, doble forma ortográfica cuyo sentido es *conocer, saber, comprender, pensar, resolver*. De ahí proviene Gnwsiç, *conocimiento, erudición, doctrina*, de donde la palabra española *gnosis*, doctrina de los *gnósticos* y filosofía de los magos. Se sabe que la *gnosis* era el conjunto de los conocimientos sagrados cuyo secreto guardaban celosamente los magos y que constituía, sólo para los iniciados, el objeto de la enseñanza esotérica. Pero la raíz griega de la que proceden gnwmwn y gnwsiç ha formado, asimismo, gnwmh, que corresponde a nuestra palabra *gnomo*, con el significado de *espíritu, inteligencia*. Pues bien; los gnomos genios subterráneos encargados de guardar tesoros minerales, que velan sin cesar en las minas de oro o de plata y en los yacimientos de piedras preciosas, aparecen como representaciones simbólicas, como figuras humanizadas del *espíritu vital* metálico y de la actividad material. La tradición nos los pinta también muy feos y de pequeñísima estatura. En contrapartida, su natural es dulce, su carácter, bondadoso y su trato, en extremo favorable. Se comprende fácilmente entonces la razón oculta de las narraciones legendarias en las que la amistad de un gnomo abre de par en par las puertas de las riquezas terrestres...

El icosaedro gnomónico de Edimburgo es, pues, aparte su destino efectivo, una traducción escondida de la Obra gnóstica o Gran Obra de los filósofos. Para nosotros, este pequeño monumento no tiene simple y únicamente por objeto indicar la hora diurna, sino también el recorrido del *sol de los sabios* en la obra filosofal. Y este recorrido está regulado por el icosaedro, que es este cristal desconocido, la *sal de Sapiencia*, *espíritu* o *fuego encarnado*, el *gnomo* familiar y servicial, amigo de los buenos artistas, el cual asegura al hombre el acceso a la gnosis antigua.

Por lo demás, ¿fue la caballería extraña del todo a la edificación de este curioso *Sundial* o, al menos, a su decoración especial? No lo pensamos, y creemos encontrar la prueba de ello en el hecho de que, en muchas caras del sólido, el emblema del *cardo* se repite con significativa insistencia. Se cuentan, en efecto, seis capítulos florales y dos tallos floridos de la especie llamada *Serratula arvensis*. Puede reconocerse en la preponderancia evidente del símbolo, con la insignia particular de los *caballeros de la orden del Cardo[1]* la afirmación de un sentido secreto impuesto a la obra y contraseñado por ellos.

Edimburgo, por añadidura, ¿poseía, junto a esta orden real cuyo esoterismo jeroglífico no ofrece ninguna duda, un centro de iniciación hermética dependiente de dicha orden? No podríamos afirmarlo. Sin embargo, unos treinta años antes de la construcción del *reloj de sol* y catorce después de la supresión «oficial» de la orden, transformada en fraternidad secreta, vemos aparecer, en los alrededores inmediatos de Edimburgo, a uno de los más sabios adeptos y de los más fervientes propagadores de la verdad alquímica, Seton, célebre bajo el seudónimo de *Cosmopolita.* «Durante el verano del año 1601 -escribe Louis Figuier[2]-, un piloto holandés llamado Jacobo Haussen fue sorprendido por una tormenta en el mar del Norte y arrojado a la costa de Escocia, no lejos de Edimburgo, a escasa distancia de la localidad de *Seton* o *Seatoun.* Los náufragos fueron socorridos por un habitante del lugar que poseía una casa y algunas tierras en aquella costa. Consiguió salvar a muchos de aquellos infelices, y acogió con humanidad al piloto en su casa, procurándole los medios para regresar a Holanda.» Este hombre se llamaba *Sethon* o *Sethonius[3].* El inglés Campden, en su *Britannia*, señala, en efecto, muy cerca del punto del litoral donde el piloto Haussen naufragó, una vivienda que se llama *Sethon house,* que nos dice ser la residencia del conde de Winton. Es, pues, probable que nuestro adepto perteneciera a esta noble familia de Escocia, lo que aportaría un argumento de cierto valor a la hipótesis de relaciones posibles entre Sethon y los caballeros de la orden del Cardo. Tal vez nuestro hombre se hubiera formado en el lugar mismo en que le vemos practicar esas obras de misericordia y de elevada moral que caracterizan a las almas elevadas y a los verdaderos filósofos. Sea como fuere, este hecho marca el comienzo de una existencia nueva, consagrada al apostolado hermético, existencia errante, movida, brillante, a veces llena de vicisitudes, vivida en su totalidad en el extranjero y que el mártir debía coronar trágicamente dos años más tarde (diciembre de 1603 o enero de 1604). Parece claro, pues, que el Cosmopolita, únicamente preocupado por su misión, no regresó jamás a su país de origen, que no abandonó hasta que, en 1601, hubo adquirido la maestría perfecta del arte. Éstas son razones, o más bien conjeturas, que nos han llevado a relacionar a los caballeros del Cardo con el célebre alquimista, invocando el testimonio hermético del *Sundial* de Edimburgo.

Según nuestra opinión, el reloj de sol escocés es una réplica moderna, a la vez más concisa y más sabia, de la antigua *Tabla de esmeralda.*Ésta se componía de dos columnas de mármol verde, según algunos, o de una placa de *esmeralda* artificial, según otros. Allí estaba grabada la *Obra solar* en términos cabalísticos. La tradición la atribuye al padre de los filósofos, *Hermes Trismegisto,* que se declara su autor, aunque su personalidad, muy oscura, no permita saber si el hombre pertenece a la fábula o a la Historia. Algunos pretenden que este testimonio de la ciencia sagrada, escrito primitivamente en griego, fue descubierto después del Diluvio en una gruta rocosa del valle de Hebrón. Este detalle, desprovisto de toda autenticidad, nos ayuda a comprender mejor el significado secreto de esta famosa Tabla, que muy bien podría no haber existido fuera de la imaginación, sutil y maliciosa, de los viejos maestros. Se nos dice que es verde -como el rocío de primavera, llamado por esta razón *esmeralda de los filósofos* -, primera analogía con la materia salina de los sabios; que fue redactada por *Hermes*,

segunda analogía, puesto que esta materia lleva el nombre de *Mercurio*, divinidad romana correspondiente al Hermes de los griegos. Finalmente, tercera analogía, *este mercurio verde* que sirve para las tres Obras es calificado de *triple*, de donde el calificativo de *Trimegisto* (Trismegistoç, *tres veces grande* o *sublime*) añadido al nombre de Hermes. La *Tabla de esmeralda* toma así el carácter de un discurso pronunciado por el mercurio de los sabios acerca de la manera como se elabora la Obra filosofal. No es Hermes, el Tot egipcio, el que habla, sino la *esmeralda de los filósofos* o la tabla isíaca misma[4].

---

[1] La orden del Cardo, creada por Jacobo V, rey de Escocia, en 1540, se componía originalmente de doce caballeros, como todas las fraternidades derivadas de la tabla redonda. También se llamó Orden de San Andrés, porque una capilla de la Catedral, dedicada al apóstol, les estaba especialmente consagrada, porque la decoración llevaba su efigie y, finalmente, porque la fiesta de la orden se celebraba el 30 de Noviembre, día de San Andrés. Suprimida en 1587, esta institución continuó en secreto y fue restablecida en 1687.

[2] Cf. Louis Figuier, *L'Alchimie et les Alchimistes.* París, Hachette et Cie, 1856.

[3] Se encuentra este nombre transcrito según diversas grafías, de acuerdo con los autores. Seton o Sethon se llama asimismo *Sitonius, Sithoneus, Suethonius* y *Seethonius.* Todas estas denominaciones van acompañadas del epíteto *Scotus*, lo que distingue a un escocés de nacimiento. En cuanto al palacio de Sethon, en la antigua parroquia de Haddingtonshire, anexionada a Tranent en 1580, fue destruido por vez primera por los ingleses en 1544. Reedificado, María Estuardo y Darnley se detuvieron en él el 11 de marzo de 1566, al día siguiente del asesinato de Rizzio. La reina volvió, acompañada de Bothwell, en 1567, tras el asesinato de Darnley. Jacobo VI de Escocia hizo una estancia en abril de 1603 cuando fue a tomar posesión de la corona de Inglaterra.Cuando los funerales del primer conde de Winton, asistió a los desfiles del cortejo, sentado en un banco del parque. En 1617, este mismo monarca pasó su segunda noche en Seton, tras haber atravesado el Twed. Carlos I y su corte fueron recibidos dos veces en 1633. En la actualidad no existe ningun vestigio de este palacio, completamente destruido en 1790. Añadamos que la familia de Seton había recibido su carta de propiedad de las tierras de ese nombre y de Winton en el siglo XII.

[4] El texto de la *Tabla de esmeralda*, muy conocido por los discípulos de Hermes, puede ser ignorado por algunos lectores. He aquí, pues, la versión más exacta de aquellas palabras célebres:

«Es verdad, sin mentira, cierto y muy verdadero:

»Lo que está abajo es como lo que está arriba. y lo que está arriba es como lo que está abajo. Por estas cosas se realizan los milagros de una sola cosa. Y como todas las cosas son y proceden de UNO, por la mediación de UNO, así todas las cosas han nacido de esta cosa única por adaptación.

La idea generatriz del reloj de Edimburgo refleja una preocupación semejante. Sin embargo, aparte que limita su enseñanza a la mera práctica alquímica, ya no es la *materia* en sus cualidades y en su naturaleza lo que expresa, sino tan sólo su *forma* o estructura física. Es un edificio cristalino cuya composición química permanece desconocida. Su configuración geométrica permite tan sólo reconocer en él las características mineralógicas de los cuerpos salinos en general. Nos enseña que el *mercurio es una sal* - lo que ya sabíamos -, y que esta sal tiene su origen en el reino mineral. Es, por otra parte, lo que afirman y repiten a porfía Claveus, el Cosmopolita, Limojon de Saint-Didier, Basilio Valentín, Huginus à Barma, Batsdorff, etc., cuando explican que *la sal de los metales es la piedra de los filósofos*[1].

Podemos, pues, razonablemente, considerar el reloj de sol como un monumento erigido *al vitriolo filosófico*, objeto inicial y primer ser de la piedra filosofal. Pues bien, todos los metales no son más que sales, lo que prueba su textura y demuestra la facilidad con que forman compuestos cristalizados. Al fuego, estas sales se funden en su agua de cristalización y adquieren el aspecto del aceite o del mercurio. Nuestro *vitriolo* obedece a la misma ley, y como conduce al éxito al artista lo bastante feliz para descubrirlo y prepararlo, ha recibido de nuestros predecesores el nombre de *aceite de victoria*. Otros, considerando su color y, haciendo un juego de palabras con la asonancia, lo han *denominado aceite de vidrio (vitri oleum)*, lo que determina su aspecto vítreo, su fluidez grasienta al fuego y su coloración verde *(viridis)*. Este color evidente es lo que ha permitido atribuirle todos los epítetos que ocultan al profano su verdadera naturaleza. Se lo ha dotado, nos dice Arnaldo de Vilanova, del nombre de los árboles, de las hojas, de las hierbas, de todo cuanto presenta una coloración verde, «a fin de engañar a los insensatos». Los compuestos metálicos que dan sales verdes han contribuido en gran medida a la extensión de esta nomenclatura. Es más, los filósofos, invirtieron el orden, se han complacido en designar cosas verdes por calificativos herméticos, para recordar, sin duda, la importancia que adquiere este color en alquimia. El *mercurillo*, por ejemplo, o *pequeño mercurio*, que se ha convertido en el francés *maquereau* (de *mercureau*) -caballa-, aún sirve para disfrazar, el primero de abril, la personalidad del remitente[2]. Es un pez místico, objeto de *mistificaciones*. Debe su nombre y su reputación a su brillante coloración verde con rayas negras, semejante a la del *mercurio* de los sabios. Bescherelle señala que en el año 1430 la caballa era el único pescado marino que llegó a París, donde, según una costumbre muy antigua, se adobaba con *grosellas verdes*[3]. ¿Se sabe por qué las sepias han recibido el nombre que llevan? Simplemente, porque ponen huevos verdes, agrupados como un racimo de uvas. Nuestro mercurio verde, agente de *putrefacción* y de regeneración, determinó que *sepia* fuera llamada **shpia** en la lengua primitiva. Esta palabra procede de **shpw**, que significa *purificar*, reducir a podredumbre. Gracias a sus huevos verdes, la sepia lleva un nombre cabalístico, por la misma razón que la *saturnia* del peral *(Saturnia pyri)*, gran mariposa de huevos de esmeralda.

Los alquimistas griegos tenían la costumbre, en sus fórmulas, de traducir el disolvente hermético por la indicación de su color. Unían, para escribir su símbolo, dos consonantes de la palabra CLOROE, *verde*, la X y la P yuxtapuestas. Pues bien, este grafismo típico reproduce con exactitud el monograma griego de Cristo, tomado de su nombre, CRISTOS. ¿Debemos ver en esta similitud el efecto de una simple coincidencia, o el de una voluntad razonada? El mercurio filosófico nace de una sustancia pura, y Jesús nace de una madre sin mancha; el Hijo del Hombre y el hijo de Hermes llevan ambos vida de peregrinos; los dos mueren prematuramente como mártires, uno en la cruz y el otro en el crisol; también resucitan, uno y otro, el tercer día... He aquí curiosas correspondencias, ciertamente, pero no podríamos afirmar que los hermetistas griegos las hayan conocido ni que las hayan utilizado.

Por otra parte, ¿sería llevar la intrepidez hasta la temeridad relacionar con el esoterismo de nuestra ciencia tal práctica de la Iglesia cristiana, que se celebrara el 1.º de mayo? Ese día, en numerosas localidades, el clero iba en procesión - la *procesión verde* - a cortar los arbustos y las ramas con los que se decoraban las iglesias, en particular las que estaban bajo la advocación de Nuestra Señora. Estas procesiones han sido abandonadas hoy. Tan sólo la costumbre de los *mais* (árboles adornados), que proviene de aquéllas, se ha conservado y se perpetúa aún en los pueblos de Francia. Los simbolistas descubrirían, sin dificultad, la razón de estos ritos oscuros si recuerdan que Maia era la madre de Hércules. Se sabe, además, que el *rocío de mayo* o *esmeralda de los filósofos* es verde, y que el

---

»El Sol es el padre y la Luna, la madre. El viento la ha llevado en su vientre. La Tierra es su nodriza y su receptáculo. El Padre de todo, el Telema del mundo universal, está aquí. Su fuerza o potencia permanece íntegra si es convertida en tierra. Separarás la tierra del fuego, lo sutil de lo espeso, suavemente, con gran industria. Asciende de la tierra y desciende del cielo, y recibe la fuerza de las cosas superiores y de las inferiores. Tendrás por este medio la gloria del mundo, y toda oscuridad huirá de ti.

»Es la fuerza, fuerte con toda fuerza, pues vencerá toda cosa sutil y penetrará toda cosa sólida. Así ha sido creado el mundo. De ahí saldrán admirables adaptaciones, cuyo método se da aquí.

»Por eso ha sido llamado Hermes Trismegisto, pues tengo las tres partes de la filosofía universal.

Lo que he dicho de la Obra solar es completo.,,

La Tabla de esmeralda se encuentra reproducida en una roca, en traducción latina, en una de las hermosas láminas que ilustran el *Amphiteatrum Sapientae Aeterna* de Khunrath (1610). Joannes Grasseus, bajo el seudónimo de Hortulanus, dió en el siglo XV un Comentario del texto (Commetaire, traducción francesa de J. Girard de Tournus, en el Miroir d'Alquimie. París, Seveste, 1613).

[1] «Obtened la sal de los metales - dice el Cosmopolita- sin ninguna corrosión ni violencia, y esta sal os producirá la piedra blanca y la roja. Todo el secreto consiste en la sal, de la cual se hace nuestro perfecto elixir.»

[2] En Francia, el 1.º de abril, como entre nosotros el 28 de diciembre, es el día de las «inocentadas». -N. del T.

[3] Cabalísticamente, *gruesa sal verde* (francés: *groseilles vertes; gros sel vert*).

adepto Cyliani declara, metafóricamente, que este vehículo es indispensable para el trabajo. Asimismo, nosotros no pretendemos insinuar que sea necesario recoger, a ejemplo de ciertos espagiristas y de los personajes del *Mutus Liber*, la escarcha nocturna del mes de María, atribuyéndole cualidades de las que la sabemos desprovista. El rocío de los sabios es una sal y no un agua, pero la coloración propia de esta agua sirve para designar nuestro objeto.

Entre los antiguos hindúes, la materia filosofal estaba representada por la diosa Mudevi (Mudhsiç, *humedad, podredumbre;* de mudaw, *pudrir*). Nacida, se dice, del *mar de leche*, se la representaba pintada de color verde, montada en un *asno* y llevando en la mano una banderola en medio de la cual se veía un *cuervo*.

También es hermético, sin duda, el origen de esa *fiesta del lobo verde*, regocijo popular cuya vigencia se ha mantenido largo tiempo en Jumièges y que se celebraba el 24 de junio, día de la exaltación solar, en honor de santa Austreberta. Una leyenda nos cuenta que la santa lavaba la ropa de la célebre abadía, a donde la transportaba un *asno*. Un día, el lobo estranguló al asno, y santa Austreberta condenó al culpable a realizar el servicio de su víctima. El lobo cumplió a las mil maravillas hasta su muerte. La fiesta perpetuaba el recuerdo de esta leyenda. Sin embargo, no se nos da la razón por la que el color verde fuera atribuido al lobo. Pero podemos decir, de manera muy segura, que al estrangular y devorar al *asno*, el lobo se vuelve verde, y esto basta. El «lobo hambriento y ladrón» es el agente indicado por Basilio Valentín en la primera de sus *Doce claves*. Este lobo (lucoç) es, primero, gris y no permite sospechar el fuego ardiente, la viva luz que mantiene escondidos en su cuerpo grosero. Su encuentro con el asno pone de manifiesto esta luz: lucoç se convierte en luch, el primer resplandor de la mañana, la *aurora*. El *lobo gris* se tiñe en *lobo verde*, y es entonces nuestro *fuego secreto*, el Apolo naciente, Luchgenhç, *el padre de la luz.*

Puesto que reunimos aquí todo cuanto pueda ayudar al investigador a descubrir el misterioso agente de la Gran Obra, le daremos también a conocer la *leyenda de los cirios verdes*. Ésta se refiere a la célebre Virgen negra de Marsella, Notre-Dame-de-Confession, que encierran las criptas de la vieja abadía de Saint-Victor. La leyenda contiene, tras el velo de la alegoría, la descripción del trabajo que debe efectuar el alquimista para extraer del metal grosero el espíritu vivo y luminoso, el *fuego secreto* que encierra, bajo forma de cristal translúcido, verde, fusible como la cera, y que los sabios designan como su *vitriolo.*

He aquí esta ingenua tradición hermética[1]:

Una joven de la antigua *Massilia* llamada *Marta*, simple *obrera* y, desde hacía mucho, *huérfana*, había hecho voto a la Virgen negra de las Criptas de dedicarle un culto particular. Le ofrecía todas las flores que iba a recoger a las colinas - tomillo, salvia, espliego, romero -, y no faltaba jamás, hiciera el tiempo que hiciera, a la misa cotidiana.

La víspera de la Candelaria, fiesta de la *Purificación*, Marta fue despertada, en mitad de la noche, por una voz secreta que la invitaba a dirigirse al claustro para asistir al oficio de maitines. Temiendo haber dormido más que de ordinario, se vistió a toda prisa, salió, y como la nieve, extendiendo su manto sobre el suelo, reflejaba cierta claridad, la muchacha creyó que el alba estaba próxima. Llegó pronto a la puerta del monasterio, que se encontraba abierta. Allí encontró a un clérigo y le rogó que dijera una misa por su intención pero como carecía de dinero deslizó de su dedo un modesto anillo de oro - su única fortuna- y lo colocó, a guisa de ofrenda, bajo un candelabro del altar.

Apenas comenzada la misa, cuál no sería la sorpresa de la joven al ver la *cera blanca* de los cirios volverse *verde*, de un verde celeste, desconocido, verde diáfano y más brillante que las más hermosas esmeraldas o las más raras malaquitas. No podía creer lo que veía ni podía apartar sus ojos...

Cuando el *Ite misa est* la arrancó al fin del éxtasis provocado por el prodigio, cuando en el exterior volvió a hallar el sentido de las realidades familiares, advirtió que la noche no había terminado, y tan sólo la primera hora del día sonaba en la torre de Saint-Victor.

No sabiendo qué pensar de la aventura, regresó a su casa, pero de buena mañana volvió a la abadía. En el santo lugar había ya gran concurrencia de público. Ansiosa y turbada, la muchacha se informó y le dijeron que desde la víspera no se había dicho ninguna misa. Marta, arriesgándose a pasar por visionaria, contó entonces con detalle el milagro al que acababa de asistir unas horas antes, y los fieles, en tropel, la siguieron hasta la gruta. La huérfana había dicho la verdad: el anillo se encontraba aún en el mismo lugar, al pie del candelabro, y los cirios seguían brillando en el altar con su incomparable destello verde...

En su *Notice sur l'Antique Abbaye de Saint-Victor de Marseille*, el abate Laurin habla de la costumbre, que aún observa el pueblo, de llevar cirios verdes en las procesiones de la Virgen negra. Estos cirios se bendicen el 2 de febrero, día de la Purificación, llamado comúnmente la Candelaria. El autor añade que «los cirios de la Candelaria *deben ser verdes*, sin que la razón de ello sea bien conocida. Los documentos nos indican que cirios de color verde estaban en uso en otros lugares, en el monasterio de las religiosas de Saint-Sauveur, en Marsella, en 1479, y en la iglesia metropolitana de Saint-Sauveur, en Aix-en-Provence, hasta 1620. En otros lugares, la costumbre se ha perdido, mientras que se ha conservado en Saint-Victor».

Tales son los puntos esenciales del simbolismo propio del *Sundial* de Edimburgo que deseábamos señalar.

En la decoración especial del icosaedro emblemático, el visitante lo bastante influyente como para poder acercársele - pues sin motivo pertinente jamás obtendrá la autorización -, advertirá, además de los cardos jeroglíficos de la orden, los monogramas respectivos de Carlos II decapitado en 1649, y de su mujer, Marie-Henriette de Francia. Las letras C R *(Carolus Rex)* se aplican al primero, y M R *(Maria Regina)* designan a la segunda. Su hijo,

---

[1] Cf. la pieza breve pero en verso titulada *La Légende des Cierges verts*, por Hippolyte Matabon. Marsella, J. Cayer, 1889.

Carlos II, nacido en 1630 -tenía tres años cuando fue edificado el monumento-, es recordado en las caras del cristal de piedra por las iniciales C P *(Carolus Princeps)*, rematadas cada una por una corona, al igual que las de su padre. El visitante verá también, junto a las armas de Inglaterra, de Escocia y del arma de Irlanda, cinco rosas y otras tantas flores de lis sueltas e independientes, emblemas de sabiduría y de caballería, ésta subrayada por el penacho formado por tres plumas de avestruz que otrora adornara el casco de los caballeros. Finalmente, otros símbolos que hemos analizado en el curso de estos estudios acabarán de precisar el carácter hermético del curioso monumento: el *león coronado* que sostiene con una pata la *espada* y con la otra el *cetro*; el *ángel*, representado con las alas desplegadas; *san Jorge matando el dragón* y san Andrés ofreciendo el instrumento de su martirio -la cruz en X -; los *dos rosales* de Nicolas Flamel junto a la concha de Santiago y los tres corazones del célebre alquimista de Bourges, orfebre de Carlos VII.

Concluiremos aquí nuestras visitas a las viejas moradas filosofales.

Nos resultaría fácil multiplicar estos estudios, pues los ejemplos decorativos del simbolismo hermético aplicado a las construcciones civiles son numerosos aún hoy, pero hemos preferido limitar nuestra enseñanza a los problemas más típicos y mejor caracterizados.

Pero antes de despedirnos de nuestro lector agradeciéndole su benévola atención, echaremos una última mirada sobre el conjunto de la ciencia secreta. Y al igual que el anciano que evoca de buen grado sus recuerdos se detiene en las horas sobresalientes del pasado, esperamos nosotros descubrir en este examen retrospectivo el hecho capital, objeto de las preocupaciones esenciales del verdadero hijo de Hermes.

Este punto importante en el que se encuentran concentrados los elementos y los principios de los más elevados conocimientos no podría ser buscado ni hallado en la vida, pues la vida está en nosotros, irradia a nuestro alrededor, nos es familiar y nos basta saber observar para captar sus manifestaciones variadas. Es en la muerte donde podemos reconocerlo, en ese ámbito invisible de la espiritualidad pura, en el que el alma, liberada de sus vínculos, se refugia al fin de su periplo terrestre; es en la nada, en esa nada misteriosa que lo contiene todo, ausencia donde reina toda presencia, donde hay que encontrar las causas cuyos múltiples efectos nos muestra la vida.

Asimismo, en el momento en que se declara la inercia corporal, en la hora misma en que la Naturaleza termina su labor, es cuando el sabio comienza la suya. Inclinémonos, pues, sobre el abismo, escrutemos su profundidad, removamos las tinieblas que lo llenan, y la nada nos instruirá. El nacimiento enseña poco, pero la muerte, de la que nace la vida, puede revelárnoslo todo. Ella sola detenta las llaves del laboratorio de la Naturaleza; ella sola libera el espíritu, encarcelado en el centro del cuerpo material. Sombra dispensadora de la luz, santuario de la verdad, asilo inviolado de la sabiduría, esconde y oculta celosamente sus tesoros a los mortales timoratos, a los indecisos, a los escépticos, a todos cuantos la desconocen o no osan afrontarla.

Para el filósofo, la muerte es simplemente la clavija maestra que une el plano material con el plano divino. Es la puerta terrestre abierta sobre el cielo, el vínculo de unión entre la Naturaleza y la divinidad; es la cadena que ata a aquellos que son con los que ya no son. Y si la evolución humana, en su actividad física, puede disponer a su antojo del pasado y del presente, en contrapartida, *tan sólo a la muerte pertenece el porvenir*.

En consecuencia, lejos de inspirar al sabio un sentimiento de horror o de repulsión, la muerte, instrumento de salvación, se le aparece como deseable porque es útil y necesaria. Y si no nos está permitido acortar por nosotros mismos el tiempo fijado por nuestro destino propio, al menos hemos recibido licencia del Eterno para provocarla en la materia grave, sometida, según las órdenes de Dios, a la voluntad del hombre.

Se comprende así por qué los filósofos insisten tanto en la necesidad absoluta de la muerte material. Por ella, el espíritu, imperecedero y siempre actuante, revuelve, criba, separa, limpia y purifica el cuerpo. Por ella, el espíritu tiene la posibilidad de reunir las partes limpias y de construir con ellas su nuevo domicilio, y de transmitir en fin, a la forma regenerada una energía que no poseía.

Considerada desde el punto de vista de su acción química sobre las sustancias de los tres reinos, la muerte está claramente caracterizada por la disolución íntima, profunda y radical de los cuerpos. Por ello la *disolución*, llamada *muerte* por los viejos autores, se afirma como *la primera y más importante de las operaciones de la Obra*, la que el artista debe esforzarse en realizar antes que cualquier otra. Quien descubra el artificio de la verdadera disolución y vea consumarse la putrefacción consecutiva, tendrá en su poder el mayor secreto del mundo. Poseerá igualmente un medio seguro de acceder a los sublimes conocimientos. Tal es el punto importante, ese *eje del arte*, según la expresión misma de Filaleteo, que desearíamos señalar a los hombres de buena fe, a los investigadores benévolos y desinteresados.

Pues bien, por el hecho de que están destinados a la disolución final, todos los seres deben obtener necesariamente de ello un beneficio semejante. Nuestro mismo globo no podrá escapar a esta ley inexorable. Tiene su tiempo contado, como nosotros el nuestro. La duración de su evolución está ordenada, regulada con anticipación y estrictamente limitada. La razón lo demuestra, el buen sentido lo presiente, la analogía lo enseña y la Escritura nos lo certifica: *En el fragor de una espantosa tempestad, el cielo y la tierra pasarán...*

Durante un *tiempo, tiempos y la mitad de un tiempo*[1], la Muerte extenderá su dominio sobre las ruinas del mundo, sobre los vestigios de las civilizaciones aniquiladas. En nuestra Tierra, tras las convulsiones de una larga agonía,

---

[1] Daniel, cap. VII, 25, y XII, 7. Apocal., cap XII, 14.

volverá el estado confuso del caos original. Pero el espíritu de Dios flotará sobre las aguas. Y todas las cosas quedarán cubiertas de tinieblas y serán sumergidas en el profundo silencio de los sepulcros.

PARADOJA DEL PROGRESO ILIMITADO DE LAS CIENCIAS

A todos los filósofos, a las gentes instruidas sean quienes fueren, a los sabios especialistas tanto como a los simples observadores nos permitimos proponerles esta pregunta:
«¿Habéis reflexionado sobre las consecuencias fatales que resultarán de un progreso ilimitado?»
Ahora ya, a causa de la multiplicidad de las adquisiciones científicas, el hombre no consigue vivir sino a fuerza de energía y de resistencia, en un ambiente de actividad trepidante, enfebrecido y malsano. Ha creado la máquina, que ha centuplicado sus medios y su potencia de acción, pero se ha convertido en su esclavo y su víctima: esclavo en la paz y víctima en la guerra. La distancia ya no es un obstáculo para el hombre: se traslada con rapidez de un punto del Globo a otro por las vías aérea, marítima y terrestre. No vemos, sin embargo, que estas facilidades de desplazamiento lo hayan hecho mejor ni más feliz, pues si el adagio afirma que los viajes forman a la juventud, no parecen contribuir gran cosa a reafirmar los vínculos de concordia y fraternidad que deberían unir a los pueblos. Jamás las fronteras han estado mejor guardadas que hoy. El hombre posee la facultad maravillosa de expresar su pensamiento y de hacer escuchar su voz hasta en los lugares más lejanos, y, sin embargo, esos medios mismos le imponen nuevas necesidades. Puede emitir y registrar las vibraciones luminosas y sonoras sin ganar con ello más que una vana satisfacción de curiosidad, cuando no una sujeción escasamente favorable a su elevación intelectual. Los cuerpos opacos se han vuelto permeables a las miradas del hombre, pero si le es posible sondear la materia inerte, en contrapartida, ¿qué sabe de sí mismo, es decir de su origen, de su esencia y de su destino?
A los deseos satisfechos suceden otros deseos no cumplidos. Insistimos en que el hombre quiere ir de prisa, cada vez más de prisa, y esta agitación hace insuficientes las posibilidades de que dispone. Arrastrado por sus pasiones, sus codicias y sus fobias, el horizonte de sus esperanzas retrocede indefinidamente. Es la carrera lanzada hacia el abismo, el desgaste constante, la actividad impaciente, frenética, sin tregua ni reposo. «En nuestro siglo -ha dicho muy justamente Jules Simon-, es preciso caminar o correr; quien se detiene está perdido.» A esta cadencia, a este régimen, la salud física periclita. Pese a la difusión y la observación de las reglas de higiene, pese a las medidas profilácticas, a despecho de innumerables procedimientos terapéuticos y de la proliferación de las drogas químicas, la enfermedad prosigue sus estragos con una perseverancia incansable. Hasta tal punto, que la lucha organizada contra los flagelos conocidos no parece tener otro resultado que hacer nacer otros nuevos, más graves y refractarios. La Naturaleza misma da señales inequívocas de lasitud: se vuelve perezosa. A fuerza de abonos químicos, el cultivador obtiene ahora cosechas de valor mediano. Interrogad al campesino, y os dirá que «la tierra se muere», que las estaciones se ven revueltas y el clima, modificado. Todo cuanto vegeta se ve falto de savia y de resistencia. Las plantas languidecen -es un hecho oficialmente comprobado- y se muestran incapaces de reaccionar contra la invasión de los insectos parásitos o el ataque de las enfermedades de micelio.
Por fin, nada nuevo diremos al manifestar que la mayor parte de los descubrimientos, orientados al principio hacia el acrecentamiento del bienestar humano, se han desviado rápidamente de su meta y se han aplicado de modo especial a la destrucción. Los instrumentos de paz se convierten en ingenios de guerra, y es bastante conocido el papel preponderante que la ciencia desempeña en las conflagraciones modernas. Tal es, por desdicha, el objetivo final, el desembocar de la investigación científica, y tal es, asimismo, la razón por la cual el hombre, que la prosigue con esta misma intención criminal, invoca sobre sí la justicia divina y se ve necesariamente condenado por ella.
A fin de evitar el reproche, que no hubiera dejado de dirigírselas, de pervertir a los pueblos, los filósofos se negaron siempre a enseñar con claridad las verdades que habían adquirido o que habían recibido de la Antigüedad. Bernardin de Saint-Pierre demuestra que conocía esta regla de sabiduría cuando declara al final de su *Chaumière Indienne*: «Debe buscarse la verdad con simplicidad. Se la encontrará en la Naturaleza. *No debe revelarse más que a las gentes de bien.*» Por ignorancia o por desdén de esta condición primera, el esoterismo ha arrojado el desorden en el seno de la Humanidad.

EL REINADO DEL HOMBRE

El *reinado del hombre*, preludio del Juicio Final y del advenimiento del nuevo Ciclo, viene expresado simbólicamente en un curioso retablo de madera tallada que se conserva en la iglesia de Saint-Sauveur, por otro nombre du Chapitre, en Figeac (Lot). Bajo la concepción religiosa que vela apenas su evidente esoterismo, muestra a Cristo niño dormido sobre la cruz y rodeado de los instrumentos de la Pasión (lám. XLIII). Entre estos atributos del martirio divino, seis han sido, a propósito, reunidos en forma de x, al igual que la cruz en la que reposa el pequeño Jesús y que ha sido inclinada para que, por la perspectiva, afectara esa forma. Así, recordando las cuatro edades, tenemos cuatro x (chi) griegas (equivalentes a nuestro sonido español j) cuyo valor numérico 600 nos da como resultado los 2.400 años del mundo. Se ve pues, la lanza de Longino (Juan, XIX, 34) junto con la caña (Mateo, XXVII, 48; Marcos, XV, 36) o mango de hisopo que sostiene la esponja impregnada de agua y vinagre (Juan, XIX, 34); a continuación, el haz de varas y el flagelo entrecruzados (Juan, XIX, 1; Mat. XXVII, 26; Marcos, XV, 15); finalmente, el martillo que sirvió para clavar los clavos de la crucifixión y las tenazas utilizadas para arrancarlos tras la muerte del Salvador.

Triple imagen de la última irradiación, fórmula gráfica del espiritualismo declinante, esas x marcan con su impronta el segundo período cíclico al fin del cual la Humanidad se debate en las tinieblas y la confusión hasta el día de la gran revolución terrestre y de la muerte liberadora. Si reunimos estas tres cruces en aspa y si colocamos el punto de intersección de sus brazos en un eje común, obtendremos una figura geométrica de doce rayos que simbolizan los doce signos que constituyen el *reinado del Hijo del Hombre* y que suceden a los doce precedentes del *reinado de Dios*.

EL DILUVIO

Cuando la gente habla del *fin del mundo*, evoca y traduce por lo general la idea de un cataclismo universal que, a la vez, entraña la ruina total del Globo y el exterminio de sus habitantes. Según esta opinión, la Tierra, rodeada de todos los planetas, cesaría de existir. Sus restos, proyectados en el espacio sideral, caerían en lluvia de aerolitos sobre los mundos próximos al nuestro.

Algunos pensadores, más lógicos, toman la expresión en un sentido menos amplio. Según su opinión, la perturbación tan sólo afectaría a la Humanidad. Les parece imposible admitir que nuestro planeta desaparezca, aunque todo cuanto vive, se mueve y gravita en su superficie esté condenado a perecer. Tesis platónica que podría ser aceptable si no implicara la introducción irracional de un factor prodigioso: el hombre renovado que nace directamente del Sol, a la manera de un simple vegetal y sin simiente previa.

No es así como conviene entender el fin del mundo, tal como nos es anunciado por las Escrituras y tal como lo encontramos en las tradiciones primitivas, pertenezcan a la raza que pertenezcan. Cuando para castigar a la Humanidad por sus crímenes, Dios resolvió sumergirla bajo las aguas del diluvio, no sólo fue afectada únicamente la superficie de la Tierra, sino que cierto número de hombres justos y elegidos, habiendo encontrado gracia ante Él, sobrevivieron a la inundación.

Aunque presentada con apariencias simbólicas, esta enseñanza reposa sobre una base positiva. Reconocemos en ella la necesidad física de una generación animal y terrestre que no puede, por tanto, acarrear el aniquilamiento total de las criaturas, ni suprimir ninguna de las condiciones indispensables para la vida del núcleo preservado. A partir de eso, y pese a su aparente universalidad, pese a la terrorífica y prolongada acción de los elementos desencadenados, estamos seguros de que la inmensa catástrofe no actuará igualmente en todas partes ni en toda la extensión de los continentes y los mares. Algunas comarcas privilegiadas, verdaderas arcas rocosas, abrigarán a los hombres que se refugien en ellas. Allí, durante *un día de dos siglos de duración*, las generaciones asistirán -espectadores angustiados de los efectos del poder divino- al duelo gigantesco del agua y el fuego; allí, en una relativa calma, bajo una temperatura uniforme, a la pálida y constante claridad de un cielo bajo, el pueblo elegido aguardará a que se haga la paz y a que las últimas nubes, dispersas al soplo de la edad de oro, le descubran la magia policroma del doble arco iris, el brillo de *nuevos cielos* y el encanto de una *nueva tierra*...

En cuanto a nosotros, que jamás hemos considerado los argumentos del racionalismo, estimamos que el diluvio mosaico es indiscutible y real. Sabemos, por otra parte, hasta qué punto la Biblia es superior a los otros libros; hasta qué punto continúa siendo el *Libro eterno*, inmutable, el *Libro cíclico* por excelencia, en el cual, tras el velo de la parábola, la revelación de la historia humana está sellada, más acá y más allá, incluso, de los propios anales de los pueblos. Se trata de la narración *in extenso* del periplo que efectúa cada gran *generación cíclica*. Y como la Historia es un perpetuo recomenzar, la Biblia, que describe su proceso figurado, continuará siendo por siempre la fuente única, el compendio verdadero de los acontecimientos históricos y de las revoluciones humanas, tanto para los períodos pretéritos como para los que se sucedan en el futuro.

Nuestra intención no es emprender aquí una refutación de los argumentos de que se han valido los adversarios de la tradición de Moisés para discutir la actitud de su testimonio, ni dar aquellos mediante los cuales los defensores de la religión revelada han establecido la autenticidad y la inspiración divina de sus libros. Trataremos sólo de demostrar que el hecho del diluvio está atestiguado por las tradiciones particulares de todos los pueblos, tanto del antiguo como del nuevo continente.

Los libros sagrados de los hindúes y de los iranios hacen mención del diluvio. En la India, Noé se llama Vaivaswata o Satyavrata. Las leyendas griegas hablan de Ogiges y de Deucalión. Las de Caldea, de Xixutros o Sisutros. Las de China, de Foki. Las de los peruanos, de Bochica. Según la cosmogonía asiriocaldea, los hombres, creados por Marduk, habiéndose vuelto perversos, el consejo de los dioses decide castigarlos. Sólo un hombre es justo, y por ello, amado por el dios Ea: se trata de Utmapishtim, rey de Babilonia. Asimismo, Ea revela en sueños a Utmapishtim la inminente venida del cataclismo y el medio de escapar a la cólera de los dioses. El Noé babilonio construye, pues, un arca y se encierra en ella con todos los suyos, su familia, sus sirvientes, los artesanos y constructores de la nave y todo un rebaño de animales. Inmediatamente, las tinieblas invaden el cielo. Las aguas del abismo caen y cubren la tierra. El arca de Utmapishtim navega durante siete días y se detiene al cabo en la cúspide de una montaña. El justo salvado libera una paloma y una golondrina, que regresan a la embarcación y, luego, un cuervo, que no regresa. Entonces, el rey sale del arca y ofrece un sacrificio a los dioses. Para los aztecas y otras tribus que habitaban la llanura de México, el papel del Noé bíblico corresponde a Coxcox o Tezpi...

El diluvio mosaico tuvo la misma importancia, la misma extensión y las mismas repercusiones que todas las inundaciones que lo precedieron. Es, en cierto modo, la descripción típica de las catástrofes periódicas provocadas por la inversión de los polos. Es la interpretación esquematizada de los diluvios sucesivos de que Moisés tenía, sin duda, conocimiento, bien porque haya sido el testigo ocular de uno de ellos -lo que justificaría su propio nombre-, bien porque haya obtenido dicho conocimiento por revelación divina. El arca salvadora nos parece representar el lugar geográfico donde se reúnen los elegidos en vísperas de la gran perturbación, más bien que una nave fabricada por la mano del hombre. Por su forma, el arca se revela ya como una figura cíclica y no como una verdadera embarcación. En un texto en el que, según reza la Escritura, debemos considerar el espíritu con preferencia a la letra, nos resulta imposible tomar en sentido literal la construcción del navío, la búsqueda de «todos los animales puros e impuros» y su reunión por parejas. Una calamidad que impone, durante *dos siglos*, a seres vivos y libres unas condiciones tan diferentes de habitación, tan contrarias a sus necesidades, sobrepasa los límites de nuestra razón. No se debe olvidar que durante toda la prueba, el hemisferio, abandonado al flujo de las aguas, queda sumergido en la oscuridad más absoluta. Conviene saber, en efecto, que Moisés habla *de días cíclicos*, cuyo valor secreto equivale a los años corrientes. Precisemos: está escrito que la lluvia diluvial dura *cuarenta días* y que las aguas recubren la tierra por espacio de *ciento cincuenta días*, o *sea ciento noventa en total*. Dios hace soplar entonces un viento cálido, y el nivel del manto líquido desciende. El arca queda varada en el monte Ararat[1], en Armenia. Noé abre la ventana (la vuelta a la luz) y libera un cuervo que, retenido por los cadáveres, no regresa. A continuación, suelta la paloma, que vuelve enseguida al arca, pues en aquel momento los árboles aún estaban sumergidos. El patriarca aguarda, pues, siete días y hace salir de nuevo al ave, que regresa hacia la noche llevando una rama verde de olivo. El diluvio había terminado. Había durado *ciento noventa y siete días* cíclicos o, por casi tres años, *dos siglos reales*.

¿Podemos admitir que un navío expuesto por tanto tiempo a la tormenta sea capaz de resistirla? ¿Y qué pensar, por otra parte, de su carga? Estas inverosimilitudes no son capaces, pese a todo, de quebrantar nuestra convicción. Tenemos, pues, el relato mosaico por verdadero y positivo en cuanto al fondo, es decir, respecto al hecho mismo del diluvio, pero la mayoría de las circunstancias que lo acompañan, sobre todo las que se refieren a Noé, el arca y a la entrada y salida de los animales, son claramente alegóricas. El texto encierra una enseñanza esotérica de alcance considerable. Señalemos, pues, que Noé, que tiene el mismo valor cabalístico que Noël (en francés, Navidad; Noé se dice en griego Nwe), es una contracción de Neoç-Hlioç, *el nuevo sol*. El arca, Arch , indica el *comienzo* de una nueva Era. El arco iris señala la alianza que Dios hace con el hombre en el ciclo que se inaugura; es la *sinfonía* renaciente o renovada: Sumfonia, *consentimiento, acuerdo, unión, pacto*. Es también *el cinturón de Iris* (Zwnh), la *zona* privilegiada...

El *Apocalipsis de Esdras* nos informa acerca del valor simbólico de los libros de Moisés: «El tercer día, mientras me hallaba bajo un árbol, una voz me llegó de la parte de ese árbol y me dijo: ¡Esdras, Esdras!" Yo respondí: "Heme aquí." Y me levanté. La voz continuó: "Me he aparecido a Moisés y le he hablado desde la zarza cuando mi pueblo era esclavo en Egipto. Lo envié con mi mensaje, hice salir a mi pueblo de Egipto, lo conduje al monte Sinaí y lo establecí por largo tiempo cerca de mí. *Le conté gran número de maravillas, le enseñé el misterio de los días, le di a conocer los últimos tiempos* y le di esta orden: *Explica esto y esconde aquello*[2]."»

Pero si examinamos tan sólo el hecho del diluvio, nos veremos obligados a reconocer que semejante cataclismo ha debido dejar huellas profundas de su paso y ha debido modificar un poco la topografía de los continentes y de los mares. Sería un grave error creer que el perfil geográfico de aquéllos y de éstos, su situación recíproca y su

---

[1] En griego Arara o Arhra, pretérito perfecto de arariscw, significa, *estar unido, fijado, detenido, firme, inmutable*.

[2] René Basset, *Apocryphes Ethiopiens*. Paris, Bibliothèque de la Haute Science, 1899, cap XIV, v. 1 a 6.

repartición en la superficie del Globo eran semejantes, hace todo lo más veinticinco siglos, a lo que son hoy en día. Asimismo, pese a nuestro respeto por los trabajos de los sabios que se han ocupado de los tiempos prehistóricos, debemos aceptar sólo con la mayor reserva los mapas de la época cuaternaria que reproducen la configuración actual del Globo. Es evidente, por ejemplo, que una parte del suelo francés estuvo sumergida por mucho tiempo, recubierto de *arena marina*, provista abundantemente de conchas y de calcáreas con huellas de ammonites. Recordemos, asimismo, que la isla de Jersey aún se hallaba soldada al Cotentin en 709, año en que las aguas de la Mancha invadieron el vasto bosque que se extendía hasta Ouessant y servía de abrigo a numerosas aldeas.

La Historia cuenta que los galos, interrogados a propósito de lo que era capaz de inspirarles más terror, tenían la costumbre de responder: «Sólo tememos una cosa: que el cielo caiga sobre nuestras cabezas.» Pero ese dislate, que se tiene por una muestra de audacia y bravura, ¿no podría esconder otra razón muy distinta? En lugar de una simple bravuconería, ¿no se trataría más bien del persistente recuerdo de un acontecimiento real? ¿Quién se atrevería a afirmar que nuestros antepasados no fueron las víctimas aterrorizadas del cielo que se hundía en formidables cataratas, entre las tinieblas de una noche de muchas generaciones de duración?

LA ATLANTIDA

¿Ha existido esta isla misteriosa de la que Platón nos ha dejado la enigmática descripción? Cuestión difícil de resolver, en vista de la pobreza de medios con que cuenta la ciencia para penetrar el secreto de las regiones abisales. Sin embargo, ciertas comprobaciones parecen dar la razón a los partidarios de la realidad de la Atlántida. En efecto, unos sondeos efectuados en el océano Atlántico han permitido remontar a la superficie fragmentos de lava cuya estructura prueba de manera irrefutable que ha *cristalizado en el aire*. Parece, pues, que los volcanes eyectores de esa lava se elevaban en otro tiempo en tierras aún no sumergidas. Se ha creído descubrir también un argumento propio para justificar el aserto de los sacerdotes egipcios y la narración de Platón, en la particularidad de que la flora de América central se muestra semejante a la de Portugal: las mismas especies vegetales, transmitidas por el suelo, indicarían una relación continental estrecha entre el viejo y el nuevo mundo. En cuanto a nosotros, nada vemos de imposible en que la Atlántida haya podido ocupar un lugar importante entre las regiones habitadas, ni que la civilización se haya desarrollado allí hasta alcanzar ese elevado grado que Dios parece haber fijado como tope del progreso humano. «No irás más lejos.» Límite más allá del cual los síntomas de decadencia se manifiestan, la caída se acentúa hasta que la ruina se precipita por la súbita irrupción de un flagelo imprevisto.

La fe en la veracidad de las obras de Platón entraña la creencia en la realidad de los cataclismos periódicos, de los que el diluvio mosaico, como hemos dicho, constituye el símbolo escrito y el prototipo sagrado. A los negadores de la confidencia que los sacerdotes de Egipto hicieron a Solón, tan sólo les pediremos tengan a bien explicarnos qué se propone revelar el maestro de Aristóteles con esta ficción de carácter siniestro. Pensamos, en efecto, que está fuera de dudas que Platón se ha convertido en el propagador de verdades muy antiguas y que, en consecuencia, sus libros encierran todo un conjunto, un cuerpo de conocimientos ocultos. Su *número geométrico* y su *caverna* tienen su significado; ¿por qué el mito de la Atlántida no habría de tener el suyo?

La Atlántida tuvo que correr la suerte común, y la catástrofe que la sumergió proviene, evidentemente, de una causa idéntica a la que anegó, cuarenta y ocho siglos más tarde, bajo un profundo manto de agua a Egipto, el Sahara y las regiones del África septentrional. Pero más favorecido que la tierra de los atlantes, Egipto se benefició de un levantamiento del fondo submarino y volvió a la luz tras cierto tiempo de inmersión. Argelia y Túnez, con su *chotts* o lagos de las regiones meseteñas, desecados y tapizados con una espesa capa de sal, y el Sahara y Egipto, con su suelo constituido en su mayor parte por arena marina, demuestran que las ondas invadieron y recubrieron vastas extensiones del continente africano. Las columnas de los templos faraónicos presentan huellas innegables de inmersión; en las salas hipóstilas, las losas aún existentes que forman los techos, han sido levantadas y desplazadas por obra del movimiento oscilatorio de las olas; la desaparición del revestimiento exterior de las pirámides y, en general, la de las junturas de piedras (colosos de Memnón, que en otro tiempo cantaban); las huellas evidentes de corrosión por las aguas que se advierten en la esfinge de Gizeh, así como en muchas otras obras de la estatuaria egipcia, no tienen otro origen que el señalado. Es probable, por otra parte, que la casta sacerdotal no ignorase la suerte que le estaba reservada a su patria. Acaso sea ésta la razón por la que los hipogeos reales estaban profundamente excavados en la roca, y sus accesos, herméticamente sellados. Tal vez pudiera, incluso, reconocerse el efecto de esta creencia en un diluvio futuro en la obligada travesía que el alma del difunto debía realizar tras su muerte corporal, y que justificaba la presencia, entre tantos otros símbolos, de esas barquitas aparejadas, flotillas a escala reducida que forman parte del mobiliario fúnebre de las momias dinásticas.

Sea como fuere, el texto de Ezequiel[1], que anuncia la desaparición de Egipto, es formal y no puede prestarse a equívoco alguno:

«Al apagar tu luz velaré los cielos y oscureceré las estrellas. Cubriré de nubes el sol, y la luna no resplandecerá; todos los astros que brillan en los cielos se vestirán de luto por ti, y se extenderán las tinieblas sobre la tierra, dice el

---

[1] Cap. XXXII Lamentación sobre Egipto (v. 7, 8, 9 y 15).

Señor, Yavé. Llenaré de horror el corazón de muchos pueblos cuando lleve al cautiverio a los tuyos, a tierras que no conocen; dejaré por ti atónitos a muchos pueblos y sus reyes, que temerán por sí cuando comience a volar a su vista contra ti mi espada, *al tiempo de tu ruina... Cuando tornaré en desierto la tierra de Egipto y asolaré cuanto la llena. Cuando heriré a todos cuantos la habitan,* que sabrán que yo soy Yavé.»

EL INCENDIO

La historia cíclica se abre, en el capítulo VI del *Génesis*, con el relato del Diluvio, y concluye en el XX del *Apocalipsis*, en las llamas ardientes del Juicio Final. Moisés, *salvado de las aguas*, escribió el primero; san Juan, figura sagrada de la *exaltación solar*, cierra el libro con los sellos del fuego y del azufre.

Puede admirarse en Melle (Deux-Sèvres) al caballero místico del que habla el visionario de Patmos, que debe venir en la plenitud de la luz y surgir del fuego, a la manera de un espíritu puro. Es una grave y noble estatua que, bajo una arcada en plena bóveda de la iglesia de San Pedro, se levanta por encima del pórtico Sur, siempre sometido, a causa de su orientación, a la radiación solar. El arco y la corona le son impuestos en medio de la inefable gloria divina, cuyo brillo fulgurante consume todo cuanto ilumina. Si nuestro caballero no muestra el arma simbólica, no obstante, se toca con el signo de toda realeza. Su actitud rígida y su elevada estatura ponen de manifiesto el poder, mas la expresión de su fisonomía parece reflejar cierta tristeza. Sus rasgos lo aproximan singularmente a Cristo, al Rey de reyes, al Señor de señores, a ese Hijo del Hombre al que jamás, según Léntulo, se vio reír, aunque se le vio a menudo llorar. Y comprendemos que no descendiera a nosotros sin melancolía, a los lugares de su Pasión, Él, el eterno enviado de su Padre, para imponer al mundo pervertido la última prueba y para «segar» implacablemente a la Humanidad vergonzosa. Esta Humanidad, madura para el castigo supremo, viene figurada por el personaje al que el caballo derriba y pisotea, sin que el jinete experimente la menor preocupación[1].

Cada período de mil doscientos años comienza y termina por una catástrofe. La evolución humana se extiende y se desarrolla entre dos flagelos: el agua y el fuego, agentes de todas las mutaciones materiales, operan juntos, durante el mismo tiempo y cada cual en una región terrestre opuesta. Y como la traslación solar -es decir, la ascensión del astro al cenit del polo- resulta ser el gran motor de esta conflagración elemental, sucede que el mismo hemisferio es, alternativamente, sumergido al fin de un ciclo y calcinado al término del ciclo que sigue. Mientras que el Sur está sometido a los ardores conjugados del Sol y del fuego terrestre, el Norte sufre el constante afluir de las aguas meridionales, evaporadas en el seno del gran horno y, luego, condensadas en nubes enormes que sin cesar van empujando. Pues bien, en el ciclo precedente, puesto que las aguas del diluvio anegaron nuestro hemisferio septentrional, debemos pensar que las llamas del Juicio Final lo consumirán en sus días extremos.

Es preciso aguardar con sangre fría la hora suprema, la del castigo para muchos y el martirio para algunos. De manera sucinta, pero muy clara, el gran iniciado cristiano que es san Pedro establece con exactitud la diferencia entre los dos cataclismos que se suceden en un mismo hemisferio, es decir, en el nuestro, en este caso: «Y, ante todo, debéis saber cómo en los postreros días vendrán, con sus burlas, escarnecedores, que viven según sus propias concupiscencias, y dicen: "¿Dónde está la promesa de su venida? Porque desde que murieron los padres, todo permanece igual desde el principio de la creación."

»Es que voluntariamente quieren ignorar que en otro tiempo hubo cielos y hubo tierra, salida del agua y en el agua asentada por la palabra de Dios; por el cual *el mundo de entonces pereció anegado en el agua,* mientras que *los cielos y la tierra actuales están reservados* por la misma palabra *para el fuego en el día del juicio* y de la perdición de los impíos... *Pero vendrá el día del Señor* como ladrón, y en él *pasarán* con estrépito *los cielos, y los elementos, abrasados, se disolverán y asimismo la tierra con las obras que en ella hay.*

«...Pero nosotros esperamos otros cielos nuevos y otra tierra nueva, en que tiene su morada la justicia, según la promesa del Señor.»[2]

El obelisco de Dammartin-sous-Tigeaux (Sena y Marne) es la imagen sensible, expresiva, absolutamente conforme a la tradición, de la doble calamidad terrestre del incendio y del diluvio, en el día terrible del Juicio Final (lám. XLV).

Erigido sobre un cerro, en el punto culminante del bosque de Crécy (altitud, 134 m), el obelisco domina los alrededores, y por el boquete de las pistas forestales se divisa desde muy lejos. Su emplazamiento fue, por otra parte, admirablemente escogido. Ocupa el centro de una encrucijada geométrica regular, formada por la intersección de tres caminos que le confieren el aspecto irradiante de una *estrella de seis puntas*[3]. Así, este monumento aparece

---

[1] La estatua ecuestre que dibujó Julien Champagne al comienzo del verano de 1919 está en la actualidad mutilada en parte. El caballero ha perdido su pie derecho, mientras que el caballo, sin duda por la misma causa, ha visto amputada su pata anterior del mismo lado, que levantaba piafando.

[2] *Segunda Epístola,* III

[3] El agradable decorado que rodea el obelisco y, que está hoy erizado de postes y de placas, se ofrece como curioso ejemplo de las fantasías de un urbanismo demasiado a menudo absurdo e irracional.

edificado sobre el plano del *exagrama* antiguo; figura compuesta por el triángulo del *agua* y el del *fuego*, que sirve de símbolo de la Gran Obra física y de su resultado, la Piedra filosofal.

La obra, de hermoso aspecto, se compone de tres partes distintas: un plinto robusto, ovalado, de sección cuadrada y ángulos redondeados; un fuste constituido por una pirámide cuadrangular de aristas achaflanadas; y por fin, un remate en el que se halla concentrado todo el interés de la construcción. Muestra, en efecto, el Globo terrestre entregado a las fuerzas reunidas del *agua* y del *fuego*. Reposando sobre las ondas del mar enfurecido, la esfera del mundo, tocada en su polo superior por el sol en su recorrido helicoidal, se incendia y proyecta relámpagos y rayos. Tal es, como hemos dicho, la cautivante figuración del incendio y de la inundación inmensos, igualmente purificadores y justicieros.

Dos caras de la pirámide están orientadas exactamente según el eje Norte-Sur de la carretera nacional. En el lado meridional, se advierte la imagen de una vieja encina esculpida en bajo relieve. Según Pignard-Péguet[1], esa encina coronaba «una inscripción latina» hoy borrada con cincel. Las otras caras llevaban grabadas en hueco, un cetro, otra, una mano de justicia, y la tercera, un medallón con las armas del rey.

Si interrogamos la encina de piedra, puede respondernos que los tiempos están próximos, porque el presagio aparece figurado en ella. Es el símbolo elocuente de nuestro período de decadencia y de perversión, y el iniciado al que debemos el obelisco tuvo cuidado de escoger la encina como frontispicio de su obra, a manera de prólogo cabalístico encargado de situar, en el tiempo, la época nefasta *del fin del mundo*. Esta época, que es la nuestra, tiene sus características claramente indicadas en el *vigésimo cuarto* capítulo del *Evangelio* según san Mateo, es decir, *según la ciencia*: «Oiréis hablar de guerras y rumores de guerras... Habrá hambres y terremotos en diversos lugares; pero todo esto es el comienzo de los dolores.» Estas sacudidas geológicas frecuentes, acompañadas de modificaciones climáticas inexplicables, cuyas consecuencias se propagan en los pueblos a los que afectan y entre las sociedades a las que perturban, están expresadas simbólicamente por la *encina*. Esta palabra en francés -*chêne*- corresponde fonéticamente al griego chn (*chen*, pronúnciese *jen*, con j española) y designa a *la oca vulgar*. La *vieja encina* adquiere, así, el mismo valor que la expresión *vieja oca* y el sentido secreto de *vieja ley* (en francés, se pronuncia de manera muy parecida: *vieille oie* y *vieille loi*), anunciadora de la vuelta de la *antigua Alianza* o del *Reino de Dios*.

Los *Cuentos de mi madre la oca* (ley madre, ley primera) son narraciones herméticas en las que la verdad esotérica se mezcla con el decorado maravilloso y legendario de las *saturnales*, del *Paraíso* o de la *Edad de Oro*.

LA EDAD DE ORO

En el periodo de la Edad De Oro, el hombre, renovado, ignora toda religión. Se limita a dar las gracias al Creador, del que el Sol, su más sublime creación, le parece reflejar la imagen ardiente, luminosa y benéfica. Respeta, honra y venera a Dios en este globo radiante que es el corazón y el cerebro de la Naturaleza y el dispensador de los bienes de la tierra. Representante vivo del Eterno, el Sol es también testimonio sensible, de su poderío, de su grandeza y de su bondad. En el seno de la irradiación del astro, bajo el cielo puro de una tierra rejuvenecida, el hombre admira las obras divinas, sin manifestaciones exteriores, sin ritos y sin velos. Contemplativo, ignorando la necesidad, el deseo y el sufrimiento, experimenta por el Señor del Universo ese reconocimiento emocionado y profundo que poseen las almas simples, y ese afecto sin límite que vincula al hijo con su Padre. La *Edad De Oro*, edad solar por excelencia, tiene por símbolo cíclico la imagen misma del astro, jeroglífico empleado en todos los tiempos por los antiguos alquimistas, a fin de expresar el oro metálico o sol mineral. En el plano espiritual, la *Edad de Oro* está personificada por el evangelista san Lucas. El griego Loucaç, de lucnoç, *luz, lámpara, antorcha* (latín *lux, lucis*), nos lleva a considerar el Evangelio según san Lucas como el *Evangelio según la luz*. Es el evangelio solar, que traduce, esotéricamente, el trayecto del astro y el de sus rayos, vueltos a su primer estado de esplendor. Señala el comienzo de una nueva Era, la exaltación del poder que irradia sobre la tierra regenerada y el volver a empezar el orbe anual y cíclico (lucabaç, en las inscripciones griegas significa *año*). San Lucas tiene por atributo el *toro* o buey alado, figura solar espiritualizada, emblema del movimiento vibratorio, luminoso y devuelto a las condiciones posibles de existencia y de desarrollo de los seres animados.

Este tiempo dichoso y bendito de *la Edad de Oro*, durante el cual vivieron Adán y Eva en el estado de simplicidad e inocencia, es designado con el nombre de *Paraíso Terrenal*. La palabra griega Paradeisoç, *paraíso*, parece provenir del persa o caldeo *pardes*, que quiere decir *jardín delicioso*. Al menos, en este sentido encontramos empleado el término por los autores griegos – Jenóforo y Diodoro Sículo, en particular -, para calificar los magníficos jardines que poseían los reyes de Persia. El mismo significado es aplicado por los *Setenta* en su traducción del *Génesis* (cap. II v. 8) al lugar maravilloso donde habitaron nuestros primeros padres. Se ha querido buscar en qué porción geográfica del Globo había colocado Dios ese Edén de aspecto encantador. Las hipótesis apenas coinciden entre sí en este punto. También algunos autores, como Filón *el Judío*, y Orígenes, zanjan el debate

---

[1] *Histoire générale illustrée des Départements, Seine-et-Marne.* Orleáns, Auguste Goût et Cie., 1911, p. 249.

con la pretensión de que el *Paraíso terrenal*, tal como lo describe Moisés, jamás ha existido de verdad. Según ellos, convendría entender en sentido alegórico todo cuanto narran las sagradas escrituras.

Por nuestra parte, podemos decir que consideramos como exactas las descripciones que se han hecho del *Paraíso terrenal* o, si se prefiere de la *Edad de Oro*, pero no nos detendremos en las distintas tesis encaminadas a probar que el espacio de refugio habitado por nuestros antepasados se encontraba localizado en un país definido. Si no precisamos, a propósito, dónde se situaba, es tan sólo por la razón de que, a raíz de cada revolución cíclica, no existe más que un débil cinturón que sea respetado y se mantenga habitable en sus partes terrestres. Insistimos, sin embargo, en que la zona de salvación y misericordia se halla tanto en el Hemisferio boreal a comienzos de un ciclo, como en el austral al principio del ciclo siguiente.

En resumen, la Tierra, como todo cuanto vive de ella, en ella y por ella, tiene su tiempo previsto y determinado, sus épocas evolutivas rigurosamente fijadas, establecidas y separadas por otros tantos periodos inactivos. Está, así, condenada a morir a fin de renacer, y estas existencias temporales comprendidas entre sus regeneración o renacimiento, y su mutación o muerte, han sido llamadas *ciclos* por la mayoría de los antiguos filósofos. El ciclo, es pues el espacio de tiempo que separa dos convulsiones terrestres del mismo orden, las cuales se consuman a raíz de una revolución completa de ese *Gran Período* circular, dividido en cuatro épocas de igual duración, que son las cuatro *edades del mundo*. Estas cuatro divisiones de la existencia de la Tierra se suceden según el ritmo de las que componen el año solar: primavera, verano, otoño e invierno. Así, las edades cíclicas corresponden a las estaciones del movimiento solar anual, y su conjunto ha recibido las denominaciones de *Gran Periodo, Gran Año* y, con más frecuencia aun, de *Ciclo Solar*.

Made in United States
Orlando, FL
12 July 2024

48903421R00108